1967

Nach dem dritten Nahostkrieg: Okkupation des Westjordangebietes, des Gazastreifens, des arabischen Teils von Jerusalem, der Sinaihalbinsel und der syrischen Golanhöhen

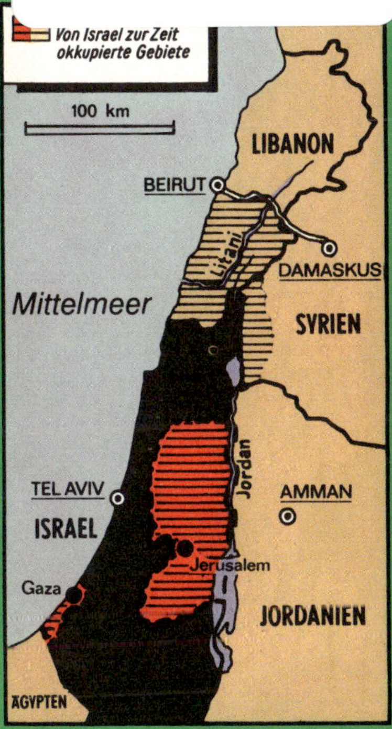

Nach der Invasion Libanons: Okkupation Libanons südlich der Straße Beirut – Damaskus

D. Schulz

Gießen, den 24.02.1994 n. Chr.

Michael Wolf
Zwischen Attentat und UNO

Ereignisse
Tatsachen
Zusammenhänge

ZWISCHEN ATTENTAT UND UNO

Michael Wolf

Zur Geschichte des palästinensischen Widerstandes (1964–1982)

Militärverlag
der Deutschen Demokratischen
Republik

ISBN 3-327-00829-9

2., durchgesehene Auflage, 1989

Lizenz-Nr. 5
Printed in the German Democratic Republic
Satz: Karl-Marx-Werk Pößneck V 15/30
Druck und buchbinderische Verarbeitung: Sachsendruck Plauen
Lektor: Dr. Gertraud Golme
Schutzumschlag und Einband: Wolfgang Ritter
Typografie: Ingeburg Zoschke
Kartenzeichnung: Manfred Gneckow
Bildnachweis: Archiv des Autors ; ADN-Archiv (9); Jörgensen (1)
LSV: 0239
Bestellnummer: 7472451
01080

Das vorliegende Buch ist keine monographische Darstellung der Geschichte der Palästinensischen Befreiungsbewegung – PLO. Dem Verfasser ging es darum, die Entwicklung der PLO und die wichtigsten damit zusammenhängenden Probleme so zu gestalten, daß beim Leser ein besseres Verständnis für den Kampf des palästinensischen Volkes, seine Hoffnungen und seine Ziele erreicht und zugleich die Gewißheit seines historisch unvermeidlichen Sieges deutlich werden.

Der Autor hatte Gelegenheit, die Entwicklung der palästinensischen Widerstandsbewegung während langjähriger Aufenthalte in arabischen Ländern aus nächster Nähe zu verfolgen.

Seine Tätigkeit ermöglichte ihm, einige der führenden Männer der PLO persönlich kennen- und schätzenzulernen – vor allem Abu Amar, Yasser Arafat, selbst. Er begegnete ihm über die Jahre hinweg immer wieder, und er konnte mehrfach ausführlich mit ihm über die Ziele, Probleme und Schwierigkeiten der PLO und über den Kampf des palästinensischen Volkes diskutieren.

Viele der hier niedergelegten Einschätzungen und Erkenntnisse wie auch Schilderungen verdankt der Autor seinen Freunden und Genossen von der Kommunistischen Partei Israels, der Libanesischen, der Jordanischen, der Syrischen und der Palästinensischen Kommunistischen Partei, insbesondere dem viel zu früh verstorbenen Ersten Sekretär der Jordanischen Kommunistischen Partei, Genossen Fuad Nassar.

Dieses Buch hätte nicht geschrieben werden können ohne die verschiedenste Aspekte des palästinensischen Widerstandskampfes untersuchenden Artikel und Arbeiten von Wolfram Brönner, Klaus Polkehn, Martin Robbe, Karl-Heinz Werner sowie zahlreicher so-

wjetischer und palästinensischer Autoren. Diese Publikationen haben als Quelle und Anregung gedient.

Die im Buch erwähnten und dargestellten Ereignisse und Daten entsprechen den historischen Fakten. Aus Gründen der Übersicht, der zu großen Zeitnähe und nicht zuletzt der literarischen Gestaltung wurden einige wenige Ereignisse an einen anderen Ort oder Zeitpunkt transponiert.

Eine Anzahl von Fakten, die bisher nur intern bekannt waren, über Yasser Arafat, die Rolle der PLO im 6-Tage-Krieg und die Ermordung der PLO-Führer in Beirut verdanke ich dem aufschlußreichen Buch von Abu Ijad «Heimat oder Tod» (Düsseldorf, 1979).

M. W.

Begegnung in Berlin

Im Jahre 1973 erlebte die DDR einen besonders schönen August. Obwohl die Nächte bereits kühl wurden, zeigte das Thermometer mittags bei herrlichem Sonnenschein stets über 20 Grad. Das warme Spätsommerlicht zitterte in einer bläulichen Luft, durch die die feinen Gespinste des Altweibersommers dahinschwebten. Die alte Burg, in der die Delegation der Palästinensischen Befreiungsorganisation vor den Toren der Hauptstadt untergebracht war, umgab der märkische Wald mit dem Dunkelgrün seiner Laubbäume und den lichten Kronen der rotbraunen, hochstämmigen Kiefern.

Übermorgen sollten die X. Weltfestspiele der Jugend und Studenten in Berlin eröffnet werden. Am Vorabend war die Delegation der PLO unter Leitung des Vorsitzenden des Exekutivkomitees Yasser Arafat angekommen. Die Gäste hatten sich zu einer ersten Pressekonferenz bereit erklärt. Sie sollte um 11 Uhr beginnen.

Ralf Bergner wurde erst gegen 9 Uhr vom Chefredakteur angerufen, der ihm mitteilte, daß er unbedingt daran teilnehmen solle. «SPA wird uns zwar alles liefern, aber es wird echter, wenn einer von uns selbst dort gewesen ist. Außerdem wird es deiner Artikelserie nützen.»

Ralf Bergner ließ alles stehen und liegen, versuchte vergeblich, in dieser kurzen Zeit einen Wagen vom Fahrdienst zu bekommen, und entschied sich dann, selbst zu fahren. Nichts war ihm lieber als dieser Auftrag. Gewiß würde ihm das bei der Artikelserie über die Palästinaproblematik helfen, die ihm der Chef sofort nach seiner Rückkehr übertragen hatte. Doch das war ihm nicht einmal das wichtigste. Mehr noch freute er sich darauf, einige Bekannte aus Beirut wiederzusehen und der Redaktionsarbeit wenigstens für einige Stunden entfliehen zu können. Erst vor wenigen Tagen war er aus Beirut zurückgekehrt, nachdem er jahrelang in der libanesischen Hauptstadt als Korrespondent der Sozialistischen Presse Agentur SPA tätig gewesen war. Nun hatte man ihn wieder in der Wochenzeitung an seinen Redaktionsschreibtisch gekettet. Zumindest sah er es so.

Er kam gerade noch rechtzeitig. In dem halbrunden Raum, einem Turmzimmer, das von einer breiten Terrasse umgeben war, hatten sich bereits etwa zwanzig Journalisten, ein paar Offizielle und die Dolmetscher versammelt. Bergner, der den meisten bekannt war, wurde freundschaftlich begrüßt.

Hans Luckner, Bergners Freund und Nachfolger in Beirut, der noch diesen Monat im Libanon die Arbeit als neuer SPA-Korrespondent aufnehmen sollte, legte ihm kameradschaftlich die Hand auf die Schulter und sagte schmunzelnd: «‹On revient toujours aux premiers amours!› Nicht, Ralf?»

Im Grunde hatte er recht. Bergners große Liebe in all den Jahren im Libanon war das Schicksal der Palästinenser gewesen. Er trat von Anfang an für ihre Sache ein, aus politischer Überzeugung, aber auch ein wenig aus Abenteuerlust, kannte die meisten ihrer führenden Leute und war «denen in Berlin» mit seinem «Palästinatick», wie sie es nannten, stets etwas auf die Nerven gegangen.

Das war damals, vor etlichen Jahren, als noch keiner damit etwas anzufangen wußte. Heute freilich, im August 1973, da eine große offizielle Delegation der PLO an den Weltfestspielen teilnahm, war das längst anders. Heute strebte jede Zeitung und jede Zeitschrift danach, etwas über die palästinensische Bewegung und ihren Kampf zu bringen, des Interesses, der Sympathie und der Solidarität der DDR-Leser gewiß.

Bergner konnte ein Lied davon singen: So viele Artikel, Betrachtungen und Kommentare zu diesem Thema, um die man ihn bereits in den ersten Tagen nach seiner Rückkehr ersuchte, konnte er gar nicht schreiben, ohne die Arbeit in seiner Redaktion zu vernachlässigen, auch wenn sein Chefredakteur Wolfram in dieser Frage großzügig sein würde. Der hatte ihm, die Interessen der Leser berücksichtigend, eine Artikelserie zugestanden, die sich über sechs bis acht Nummern des Wochenblattes hinziehen sollte.

Als Yasser Arafat mit den Delegationsmitgliedern, unter ihnen Faiq Warrad, Mitglied des Politbüros der Jordanischen Kommunistischen Partei, eintrat, verstummten die Gespräche. Nur das Kratzen und Rücken der Stühle und das Geflüster der Dolmetscher waren noch zu hören.

Die Delegation nahm in den bereitgestellten bequemen Sesseln Platz und lächelte freundlich in die Kameras. Scheinwerfer leuchteten auf, Fernsehkameras surrten.

Ralf Bergner hatte Muße, den Mann zu betrachten, mit dem er manche Stunde diskutiert, den er in Hochstimmung, aber auch niedergedrückt erlebt hatte.

Arafat trug wie stets einen bis über die Hüften reichenden olivgrünen Anorak, dessen Wulst an der Hüfte vermuten ließ, daß er auch diesmal seine Pistole nicht abgelegt hatte. Die malerisch um den Kopf geschlungene Kufija, das schwarz-weiß gewürfelte Kopftuch der Palästinenser, verdeckte den runden Schädel und die hohe Stirn. Seine etwas kurzsichtig blickenden Augen verbarg eine dunkle Sonnenbrille. Auch an diesem Morgen war er nicht sonderlich gut rasiert.

Der Generalsekretär des Solidaritätskomitees zog gerade das Mikrofon etwas zu sich heran, um ein paar Begrüßungsworte zu sagen, als Yasser Arafat plötzlich seinen Sessel etwas zurückschob und aufstand. Erstaunte Blicke folgten ihm, als er sich hinter dem Rücken der anderen an der Fensterfront entlangzwängte und auf die Journalisten zuging.

Bergner sah Arafat mit erfreutem Gesicht auf sich zukommen, stand auf und mußte sich etwas herunterbeugen, um sich freundschaftlich umarmen und auf beide Wangen küssen zu lassen. Dann nahm Arafat Bergners Hand zwischen seine beiden kurzfingrigen schlanken Hände und schüttelte sie herzlich. Zu den anderen gewandt, erklärte er in seinem etwas kehligen Englisch: «Our friend! From the beginning!»

Am Tisch der Delegation klatschte jemand. Etwas verdutzt ob der unprotokollarischen Unterbrechung schlossen sich erst die Offiziellen, dann die Journalisten an.

Die imperialistische Raub- und Eroberungspolitik hat die Palästinenser zu einer Nation ohne Heimat gemacht

Ralf Bergner setzte sich mit rotem Kopf wieder auf seinen Stuhl, während Arafat zu seinem Platz ging.

«Eine richtige Show für dich, mein Lieber», flüsterte der neben ihm sitzende Luckner zu Bergner.

«Quatsch», knurrte Ralf ärgerlich.

«Sei nicht gleich giftig. Ich gönne sie dir ohne Neid.»

Vorn kam der kleine, stets wie aus dem Ei gepellt gekleidete Generalsekretär des Solidaritätskomitees endlich dazu, seine Begrüßungsworte anzubringen. Dann erteilte er dem Leiter der PLO-Delegation das Wort.

Arafat bedankte sich bei seinen Gastgebern. «Wir betrachten», fuhr er fort, «diesen ersten Aufenthalt einer offiziellen Delegation der PLO in der DDR als einen Beweis für die sich festigenden Beziehungen der Freundschaft zwischen dem palästinensischen und dem Volk der DDR.» Er bat darum, zunächst einige prinzipielle Ausführungen zur Palästinaproblematik machen zu dürfen, und versicherte, sich kurz zu fassen, anschließend sei er bereit, auf die Fragen der Journalisten zu antworten. Dann nickte er dem Dolmetscher zu und ging ins Arabische über. Er sprach betont deutlich, darauf bedacht, daß der Dolmetscher mitkam.

Bergner, der fließend Arabisch sprach, hörte ihm voller Vergnügen zu, wenngleich ihm Arafats Darlegungen wenig Unbekanntes boten. Für die Mehrzahl der Anwesenden jedoch waren sie neu, und interessiert notierten die Journalisten.

«Wir Palästinenser», begann Arafat, «sind eine Nation ohne eine Heimat. Nur etwa eine Million meines Volkes lebt im besetzten Teil Palästinas, auf der sogenannten Westbank, dem Gebiet westlich des Jordan und im Gazastreifen. Doch über drei Millionen haben in Jordanien, im Libanon, in Syrien, Kuweit, Saudi-Arabien, in den Golfstaaten, aber auch in Libyen und Algerien Zuflucht gefunden. Der Rest, fast noch eine Viertelmillion, ist über die ganze Welt verstreut, von Australien bis Kanada und Chile. Denken Sie nicht, daß wir ein unwissendes Volk seien, dumpf und gleichgültig, das sich seines Schicksals nicht bewußt ist. Etwa 98 Prozent aller Palästinenser sind keine Analphabeten mehr.»

Mit einem etwas hintergründigen, halb spöttischen Lächeln

setzte Arafat hinzu: «Ich überlasse es Ihnen, Vergleiche anzustellen.»

Und er fuhr fort: «Unser Volk hat eine eigene, jahrtausendealte Geschichte. Wir haben unsere Kunst und Kultur, eine alte Kultur. Namen unserer Maler wie Ismail Shammut und Burhan Karkutli, unserer Schriftsteller wie Mahmoud Darwish, unserer Poeten wie Muim Bseisso oder Abdel Karim el Kermi, den man Abu Salma, «Vater des Friedens» nennt, unserer Journalisten wie Ghassan Kanafani und unserer Wissenschaftler wie Sami Hadawi sagen Ihnen wahrscheinlich wenig. Man tut alles, sie totzuschweigen und unbekannt zu lassen wie unser ganzes Volk. Als Flüchtling sollte unser Volk untergehen, wir sollten von anderen aufgesogen werden, und selbst die UNO spricht seit 1948 lediglich von einem ‹Flüchtlingsproblem›. Der Imperialismus tut alles, unseren Kampf totzuschweigen. Wer in Europa oder auch anderswo auf der Welt außer in unseren arabischen Nachbarländern weiß schon, daß 1964 die Palästinensische Befreiungsorganisation von der Arabischen Liga gegründet wurde, daß wir schon 1965 den bewaffneten Kampf für unsere Rechte begonnen haben.»

Ruhig, nur selten die Stimme hebend, sprach Arafat weiter, doch Ralf Bergners Gedanken begannen zu wandern. Er gehörte zu denen, die wußten, wie sich die palästinensische Bewegung entwickelt hatte. Er hätte es den Anwesenden ebenso darlegen können wie der Redner da vorn, nur wären seine Ausführungen viel trockener, weniger überzeugend ausgefallen als die Arafats, der leidenschaftlich, engagiert und mit jenem echt arabischen Pathos sprach, das sich in erster Linie an das Gefühl der Zuhörer und erst in zweiter Linie an ihren Verstand wendet.

Aber war Bergners Engagement für die palästinensische Sache nicht auch zuerst gefühlsmäßig entstanden – damals, durch den Besuch mit Sami Hadawi im Flüchtlingslager Karameh am Jordan?

Die Flüchtlinge

Die Sozialistische Presse Agentur SPA unterhielt seit etwa 1958 ein eigenes Büro in Beirut. In der ersten Hälfte des Jahres 1964 sollte der dortige Korrespondent, der über fünf Jahre draußen war, abgelöst und zugleich das Büro vergrößert werden.

Die Wahl der Kaderleute bei der Suche nach einem Nachfolger war auf Ralf Bergner gefallen, damals bei der Wochenzeitung noch ein junger Redakteur, der den meisten anderen in Frage kommenden Anwärtern voraus hatte, daß er Arabisch sprach, da er an der Karl-Marx-Universität Leipzig nicht nur Journalistik, sondern auch Nahostwissenschaften studiert hatte.

Anfang Mai 1964 reiste er mit seiner Frau Julia nach dem Libanon, um das SPA-Büro wieder zu besetzen. Im Lande, wie im ganzen Nahen Osten, herrschte verhältnismäßige Ruhe, und seine Etablierung, das Mieten einer neuen größeren, zugleich als Büro dienenden Wohnung, die Beschaffung des Mobiliars, die Installierung einer Telex-Leitung und die Anstellung eines Libanesen zur Erledigung von allerlei Aufträgen regelten sich ohne ernstliche Schwierigkeiten. Nur hatten seine Frau und auch er selbst anfangs einige Probleme, mit der fremden Umwelt, der anders gearteten Mentalität und dem feuchtwarmen Mittelmeerklima zurechtzukommen.

Bei der Herstellung seiner ersten Kontakte zur palästinensischen Bewegung – man hatte sie ihm in Berlin nachdrücklich ans Herz gelegt – kam ihm ein besonderer Umstand zugute: Im letzten Jahr seines Studiums, 1962, hatte ihn das Solidaritätskomitee mit Genehmigung der Universität einige Zeit als Dolmetscher bei einem durch eine Mine schwer verwundeten, allmählich erblindenden palästinensischen Partisanenführer eingesetzt, den man zur Operation und Behandlung in die DDR geschickt hatte. Said, so hieß der Palästinenser, blieb auch nach seiner Wiederherstellung, nunmehr jedoch völlig erblindet, in der DDR, durchlief eine Rehabilitation und begann dann ein Studium an der Universität.

Ralf Bergner und er hatten sich im Laufe der Monate angefreundet, und Said war gern gesehener Gast in Bergners Familie. Von Said erhielt dann Bergner, neben einem Sack voll guter Ratschläge, auch eine Anschrift. «Sobald du in Beirut bist und etwas Luft hast», hatte ihm Said geraten, «suchst du diese Adresse hier, das Palestine Research Center, auf. Es ist in einem alten Haus untergebracht, nicht sehr respektabel. Dort gibst du das ab.»

Er kritzelte eilig einige arabische Worte auf ein Stück Papier. «Das hier hilft dir weiter. Sag, daß du ein Freund von mir bist. Alles Weitere überlasse den Leuten dort. Stell keine Fragen oder unmöglichen Forderungen. Illegale, verfolgte Organisationen müssen sich schließlich schützen. Also wappne dich mit Geduld.»

In Beirut hatten sich die Dinge dann schneller enwickelt, als Ralf Bergner vermutet hatte.

Im Palestine Research Center hatte einer der zufällig noch am späten Nachmittag anwesenden jungen Palästinenser sorgfältig Saids Zeilen studiert, Bergner eindringlich gemustert und war dann im Nebenraum verschwunden, um von dort aus – wie Bergner durch die angelehnte Tür hören konnte – mit irgend jemandem zu telefonieren. Verstehen konnte der Journalist nichts. Doch bereits kurze Zeit später kehrte der junge Palästinenser zurück und erklärte ihm knapp, während er aus einem Tischkasten eine Pistole zog und in seiner Hosentasche verschwinden ließ: «Wenn Sie wollen, können Sie schon heute nacht mit uns zum Jordan in ein Lager fahren und es sich anschauen. Strapaziös, aber wenn Ihnen an lebendiger Berichterstattung liegt, werden Sie es nicht bereuen.»

Nach einer kurzen Pause setzte er hinzu: «Wir bieten das nicht jedem an, aber Sie sind ein Freund von Said. Wir helfen Ihnen, denn sein Name gilt etwas bei uns. Wir würden Sie um 20 Uhr in Ihrer Wohnung abholen.»

«Danke! Natürlich nehme ich an», beeilte sich Bergner zu versichern, etwas benommen von der ungewöhnlichen Situation. Er fand noch Zeit, in seine Wohnung zurückzukehren, sich umzuziehen und ein paar Utensilien in seine Umhängetasche, in der sich die Kamera befand, zu stopfen.

Als er seine Wohnung verließ – es ging auf 20 Uhr zu, und die Dunkelheit kroch von den Bergen herab –, hupte ein etwas seitwärts stehender Wagen, ein Chevrolet Station-Car, langgestreckt, grau, etwas ramponiert bereits. Bergner ging auf den Wagen zu. Noch ehe er ihn erreicht hatte, stieg ein Mann in mittleren Jahren aus. Er trug einen etwas zerknitterten grauen Anzug, hatte eine hohe Stirn und dichte Brauen; seine großen braunen Augen musterten ihn freundlich. Er deutete eine Verbeugung an und sagte: «Ich freue mich, Monsieur Bergner. Saids Freunde sind uns stets willkommen.» Erst allmählich begriff dieser, was Saids Name hier offensichtlich zählte. Der andere setzte hinzu: «Gestatten Sie: Sami Hadawi. Wir fahren gemeinsam.»

Auf dem Vordersitz des Wagens saß neben dem grauhaarigen stoppelborstigen Fahrer der junge Mann aus dem Research Center. Er nickte Bergner freundlich zu.

Der saß noch nicht ganz richtig, als der Wagen davonschoß, auf der Straße nach Damaskus Beirut verließ und in atemberaubender Geschwindigkeit die steilen Kehren in die Vorberge des Antilibanongebirges hinaufkletterte. Dem Korrespondenten blieb der Atem weg, aber der Fahrer lachte.

Sie fuhren die ganze Nacht. Der Wagen jagte durch das Gebirge, stürmte in die Bekaa-Ebene hinunter und stieg mit gleichmäßig brummendem Motor die Hänge des Libanongebirges hinauf. Bereits im Dunkel passierten sie die libanesisch-syrische Grenzstation. Man ließ sie nach ein paar Worten ihres Begleiters und einem kurzen Blick in Bergners DDR-Paß und Hadawis palästinensischen UNO-Flüchtlingspaß ohne Schwierigkeiten passieren. Damaskus wimmelte trotz der nächtlichen Stunde von Menschen. Doch sie hielten sich nicht auf, jagten weiter. Südwärts ging es in Richtung Amman, das sie erreichten, als sich der erste Schimmer des Tages über den Gebirgskämmen zeigte.

Unter den Insassen des Wagens war durch die lange Fahrt jene Vertrautheit entstanden, die fremde Menschen durch ein gemeinsames Erlebnis auf nicht ganz erklärbare Art und Weise verbündet und sie veranlaßt, sich einander mehr aufzuschließen, als dies gemeinhin geschieht. Es stellte sich heraus, daß sowohl Hadawi als auch ihr Begleiter sehr gut über Saids Behandlung und Leben in der DDR informiert waren und offensichtlich gern an Bergner vergelten wollten, was man dort für eine ihrer populärsten Persönlichkeiten getan hatte.

Hadawi gehörte zu jener Schicht hochgebildeter Palästinenser der älteren Generation, die durch tief verwurzeltes Nationalgefühl und demokratisch-humanistische Bildung zu intellektuellen Vorkämpfern der palästinensischen Sache geworden waren. Hadawi hatte dieses Ringen um sein Heimatland zu seiner Lebensaufgabe als Diplomat und Schriftsteller gemacht.

In Jerusalem geboren, arbeitete er von 1920 bis 1955 im Regierungsdienst in Palästina und Jordanien. Von 1955 bis 1963 war er als UN-Berater für nahöstliche Angelegenheiten in den USA tätig. Seither lehrte er als Dozent in Beirut und gehörte zum Kreis der Wissenschaftler um das Palestine Research Center. 1956 war von ihm das preisgekrönte Buch «Palästina – Verlorenes Erbe» (Loss of a heritage) erschienen, dessen Titel Bergner von Said zwar gehört, das er aber selbst noch nicht in Händen gehabt hatte.

Hadawi fuhr nach Jahren zum erstenmal wieder nach Jordanien, um sich vom gegenwärtigen Ausmaß des Flüchtlingsproblems ein eigenes Bild zu machen.

Im Morgenlicht passierte ihr Wagen Es-Salt, und von da an kamen sie nur noch langsam voran. Die Straßen und dann die Wege wurden immer schlechter.

«Wohin fahren wir eigentlich?» fragte Ralf Bergner, als der Wagen einen ausgewaschenen Hohlweg abwärts torkelte.

«In das Lager von El-Karameh», erklärte ihr Begleiter, ohne den Blick vom Weg zu lassen.

«1949 war ich dort, als das Lager entstand», sagte Sami Hadawi, «und vor fünf, sechs Jahren habe ich es zum letztenmal besucht. Es kann nicht mehr weit entfernt sein.» Und nach einer kleinen Pause: «Ob ich es wiedererkenne?»

«Die Bedingungen sind seitdem etwas besser geworden», entgegnete Habib, ihr Begleiter, «doch das Elend ist noch groß genug.»

Sie erreichten das Lager keine zwanzig Minuten später. El-Karameh lag auf einem Plateau am Rande der Hügelkette, die den Jordangraben im Osten begrenzt. Bis zum Jordan waren es knapp zwei Kilometer.

Das Lager war 1948 entstanden, als die erste Welle palästinensischer Flüchtlinge nach Jordanien gespült wurde. Einst nur aus Zelten bestehend, waren an deren Stelle im Verlaufe von anderthalb Jahrzehnten kleine Wohnhütten und Häuser getreten, eckige Würfel aus Lehm oder Beton, mit Blech gedeckt und mit winzigen Fensterhöhlen. Dazwischen kümmerliche, staubiggrüne Pflanzen: Feigen, Weinstöcke oder junge Orangenbäumchen. Inmitten dieses Gassenlabyrinths einige feste Häuser, eine Schule, eine Sanitätsstelle.

Das Ganze machte den Eindruck eines Armenviertels am Rande einer der arabischen Großstädte. Überall lagen Schmutz und Abfälle, Kinder spielten dazwischen. Es wimmelte von Menschen, mageren, ausgemergelten Gestalten, zumeist mit faltigen braunen Gesichtern. Reglos hockten alte Männer an Häuserwänden und starrten vor sich hin. Hoffnungslosigkeit stand auf ihren Gesichtern; sie lebten dahin, tatenlos, stumm.

«Es ist nicht viel, was man für sie tut, doch dank unserer Anstrengungen vermag die UNRWA, die Hilfsorganisation der Vereinten Nationen, Hunger und Elend in erträglichen Grenzen zu halten. Wir sind froh, das erreicht zu haben. 1948 war alles viel, viel schlimmer.»

Während sie von neugierigen Blicken verfolgt durch das Lager gingen, erzählte Sami Hadawi weiter. «Das Lager entstand 1948 wie ein riesiges Geschwür gleichsam über Nacht. Es wuchs entlang des Weges und dehnte sich schier endlos nach Norden aus. Über 6000 Zelte wurden damals in aller Eile aufgestellt, und täglich wurden es mehr. Es war die zusammengewürfeltste Auswahl an provisorischen Unterkünften, die man sich denken konnte: Campingzelte, die in den Ferien zwei Personen Schutz boten, beherbergten jetzt sechs Menschen. Jeweils drei Familien teilten sich in die größeren Militärzelte, die 6 mal 4 Meter maßen. Von einer Leine herabhängende Stoffstücke bildeten die Trennwände. Es gab hohe und niedrige Zelte, achteckige, quadratische, gelbe, blaue, khakifarbene. Einige hatten Moskitonetze, andere besaßen einen verschnürbaren Eingang. Über 15000 Menschen, die noch Tage vorher ein Haus, einen Raum oder eine gut eingerichtete Mietwohnung ihr eigen nannten, hausten so. Und es gab für etliche noch nicht einmal ein Zelt.

Im Flüchtlingslager Karameh

Tausende Familien, die ohne Mittel, ohne alles ankamen, warteten auf einen Platz in den Zelten, behalfen sich, so gut es ging. Etwas abseits nähten Frauen emsig Dutzende von Säcken aneinander, die, wenngleich keinen Schutz, so doch immerhin zehn Personen eine Illusion von Abgeschlossenheit gewährten.

Die Ankommenden trugen ihr weniges Hab und Gut, meist nur ein, zwei Koffer, einige Bündel Decken, an eine etwas abseits liegende Stelle, wo sie sich niederlassen wollten. Da sich zunächst keiner um sie kümmern konnte, denn die erst im Aufbau begriffene Verwaltung des Lagers war dieser Menschenflut damals nicht gewachsen, schliefen sie zunächst im Freien, um sich herum die Überbleibsel ihrer Habe.»

Als Sami Hadawi stehenblieb, um mit einem der Bewohner zu sprechen, wandte sich Ralf Bergner an Habib: «Noch ist das Wetter warm, was aber wird, wenn der Winter kommt, mit seinen kalten Nächten und dem Regen?» Bergner wies auf den rötlichen Lehm des Bodens.

Habib zuckte die Schultern. «Dann wird hier alles in einer roten Schlammflut ertrinken. In den Gassen wird Wasser stehen, und die Gänge werden schlammige Pfade sein, monatelang.»

In einiger Entfernung von den letzten Hütten stand eine lange Reihe Menschen. «Ein Wasserhahn», sagte Habib. «Es gibt nur wenige davon. Das Wasser ist nicht gut, gerade noch trinkbar. Ein Abflußsystem gibt es nicht. Dort, sehen Sie», seine Hand wies etwas seitlich, «die Leute haben überall tiefe Gräben angelegt, um die Abfälle irgendwie verschwinden zu lassen. Können Sie sich vorstellen, was passiert, wenn hier Epidemien ausbrechen? Ein Wunder wäre es nicht. Aber was sollen die Menschen tun?»

In einem Wellblechverschlag, unter einem Zelt oder auch im Freien wurden auf gestapelten Apfelsinenkisten Gegenstände feilgeboten, die ein armer Haushalt zum Leben braucht: einige Konservenbüchsen, eine Petroleumlampe, Nadeln, ein Dutzend Päckchen Zigaretten. Doch die meisten besaßen kein Geld, um sich solchen Luxus zu leisten. Wortlos gingen Ralf Bergner, Hadawi und ihr Begleiter durch die Gassen des Lagers. Auf seine Bitte hin bekam der Journalist Gelegenheit, mit einigen Flüchtlingen zu sprechen.

Eine Frau in mittleren Jahren, mit Pluderhosen unter dem weiten Rock und einem weißen Kopftuch, wie es die Bäuerinnen in der Gegend von Jerusalem tragen, führte zwei ärmlich gekleidete Kinder an der Hand und schleppte über der Schulter ein großes Bündel gesammelten Holzes heran. Als sie es verschnaufend absetzte, sprach Hadawi sie an. Sie berichtete bereitwillig. Ihre ganze Familie käme aus einem Dorf bei Jerusalem. Sie sei noch ein junges Ding damals gewesen, doch könne sie sich gut erinnern, daß sich dic Einwohner alle auf dem Dorfplatz versammeln mußten, dann wurden sie auf Lastwagen gepfercht und an eine Stelle zwischen Jericho und dem Jordan gefahren. Dort zeigte man ihnen den Weg zum Fluß und feuerte einige Gewehrsalven über ihre Köpfe hinweg. In wahnsinniger Angst jagten die Menschen den Hang hinunter, viele stürzten und verletzten sich.

Habib brachte Ralf Bergner zu einem alten Mann, der, einen Turban auf dem Kopf, reglos auf einem Felsblock saß, die Hände über einem derben Wanderstock zwischen seinen Knien gefaltet. Er starrte vor sich hin und hob auch nicht den Kopf, als Bergner und die beiden anderen auf ihn zutraten. «Das ist Muhammad Es-Sheikh Nasar», erläuterte Habib, «ich habe mich nach ihm erkundigt. Er ist über sechzig Jahre alt, Vater von neun Kindern und kommt aus Tulkarm. Er ist bereit, auf Ihre Fragen zu antworten.»

«Machhaba!» begrüßte ihn Bergner freundlich auf Arabisch.

Erst da hob der Alte den Kopf und schaute sie an. Der Korrespondent blickte in ein von unzähligen Falten und Runzeln zerfurchtes braunes Gesicht, aus dem ihn zwei tiefliegende Augen matt und glanzlos anblickten.

«Achlahn! Allah segne deinen Weg», sagte der Alte.

«Er schenke dir ein langes Leben», entgegnete Bergner höflich, den Formeln des Begrüßungsrituals folgend.

«Du sprichst unsere Sprache, das ist gut», bemerkte der Alte.

«Kannst du mir berichten, wie sich damals in eurem Ort alles zugetragen hat?» bat ihn Bergner.

Bereitwillig erzählte der Mann, langsam, manchmal weit ausholend und durchsetzt mit vielen umständlichen Wendungen.

Bergner notierte bewegt die Ereignisse im Leben des Muhammad Es-Sheikh Nasar, die ihn innerhalb weniger Tage von einem relativ wohlhabenden, angesehenen Bürger seines Ortes in einen mittellosen Flüchtling verwandelten, der Frau und vier Kinder verloren hatte und nun bereits anderthalb Jahrzehnte im Lager dahinvegetierte.

Sheikh Nasar berichtete, daß das Städtchen Tulkarm, in dem er lebte, im Jahre 1948 eines Tages gegen Mittag von Einheiten der israelischen Haganah angegriffen und besetzt wurde. Die Soldaten schickten zuerst alle Einwohner in ihre Häuser; ließ sich jemand auf der Straße blicken, wurde sofort geschossen. Gegen Abend erhielten die Bewohner Anweisung, sich auf dem Marktplatz einzufinden. Es kamen Tausende Menschen dort zusammen. «Wir alle hatten Angst», erläuterte der alte Mann, «schreckliche Angst. Wir hatten von Deir Yassin gehört. Doch uns haben sie am Leben gelassen.»

Dann berichtete er weiter, man habe ihnen zunächst versichert, sie würden nur gezählt werden. Doch bald tauchten Lastwagen auf, und die Leute mußten hinaufklettern. Sie flehten, in ihren Häusern bleiben zu dürfen, und als das verweigert wurde, baten sie, wenigstens etwas von ihrer Habe mitnehmen zu können – gleichfalls erfolglos. Sie wurden eine kurze Strecke aus der Stadt gefahren, dann setzte man sie ab und befahl ihnen, nicht zurückzukehren. Die Nacht verbrachten sie unter freiem Himmel. Am nächsten Morgen wanderten sie nach Osten in das nächste arabische Dorf, um Unterkunft und Nahrung zu finden. Nachmittags wurden sie durch den Lautsprecher der Moschee aufgefordert, sich erneut zu versammeln und die eben angekommenen Lastwagen zu besteigen. Man fuhr sie in die Nähe von Nablus und setzte sie wieder ab. Wegen der Ausgangssperre konnten sie die Stadt nicht betreten und waren deshalb gezwungen, eine weitere Nacht im Freien zu verbringen. Am dritten Tag fuhr man sie an eine einsame Stelle des Jordantales, etwa 15 Kilometer vom Fluß entfernt. Man zeigte ihnen die Richtung zum Jordan und trieb sie mit einigen Gewehrsalven zur Eile an. Der 15-Kilometer-Marsch in der Mittagssonne, ohne Nahrung und Wasser, war für viele zu anstrengend. Sie starben vor Erschöpfung oder Durst oder mußten sterbend zurückgelassen werden. Als die Flüchtlinge endlich den Fluß erreicht hatten, sahen sie, daß er Hochwasser führte, da die Israelis die Deiche an der Mündung des Sees Genezareth geöffnet hatten. Manche der Männer trugen Kinder, andere halfen den Frauen. Vielen war es unmöglich, den Fluß zu überqueren, oder sie glitten dabei aus und wurden von der Strömung mitgerissen.

Als Ralf Bergner Sheikh Nasar fragte, wie viele von den damals geflüchteten Menschen nach seiner Ansicht das Leben verloren hätten, antwortete er: «Eine Anzahl junger Männer ist bereits auf dem Marktplatz vor unseren Augen erschossen worden, andere hat man noch in den Häusern umgebracht. Etliche der Alten, Gebrechlichen und Schwachen sind unterwegs gestorben, darunter auch Halima, meine Frau. Einige hat die Strömung mitgerissen.» Der Alte schwieg, und Bergner wagte nicht, nach dem Schicksal seiner Kinder zu fragen.

In ihr Schweigen hinein fügte Sheikh Nasar hinzu: «Wie viele gestorben sind, weiß ich nicht. Es waren sehr viele.»

Er hatte den Kopf gehoben, blickte den Fremden mit stumpfem Blick an und fragte: «Warum, Sayed, warum tun sie uns das an?»

Ralf Bergner konnte nur schweigen, und auch Sami Hadawi

vermochte dem alten Mann nur wortlos die Hand auf die Schulter zu legen.

Als sie nach einem Besuch der Verwaltung des Lagers zum Wagen zurückgingen, fragte der Journalist seine Begleiter: «Was meinte er mit dem Namen Deir Yassin? Ein Dorf – oder?»

«Der Name eines Dorfes, Monsieur Bergner. Wollen Sie die Geschichte hören? Haben Sie diesen Namen nie gehört?»

«Ich bin mir nicht sicher.»

«Er steht für all das Leid, das man unserem Volke angetan hat: Am 9. April 1948 waren etwa hundert zionistische Terroristen der extrem nationalistischen Organisationen Irgun und Stern in das Dorf unweit von Jerusalem eingerückt. Sie sprengten die Häuser und ermordeten alle Bewohner, denen es nicht gelang zu flüchten. Beauftragte des Roten Kreuzes fanden nachher in Deir Yassin 254 Tote; die Hälfte davon Frauen und Kinder. Die Leute waren durchweg schrecklich verstümmelt. Den Großteil der Toten fand man in dem Brunnen des Dorfes. Nach diesem Massenmord druckten die Israelis Flugblätter, und Lautsprecherwagen fuhren durch den arabischen Teil Jerusalems und forderten: ‹Wenn ihr nicht eure Heimstätten verlaßt, wird das Schicksal von Deir Yassin auch euer Schicksal sein!›

Dieses Massaker ließ damals die panische Flucht der Palästinenser, die schon im Dezember 1947 eingesetzt hatte, zu einer Lawine anschwellen. Als am 14. Mai 1948 der Staat Israel proklamiert wurde, waren bereits mehr als 300000 Araber aus ihrer Heimat vertrieben worden.»

Sami Hadawi unterbrach sich einen Augenblick, um dann fortzufahren: «Wissen Sie, das schlimmste ist, die Israelis rühmen sich dessen noch vor aller Weltöffentlichkeit. Der Kommandeur, der den Überfall befohlen hatte, Menachem Begin, schrieb 1952 in seinem Buch ‹The Revolt› darüber: ‹Die Araber im ganzen Land glaubten die schrecklichen Geschichten von der Irgun-Schlächterei, sie waren von grenzenloser Panik erfüllt und flüchteten.› Sehen Sie, Monsieur Bergner, das alles verbindet sich bei einem Palästinenser mit dem Namen Deir Yassin.»

Bei der Rückfahrt legte Ralf Bergner seinen Block geöffnet auf die Knie und begann, noch aufgewühlt von dem Erlebten, Sami Hadawi Fragen zu stellen.

«Wovon leben die Menschen, Mister Hadawi? Soviel ich weiß, kümmert sich die UNRWA, die Flüchtlingsorganisation der Vereinten Nationen, um sie. Ich habe gehört, diese liefert alles, was die Menschen brauchen. Stimmt das?»

«Im Prinzip ja, Monsieur Bergner, nur freilich nicht alles, sondern gerade das, womit sich ein Mensch noch am Leben erhalten kann: 1500 Kalorien im Sommer, 1600 Kalorien pro Person im Winter, wissenschaftlich exakt berechnet.»

«Was heißt das?»

«Stellen Sie sich vor, Sie bekommen pro Monat, das heißt in 30 Tagen, 10 Kilo Mehl, 600 Gramm Hülsenfrüchte, 600 Gramm Zucker, 500 Gramm Reis und 375 Gramm Öl und Fett. Während der kalten Wintermonate gibt man ihnen 300 Gramm Hülsenfrüchte und 400 Gramm Mehl zusätzlich. Schließlich ist es im Winter kalt, und es regnet. Sie frieren. Also bekommen Sie außerdem während der fünf Wintermonate anderthalb Liter Petroleum für Ihren Petroleumkocher, falls Sie einen besitzen. Die Kalorien liegen unter dem Minimum, die ein Mensch braucht. Für Fleisch, Gemüse und Früchte müssen Sie entweder selbst sorgen oder sich daran gewöhnen, ohne sie auszukommen.»

Bergner notierte schweigend. Erst nach einigem Zögern entschloß er sich, weiter zu fragen.

«Wie hoch schätzen Sie etwa die Anzahl der palästinensischen Flüchtlinge, Mister Hadawi?»

«Nach den Unterlagen der Vereinten Nationen belief sich die Anzahl der Palästinenser, die ihre Wohnstätte verloren hatten, im Jahre 1948 auf etwa 900000. Doch Jahr für Jahr sind es mehr geworden, die ausgewiesen wurden.»

«Alle diese Menschen leben in Lagern?»

«Gewiß, denn nur die in den Lagern im Libanon, in Syrien, Jordanien und im Gazastreifen werden von der UNO als Flüchtlinge gezählt. Diese Zahl erfaßt nicht die Palästinenser, denen es gelang, sich nach dem Verlassen ihrer Heimat in den jeweiligen, über den ganzen Erdball verstreuten Gastländern wieder eine neue, meist recht kümmerliche Existenz aufzubauen und deshalb keiner Unterstützung bedürfen.»

«Also kommen zu den über eine Million ‹Flüchtlingen› weitere hunderttausend ‹verstreute› Palästinenser hinzu?»

«Sie irren sich, Monsieur Bergner, wenn Sie nur Hunderttausende vermuten. Wir schätzen, daß die Gesamtzahl unseres Volkes bald über vier Millionen betragen wird.»

«Und wo lebt dieses Volk ohne eigenen Staat?»

«Geben Sie mir Ihren Block für einen Augenblick, ich werde es Ihnen aufschreiben. Ich habe diese Zahlen im Kopf. Es ist schließlich mein Volk.»

Hadawi schrieb in seiner sorgfältigen, wie gestochenen Schrift in den Notizblock die geschätzte Anzahl der Palästinenser und ihre gegenwärtigen Aufenthaltsgebiete. Jahre später konnte Ralf Bergner die Angaben noch präzisieren:

		1967	1981
innerhalb Israels		500000	530600
Westjordangebiet	von Israel besetztes Gebiet	700000	818300
Gazastreifen		450000	476700
Jordanien		1150000	1300000
Libanon		400000	600000
Syrien		250000	215000
Kuweit		250000	178000
Irak			20000
Katar			22500
Vereinigte Arabische Emirate		300000	34700
Oman			48200
Ägypten			48500
Libyen			23000
verstreut in anderen Ländern		200000	215700
Gesamtzahl		4200000[1]	4531200[2]

«Und mit all dem finden sich die Menschen Ihres Volkes ab? Meines Wissens gibt es doch eine Bewegung des palästinensischen Widerstandes.»

[1] lt. Sami Hadawi, Bitter Harvest, 1967

[2] lt. Statistisches Zentralbüro des Palästinensischen Nationalfonds von 1981

«Ja, gewiß, aber dieser Widerstand ist noch zu unorganisiert; die politische Aktivität zu gering. Es ist nicht so leicht, ein Volk, dem man seine Identität ständig abspricht, das man nun bereits anderthalb Jahrzehnte in Lagern dahinvegetieren läßt, dem man immer neue Versprechungen macht, zum organisierten Widerstand zu bewegen. Wundert es Sie, wenn die Menschen in Lethargie und Hoffnungslosigkeit verfallen sind? Wir sind so stumm, daß Golda Meir, die israelische Ministerpräsidentin erst kürzlich in der Londoner ‹Sunday Times› erklären konnte: ‹Es war nicht etwa so, daß es da so etwas wie ein palästinensisches Volk gab und Palästinenser, die sich selbst als Palästinenser ansahen, und wir etwa gekommen wären und ihnen ihre Heimstätten und ihr Heimatland weggenommen hätten. Die Palästinenser existieren überhaupt nicht!›»

Bergner, der eifrig mitschrieb, unterbrach Hadawi. «Aber es gab doch Debatten in den Vereinten Nationen über das Palästinaproblem.»

«Gewiß. Die palästinensischen Vertreter bei den Vereinten Nationen, zum Beispiel jetzt Ahmad Schukeiri, halten auf den alljährlichen UNO-Sitzungen ihre Reden und kehren dann zufrieden in ihr jeweiliges Land zurück, um dort ihr normales Leben weiterzuführen. Das einzige, was die Vereinten Nationen unternehmen, besteht darin, Mittel aufzutreiben, um den palästinensischen Flüchtlingen in den großen Lagern zum Weiterexistieren zu verhelfen. Das Ergebnis haben Sie, Mister Bergner, ja gesehen. Für die Welt ist die Palästinafrage heute, im Jahre 1964, lediglich ein Flüchtlingsproblem. Eines unter vielen.»

«Das wird sich bald ändern», warf plötzlich ihr Fahrer ein.

Bergner blickte interessiert auf. «Wie meinen Sie das?»

«Das palästinensische Volk wird sich wehren, wird kämpfen.»

Sami Hadawi zuckte zu diesen Worten nur resignierend die Schultern und entgegnete: «Hoffen wir es! Vielleicht jetzt, nachdem zu Anfang des Jahres die arabische Gipfelkonferenz die Bildung einer von anderen arabischen Staaten unabhängigen palästinensischen Organisation beschlossen hat. Ich hoffe und wünsche es, aber auch meine eigenen Hoffnungen sind zu oft schon enttäuscht worden.»

Ganz begriff Ralf Bergner die Zusammenhänge noch nicht. Doch fragte er auch nicht weiter.

In das Schweigen, das nur vom tiefen Brummen des Motors unterbrochen wurde, zitierte plötzlich Sami Hadawi Verse des palästinensischen Dichters Mahmoud Darwish: «Uns blieben nur die Orangenschalen und hinter uns nur die Wüste.»

Das Land der traurigen Orangen

Es fiel Ralf Bergner anfangs nicht leicht, festen Fuß zu fassen, Wurzeln zu schlagen. Ist es doch ein großer Unterschied, ob man ein fremdes Land als Urlauber, Tourist oder auch Dienstreisender besucht mit dem Wissen, es nach Tagen oder Wochen wieder zu verlassen, heimkehren zu können in die alte, vertraute Lebensatmosphäre und -umgebung, oder ob man sich einrichten muß für Monate, ja für Jahre.

Alles war anders als daheim: die lichtdurchflutete Weite des Tages, die samtene, tiefblaue Schwere der Nacht, der Geruch nach Tang und Meer, der durchsichtige, trockene Staub, die flachdachigen Häuser und die dunkelhäutigen Menschen mit ihrer oft unverständlichen gutturalen Sprache. Schwer war es, Kontakt zu bekommen, Vertrauen zu gewinnen, Freunde zu finden, die helfen, erklären, beraten. Doppelt schwer für einen Korrespondenten, der nicht in das Kollektiv einer Botschaft, einer Handelsvertretung, eines technisch-kommerziellen Büros eingegliedert wird, erwartet und gebraucht, sondern der etwas außerhalb steht, nur sich selbst und seiner Zentrale verantwortlich – ein Einzelkämpfer, der draußen ist, über das andere Land, die anderen Menschen zu berichten, zu informieren und sie deshalb besser kennenlernen muß als andere. Außerdem war dies Bergners erster Auslandseinsatz, der erste selbständige Korrespondentenposten, er war vollverantwortlich, allein. Wo beginnen? An wen sich zuerst wenden?

Aber gerade diese Frage klärte sich recht schnell, wie selbstverständlich.

«Halt dich an Viktor!» hatte ihm sein Vorgänger geraten. «Der ist zwar manchmal ein typischer Levantiner, doch zu ihm kannst du Vertrauen haben. Er gehört dazu.» Das hieß, daß Viktor Mitglied der Libanesischen Kommunistischen Partei war.

Viktor gehörte zum SPA-Büro in Beirut – wie der Fernschreiber, das Telefon, das Kopiergerät, der Fernseher, die ohne ihn nur die halbe Wirksamkeit gehabt hätten beziehungsweise ohne ihn nie richtig hätten arbeiten können. Er kannte alle notwendigen Telex- und Telefon-Nummern; wußte, unter welchen Nummern ein Minister zu erreichen war, wenn der um Mitternacht nicht bei seiner Familie weilte; brauchte nicht zu fragen, was wie oft kopiert werden mußte; sah stets die jeweils wichtigste Sendung im Fernsehen und wußte sie richtig einzuordnen. Und er war so lange da, wie das Büro bestand. Untersetzt, dicklich-lebhaft, lachte er zumeist und hatte einen sicheren Klasseninstinkt, der sich im Laufe der Jahre immer mehr zu scharfsichtigem Klassenbewußtsein ausgebildet hatte.

Bergner wandte sich an ihn, unsicher zunächst noch, im unklaren, wie weit er mit ihm gehen konnte. Er war letztlich der Chef. «Sagen Sie, Viktor», begann er tastend, «ich habe das Lager von El-Karameh gesehen. Niederdrückend! Aber müssen denn diese Menschen alle so leben? Viele könnten doch gewiß irgendwo eine Arbeit finden, wieder wo seßhaft werden, nicht in den Lagern dahinvegetieren. Oder?»

«Das sagen Sie so, Monsieur Bergner», gab ihm Viktor bereitwillig Auskunft. «Diese Menschen möchten schon arbeiten, ein menschenwürdiges Leben führen, doch Sie vergessen, daß es auch ohne die Palästinenser viele Arbeitslose gibt, hier im Libanon und erst recht in Jordanien. Auch die hiesigen Arbeiter sind nicht so sehr daran interessiert, daß es zu viele palästinensische ‹Lohndrücker› gibt. Bei aller Sympathie!»

«Läßt sich das aber nicht auch staatlich regeln?»

Viktor lachte trocken. «Von wem denn? Alle wollen die Palästinafrage in erster Linie im eigenen nationalen Interesse ausnutzen. Glauben Sie denn, für mich war es leicht, hier Fuß zu fassen?»

Bergner war völlig verblüfft. «Sind Sie etwa auch Palästinenser, Viktor?»

«Ich war, Monsieur Bergner, ich war es, doch heute habe ich einen libanesischen Paß. Fragen Sie lieber nicht, auf welch zweifelhaftem, kostspieligem Wege ich endlich dazu gekommen bin. Heute bin ich libanesischer Staatsbürger – Allah sei Dank.»

Ralf Bergner wurde damit nicht so einfach fertig. «Sie sind tatsächlich Palästinenser?»

«Warum denn nicht? Ich mache kein Hehl daraus. Warum sollte ich? Und vergessen werde ich nichts.»

«Wie kommen Sie hier nach Beirut? Sind sie etwa auch Flüchtling?»

«Sie sagen es!» Viktor hatte sich auf die Lehne eines der breiten, wuchtigen Ledersessel niedergelassen, die in dem Besucherraum des SPA-Büros standen, in dem sie sich beide während dieses Gespräches befanden.

«Ich stamme aus Haifa! Kennen Sie Haifa?» Er mußte lächeln. «Natürlich kennen Sie Haifa nicht, wie sollten Sie. Eine weite helle Stadt mit vielen grünen Gärten und Parks, erinnere ich mich noch. Schließlich war ich damals ein Kind.» Und nach einer Pause, Bergner hatte nichts dazu gesagt, sprach der kleine, wuschelköpfige, dickliche Araber, der viel älter aussah, als er eigentlich war, weiter: «Aber an anderes kann ich mich noch sehr genau erinnern. 1948 wurde meine Familie aus Haifa vertrieben. Im Februar, also kaum drei Monate, nachdem die UNO-Vollversammlung beschlossen hatte, auf dem Gebiet, das sich Palästina nannte, zwei unabhängige Staaten zu schaffen, begannen die Juden die arabische Bevölkerung aus Haifa zu vertreiben.

Eines Morgens wurde von überallher geschossen. Wie ein Lauffeuer verbreitete sich in der Stadt, daß die jüdische Terrororganisation Irgun Zwai Leumi, die unter dem Befehl eines Mannes namens Menachem Begin stand, Araber jetzt öffentlich ermorde. Heimlich, nachts – das war schon seit langem bekannt. In blinder Angst verließen die Menschen ihre Häuser und Wohnungen, strömten aus der Stadt, schleppten nur das, was sie in der Eile greifen konnten, mit sich.»

«Und Ihre Familie war mit darunter?» fragte Bergner.

«Ja! Ich kann mich noch erinnern, daß wir auf einen Lastwagen klettern mußten, auf dem sich schon viele Menschen drängten, und aus der Stadt hinausfuhren. Mein Vater beruhigte uns und versicherte uns, in ein paar Tagen könnten wir wieder zurückkehren, wenn die Schießerei aufgehört hätte. Schließlich glaubten wir alle, daß die arabischen Armeen die Juden sehr schnell verjagen würden, hatten doch alle arabischen Staaten die Bildung eines jüdischen Staates abgelehnt und mit Kriegshandlungen gedroht.»

Viktor schwieg, bis er seufzend sagte: «Das war vor 16 Jahren. Haifa habe ich nie wiedergesehen!»

Bergner, der zu dieser Zeit noch recht unwissend war, dies aber auch nicht unbedingt zeigen wollte, fragte schließlich doch: «Wie konnte so etwas nur geschehen – ein ganzes Volk zu vertreiben. Und keiner verhinderte das damals.»

«Ja», sagte Viktor, «wie konnte das geschehen? Ich könnte Ihnen zwar gelegentlich einiges zu erklären versuchen, aber allzuviel verstehe ich davon auch nicht.» Nach einigem Überlegen fügte er hinzu: «Wissen Sie was, ich bringe Sie mit einem meiner Freunde zusammen, mit Genossen Nadim. Der wird Ihnen das klarmachen. Er kann das.» Halblaut fügte er hinzu: «Nadim ist bei uns für die Agitation und Propaganda verantwortlich. Verstehen Sie?»

Bergner nickte schmunzelnd. «Tun Sie das, Viktor, sagen Sie mir nur Bescheid, denn es ist gewiß nicht so einfach, ihn zu treffen.»

«Sie sagen es!»

Für diesmal war ihr Gespräch beendet. Doch Bergner wartete nicht, bis es zu einer Begegnung mit Genossen Nadim kam, sondern versuchte, sich aus dem ihm zugänglichen Material, das nicht allzu ergiebig war, selbst schon ein Bild der Vorgeschichte dieses Krieges von 1948 zu machen, der so viel Leid über die Menschen Palästinas gebracht hatte.

Das erste, was ihm in die Hände fiel, war ein kleines Bändchen mit Gedichten des palästinensischen Dichters Tawfik Zayyad, das den Titel trug «Das Land der traurigen Orangen» und dessen Thema Palästina und der Freiheitskampf des palästinensischen Volkes war. Er las sich sogleich fest an einem der Gedichte, das mit seiner arabischen traurig-trotzigen Sprachmelodie das Leid und zugleich den Kampfeswillen eines ganzen Volkes ausdrückte:

Als sie ihn
Eines Morgens
Mit Panzerketten überrollten
Flüsterte der Dornenstrauch:
Spielt mit dem Feuer
Soviel ihr wollt!
Denn
Recht wird nie sterben!
– und wuchs weiter

Die den Gedichten Tawfik Zayyads vom Verlag vorangestellte Einleitung vermittelte ihm eine farbig-plastische Vorstellung vom Charakter und der landschaftlichen Eigenart dieses Landes Palästina: «Das Land am östlichen Ufer des Mittelmeeres steigt vom flachen schmalen Küstenstreifen her stetig an, geht allmählich in Hügel über, die zu einem durch Täler unterbrochenen Gebirgszug zusammenwachsen, um dann steil in die Jordansenke und den Graben des Toten Meeres abzufallen. Jenseits dieses gewaltigen Einbruchs erhebt es sich erneut, um bald in ein steiniges und steppenartiges Plateau und schließlich in die Wüste Arabiens überzugehen. Der Streifen längs der Küste und überall dort, wo der feuchte Seewind die zerrissene Hügel- und Gebirgsformation erreicht und sich zur Regenzeit die trübgrauen, vom Mittelmeer her aufziehenden Wolken abregnen, ist das Land fruchtbar. Auf den kalkigen Höhenrücken stehen uralte knorrige Oliven- und Nußbäume, in den Tälern und Senken wachsen Aprikosen, Feigen und reihen sich die Zeilen der kugeligen Apfelsinenbäume. Ab November leuchten die Früchte aus dem Laub heraus.

Doch keiner der palästinensischen Dichter der Gegenwart besingt das Land der reifen, saftigen Früchte, die sich spielerisch im lackglänzenden Grün verstecken. Statt dessen taucht in ihren Zeilen immer wieder das Bild der traurigen Orangen auf, das so gar nicht zu dieser uralten, idyllischen Mittelmeerlandschaft zu passen scheint. Die Dichter Palästinas besingen ihr Land, aber ihr Herz und ihre Verse sind voller Bitterkeit und Trauer. Nie gehörten die Orangen und dieses Land denen, die den Boden Palästinas seit Menschengedenken bearbeiteten.»

W.I.Lenin hat die Klassenursachen und -ziele des Antisemitismus aufgedeckt. «Antisemitismus nennt man die Verbreitung von Feindschaft gegen die Juden», erklärte er in einer Rede Ende Mai 1919. «Den Haß der von Not gepeinigten Arbeiter und Bauern wollten die (zaristischen) Gutsbesitzer und Kapitalisten auf die Juden lenken. Auch in anderen Ländern hat man nicht selten Gelegenheit zu sehen, daß die Kapitalisten Feindschaft gegen die Juden schüren, um den Blick des Arbeiters zu trüben, um seine Aufmerksamkeit von den wirklichen Feinden der Werktätigen – vom Kapital – abzulenken.»[1]

Ende des 19. Jahrhunderts entstand die politische Bewegung des Zionismus. Sie war aber nicht nur oder vorrangig eine Gegenreaktion auf den Antisemitismus. Mit dem Übergang des Kapitalismus in sein imperialistisches Stadium erkannte die jüdische Bourgeoisie, daß ihr ein territorialer und staatlicher Rückhalt fehlte, um im verschärften internationalen Konkurrenzkampf mithalten zu können. Diesem Nachteil wollte sie mittels dieser politischen Bewegung abhelfen. Sie setzte sich das Ziel, die Juden in allen Teilen der Welt in ihrem Interesse zu organisieren. In diesem Sinne erhob die Zionistische Weltorganisation auf ihrem Gründungskongreß 1897 in Basel die expansionistische Forderung zu ihrem Programm: «Schaffung einer nationalen Heimstätte für das jüdische Volk in Palästina».

Warum ausgerechnet Palästina? Zionisten beriefen und berufen sich, um diesen Anspruch zu rechtfertigen, auf die Geschichte.

Wie sah der geschichtliche Sachverhalt aus? Als aus den semitischen Nomadenstämmen, die um die Wende vom 13. zum 12. Jahrhundert v. u. Z. Palästina erobert hatten, ein einheitliches Staatswesen wurde, schlug sich das in der streng monotheistischen Verehrung Jahwes nieder, der auch als Gesetzgeber galt. Mythen zufolge, die ins Alte Testament eingingen, soll Jahwe diese Stämme als sein Volk auserwählt und ihnen das bereits bewohnte Land Kanaan – das ist Palästina – verheißen und gegeben haben. In der Folgezeit konzentrierten die Juden,

[1] W.I.Lenin, Werke, Bd. 29, Berlin 1961, S. 239

als Reaktion sowohl auf die in späteren Jahrhunderten wiederholten Unterwerfungen durch andere Völker als auch auf Bedrängnisse und Verfolgungen in der Diaspora, ihr Zusammengehörigkeits- und Selbstbewußtsein mehr und mehr in der Religion. Sie hielten insbesondere an der Überzeugung fest, von Gott «auserwählt» worden zu sein und von ihm ihr Land erhalten zu haben.

Das ist der Punkt, an den die Zionisten anknüpfen. Sie geben den historisch bedingten und zu erklärenden Mythos als bare Münze aus. Palästina stehe auch heute noch den Juden zu, lautet ihre Schlußfolgerung, um so mehr, als sie ihrer göttlichen Berufung immer treu geblieben seien und ihre Bindung zum «Land der Väter» stets aufrechterhalten hätten.

Die Rückkehr in die alte «Heimat» wurde zur Kernfrage jüdischer Existenz gemacht.

Allerdings sahen sich die Zionisten mit der Tatsache konfrontiert, daß Palästina schon besiedelt war, von einer halben Million Araber nämlich. Sie glaubten zunächst, dies einfach ignorieren zu können, und forderten: «Gebt das Land ohne Volk dem Volk ohne Land!» Doch auf die Dauer ließ sich diese Lüge nicht aufrechterhalten.

Hinzu kam noch ein zweites: Um das Ziel, die Schaffung eines jüdischen Staates, zu erreichen, war der Zionismus als politische Bewegung allein zu schwach. Er brauchte Verbündete, Staaten, die bereit waren, seine Forderungen mit militärischen Mitteln zu unterstützen, denn die Araber würden ihren Boden nicht freiwillig und kampflos räumen; darüber gaben sich die Zionisten keinen Illusionen hin. Nachdem sie vergeblich den deutschen Kaiser, den türkischen Sultan und den russischen Zaren um Beistand ersucht hatten, wandten sie sich schließlich an Großbritannien.

Im Verlaufe des ersten Weltkrieges geriet Großbritannien im Nahen Osten in eine immer schwierigere Lage bei der Verteidigung des Suezkanals und seiner nahöstlichen Einflußsphäre. Darin erblickten die Zionisten einen günstigen Ansatzpunkt: Sie offerierten militärische und vor allem finanzielle Hilfe. Als die Kampfhandlungen zwischen türkischen und deutschen Truppen auf der einen und der britischen Armee auf der anderen Seite auch auf das palästinensische Gebiet übergriffen, bot der Präsident der zionistischen Weltorganisation, Dr. Chaim Weizmann, der britischen Regierung zur Unterstützung der englischen Truppen die Aufstellung und den Einsatz jüdischer Freiwilligenverbände an. Als Gegenleistung forderte er die Unterstützung zionistischer Ansprüche auf den Palästina benannten Landstrich nach dem siegreichen Ende des Krieges.

Nach dreijährigen intensiven Verhandlungen wurden Weizmanns Bemühungen von Erfolg gekrönt. In einem Brief vom 2. November 1918 teilte der damalige britische Außenminister Arthur James Balfour dem einflußreichen britischen Bankier und Zionisten Lord Rothschild mit: «Die Regierung Ihrer Majestät betrachtet die Schaffung eines Nationalheimes für das jüdische Volk von Palästina mit Wohlwollen und wird die größten Anstrengungen machen, um die Erreichung dieses Zieles zu erleichtern.»

Damit war den Zionisten ein erster entscheidender Schritt gelungen, um auf arabischem Boden festen Fuß zu fassen. Doch zunächst ahnten die Araber noch nichts von dem Schicksal, das ihnen bevorstand. England spielte ein doppeltes Spiel – und mit gefälschten Karten. Die Balfour-Deklaration, wie sie später genannt wurde, ist eines der entlarvendsten Beispiele skrupelloser britischer Kolonialpolitik. Zu dem Zeitpunkt, da der britische Imperialismus sich verpflichtete, Palästina den Zionisten zu überlassen, hatte er den rechtmäßigen Eigentümern, den Arabern, bereits versprochen, ihnen bei der Erlangung ihrer Unabhängigkeit zu helfen. In einem Briefwechsel des mohammedanischen Sherifen von Mekka, Hussein, mit dem britischen Hochkommissar von Ägypten, McMahon, war den Arabern zugesagt worden, einen unabhängigen nationalen Staat zu gründen. Als Gegenleistung verpflichtete sich Hussein, einen antitürkischen Aufstand zu organisieren. Während Hussein diese Erhebung am 5. Juni 1916 gegen die deutschen und türkischen Truppen begann und so England half, den Sieg zu erringen, war der britische Imperialismus von vornherein zum Wortbruch entschlossen. Weder das den Zionisten noch das den Arabern gegebene Versprechen sollte gehalten werden: England selbst gedachte, diesen Landstrich in sein Kolonialreich einzuverleiben. Im kolonialistischen Frankreich, das gleichgelagerte Interessen hatte, fand es einen Bundesgenossen, der bereit war, dieses Spiel mitzuspielen: Drei Wochen vor Beginn des Aufstandes der Araber unterzeichneten Großbritannien und Frankreich das sogenannte Sykes-Picot-Abkommen über die Aufteilung ihrer Einflußsphären im Nahen Osten. Der Begriff «arabischer Staat» taucht darin nicht einmal auf.

Und 1920 schließlich übertrug die Konferenz von San Remo Großbritannien das Mandat über Palästina. Während die Balfour-Deklaration, das heißt die den Zionisten gegebenen Versprechen, Bestandteil des Mandatsvertrages wurde, erwähnte man die den Arabern gegebene Zusage mit keinem Wort.

Die Zionisten hatten einen zweiten Fuß auf palästinensische Erde gesetzt. Sofort gingen sie zur Aktion über. Ihre Organisation, die später Jewish Agency for Palestine genannt wurde, begann weltweit Propaganda für großangelegte jüdische Siedlungen im arabisch bewohnten Palästina zu machen. Sie stellte erhebliche Geldmittel zum Kauf und zur Urbarmachung von Land zur Verfügung.

Die Zionisten begannen mit einer intensiven kolonialen Besiedelung. Waren 1914 von den 654000 Hektar kultivierten Bodens Palästinas 6,4 Prozent in zionistischem Besitz, so waren es 1936 bereits 18,8 und 1945 rund 27 Prozent.

Von Anfang an war der Ausgangspunkt für die Zionisten dabei die Feindschaft gegenüber dem arabischen Volk und die uneingeschränkte Zusammenarbeit mit den britischen Imperialisten.

Die Feindschaft gegenüber den Arabern zeigte sich am deutlichsten in der Verbreitung und Durchsetzung der Losung von den «drei Eroberungen»:

– Eroberung des Bodens, die in vielen Fällen mit der Vertreibung der arabischen Bauern einherging
– Eroberung der Arbeit, die gleichbedeutend war mit der Vertreibung arabischer Arbeiter aus jüdischen Fabriken, Betrieben, von Baustellen und von Arbeitsplätzen in der Landwirtschaft, besonders auf den Zitrusplantagen
– Eroberung des Marktes und damit Boykottierung arabischer Produkte

Der britische Außenminister Balfour (stehend) erleichterte es den Zionisten, in Palästina Fuß zu fassen

Darin kam die rassistische Doktrin der Zionisten, die ausschließlich eigenen jüdisch-kapitalistischen Interessen diente, zum Ausdruck.

In den zwanziger Jahren war die zionistische Einwanderung nach Palästina gering, und in zwei Jahren wanderten mehr Juden aus Palästina aus, als Einwanderer nach Palästina kamen. Doch unter dem Einfluß des starken Antisemitismus des Faschismus in Europa zu Beginn der dreißiger Jahre nahm die Einwanderung wieder zu, wodurch sich die zionistische Besiedlungspolitik festigte. Die Demographie des Landes begann sich zu verändern.

Den entscheidenden Schlag führten die Zionisten nach dem Ende des zweiten Weltkrieges, als sich herausstellte, daß die Kolonialmacht Großbritannien, trotz aller Versprechungen und Beteuerungen, keineswegs bereit war, einen Teil ihres Kolonialreiches im Nahen Osten den Zionisten offiziell zu überlassen. Sechs Monate nach dem Ende des zweiten Weltkrieges, in der Nacht des 31. Oktober 1945, begannen die Zionisten in Palästina mit der Eskalation ihres Kampfes für den jüdischen Staat. Ihre Untergrundorganisation Haganah ging offen gegen die britische Kolonialmacht vor. In dieser Nacht wurden drei Schiffe der britischen Marine versenkt, wurde die Eisenbahnstrecke von Ägypten nach Palästina an 50 Stellen gesprengt, wurden Angriffe auf den Bahnhof von Lydda, das spätere Tel Aviv, und auf die Ölraffinerie von Haifa unternommen.

England sah sich einer gut ausgebildeten und bewaffneten jüdischen Militärformation von über 60000 Mann gegenüber, die im Untergrund entstanden war und die nun auf den Plan trat. Zugleich weigerten sich die zionistischen Organisationen, weiterhin mit der britischen Mandatsmacht zusammenzuarbeiten.

Großbritannien, vom kaum zu Ende gegangenen Krieg entscheidend geschwächt, sein Kolonialreich vom Auseinanderfallen bedroht und hart bedrängt von seinem Verbündeten USA, ließ es nicht auf eine ernsthafte Auseinandersetzung ankommen: Es erklärte sich bereit, das Mandat über Palästina abzugeben. Anfang 1947 verwies die britische Regierung das Palästinaproblem an die Vereinten Nationen. Diese setzten eine Spezialkommission für Palästina (UNSCOP) ein. Diese schlug vor, das britische Mandat schnellstmöglich zu beenden und Palästina die Unabhängigkeit zu gewähren.

Wie aber sollte diese Unabhängigkeit aussehen? Sollte es angesichts der inzwischen stabilisierten jüdischen Besiedlung ein 2-Nationalitäten-Staat, eine Föderation, sein, oder sollten zwei unabhängige Staaten geschaffen werden, wie es die Zionisten nicht ohne Hintergedanken anstrebten?

Am 29. November 1947 kam es in der UNO-Vollversammlung zur Abstimmung darüber. Mit 33 gegen 13 Stimmen (bei 10 Enthaltungen) stimmte die UNO für das Entstehen von zwei Staaten. Für beide Staaten war eine Wirtschaftsunion vorgesehen.

Die Stadt Jerusalem, die 100000 jüdische und 105000 arabische Einwohner hatte, sollte internationalisiert werden.

Während die zionistische Führung dem Teilungsbeschluß der UNO zustimmte, bevorzugte er doch eindeutig den jüdischen Staat, lehnten ihn die arabischen Staaten ab. Sie erklärten die Gründung eines jüdischen Staates zum Kriegsgrund.

Doch während die arabischen Staaten die Proklamierung des Staates Israel hinauszuschieben suchten und abwarteten, ehe sie ihre Kriegsdrohungen wahrmachen wollten, handelten die Zionisten bereits. Entsprechend einem raffiniert ausgeklügelten

3-Phasen-Plan vollzog sich die Aktion der Haganah gegen die arabische Bevölkerung.

In der ersten Phase vom Dezember 1947 bis Februar 1948 wurden die Gebiete, in denen die jüdische Bevölkerung konzentriert war, unter die Kontrolle der zionistischen Militärorganisation gebracht. Dann folgte im Februar 1948 die sogenannte Operation 35: Militäreinheiten der Haganah griffen arabische Dörfer an, um deren Bevölkerung einzuschüchtern und strategisch wichtige Punkte in ihren Besitz zu bringen.

Ab Mai 1948 folgte «Plan D», die Eroberung solcher Gebiete, in denen die jüdische Bevölkerung in der Minderheit war oder wo ausschließlich Araber lebten.

Am 14.Mai 1948, als der Staat Israel gegründet wurde, hatte die Haganah bereits weite Gebiete unter ihre Herrschaft gebracht, die laut Teilungsplan der UNO dem arabischen Staat zugesprochen worden waren, und sie dachte nicht daran, diese Gebiete freiwillig wieder aufzugeben.

Sofort nach der Staatsgründung erklärten die arabischen Staaten Israel den Krieg. Gegen die auf 65000 Mann angewachsene, militärisch straff von erfahrenen Offizieren geführte, von der zionistischen Ideologie durchdrungene Armee der Haganah setzten die Araber 21000 Soldaten ein, die weder ein gemeinsames Oberkommando noch einen einheitlichen Feldzugsplan besaßen. Ihre militärischen Aktionen endeten mit einem Fiasko.

Die damaligen reaktionären Regimes in Ägypten und Syrien hatten den Krieg nur halbherzig geführt. Korruption und Unfähigkeit lähmte ihre Armeen. Der Herrscher Transjordaniens, Abdullah, führte überdies Geheimverhandlungen mit den Zionisten, um einen Teil Palästinas, das sogenannte Westjordanland oder die Westbank, seinem Lande einzuverleiben.

Der erste israelisch-arabische Krieg endete nach einer mehr oder weniger offenen Niederlage der arabischen Armeen im Frühjahr 1949 mit dem Abschluß von Waffenstillstandsvereinbarungen. Der israelische Staat besaß am Ende dieses Krieges 77 Prozent des Territoriums von Palästina. Zur Bildung eines palästinensischen Staates kam es jedoch nicht einmal auf den verbliebenen 23 Prozent.

Mit diesem Wissen versehen – festgehalten in einem seiner grünen Stenoblöcke –, glaubte sich Ralf Bergner genügend ausgerüstet. Er war der Meinung, das Wichtigste aus der Vergangenheit der Palästinaproblematik verstanden zu haben. Und doch blieb eine Frage offen, die in den meisten Materialien, die er durchgearbeitet hatte, ausgespart wurde: Warum hatte 1947 die Sowjetunion diesem Teilungsbeschluß zugestimmt, warum nicht ihr Veto eingelegt und so die verhängnisvolle Entwicklung verhindert? Die Antwort darauf fand er in der Rede des damaligen sowjetischen Chefdelegierten Andrej Gromyko auf der entscheidenden Sitzung der UNO-Vollversammlung am 26. November 1947. Gromyko hatte damals gesagt: «Die aus dem Studium der Palästinafrage gewonnene Erfahrung, einschließlich der Erfahrung des UNSCOP-Sonderausschusses, hat gezeigt, daß Juden und Araber in Palästina nicht zusammenleben wollen oder können. Die logische Schlußfolgerung ist, daß, wenn diese beiden Völker, die Palästina bewohnen, nicht zusammen innerhalb der Grenzen eines einzigen Staates leben können, es keine andere Alternative gibt, als anstelle eines Landes zwei Staaten zu schaffen, einen arabischen und einen jüdischen.» Und weiter: «Die Delegation der UdSSR stellt fest, daß der Beschluß, Palästina zu teilen, mit den hohen Prinzipien und Zielen der Organisation der Vereinten Nationen übereinstimmt. Er steht im Einklang mit dem Prinzip der nationalen Selbstbestimmung der Völker.»

Zum Schluß seiner Rede drückte Gromyko die Hoffnung aus, daß «die beiden Bevölkerungsteile (in Palästina) schließlich einsehen werden ..., daß ihre Pflicht und gleichzeitig ihre Rettung in Verständigung und Einigkeit liegt».

«Und warum sind die beiden Bevölkerungsteile dann nicht zu einer Verständigung und Einheit gekommen?» hatte Ralf Bergner einige Tage später Gelegenheit, Nadim, den libanesischen Kommunisten, zu fragen.

Der unermüdliche Viktor hatte ihn endlich mit Nadim zusammengebracht. Das Gespräch fand in einer kleinen arabischen Kaffeestube im alten Viertel Beiruts unten am Hafen statt.

Viktor hatte diesen Ort nach einigen Überlegungen als den geeignetsten betrachtet. Die Libanesische Kommunistische Partei war offiziell nicht zugelassen, aber auch nicht direkt verboten, ihre Aktivitäten wurden in gewissem Rahmen geduldet. Deshalb hatte Viktor dieses Café gewählt, das in einen halbdunklen Kellergeschoß und abgelegen war und außerdem – wie Viktor wußte – über einen zweiten Ausgang verfügte. Doch ihr Gespräch wurde von niemandem gestört.

«Weißt du, Genosse Bergner», sagte Nadim nach einigem Nachdenken, «ich glaube schon, daß sich Araber und Juden hätten einigen können. Aber hier waren imperialistische Interessen im Spiel. Es geht hier im Nahen Osten dem Imperialismus stets um Erdöl und strategische Positionen. Das wirst du schnell begreifen. Im Palästinakrieg von 1948 ging es zudem noch um unterschiedliche imperialistische Interessen.»

Nadim dachte eine Weile nach. «Ich glaube mich recht zu erinnern: Im Juli 1948, das heißt, etwa zwei Monate nach der Gründung des Staates Israel, mitten in diesem Krieg, hat unsere Libanesische Kommunistische Partei zusammen mit der Syrischen Kommunistischen Partei in einer gemeinsamen Erklärung zu diesem Krieg Stellung genommen. Ich werde versuchen, dir ein Exemplar zu besorgen.»

Etwa zwei Wochen nach ihrem Gespräch, Bergner hatte Nadims Zusage bereits vergessen, überbrachte ihm Viktor einen Briefumschlag. Zwar war es nicht die Erklärung von 1948, doch ein Ausschnitt aus der «Humanité» vom 15. Juli 1948: «Wir veröffentlichen im folgenden Teile der gemeinsamen Erklärung, welche von den kommunistischen Parteien Syriens und des Libanon veröffentlicht wurde. Diese Erklärung ruft die Einwohner beider Länder auf, sich im Kampf für die Niederlage des englisch-amerikanischen Komplotts gegen Palästina und die Existenz Syriens und des Libanon zu vereinigen. Weiter heißt es in der Erklärung: Es ist klar, daß der Palästinakrieg ein imperialistischer Krieg ist, der vor allem gegen die arabischen Interessen gerichtet ist, ein Kampf um Erdöl und um strategische Positionen, um welche sich das Londoner und Washingtoner Großkapital streiten.

Das Ziel dieses Krieges ist, die Araber auf dem Gebiet der internationalen Politik und in ihren eigenen Ländern zu schwächen und den Engländern und Amerikanern zu ermöglichen, ihre Positionen nicht nur in Palästina, sondern im gesamten arabischen Osten zu festigen. Es ist ein Krieg, dessen Aufgabe es ist, die englisch-amerikanischen Streitfragen zu regeln und ihre Verträge mit der reaktionären Führung der arabischen Länder auf eine feste Grundlage zu stellen. Hinter diesem Komplott verstecken sich Pläne für neue imperialistische Bündnisse zur Versklavung der arabischen Völker sowie auch der Plan, unsere Länder zu einer Kriegsbasis und zum Werkzeug für die Aggression gegen die UdSSR und die Volksdemokratien Osteuropas zu machen.›» In dieser Erklärung verteidigten die LKP und die SKP auch konsequent die von der Sowjetunion vor den Vereinten Nationen eingenommene Haltung: «Die Erklärung betont die Richtigkeit der sowjetischen Politik – die einzige unter den Großmächten, welche keine Interessen in Palästina hat. Die sowjetischen Delegierten in den Vereinten Nationen haben immer wieder erklärt, daß die beste Lösung des Palästinaproblems die Errichtung eines einigen demokratischen Staates wäre. Sie sahen jedoch, daß die Verwirklichung zur Zeit nicht möglich war wegen der gespannten Beziehungen zwischen Arabern und Juden, die durch die britische Politik im Verlaufe von 30 Jahren geschaffen wurden. Deshalb verteidigte die UdSSR eine demokratische Lösung, eine Lösung des Friedens, durch welche die Befreiung und Selbständigkeit und damit Frieden für ganz Palästina und alle seine Einwohner möglich geworden wären, sowohl für die Araber als auch für die Juden, und das im Rahmen zweier Staaten, die durch eine Wirtschaftsunion verbunden gewesen wären. Wenn die Vorschläge der UdSSR für Palästina verwirklicht worden wären, hätte man den arabischen Ländern Krieg und Zerstörung erspart.»

Doch die israelische Eroberung weiter Gebiete des geplanten palästinensischen Staates 1948 und das immer deutlicher sichtbar werdende Expansions- und Aggressionsstreben des neugegründeten israelischen Staates stellten die Lösung der Palästinafrage von da an auf eine völlig andere Art und Weise auf die Tagesordnung: Das arabische Volk von Palästina begann um einen eigenen unabhängigen palästinensischen Nationalstaat, um die Verwirklichung seiner Rechte auf Selbstbestimmung mit der Waffe in der Hand zu kämpfen.

Der palästinensische Widerstand

Um den 20. Mai herum beauftragte die Berliner Zentrale Bergner – er befand sich kaum drei Wochen im Libanon –, doch zu versuchen, an dem für Ende Mai geplanten Zusammentreffen der Palästinenser in Jerusalem teilzunehmen und es – wie es in der Fachsprache hieß – journalistisch «abzudecken».

Im Januar 1964 war es auf Initiative des ägyptischen Präsidenten Gamal Abdel Nasser zur 1. Arabischen Gipfelkonferenz, zu einem Treffen arabischer Staatschefs und Könige in Kairo gekommen. Die Konferenz beschäftigte sich ausschließlich mit den Problemen Palästinas und beschloß unter anderem die Gründung einer Palästinensischen Befreiungsorganisation (PLO – Palestine Liberation Organization) und ihrer militärischen Formation, der Palästinensischen Befreiungsarmee (PLA – Palestine Liberation Army). An die Spitze der PLO stellte die Gipfelkonferenz von Kairo den Vertreter der Palästinenser bei der UNO, Ahmad Schukeiri. Überdies hatten die arabischen Staatsoberhäupter entschieden, daß Schukeiri den 1. Palästinensischen Nationalkongreß für Ende Mai 1964 nach Jerusalem einberufen sollte.

Für Ralf Bergner war dies sein erster größerer journalistischer Auftrag, und er stürzte sich mit dem Eifer und der Begeisterung eines Anfängers darauf. Die Reise mit Sami Hadawi nach El-Karameh, das Gespräch mit Nadim und seine Begegnungen mit Palästinensern hatten ihm in diese Problematik bereits einen etwas tieferen Einblick gewährt, und er glaubte fest, daß ihm seine Kontakte helfen würden, in Jerusalem für seine journalistische Arbeit Unterstützung zu finden.

Zugleich war ihm klar, daß seine Kenntnisse, vor allem, was die Einordnung dieses Kongresses in die gesamte Politik des nahöstlichen arabischen Raumes und seine exakte Bewertung anging, keineswegs ausreichten, für Berlin eine fundierte, richtige Akzente setzende Berichterstattung zu liefern.

Wiederum hielt er sich an den unermüdlichen Viktor und bat ihn: «Ich möchte gern noch einmal mit Genossen Nadim sprechen. Ob sich das machen läßt?» Und er erklärte ihm, worum es bei seiner geplanten Reise nach Jerusalem ging.

«Verlassen Sie sich auf mich, Monsieur Bergner», verkündete Viktor selbstbewußt wie stets. «Ich arrangiere das schon.» Und er versprach nicht zuviel.

Bergners zweites Treffen mit Nadim fand freilich unter ganz anderen Umständen statt als das erste. Viktor gab ihm einige Tage später eine kleine Geschäftsvisitenkarte mit dem Lackaufdruck: Imprimerie Nationale, 15 Rue d'Alembert, Beirut, Liban. Bergner drehte sie etwas verständnislos in den Händen. «Was soll ich damit?»

Viktor lachte. «Setzen Sie sich in Ihren Wagen, Monsieur Bergner, und fahren Sie hin. Dort können Sie in Ruhe mit Nadim sprechen.» Und er fügte hinzu: «Fragen Sie nicht direkt nach ihm, sondern nach Krikor. Der weiß Bescheid.»

Bereits am anderen Tag kletterte Bergner in seinen Wagen, ließ sich von dem nicht abreißenden Fahrzeugstrom in die Altstadt treiben und fand nach vielen Umwegen, Fragen und Suchen endlich die Rue d'Alembert – eine kleine schmale Straße im Geschäftsviertel.

Die Druckerei, dunkle Werkstatträume, halb unterirdisch gelegen, gehörte dem Armenier Krikor, nach dessen Verbindung zu den libanesischen Kommunisten Bergner nicht fragte; er konnte es sich auch so denken.

Nadim begrüßte ihn wie einen alten Bekannten und schien ihn schon erwartet zu haben.

«Genosse Bergner, Achlan wa sachlan!» Und nach dem Austausch einiger Höflichkeiten, wie es der Familie, den Kindern, mit der Arbeit ginge – so war es nun einmal üblich unter Arabern, auch unter Genossen –, kam Nadim dann gleich zur Sache. «Viktor hat mir erzählt, du willst nach Jerusalem zu dem Palästinensischen Kongreß?»

Bergner nickte.

«Ich möchte dich vor Illusionen warnen», fuhr Nadim fort, «erwarte nicht zuviel von diesem Kongreß.»

«Wie meinst du das?»

«Du wirst viele zündende Reden hören, von der Rückeroberung der palästinensischen Heimat, vom Kampf und von Opfern.»

«Und?» meinte Bergner, als Nadim nicht sofort weitersprach.

«Um es dir unumwunden zu sagen: Du wirst einem Treffen der Vertreter der palästinensischen Bourgeoisie beiwohnen. Weder die Flüchtlinge aus den Lagern noch die jungen Leute, geschweige denn die Linken, die progressiven Kräfte, werden dort zu Wort kommen.» Nadim blickte Bergner, sich mit den Ellbogen auf die Tischecke lehnend, offen an. «Aber auch deren Zeit wird noch kommen.»

Bergner verstand und beschloß, sich innerlich darauf einzustellen. Nadims Äußerung veranlaßte ihn zu der Frage: «Und gibt es in dieser Bewegung auch Kommunisten?»

«Natürlich sind unsere Genossen auch im palästinensischen Widerstand vertreten. Aber vergiß nicht, der Klassencharakter dieser Bewegung ist letztlich kleinbürgerlich, mit allen Widersprüchen behaftet, die sich daraus ergeben. Doch auch wenn gegenwärtig die bürgerlichen Vertreter noch das Sagen haben, der demokratische, national-patriotische Charakter des Widerstandes prägt sich allmählich immer mehr aus. Es gibt in ihm starke progressive Kräfte.» Und er fügte hinzu: «Weißt du, Genosse Bergner, unsere Partei, die Libanesische Kommunistische Partei, ist im Oktober 1924 gegründet worden. Darauf sind wir nicht wenig stolz. Wir waren eine der ersten kommunistischen Parteien im arabischen Raum, aber eben nur eine der ersten.»

«Und die erste?»

«Du wirst es kaum erraten: Die erste war die Sozialistische Arbeiterpartei Palästinas, die im März 1919, zwei Jahre nach der Oktoberrevolution, gegründet wurde und sich ab Oktober 1919 Kommunistische Partei Palästinas nannte. Wenn sich jetzt eine progressive nationale Bewegung des palästinensischen Widerstandes nach und nach herauszubilden beginnt, dann findet sie nicht zuletzt gerade im Kampf der palästinensischen Kommunisten ihre Vorläufer. Die Kommunisten haben in vielen Kämpfen gegen die britische Kolonialherrschaft und die Zionisten eine hervorragende Rolle gespielt. Auch wenn das bis heute noch kein Mensch aufgeschrieben und festgehalten hat, die Geschichte beweist es.»

Das palästinensische Volk nahm das britische Kolonialjoch nicht widerspruchslos hin

Mit schon mechanisch gewordener Geste zog Bergner aus seiner Tasche einen seiner grünen Stenoblöcke, bereit, sich Notizen zu machen.

Nadim wehrte ab. «Ich muß dich enttäuschen, ich weiß zuwenig darüber. Vielleicht kann ich ein Zusammentreffen mit einem anderen Genossen vermitteln. George weiß da genau Bescheid.»

Bergner jedoch ließ sich nicht so leicht abspeisen. «Ich muß doch schon in den nächsten Tagen nach Jerusalem – und dann berichten. Erzähl mir einfach das, was du weißt. Auch das wird helfen.»

Nadim zögerte zunächst noch, doch dann entschloß er sich. «Also gut! Zunächst mußt du wissen, daß es die Sowjetmacht war, die den Kampf der arabischen Völker im Nahen Osten gegen die Kolonialmächte England und Frankreich entscheidend stimulierte. Sie proklamierte nicht nur 1917 ihr historisches Dekret über den Frieden, einen Frieden, der das Recht der Völker auf Freiheit, Frieden ohne Annektierung anerkennt, sondern veröffentlichte zugleich alle Geheimverträge, die das Zarenreich mit den imperialistischen Mächten geschlossen hatte, darunter auch das Sykes-Picot-Abkommen. Durch sie erfuhr das arabische Volk von Palästina, daß es zweimal betrogen wurde, von den Zionisten und der Kolonialmacht Großbritannien.»

«Und die Reaktion blieb nicht aus!» warf Ralf Bergner ein.

«Ganz recht! 1919 kam es zum erstenmal zum offenen Kampf gegen die nationale Unterdrückung. Islamische und christliche Araber fanden sich in einer gemeinsamen Front zusammen. Und im Laufe der Jahre verstärkte sich der Kampf des palästinensischen Volkes. Es kam zu den Aufständen von 1920 und 1921, und schließlich folgte der Bauernaufstand von 1929, der auch auf einige Städte übergriff. Die britische Kolonialmacht ging mit Waffengewalt vor und schlug alle diese Aufstände nieder. Doch zu ersticken vermochte sie die Forderung der palästinensischen Araber nach Unabhängigkeit nicht.»

«1936 gab es erneut Kämpfe. Stimmt das?» fragte Bergner dazwischen.

«Ja», antwortete Nadim. «Ich kann es dir sogar ganz genau sagen, denn an dem Tag bekamen wir ganz unerwartet schulfrei. Fast sechs Wochen lang fiel die Schule aus.» Nadim lachte, wurde dann jedoch schnell wieder ernst. «Der fast drei Jahre währende Aufstand begann am 19. April 1936 mit einem Generalstreik, der das ganze Land erfaßte. Er ging in einen bewaffneten Kampf über. Nationalkomitees entstanden, die die Aktionen organisierten, koordinierten und leiteten. Gegen die arabischen Freiheitskämpfer wurden Panzerwagen und Flugzeuge eingesetzt. Patrioten wurden in Lager verschleppt. Militärtribunale erließen Todesurteile und verhängten lange Gefängnisstrafen.

Als sich die britischen Imperialisten durch den Aufstand des palästinensischen Volkes schließlich gezwungen sahen, 1939 in einem Weißbuch die Errichtung eines unabhängigen palästinensischen Staates innerhalb von zehn Jahren zu versprechen, ging die zionistische Haganah mit Bombenanschlägen gegen die arabische Bevölkerung vor. Hunderte von Männern, Frauen und Kindern wurden in den großen Städten hingemetzelt.»

«Dann der zweite Weltkrieg», warf Bergner ein. «Soviel ich

Großbritannien bot seine modern ausgerüstete Armee auf, um den Aufstand des palästinensischen Volkes (1936–1939) niederzuschlagen

weiß, führten die Versuche Hitlerdeutschlands, die Araber als Verbündete gegen England zu gewinnen, zu keinem Erfolg. In Palästina und im ganzen Nahen Osten herrschte Ruhe.»

«Ruhe herrschte nur an der Oberfläche, Genosse Bergner», entgegnete Nadim. «Diese Ruhe war trügerisch: Die bisher unterdrückten Spannungen verstärkten sich. Die Engländer versuchten mit allen Mitteln, Palästina auch weiterhin fest unter ihrer Kontrolle zu halten. Der bestimmende reaktionäre Flügel der nationalen arabischen Bewegung kam ihnen dabei entgegen. Nur die arabischen und die jüdischen Kommunisten ließen sich in ihrem Kampf von den wahren Interessen des arabischen und des jüdischen Volkes leiten.»

«Du sprichst von arabischen und jüdischen Kommunisten in einem Atemzug. Du meinst die palästinensischen und die israelischen Genossen, jeder auf seiner Seite?»

«Nein, Genosse Bergner, im Gegenteil. Du vergißt, vielmehr du wirst nicht wissen, daß bereits auf dem 5. Parteitag der Palästinensischen Kommunistischen Partei, der 1923 in tiefster Illegalität zusammentrat, nicht nur jüdische, sondern auch arabische Delegierte teilnahmen. Und bis in die jüngste Zeit war die Palästinensische Kommunistische Partei und später die Kommunistische Partei Israels die einzige Partei, die – mit Ausnahme einer von 1943 bis 1948 dauernden Periode – diesem internationalistischen jüdisch-arabischen Charakter auch organisatorisch treu geblieben ist. Auch heute kämpfen jüdische und arabische Genossen in der Kommunistischen Partei Israels gemeinsam für die Errichtung eines unabhängigen demokratischen palästinensischen Staates, der 1948 nicht entstand und der neben Israel bestehen wird.»

Nadim schwieg. Der Korrespondent blickte nachdenklich auf seine Notizen. Eine Zeitlang sprach keiner von ihnen ein Wort. Schließlich entschloß sich Bergner doch zu der Frage, die ihn am stärksten beschäftigte: «Warum erzählst du mir gerade das im Hinblick auf den Jerusalem-Kongreß der Palästinenser?»

Wieder entstand eine Pause, bis Nadim, den anderen offen anblickend, antwortete. «Ich möchte, daß du als Marxist von Anfang an begreifst: Eine Widerstandsbewegung, auch die palästinensische, ist ein buntes, vielschichtiges, zusammengewürfeltes, scheinbar undurchschaubares Gebilde, und ihre Entwicklung, ihre Erfolge, ihre Niederlagen sind letztlich Ausdruck des Klassenkräfteverhältnisses, das in ihr herrscht; ihr Kampf trägt Klassencharakter. Du wirst es in Jerusalem zu spüren bekommen: Auch in dieser Bewegung kämpfen progressive, bäuerlichproletarische und bourgeoise Kräfte miteinander um die Führung, um eigene Interessen und Ziele. Etwas wird sich in dieser Bewegung dagegen nur sehr mühselig und schwerfällig durchsetzen – die Einsicht, daß der Gegner des palästinensischen Volkes die reaktionären bourgeoisen jüdischen Schichten, die Zionisten, sind, nicht aber die israelischen jüdischen Arbeiter und Bauern, das jüdische Volk, und daß ihre wahren Verbündeten die Kommunisten in Israel sind, die arabischen und die jüdischen, nicht die eigene palästinensische Bourgeoisie.»

Nadim lächelte. «Ich möchte dir die Augen öffnen, Genosse Bergner. Du sollst nicht blind nach Jerusalem fahren. Das so ohne weiteres zu durchschauen, ist nicht einfach, vor allem nicht für einen Außenstehenden wie du, mag er auch noch so gute Absichten haben.»

Bergner war Nadim dankbar für diese Lektion. Er nahm sich vor, sie nicht zu vergessen. Um in Jerusalem zu verstehen, was in dieser Bewegung vor sich ging, bot sie sicher den Schlüssel, doch sie genügte nicht.

Bergner suchte fleißig wie eine Biene weitere Fakten über den palästinensischen Widerstand. Zunächst ohne großen Erfolg. Doch dann machte er unerwartet, weil längst von ihm vergessen, einen wichtigen Fund.

Unter den Materialien – einigen Büchern, Nachschriften und Zeitschriftenauszügen –, die er sich vor seinem Einsatz zusammengestellt und dann nach Beirut mitgenommen hatte, befand sich eine Arbeit seines Studienfreundes Karl-Heinz Werner.

Es war genau das, was er suchte, und er vertiefte sich in die «Hintergründe und Entwicklung einer organisierten palästinensischen Widerstandsbewegung nach 1948», so der Titel seiner Studie.

Ihr Erfolg im Palästinakrieg ermöglichte es den Zionisten, Israel durch immense finanzielle Unterstützungen – Spenden, Anleihen und Investitionen von seiten zionistischer Organisationen, imperialistischer Regierungen und internationaler Monopole – zu einem Industrie-Agrar-Staat mit ausgeprägten kapitalistischen Produktionsverhältnissen auszubauen. Sein Militärapparat wurde mit Hilfe der imperialistischen Länder, namentlich der USA, Großbritanniens, Frankreichs und der BRD, quantitativ und qualitativ ständig weiterentwickelt, die expansiven Absichten der herrschenden Kreise Israels traten immer deutlicher zutage. Gleichzeitig weigerte sich Tel Aviv beharrlich, den regelmäßig bekräftigten Beschlüssen der UNO hinsichtlich der Rechte der arabischen Palästinenser Folge zu leisten. Erst kürzlich schrieb ein Mitglied des Politbüros der KP Israels: «Eckpfeiler der Politik aller israelischen Regierungen und der Führung der zionistischen Bewegung war und bleibt stets, die bloße Existenz des arabischen Volkes von Palästina und seine nationalen Rechte zu bestreiten.»

Dieser Kurs wurde von den USA, Großbritannien und Frankreich durch die sogenannte Dreimächteerklärung vom 20. Mai 1950 ausdrücklich unterstützt.

Tiefgreifende Auswirkungen hatte der Kriegsausgang 1948 auch auf die arabische Welt; denn es war, wie die Erklärung der Staatschefs Ägyptens, Iraks und Syriens über ihr Treffen vom 6. bis 17. April 1963 ausdrückte, «das Desaster von Palästina, das die Verschwörung der reaktionären Klassen, den Verrat der gekauften regionalen Parteien sowie ihre Verneinung der Ziele und Hoffnungen der Völker entlarvte. Es war das Desaster von Palästina, das die Schwäche und Rückständigkeit der in den arabischen Staaten herrschenden ökonomischen und sozialen Systeme zutage treten ließ.» Die Niederlage von 1948 weckte den Geist des Aufbegehrens gegen Imperialismus, Ungerechtigkeit, Armut und Unterentwicklung und führte zu einem Aufschwung der nationalen antikolonialen arabischen Bewegung.

Erster sichtbarer Ausdruck dafür war die antifeudale ägyptische Revolution, für die der Palästinafeldzug ein auslösendes Element gewesen ist. Mit der 1952 von Gamal Abdel Nasser geleiteten revolutionären Umgestaltung Ägyptens verlor Großbritannien sowohl seinen Einfluß im Staats- und Wirtschaftsleben Ägyptens als auch die Kontrolle über den Suezkanal, eine seiner wichtigsten Positionen im Nahen Osten überhaupt.

Diesen Verlust versuchte das britische Monopolkapital wettzumachen, indem es sich mit dem französischen Imperialismus und den herrschenden Kreisen des Staates Israel verbündete, die ihrerseits in dieser Allianz eine Möglichkeit erblickten, ihre expansiven Ziele zu verwirklichen. Der auf der Grundlage dieses Bündnisses am 29. Oktober 1956 begonnene Überfall Großbritanniens, Frankreichs und Israels auf Ägypten endete jedoch mit einem Fiasko: Dank der festen Haltung der Sowjetunion und einer internationalen Protestbewegung der anderen demokratischen Kräfte mußte diese Aggression eingestellt werden. Großbritannien und Frankreich blieb nichts anderes übrig, als die in Ägypten erfolgten Veränderungen anzuerkennen. Israel sah sich gezwungen, seine Truppen hinter die Waffenstillstandslinie von 1949 zurückzuziehen. Seine Machthaber verwandelten das Land danach in einen Stützpunkt des USA-Imperialismus. Sie verfolgten damit die Absicht, bessere Bedingungen für die Durchsetzung ihrer eigenen aggressiven Konzeption zu schaffen.

Der politische Sieg im Kampf gegen die imperialistischen Aggressoren, der in erster Linie durch das entschlossene Eintreten der Sowjetunion für die Interessen der ägyptischen Revolution möglich geworden war, festigte nicht nur das Bündnis zwischen der sozialistischen Staatengemeinschaft und den progressiven Kräften in der arabischen Welt, sondern verlieh auch der antifeudalen, antiimperialistischen und antikolonialen arabischen Bewegung machtvolle Impulse.

Trotz unablässiger Versuche der Imperialisten, das Rad der Geschichte zum Stillstand zu bringen, vollzogen sich einschneidende Umwälzungen: Im Irak (14. Juli 1958) und in Jemen (27. September 1962) wurden die feudalen Regimes gestürzt; Sudan (1. Januar 1956), Marokko (2. März 1956), Tunesien (20. März 1956) und Kuweit (19. Juni 1961) wurden unabhängig; Algerien errang nach achtjährigem Befreiungskampf seine staatliche Souveränität (3. Juli 1962). Eineinhalb Jahrzehnte nach dem Palästinakrieg war die Mitgliederzahl der Arabischen Liga von 7 auf 13 angestiegen. Die feudalen Monarchien, die dort 1949 noch das mehrfache Übergewicht über die bürgerlichen Regimes besaßen, wurden 1964 bereits im Verhältnis 6 zu 7 majorisiert. Unter den Republiken bildeten Staaten mit betont antiimperialistischer Stoßrichtung wie Algerien, Ägypten, Syrien, Irak und Jemen die Mehrheit. Ihr Ziel bestand darin, die Region von ausländischer Beherrschung und Ausbeutung zu befreien. Der Einfluß der nationalen arabischen Befreiungsbewegung auf die Volksmassen war jedoch weitaus größer, als es in Zahlen ausgedrückt werden kann. Auch die Entwicklung in der arabischen Welt bestätigte die Richtigkeit dessen, was die Vertreter der kommunistischen und Arbeiterparteien im November 1960 auf ihrer Beratung konstatiert hatten: «Das Hauptergebnis dieser Jahre ist das stürmische Wachstum der Macht und des internationalen Einflusses des sozialistischen Weltsystems, der aktive Prozeß des Zerfalls des Kolonialsystems unter den Schlägen der nationalen Befreiungsbewegung, das Anwachsen der Klassenkämpfe in der kapitalistischen Welt, der weitere Niedergang und die weitere Zersetzung des kapitalistischen Weltsystems.»

Die zahlreichen progressiven Elemente auch in der Innenpolitik der antiimperialistischen Staaten konnten nicht darüber hinwegtäuschen, daß an ihrer Spitze nach Herkunft und ideologischer Einstellung bourgeoise und kleinbürgerliche, keineswegs aber marxistische Kräfte standen. Sie zeigten sich auf Grund ihrer Klassenpositionen nicht in der Lage, das Palästinaproblem objektiv zu bewerten. Wie ihre feudalen Vorgänger betrachteten sie die Teilungsresolution und die Gründung des Staates Israel als ungerecht. Sie erstrebten unter Nichtbeachtung der historisch gewachsenen Tatsachen und völkerrechtlich gültigen Festlegungen dessen Beseitigung sowie die Schaffung eines arabischen Staates auf dem Territorium von ganz Palästina. Dieses Ziel wurde vor allem durch die Überzeugung motiviert, daß alle Araber zwischen Atlantik und Indischem Ozean eine Nation bildeten und in der Perspektive zu einem Reich zusammengeschlossen werden müßten, daß die Verwirklichung dieses Traumes aber durch die Existenz Israels als «Fremdkörper» und «Barriere» zwischen arabischem Osten und arabischem Westen verhindert würde. Die Forderung, dieses Hindernis so bald wie möglich zu liquidieren, war daher allgemein verbreitet. Dabei spielte der Wunsch vieler durch Revolutionen und Putsche in einflußreiche, zum Teil führende Positionen gelangter Offiziere Ägyptens, Syriens und Iraks – als Angehörige der feudalen Armeen einst Teilnehmer am Palästinafeldzug –, die Niederlage von 1948/49 wettzumachen, eine nicht unbeträchtliche Rolle. Auch die reaktionären Machthaber Jordaniens und Saudi-Arabiens, die dem revolutionären Sog dank westlichem Beistand und infolge der dort noch fortbestehenden Verankerung des Königtums im alten Stammesgefüge zu widerstehen vermochten, sahen sich gezwungen, den Kampf gegen den Staat Israel zur außenpolitischen Leitidee zu erheben, um dadurch ihre Herrschaftsstellung legitimieren und bewahren zu können.

Sowohl progressive als auch reaktionäre Regimes vertraten also in der Palästinafrage nationalistische Standpunkte. Sie sahen, wie Lenin in seiner Arbeit «Über das Selbstbestimmungsrecht der Nationen» schrieb, «in der ‹eigenen› Nation die ‹Musternation›, ... die Nation, die das ausschließliche Privileg auf staatliche Konstituierung besitzt», und negierten, indem sie sich gegen die Existenz Israels wandten, die «Gleichberechtigung hinsichtlich der staatlichen Konstitution, d. h. des Rechtes der Nationen auf Selbstbestimmung, auf Lostrennung».

Der Ausbau Israels als imperialistische Speerspitze gegen die nationale Befreiungsbewegung im Nahen Osten, die Weigerung der herrschenden Kreise in Tel Aviv, die legitimen Rechte des arabischen Volkes von Palästina anzuerkennen, sowie ihre Expansionsbestrebungen gaben diesem Nationalismus immer neue Nahrung, so daß Imperialismus und Zionismus nicht nur die Hauptverantwortung für die ständig gespannte Situation im Nahen Osten schlechthin trugen, sondern auch und besonders für die kompromißlose arabische Haltung in der Palästinafrage. David Khenin, Mitglied des Politbüros und Sekretär des ZK der Kommunistischen Partei Israels, konstatierte treffend, «daß der offizielle Kurs der israelischen Machthaber in der Palästinafrage der Sache des Friedens im Nahen Osten und den nationalen Interessen des israelischen Volkes schweren Schaden zugefügt hat und dieses daran hindert, sich als gleichberechtigtes Mitglied in die Völkerfamilie dieses Raumes einzureihen».

Die von der imperialistischen Nahostpolitik am stärksten Betroffenen, die Palästinenser, konnten ihren Willen nach wie vor nicht artikulieren. Ihnen fehlte sowohl eine offizielle, allgemein anerkannte Vertretung als auch eine eigene Streitmacht. Ein vom Mufti von Jerusalem geleitetes Oberstes Arabisches Komitee existierte zwar, führte aber ein kaum beachtetes Schattendasein. 1954 begann Ägypten, innerhalb seiner «Nationalgarde» palästinensische Einheiten aufzustellen. Sie wurden jedoch von ägyptischen Offizieren geführt. Sowohl davor als auch danach unternahmen arabische Partisanengruppen mehr oder weniger regelmäßig Aktionen gegen militärische und zivile Einrichtungen in Israel. Doch auch diese über die Waffenstillstandslinien vordringenden Fedayin, das heißt Männer, die ihr Leben dem Vaterland weihen, unterstanden nicht palästinensischer, sondern ägyptischer, syrischer und jordanischer Kontrolle, obgleich sie sich zum größten Teil aus Palästinensern zusammensetzten.

Trotz der antiimperialistischen Gemeinsamkeiten marschierten diese Staaten getrennt, weil unterschiedliche Klasseninteressen und ideologische Auffassungen der an der Macht befindlichen Schichten des Bürgertums, Vormachtstreben sowie persönliche Rivalitäten der arabischen Führer bisher das Zustandekommen einer gemeinsamen Front verhinderten. Um dennoch wenigstens ein Minimum an arabischer Aktionseinheit zu erreichen, die auch die konservativen Staaten umfaßte, hatte Ägyptens Präsident Gamal Abdel Nasser im Januar 1964 die 1. Gipfelkonferenz Arabischer Staatsoberhäupter nach Kairo einberufen. Diese Konferenz faßte den Beschluß, eine «Organisation des palästinensischen Volkes im Hinblick auf seine Beteiligung an der Befreiung seiner Heimat und an der Bestimmung seines Schicksals» zu schaffen. Es bleibt abzuwarten, wie sich dieser Beschluß in den kommenden Monaten realisieren lassen wird.

Soweit die Untersuchung von Ralf Bergners Studienfreund K.-H. Werner. Er selbst wollte, bevor er zur Konferenz nach Jerusalem fuhr, nochmals mit Sami Hadawi sprechen und ihn um Unterstützung für seine Arbeit bitten. Doch er traf ihn im Palestine Research Center nicht mehr an; er war bereits wieder unterwegs.

Dagegen erbot sich Habib, der sie vor kaum drei Wochen nach El-Karameh begleitet hatte, ihm behilflich zu sein. «Fahren Sie unbesorgt nach Jerusalem, Mister Bergner, es wird alles in Ordnung gehen. Melden Sie sich im Konferenzoffice. Ich gebe Ihnen ein paar Zeilen und einige Namen mit, dann werden Sie keinerlei Schwierigkeiten haben.» Er kritzelte einige Zeilen auf ein Stück Papier.

«Danke», sagte Bergner, «ich weiß nicht ...»

«Lassen Sie, das erleichtert Ihnen, die Formalitäten zu erledigen und reinzukommen. Sonst ist es komplizierter.»

Bergner hatte sich bereits verabschiedet, als Habib ihn auf der Treppe noch einmal einholte. «Wenn ich Ihnen noch einen guten Rat geben darf, quartieren Sie sich nicht im ‹Intercontinental› ein. Dort sind alle Journalisten untergebracht. Steigen Sie im Hotel ‹Khalaf› ab. Dort ist es viel billiger, wenn auch vielleicht nicht ganz so komfortabel», er lächelte, «aber für Sie nützlicher. Ich verspreche Ihnen, Sie werden es nicht bereuen. Im Hotel werden Sie interessante Leute finden. Die Palästinenser wohnen stets dort. Fragen Sie nach Abu George, er ist einer der Geschäftsführer, und sagen Sie, ich hätte Sie geschickt. Mit dieser Empfehlung und Ihrem Arabisch werden Sie keine Probleme haben.»

«Danke sehr für Ihre Hilfe», sagte Ralf Bergner, aber Habib winkte nur ab. «Es geht uns um die Sache!»

Am kommenden Morgen fuhr er mit einem der Linientaxis, das vollgestopft war mit Passagieren, unbequem und eingezwängt von Beirut nach Amman und weiter nach Jerusalem. Er stieg in der Altstadt von Jerusalem im Hotel «Khalaf» ab. In allen anderen Hotels hätte er ohnedies zu einem angemessenen Preis kein Zimmer mehr bekommen. Die Konferenzleute schienen alles belegt zu haben.

Abu George erwies sich als ein kleiner, agiler Mann, der ihn, nachdem ihm Ralf die Grüße Habibs übermittelt hatte, mit freundlicher Vertraulichkeit behandelte. Er empfahl ihm, im Restaurant Cheik el-mehché – mit Hackfleisch gefüllte, kleine birnenförmige Kürbisse – zu essen. «Das ist das Schmackhafteste, was wir anbieten», und gab ihm eines seiner besten noch freien Zimmer. Es war ein hoher, mit schmerzend grüner Ölfarbe gestrichener Raum, in dem außer dem Bett nur noch ein ramponierter Schrank und ein wackeliger Tisch standen. Doch zum Zimmer gehörte eine winzige Duschecke, und die war wichtiger als alles andere, denn Ende Mai herrscht in diesen Breiten bereits Hochsommer.

Als Bergner trotz der späten Stunde in das winzige Restaurant trat, war es noch immer übervoll von erregt diskutierenden Palästinensern. Als er eintrat, drehten sich alle Köpfe nach ihm um, und die Unterhaltungen ebbten ab. Er war der einzige Nichtaraber. Erst als er in seinem akzentgefärbten Arabisch die Bestellung aufgegeben und Abu George mit einigen der Gäste getuschelt hatte, kümmerte sich niemand mehr um ihn. Es ging bald wieder laut und heftig zu.

Ralf Bergner mußte sich erst langsam an das arabische Milieu gewöhnen – es fiel ihm nicht leicht. Er war überrascht, nachdem er einigen Gesprächen am Nachbartisch zugehört hatte, welche Bedeutung man hier der Konferenz beimaß. Alle schienen von ihr Entscheidendes zu erwarten.

Oh, Jerusalem!

Am anderen Morgen begab sich Bergner frühzeitig auf den Weg. Noch war der Tag kühl, der Morgenwind noch nicht eingeschlafen, doch den Horizont verhüllte bereits eine flimmernde Dunstschicht, die auf die Hitze des anbrechendes Tages hinwies. Die Luft war trocken und zu dieser frühen Stunde noch nicht voller Staub, den jedoch bald die Wagen, Karren und Esel aufrühren würden. Der Straßenlärm durch die Lastträger, Eseltreiber und fliegenden Händler, von denen es in der Altstadt mehr als genug gab, steigerte sich immer mehr.

Die Konferenz sollte in einem der neuen, im maurischen Stil errichteten Paläste auf dem Ölberg stattfinden, doch das Pressebüro befand sich im Hotel «Intercontinental», einem modernen Neubau am Rande der Altstadt. Ralf Bergner vertraute sich einem Taxi an, weil er sich in dem Gewühl der schmalen Gassen und Durchfahrten nicht zurechtfand.

Als er vor dem Hotel ausstieg, sah er zum erstenmal eine israelische Fahne, den blauen Davidstern auf blaugesäumtem, weißem Grund. Im morgendlichen Wind wehte sie, kaum 50 Meter seitlich vom Hotel, an einem Mast. Bergner blieb verblüfft stehen.

«Ist das etwa schon die Grenze zum israelischen Teil der Stadt?» fragte er den Taxifahrer, der noch nicht abgefahren war.

«Nein, die zieht sich quer durch die Altstadt. Das da drüben ist die sogenannte entmilitarisierte Zone auf dem Skopusberg.»

«Wieso entmilitarisiert? Ich sehe doch die israelischen Militärposten mit bloßem Auge.»

«Sie heißt ja auch nur so. Die Israelis haben sie nach 1948 besetzt.»

«Ihr habt es ihnen nicht verwehrt?»

Der Taxifahrer lachte trocken. «Was wollen Sie? Sie sind eben stärker als wir. Übrigens, die Soldaten da drüben, die Sie sehen, bewachen angeblich nur die Jüdische Universität und das jüdische Hadassa-Krankenhaus – außerdem entgeht ihnen nichts, was bei uns geschieht.»

Der Fahrer hatte recht: Von da oben konnte man alles kontrollieren, was sich von arabischer Seite, aus östlicher Richtung, der Stadt näherte.

Bergner entlohnte den Taxifahrer, gab ihm ein reichliches Bakschisch, was der mit einem zufriedenen Lachen quittierte, und ging ins Gebäude.

Im Pressebüro, das sich in der Eingangshalle befand, ließ man ihn zuerst geraume Zeit warten, doch als er endlich dran war und den handgeschriebenen Zettel Habibs vorwies, erledigte sich alles sehr schnell. Man behandelte ihn sogleich mit größter Zuvorkommenheit und in einem fast vertraulichen Ton. Er gehörte plötzlich zu ihnen.

«Seien Sie bitte übermorgen gegen achtzehn Uhr im Konferenzgelände, Mister Bergner!»

Der blickte erstaunt auf. Übermorgen? Die Konferenz sollte doch morgen, am 27. Mai, eröffnet werden.

«Tut uns leid, doch die Eröffnung ist um einen Tag verschoben worden.» Und mit einem gewinnenden Lächeln fügte der junge Palästinenser des Pressebüros hinzu: «Malisch, halb so schlimm. Schauen Sie sich die Stadt an. Sie ist es wert.»

Er machte eine einladende Handbewegung über das etwas unterhalb des Hotels liegende Panorama.

Er brauchte Ralf Bergner nicht zu überzeugen. Von hier aus

Die Al-Aqsa-Moschee in Jerusalem – ein Heiligtum des palästinensischen Volkes

überblickte man die ganze Altstadt von Jerusalem mit ihren flachen weißen Dächern und der in der Sonne aufleuchtenden Kuppel der Al-Aqsa-Moschee hinter der zinnenbewehrten, noch erhaltenen Stadtmauer. Das war Al-Kuds, Heiligtum aller Araber, Symbol ihres Arabertums – zugleich auch heilige Stätte der Christen, an der Jesus lebte, und der Juden, die hier ihre Tempel gebaut hatten und jetzt nach Wiedereroberung der Klagemauer strebten.

Auf den jenseits des Tales über sanfte Hügel hingebreiteten Dachterrassen lag flimmerndes Sonnenlicht. Eine goldene Aureole umgab die graugrünen Zypressen, die Ölbäume und die nadelgleichen, in den azurnen Himmel aufstrebenden Minarette. Ein Stück Vergangenheit, von der Patina der Geschichte überzogen, fast unreale Wirklichkeit.

Wieder ins Hotel «Khalaf» zurückgekehrt, wandte sich Bergner vertrauensvoll an den kleinen Abu George und bat ihn, ihm doch genau den Weg zur berühmten Al-Aqsa-Moschee und zu der noch auf arabischem Gebiet liegenden Klagemauer zu beschreiben. Abu George machte eine bedenkliche Miene, wiegte zweifelnd den Kopf und meinte: «Auch wenn ich es Ihnen beschreibe, Mister Bergner, Sie werden sich bestimmt verlaufen, viel Zeit verlieren, möglicherweise in den Grenzstreifen zum israelisch besetzten Teil der Stadt gelangen und Unannehmlichkeiten haben.»

«Trotzdem! Wer weiß, wann ich noch einmal in die Stadt komme», entgegnete der andere.

Abu Georges Miene hellte sich plötzlich auf. «Wissen Sie was, ich spreche mit einem der jungen Leute, die auch zum Kongreß hier sind. Die machen das gern und», Abu George kniff vertraulich ein Auge zu, «zudem erfahren Sie noch etwas. Einverstanden?»

Ralf Bergner nickte, fügte aber hinzu: «Reich bin ich nicht, Abu George.»

«Wo denken Sie hin. Ja, wenn Sie ein Tourist wären, aber die Jungen hier studieren alle, sie wissen längst, daß Sie ein Journalist aus der DDR sind und ein Freund von Said. Denen wird es eine Ehre sein. Wir wollen, daß alle Welt etwas über unser Land, über Palästina erfährt.» Und beteuernd setzte er hinzu: «Ich regle das sofort.» Doch an diesem Tage wurde es nichts mehr.

Am anderen Morgen setzte sich Ralf Bergner zum Frühstück, das den hochtrabenden Namen continental breakfast trug und aus zwei Scheiben hartem Toast, einem Schälchen Zitronenmarmelade, einem Würfel Butter und einer Tasse starkem Kahwa, bitterem, aromatisiertem Kaffee, bestand. Ohne viel Umstände setzte sich ein junger Mann zu ihm. Lächelnd streckte er ihm die Hand hin und sagte: «Nennen Sie mich Abu Jihad. Mein richtiger Name tut nichts zur Sache. Ich habe Said gut gekannt. Wenn Sie wollen, zeige ich Ihnen etwas von der Stadt. Ich habe viele Jahre hier gelebt.»

Besser hätte es der Journalist nicht treffen können. Sie frühstückten und brachen dann gemeinsam auf.

Abu Jihad führte ihn durch winzige Gäßchen der Altstadt. Straßenhändler, die bereits zu dieser Stunde nach Kundschaft Ausschau hielten, boten mit näselndem Singsang ihre Waren an: Gläser, Tücher, Socken, Kämme oder derb gewebte Einkaufstaschen. Lärmende Kinder spielten in den Rinnsalen der Abwässer, und in kleinen offenen Lädchen saßen Kinder oder Frauen hinter mittelalterlichen Webstühlen. Dicke Händler ordneten ihre Waren, bunte Keksbüchsen oder glänzende Konservendosen, Beutel, Säckchen, Kartons und Pakete.

Abu Jihad hielt mit ein paar freundlichen Worten und einem bedauernden Achselzucken die Händler wie auch die Straßenjungen von ihnen fern.

Er schien seinen Begleiter wahllos, wie zufällig durch die winkeligen, von lautem, pulsierendem Leben erfüllten Gassen, über kleine Plätze und handtuchbreite Durchgänge zu führen. Sie verweilten vor der aus großen Blöcken gefügten Klagemauer, einem Heiligtum des jüdischen Volkes, standen vor der Heiligen Gralskirche der Christen und erblickten plötzlich über sich die silbern glänzende Kuppel der allen Mohammedanern heiligen Al-Aqsa-Moschee.

Die fremdartig bunte, zugleich doch schon so vertraute Atmosphäre des uralten Viertels nahm Ralf immer stärker gefangen. Mit der Neugier eines Touristen blieb er allerorts stehen, freute sich an dem Geruch jener Mischung von Staub, Leder und Schweiß, die in all diesen alten Teilen orientalischer Städte anzutreffen ist. Er steckte seine Nase in Säcke mit Gewürzen, befühlte prüfend Melonen und Gourchetten, kleine, birnenförmige Kürbisse, trank mit Abu Jihad in einem winzigen Café des marokkanischen Viertels einen glühendheißen Tee, bei dem man starke schwarze Tee-Essenz über Zuckerbrocken und frische Pfefferminze gießt und der sofort erfrischt, und kaufte voller Vergnügen für seine Frau kleine Untersetzer mit gepreßten Blumen und der Inschrift «Gruß aus dem Heiligen Land». Er war gefangen von der Atmosphäre, dem Leben der Altstadt Jerusalems. Abu Jihad ließ ihn mit einem zurückhaltenden Lächeln gewähren.

Nachdem sie etwa zwei Stunden so herumgebummelt waren, bog Abu Jihad in einen engen Durchgang und stieg an einem Haus eine steile steinerne Außentreppe hinauf. So gelangten sie auf das flache Dach eines Hauses. Von dieser Stelle aus, höher gelegen als die alte Stadtmauer, ließ sich die von Hügeln umgebene Altstadt weit übersehen. Abu Jihad, der kaum etwas gesagt hatte, seit sie abgebogen waren, wies nach Westen und sagte kalt: «Sehen Sie, auch das ist Jerusalem.»

Vor ihnen, nach Westen zu, erstreckte sich das sogenannte jüdische Viertel, in den militärischen Auseinandersetzungen von 1948 ein heftig umkämpfter Stadtteil. Häuser ohne Dächer, eingestürzte Mauern, brandgeschwärzt, Schutt, Trümmer, Staub. Kein lebendes Wesen zeigte sich hier. Und erst jetzt sah Ralf Bergner: Jenseits der Stadtmauer zog sich ein breiter Gürtel hin, Niemandsland, von Stacheldrahtverhauen durchzogen, mit grauen Betonhöckern durchsetzt, Häuserruinen; eine geteilte Stadt. Hinter diesem verwüsteten Gürtel wieder niedrige Häuser mit flachen Lehmdächern oder flachwinkeligen roten Dachflächen aus Ziegeln. Dahinter auf den Höhen moderne Bauten, klotzig, aufragend, unschön, kantig. Große Blöcke der offiziellen Gebäude, Glas, Beton. Eine andere Welt.

«Drüben», sagte Abu Jihad, «dieselbe Stadt – aber nicht dieselben Menschen.»

Seine Hand wies in südwestliche Richtung. «Dort hinten, dicht neben dem Turm der Schottischen Kirche – wenn Sie ein gutes Glas hätten, könnten Sie die Stelle sehen – stand das Haus meiner Eltern. Ein altes Haus, kleine Zimmer, in denen viele Menschen leben mußten, aber unser Haus.»

Als der andere nicht weitersprach, fragte Ralf Bergner mit ein wenig unsicherer Stimme: «Und wo ist Ihre Familie jetzt?»

Erst nach geraumer Zeit antwortete Abu Jihad: «Das Haus steht noch. Meine Eltern leben im Zeltlager El-Karameh, jenseits des Flusses, in Jordanien. 1948, gleich nach der Besetzung dieses Teiles der alten Stadt, hat man sie verjagt.»

Bergner schwieg.

«Meine Familie ist ja, wie Sie wissen, nicht die einzige. Tausende haben sie vertrieben, ihnen alles genommen.» Und mit Haß in der Stimme fügte Abu Jihad hinzu: «Wir werden nicht eher ruhen, bis wir diese Stadt, unsere Stadt, wiedererobert haben. Wissen Sie, was Arafat gesagt hat, als er die Trümmer seines Elternhauses in Jerusalem sah: ‹Wir werden nicht eher Ruhe geben, bis die, die unsere Häuser zerstörten, sie wieder aufgebaut haben.› So denken wir alle. Und wenn wir unser Leben dafür geben müssen.»

Schweigend und bedrückt folgte Ralf Bergner seinem Begleiter, der die Treppe wieder hinabstieg. Für ihn war der Charme dieser ewigen Stadt der Christen, Juden und Mohammedaner verflogen.

Am Abend fand er Abu Jihad mit einigen anderen an einem Tisch sitzend, heftig debattierend. Zu Bergners Freude saß Villard, der Beiruter Korrespondent der «Humanité», unter ihnen. Er stand sogleich auf und reichte dem Berliner lächelnd die Hand. «Ich freue mich, daß Sie auch da sind. Hier kann man sich wohl fühlen. Nicht in den großen Hotels. Ich kenne einige dieser jungen Leute schon länger. Von ihnen erfahre ich mehr als auf der ganzen Konferenz.»

Abu Jihad schob Ralf Bergner sogleich bereitwillig einen Stuhl hin. Der setzte sich. Als der Ober ihn nach seinem Wunsch fragte, zögerte er, Wein zu bestellen, sah er doch, daß alle am Tisch sich mit einer kleinen Tasse arabischen Kaffees und einem Glas Wasser begnügten.

«Trinken Sie einen Arak wie ich», meinte Villard und wies auf das vor ihm stehende Glas, das mit einer milchig-weißen Flüssigkeit gefüllt war. Ralf nickte, obwohl er sich nicht sicher war, das Richtige bestellt zu haben.

«Und bringen Sie mir bitte noch eine Schachtel Zigaretten mit», rief er dem Kellner hinterher.

«Sie sprechen arabisch?» fragte ihn unvermittelt sein rechter Nachbar, ein junger, untersetzter Mann mit kugeligem Kopf und kurzen, borstigen Haaren.

Ralf Bergner nickte. Noch ehe er ctwas erklären konnte, stellte der Kellner ein leeres Glas, eine Karaffe mit Wasser, in dem Eisstückchen schwammen, und ein flaches Taschenfläschchen mit einer klaren Flüssigkeit vor ihm hin.

Bergner blickte etwas hilflos auf Villard.

«Ich werde es Ihnen zeigen», sagte Ralfs Nachbar hilfsbereit, als er dessen Unsicherheit spürte.

Geschickt riß er den blinkenden Aluminiumverschluß von dem Fläschchen und goß ein Drittel des Inhalts in das Trinkglas. Auf dem Etikett stand in verschnörkeltem Arabisch: Araq Abu Saada, Damaskus. Als der Mann aus der Karaffe Wasser hinzugoß, färbte sich die bisher farblose Flüssigkeit milchigweiß. Starker Anisgeruch verbreitete sich. Er gab ein paar Eiswürfel hinein und meinte erklärend: «Gießen Sie nie den Arak auf die Eiswürfel, das zerstört das ganze Aroma. Das Eis kommt stets zuletzt.»

Er schaute interessiert zu, wie Bergner vorsichtig kostete. Die Flüssigkeit schmeckte stark nach Anis und erinnerte ihn an den Hustensaft, den ihm als Kind seine Mutter eingeflößt hatte. Dieser Gedanke weckte in ihm sofort angenehme Assoziationen, und er trank einen weiteren großen Schluck.

Bergners Nachbar und auch alle anderen am Tisch, die offensichtlich das Ganze mit vergnügtem Interesse verfolgt hatten, machten zufriedene Gesichter.

«Ein gutes Getränk, Mister Bergner, nicht?» fragte Abu Jihad.

«Fast möchte ich sagen, ein fröhliches, klares und reines Getränk, wie das Land und die Menschen hier», meinte Villard. «Ein Journalist darf sich wohl solche Vergleiche erlauben?» Er schmunzelte dabei. Die anderen lachten. «Richtig, Villard!»

«Man macht es aus Weintrauben, die zweimal gebrannt werden», erklärte Abu Jihad.

«Dazu müssen Sie Nüsse, Pistazien oder Kartoffelchips knabbern», fügte Villard hinzu. «Aber das müssen Sie noch lernen, Genosse Bergner.»

Ralf freute sich über Villards Anrede. Es tat gut, sich hier nicht allein zu fühlen. Und Villard war ein alter Hase, der sich auskannte im Nahen Osten. Die meiste Zeit arbeitete er in der Pariser Redaktion der «Humanité». Seine Genossen hatten ihn zur Konferenz geschickt. Bergner wußte, daß sie dies nur taten, wenn es sich um Wichtiges handelte. Villards Anwesenheit gab ihm Sicherheit.

Zu weiteren Überlegungen blieb ihm keine Zeit, denn in der ihm eigenen direkten Art legte Villard seine Hand freundschaftlich auf Bergners Schulter und wandte sich wieder an die Umsitzenden. «Wir werden mal die Meinung des SPA-Vertreters zu dem Problem erfragen, über das wir gesprochen haben», meinte Villard und erklärte: «Sie sind gerade in eine interessante Diskussion hineingeraten. Die Ansichten hier gehen auseinander. Was meinen Sie dazu: Unser Freund Kamal Adwan hier», er deutete auf Bergners Nachbar mit den borstigen Haaren auf dem kugeligen Kopf, «hat eben den Ausspruch getan: ‹Die sicherste Art, Palästina endgültig zu vernichten, besteht darin, den anderen arabischen Regierungen zu überlassen, das Land nach ihrem eigenen Gutdünken zu verteidigen.› Er behauptet, die Befreiung Palästinas könne nur durch die Palästinenser selbst erfolgen. Ich habe ihm widersprochen. Wer hat nun recht? Ich bin der Auffassung, daß sie zumindest in der gegenwärtigen Phase die Unterstützung der arabischen Staaten benötigen, besonders Ägyptens. Schließlich ist Nasser kein Feudalist, sondern hat in Ägypten die Revolution geführt. Er ist progressiv, antiimperialistisch – wie die palästinensische Bewegung schließlich auch.»

«Aber er verfolgt in erster Linie seine eigenen, ägyptischen Ziele, dazu will er uns einspannen. Deshalb diese Konferenz hier in Jerusalem», entgegnete Kamal heftig.

«Wie letztlich alle anderen arabischen Staaten.»

«Was meinen Sie dazu, Mister Bergner», drängte Abu Jihad.

Der zögerte, etwas überrumpelt, und sagte schließlich: «Ich denke, daß es für eine Befreiungsbewegung – für jede – wichtig ist, Verbündete zu haben.»

«Genau dasselbe habe ich ihnen auch gesagt», unterbrach Villard ihn sogleich. «Wer kämpfen will, braucht Waffen. Von irgendwoher muß er sie bekommen.»

«Die Ägypter und alle anderen fordern dafür entscheidendes Mitspracherecht», entgegnete Kamal. «Sie wollen bestimmen, wann und wie die Waffen eingesetzt werden. Nein, wir müssen selbständig, entsprechend den Notwendigkeiten unseres Volkes handeln. Wir können Waffen kaufen.»

«Und woher nehmen Sie das Geld dafür? Ein paar gute Gewehre nützen dabei wenig. Waffen kosten Geld, viel Geld.»

«Wir werden finanzielle Beiträge von den arabischen Regierungen und Völkern fordern, Spenden der Palästinenser, freiwillige Abgaben erheben.»

«Kann sein. Doch irgendwo müßt ihr die Waffen ja kaufen.»

«Waffen allein tun es nicht», gab Ralf Bergner zu bedenken, Villards Argumente stützend. «Sie brauchen Ausgangsbasen, und die können nur in arabischen Ländern liegen.»

«Wir werden uns diese Basen schnell in Israel selbst schaffen, als Ausgangsposition, um sie endgültig zu verjagen.»

Bergner wollte sich gerade gegen die palästinensische These von der Beseitigung des Staates Israel wenden, schaute jedoch, unsicher geworden, Villard fragend an. Der verstand, daß sein Genosse im Begriff war, heftig zu widersprechen und sich zu weit auf diesem Terrain vorzuwagen. Deshalb schüttelte er vorsichtig mit dem Kopf. Geschickt gab er der Diskussion eine andere Richtung. «Nehmt doch das algerische Beispiel. Auch die Algerier haben nicht allein aus eigener Kraft gesiegt. Arabische Länder haben ihnen geholfen und die Solidarität aller fortschrittlichen Menschen, überall – vor allem», er blickte lächelnd in die Runde, «auch wenn es einige von euch vielleicht nicht hören wollen: vor allem der Sowjetunion und der anderen sozialistischen Staaten.»

Einwürfe kamen sofort, aber Villard wehrte sie ab. «Ich will erst zu Ende sprechen. Meine Überzeugung als Kommunist ist es, daß auch die palästinensische Bewegung letztlich ohne die Unterstützung der Sowjetunion nicht auskommen wird.»

Einige widersprachen heftig, auch Abu Jihad. Kamal aber schwieg, wiegte nachdenklich seinen Kopf und hörte sich die Auseinandersetzung nur an.

Sie diskutierten noch bis weit in die Nacht hinein. Als Villard sich verabschiedete, ging auch Bergner. In der kleinen Hotelhalle, in der nur ein Angestellter hinter dem Empfangsschalter döste, fragte er Villard: «Wo kommen die jungen Leute eigentlich her? Radikal sind sie zwar, aber wie mir scheint, auch recht gebildet.»

«Alle sind Leute der GUPS, der General Union of the Palestinian Students, der palästinensischen Studentenorganisation, die ihren Sitz in Kairo hat. Der neben Ihnen saß, war Kamal Adwan. Er muß mit im Vorstand sein. Es gibt Gerüchte, daß die Studenten dabei sind, eine eigene Widerstandsbewegung zu gründen. Genaues weiß keiner.» Und Villard setzte hinzu: «Aus einigen Andeutungen heute abend glaube ich entnehmen zu können, daß wir auf dem Kongreß von diesen jungen Leuten noch einiges zu erwarten haben.» Villard sollte sich nicht täuschen.

Am Freitag, dem 28. Mai 1964, noch vor 18 Uhr, fand sich Ralf Bergner vor dem Palast auf dem Ölberg ein. Posten in Uniformen der jordanischen Armee kontrollierten seine Akkreditierungskarte. Ein geschniegelter Araber in einem modernen europäischen Zivilanzug führte ihn zu einem Stuhl in der dritten Reihe, auf dem er ein Namenskärtchen «Mr. Bergner – GDR» vorfand.

Er war absichtlich sehr zeitig gekommen, der Konferenzsaal war noch halb leer. Es war ein großer, von einer Reihe mosaikverzierter Säulen aufgegliederter Raum mit maurischen Fenstern. Einer der reichen Palästinenser dieser Stadt hatte diesen neuen, erst kürzlich errichteten Palast auf dem berühmten Ölberg Jerusalems für die Konferenz zur Verfügung gestellt. Bald nahmen die Vertreter der arabischen Staaten, die aus einer Seitentür auftauchten, auf den für das vielköpfige Präsidium hinter dem Rednerpult aufgestellten damastbezogenen Sesseln Platz.

Ralf Bergner erkannte unter den Eintretenden König Hussein von Jordanien, einen kleinen, drahtigen, jungenhaften Mann mit einem koketten Bärtchen auf der Oberlippe und in eleganter, englisch geschnittener Uniform. Neben ihm Bouteflika, der Außenminister Algeriens, wie stets in einem europäischen Anzug letzten Schnitts. Bergners Nachbar, ein libanesischer Journalist, machte ihn flüsternd auf die anderen aufmerksam. «Sehen Sie dort drüben, das ist Abdel Khalek Hassouna, der Generalsekretär der Arabischen Liga, die die Schirmherrschaft hat, ein Ägypter, enger Vertrauter Nassers. Neben ihm der Außenminister Tunesiens, Monqi Slim, und der Syrier Hassan Mourawed.»

Während der andere hilfsbereit weiterflüsterte, schaute Bergner vergeblich nach der hageren Gestalt und dem weißbärtigen Raubvogelgesicht von Muhammad Amin al-Husseini, dem ehemaligen Mufti von Jerusalem, aus, den er von Fotos kannte und der, wie er wußte, im Arabischen Hochkomitee für Palästina präsidierte. Eine Schlüsselfigur. Als Bergner ihn nirgends zu entdecken vermochte, fragte er schließlich seinen Nachbarn halblaut nach ihm.

Mit einem hintergründigen Lächeln teilte der ihm mit, daß al-Husseini beschlossen habe, diese Konferenz zu boykottieren. Es war nicht schwer zu erraten, weshalb er nicht gekommen war: Er, der Mann Saudi-Arabiens, war nicht bereit, mit seiner Anwesenheit Nassers Anspruch auf die palästinensische Bewegung zu legitimieren, denn es war Nasser gewesen, der diese Konferenz einberufen hatte. Ein Kräftemessen hinter den Kulissen wurde bereits vom ersten Augenblick an deutlich.

Inzwischen füllte sich der Saal. Man ging mit ausgebreiteten Armen aufeinander zu, lachte, umarmte und küßte sich auf beide Wangen, redete halblaut miteinander. Doch Standesunterschiede waren nicht zu verkennen. Einigen, zumeist älteren, würdigen Männern begegneten alle mit sichtlicher Hochachtung. Vor ihnen verneigte man sich ehrerbietig und machte ihnen Platz.

Hatte Bergner bisher die Vorstellung gehabt, die Palästinenser seien in erster Linie ein Volk von Flüchtlingen, arm, abgerissen, unterstützungsbedürftig – das Bild der Anwesenden widersprach dem. Wenn auch etliche der 320 Delegierten der unterschiedlichen palästinensischen Organisationen bescheiden gekleidet waren, so verriet doch das Äußere der meisten Wohlhabenheit, ja Reichtum. Bergner sah viele weite blütenweiße Seidengalabiehs, malerisch geschlungene Kopftücher, rot- oder schwarzweißgewürfelt, von Goldkordeln gehalten, stattliche Bärte in glatten, zufriedenen Gesichtern, ringbesetzte dicke Hände. Einige Gestalten schienen einem Märchenbuch entsprungen. Nein, arm konnten diese Palästinenser hier nicht sein.

Dann erhob sich König Hussein von Jordanien, um als Gastgeber die Konferenz zu eröffnen.

Am Abend des ersten Konferenztages übermittelte der Korrespondent seinem Beiruter Büro zur Weiterleitung nach Berlin einen ersten Bericht per Telefon. Er begann mit einer kurzen Schilderung der Konferenzatmosphäre. Von der Zusammensetzung der Delegierten sagte er, daß es sich offensichtlich zumeist um Leute mit «Einfluß» handele. Er war sicher, das Wort Einfluß würde die Vorstellung von Reichtum und bürgerlicher Gediegenheit hervorrufen. Und er umging so, von palästinensischer Bourgeoisie sprechen zu müssen, was ihm per Telefon nicht ratsam schien.

«In der Mehrheit sind es palästinensische Abgeordnete des

jordanischen Parlaments, örtliche Notabeln, islamische und christliche Geistliche, Vertreter von Handelskammern, Geschäftsleute, Bankiers, Industrielle, Beamte, Professoren, Anwälte, Ärzte und Ingenieure. Die Breite der Bewegung demonstrierten jedoch auch Gewerkschaftsführer sowie Vertreter der Studentenverbände, der Flüchtlings- und Frauenorganisationen.»

Aus Husseins Eröffnungsrede zitierte er den Satz: «Die Ehre der Araber ist erst wieder heil, wenn sie ihr Recht über Palästina wiedererlangt haben.» Husseins pathetischen Ausruf, er sei bereit, sein Leben zu geben, wenn Palästina leben könnte, hatte er noch in letzter Minute aus seinem Bericht gestrichen; er schien ihm zu übertrieben.

Am ausführlichsten zitierte er die Rede Ahmad Schukeiris, eines untersetzten, etwas aufgeschwemmten Mannes. «Wir sind es müde zu warten und zu verzweifeln. Wir mußten sechzehn Jahre warten, um unsere Einheit herzustellen, wir werden nicht noch einmal sechzehn Jahre warten, ehe wir zur Aktion schreiten.» Und unter dem höflichen Beifall aller Delegierten hatte Schukeiri mit gen Himmel gereckten Armen ausgerufen: «Und dieses Mal wird die Aktion weder politisch noch diplomatisch, sondern nur militärisch sein! Warum soll ein palästinensischer Flüchtling in einem Zelt Hungers sterben, statt an der Front mit der Waffe in der Hand getötet zu werden?»

Doch Ralf Bergner hatte es auch für richtig gehalten, auf die Grenzen dieses bevorstehenden Kampfes hinzuweisen, indem er Schukeiris Worte anführte: «Die Palästinenser sind aufgefordert zu kämpfen und zu sterben, doch ihr Kampf und ihr Opfer hängen von den Mitteln ab, die die arabischen Regierungen ihnen zur Verfügung stellen.»

Und er zitierte weiter, «daß sich die PLO nicht in die inneren Angelegenheiten irgendeines arabischen Staates einmischt», daß sie «keinerlei Souveränität über die Gebiete Palästinas ausüben wird, die von anderen arabischen Staaten angeschlossen wurden, wie vom Haschemitischen Königreich Jordanien das Westufer des Jordan, von Syrien die Region vom Hemmeh und von Ägypten der Gazastreifen.»

Was Bergner nicht hinzugefügt hatte, war seine Überlegung,

daß Schukeiri damit den arabischen Staaten das Recht einräumte, über Art und Weise, Umfang und Reichweite des Kampfes der Palästinenser gegen Israel zu bestimmen. Ihm war Kamal Adwans Ausspruch vom vergangenen Abend wieder eingefallen, der davor gewarnt hatte, das Schicksal Palästinas den arabischen Regierungen zu überlassen. Die Befreiung Palästinas könne nur durch die Palästinenser erfolgen.

Am zweiten Konferenztag, dem 29. Mai 1964, wohnte Ralf Bergner der Gründung der PLO, der Palestine Liberation Organization (Palästinensische Befreiungsorganisation), bei. Auf dieser Sitzung verkündete Ahmad Schukeiri auch das Programm der Bewegung, den sogenannten Palästinensischen Nationalvertrag.

Plötzlich entstand eine immer stärker spürbar werdende Spannung und Unruhe unter den Konferenzteilnehmern. Die bisherige Einstimmigkeit, die dem Ganzen den Charakter eines mehr oder weniger formellen Aktes verliehen hatte, wich einer nervösen, knisternden Atmosphäre, in der man nur darauf wartete, daß sie sich beim Überspringen eines Funkens entlud.

Die ersten äußeren Anzeichen dafür zeigten sich, als Schukeiri auf die bewaffneten Einheiten der PLO zu sprechen kam. Er forderte zwar die Bildung von militärischen Brigaden aus Palästinensern, ähnlich den algerischen «moujahidin», verpflichtete sich jedoch gleichzeitig, sie der territorialen Souveränität der arabischen Länder zu unterstellen, in denen sie gebildet werden sollten.

Schukeiri wurde an dieser Stelle plötzlich unterbrochen. «Und warum befehlen wir uns nicht selbst?» rief jemand aus den Reihen der Delegierten, in dem Ralf Bergner einen seiner Gesprächspartner erkannte: Kamal Adwan. Der junge, untersetzte Mann erhob sich und fragte erregt weiter: «Weshalb sollen wir uns bevormunden lassen? Sind wir nicht selbständig genug?»

Sofort breitete sich Unruhe aus. Einige klatschten.

Schukeiri beachtete den Einwurf nicht und fuhr in seiner öligen Vortragsweise fort. Immer neue Zwischenrufe gab es, von verschiedenen Seiten. Doch der Konferenzpräsident, es war an diesem Tag Monqi Slim, der Tunesier, erstickte alles oder bog es geschickt ab.

Ralf Bergner schienen die Zwischenrufe keineswegs nur ein spontaner Ausbruch, sondern wohlüberlegt zu sein. Er dachte an Villards Bemerkung über «diese jungen Leute».

Da die Konferenz an diesem Tag erst spätabends zu Ende ging, kam er nicht mehr dazu, im Hotel «Khalaf» mit einem von ihnen zu sprechen.

Am nächsten Tag, dem letzten der Konferenz, saß Ralf Bergner wieder geduldig auf seinem Platz, den Notizblock auf den Knien, und wartete mit all den anderen Journalisten. Die Sitzung begann mit zwei Stunden Verspätung.

Im Gegensatz zu den anderen Tagen waren auf dieser Abschlußsitzung alle Plätze des Präsidiums wieder besetzt, unter ihnen König Hussein von Jordanien, Bouteflika und Monqi Slim. Der Generalsekretär der Arabischen Liga, Abdel Khalek Hassouna, hatte den Vorsitz.

Bergner glaubte die Spannung, die diesmal von Anfang an über dem Saal lag, fast körperlich zu spüren. Er war überzeugt, daß eine offene Konfrontation bevorstand. Er drehte sich um und sah auf demselben Platz wie gestern Kamal Adwan, ruhig, nur ab und an ein Wort mit Abu Jihad, der neben ihm saß, wechselnd. Auch die anderen jungen Leute aus dem «Khalaf» waren da. Sie warteten.

Als erster sprach wieder Ahmad Schukeiri. Er gab bekannt, daß die Palästinensische Nationalcharta von der dafür eingesetzten Kommission angenommen worden sei, und bat um die Zustimmung der Delegierten. Sie wurde mit zögerndem Beifall angenommen.

Als nächstes stimmte man zu, daß eine Reihe ständiger Kommissionen eingesetzt wurde, so für politische Angelegenheiten, für Finanzen und andere.

Dann kündigte Hassouna an, nunmehr wolle man das aus einem Präsidenten und 14 Mitgliedern bestehende Exekutivkomitee wählen. Schukeiri bat um Vorschläge. Als man ihm ein halbes Dutzend Namen zugerufen hatte, kamen aus der Runde um Kamal Adwan die ersten Zwischenrufe. «Wir wählen keine Schwätzer.» – «Sentimentale Romantiker.» – «Sollen diese

Greise etwa den bewaffneten Kampf anführen?» Die Jungen nannten ihrerseits Namen. Ihre Stimmen kamen aus allen Ekken des Saales.

Ein ungeheurer Tumult brach aus. Redner standen auf, schrien, doch niemand verstand sie mehr. Die Jungen unterstützten lautstark ihre Kandidaten.

Schukeiri versuchte, mit über die Lautsprecher dröhnender Stimme Ruhe zu schaffen. Einen Augenblick wirkte das. Er forderte Wahl durch Handheben – doch da ging bereits wieder alles im Lärm unter. Der Kongreß zerfiel in sich streitende Fraktionen, die nacheinander versuchten, sich des Mikrofons zu bemächtigen.

Ralf Bergner saß etwas fassungslos inmitten des Lärmens, des Gestikulierens und der offen aufeinanderprallenden Feindschaft. Den Notizblock hatte er längst in die Tasche gesteckt.

Bald wurde klar, daß es unmöglich war, sich über die Wahl der Exekutivmitglieder zu einigen. Es halfen weder die Autorität der arabischen Staatsmänner noch die beschwörenden Reden des Vorsitzenden.

Schukeiri gelang es schließlich, von einem Teil der Kongreßmitglieder die Zustimmung zu erhalten, daß er selbst später die Exekutivmitglieder aussuchen solle. Auch dic Nationalversammlung sollte erst später durch direkte Wahl bestimmt werden.

Mit Tumult ging der Kongreß zu Ende. Hassounas Schlußwort drang nicht mehr durch, die Anwesenden liefen einfach aus dem Saal.

Bergner erhob sich, ließ sich vom Strudel der heftig Diskutierenden hinaustreiben und stand endlich aufatmend in der klaren Nachtluft auf der Straße. Er blickte sich nach einem Taxi um, doch alles war mit Wagen verstopft. Schwerbewaffnete jordanische Soldaten, zum Schutz der arabischen Staatsvertreter und besonders König Husseins aufgeboten, versuchten vergeblich, Ordnung zu schaffen. Es war unmöglich, ein Taxi zu bekommen. Ralf Bergner hatte schon beschlossen, zu Fuß in die Altstadt hinunterzulaufen, als er plötzlich angesprochen wurde. «Wollen Sie nicht mit uns kommen?»

Es war Kamal Adwan, der ihn aus einem sich langsam durch das Gewühl schiebenden Wagen anrief. Eine Tür öffnete sich, und Bergner fand sich als dritter vorn auf der Bank neben den Fahrer gequetscht. Hinten saßen bereits fünf Personen. Es war eine Gruppe der Jungen, die lachend und erregt aufeinander einredend den Wagen mit ihrem fröhlichen Lärm füllte.

Kamal Adwan, der hinten saß, wie stets wenig sprach, tippte dem Journalisten leicht auf die Schulter und fragte schmunzelnd: «Nicht einfach, über die heutige Sitzung zu schreiben?»

«Wissen Sie, Mister Adwan, für mich nicht so schwierig wie für die Kollegen aus den westlichen Ländern.»

«Wieso?»

«Unsere Leute stehen auf der Seite Ihrer Freiheitsbewegung. Ich brauche nur die Wahrheit zu schreiben.»

«Und wie sieht diese Wahrheit nach Ihrer Meinung aus?» Kamal Adwan hatte das noch immer lächelnd gesagt, doch Ralf Bergner entgegnete ernst: «Ich werde schreiben, daß es auf dem Kongreß einen deutlichen Unterschied gab zwischen den Alten und den Jungen. Daß die Jungen kämpfen wollen, selbständig, ohne von anderen bevormundet zu werden, um ihr Land, ihre Heimat; und daß sie bereit sind, ihr Leben für Palästina zu geben. Ich werde schreiben, daß diese jungen Palästinenser aus den Flüchtlingslagern kommen und viele von ihnen Mitglieder der mächtigsten palästinensischen Studentenorganisation, der GUPS, sind, die 1958 in Kairo gegründet wurde und heute Sektionen an allen arabischen Universitäten hat. Und ich werde schreiben, daß diese Männer die wahren palästinensischen Revolutionäre sind.»

«Danke, Mister Bergner», entgegnete Kamal Adwan sichtlich bewegt. «Es ist gut zu wissen, daß es Menschen gibt, die so über uns denken. Für uns ist es nicht einfach, uns durchzusetzen.»

Als der Wagen vor dem Hauptpostamt hielt, von dem aus Bergner seinen Bericht sofort durchgeben wollte, und er sich von den Wageninsassen unter Händeschütteln verabschiedet hatte, stieg Kamal Adwan zu seiner Verwunderung ebenfalls aus. Er nahm ihn etwas zur Seite und fragte: «Sie bleiben noch in Jerusalem?»

«Nein, ich fahre bereits morgen zurück nach Beirut. Die Arbeit wartet.»

Kamal Adwan nickte. «Gut! Ich selbst habe noch einige Tage zu tun. Doch wenn Sie wollen, bleiben wir in Verbindung. Ich bin oft in Beirut.» Er nannte ihm eine Telefonnummer: «Beirut 23330. Das ist einer unserer Verbindungsleute. Melden Sie sich stets nur mit Ihrem Vornamen, dann weiß er Bescheid. Über ihn können Sie mit mir in Kontakt kommen. Sie verstehen, die Umstände erfordern eine gewisse Vorsicht.»

Der andere nickte. Sie verabschiedeten sich, und Bergner begab sich zum Hauptpostamt.

Später fand er Villard in einem Straßenrestaurant in der Nähe des Hotels «Khalaf». Sie diskutierten noch die halbe Nacht.

Am kommenden Morgen war das Hotel in der Altstadt Jerusalems bereits wieder in sein ruhig dahindämmerndes Dasein zurückgesunken. Die jungen Männer waren verschwunden; sie mußten noch in der Nacht ausgezogen sein.

Bergner nutzte den Vormittag, um in Jerusalem herumzubummeln. Am späten Nachmittag nahm er ein Linientaxi und fuhr in der Nacht über Amman zurück nach Beirut.

Kommuniqué Nr. 1

In den folgenden Monaten blieb dem SPA-Vertreter nicht viel Zeit, sich mit den Palästinafragen intensiver zu beschäftigen, es lag auch kein direkter Anlaß vor. Die Führer der neugegründeten Palästinensischen Befreiungsorganisation und vor allem ihr in Jerusalem gewählter Vorsitzender des Exekutivkomitees Ahmad Schukeiri machten lediglich durch langatmige, mit pathetischer Rhetorik vorgetragene verbale Angriffe auf Israel von sich reden.

Die Entwicklung im nahöstlichen Raum erforderte dagegen, daß sich Bergner jetzt stärker mit Ägypten und seinem Präsidenten Nasser, dem Rais, wie er in Arabisch genannt wurde, beschäftigte.

Aber gerade durch dieses tiefere Eindringen in die Probleme

des Nillandes und der sich dort vollziehenden Prozesse gewann er neue Einsichten in die Entwicklung der palästinensischen Bewegung.

1952 hatten die Mitglieder der von Oberstleutnant Gamal Abdel Nasser gegründeten Organisation der Freien Offiziere in Ägypten das feudale Regime unter König Faruk gestürzt. Die jungen Offiziere, die hauptsächlich aus kleinbürgerlichen Familien – Angestellte, wohlhabende Bauern und Intelligenz – kamen, leiteten in Ägypten die bürgerlich-demokratische Revolution ein. Die Politik des unter Nassers Führung stehenden Revolutionsrates beruhte auf einem antifeudalen und antiimperialistischen Programm. Der Rat begann, die Bodenreform in Angriff zu nehmen, und orientierte auf die Industrialisierung des Landes.

Nach drei Nationalisierungswellen (Juli 1961, August 1963 und März 1964) befanden sich die gesamte Schwerindustrie, die mittlere Industrie, der Außenhandel, die Banken und Versicherungsgesellschaften, das Verkehrswesen und die großen Bauunternehmen unter staatlicher Kontrolle. Damit waren entsprechend der am 21. Mai 1962 veröffentlichten und beschlossenen Charta der Nationalen Aktion wichtige antikapitalistische Maßnahmen durchgesetzt und Schritte in Richtung auf eine nichtkapitalistische Entwicklung des Landes vollzogen worden.

Die ihrem Wesen nach antikapitalistischen Reformen in der Industrie wurden in der Landwirtschaft nicht so tiefgreifend durchgeführt. Hier blieb die Bodenreform nach und nach stekken, und angesichts nahezu unveränderter Besitzverhältnisse übten die reichen Bauern weiterhin den stärksten Einfluß im Dorfe aus.

Die revolutionären ägyptischen Offiziere waren zugleich – und das vor allem – überzeugte arabische Nationalisten. Sie sahen es einerseits als ihr Ziel an, ein starkes, unabhängiges, industriell entwickeltes Ägypten aufzubauen, den Lebensstandard des Volkes zu heben und die Armut zu beseitigen. Gleichzeitig wollten sie ihr Land zu einem Zentrum der «Sammlung der arabischen Länder», zum Kern eines künftigen einheitlichen arabischen Staates machen.

Nasser erkannte frühzeitig die Bedeutung des Palästinaproblems für die Einigung der Araber. Um die Rolle Ägyptens als bedeutendste Macht im arabischen Raum und innerhalb der Arabischen Liga zu stärken, nutzte er die gemeinsame antizionistische Leitlinie in der Außenpolitik aller arabischen Staaten als einigendes Element. Er machte sie auch zur Grundlage der Gipfelkonferenzen. Kerngedanke dabei war, die unterschiedlichen gesellschaftlichen Systeme dieser Länder im Kampf gegen den gemeinsamen Feind zu vereinen. Als Teil dieses Vorhabens war es notwendig, die Palästinenser in einer Organisation zusammenzufassen, die Nasser auf das engste mit seiner Politik verbunden wissen wollte, um den Führungsanspruch Ägyptens durchsetzen zu helfen. Der ägyptischen Diplomatie gelang es auf der 1. Gipfelkonferenz Arabischer Staatsoberhäupter (13. bis 16. Januar 1964) in Kairo einen Beschluß durchzusetzen, der die Schaffung einer Organisation des palästinensischen Volkes vorsah. Diese Resolution, gegen den Willen bestimmter arabischer Regierungen verabschiedet, wurde dann im Mai 1964 mit der Etablierung der Palästinensischen Befreiungsorganisation – PLO – verwirklicht. An die Spitze der PLO stellte man mit Ahmad Schukeiri einen Mann, den alle arabischen Regierungen zu akzeptieren vermochten.

1908 in Akko als Sohn eines islamischen Geistlichen und Abgeordneten des türkischen Parlaments geboren, hatte er an der Amerikanischen Universität in Beirut und dann in Cambridge Rechtswissenschaft studiert. Danach war er als Anwalt unter anderem in Jerusalem tätig. 1947 leitete er das Arabische Büro in Washington und 1948 die Arabisch-palästinensische Delegation bei der UNO. 1949 vertrat er Syrien im UNO-Treuhandschaftsrat in Genf. 1950 wurde er syrischer Botschafter in Kairo. Aus dieser Zeit rührten seine engen Bindungen zu Nasser. Zwischen 1957 und 1963 war Schukeiri Staatsminister für UNO-Fragen des saudi-arabischen Königs Saud. 1963 ernannte ihn die Arabische Liga zum Delegierten Palästinas bei der UNO – ein Posten, der ihn zum Vorsitzenden der neuen Organisation zur Befreiung Palästinas prädestinierte.

Schukeiri, scheinbar ein politisches Chamäleon, war in Wirklichkeit der Mann Nassers. Nachdem die Wahl eines Exekutivkomitees auf der Gründungssitzung der PLO gescheitert war, präsentierte Schukeiri im September 1964 auf der zweiten, von Nasser einberufenen und im ägyptischen Alexandria tagenden arabischen Gipfelkonferenz ein erstes von ihm ernanntes Exekutivkomitee der PLO. Das Sagen darin hatten die Anhänger des Rais. Von da an, und daran sollte sich bis zur israelischen Aggression von 1967 nichts ändern, blieb die PLO fest in die ägyptische Politik eingebettet. Präsident Nasser, als Führer des ökonomisch und politisch am weitesten entwickelten arabischen Landes, des zur damaligen Zeit stabilsten und einflußreichsten antiimperialistischen Regimes im Nahen Osten, war entschlossen, sich die auf seine Initiative hin gegründete PLO nicht aus der Hand nehmen zu lassen.

Eine Reihe arabischer Staaten hatte der PLO-Gründung lediglich zugestimmt, weil die öffentliche Meinung es forderte. Doch nutzten sie die Bindung der Befreiungsorganisation an Nassers Regime und das «undemokratische» Vorgehen «seines Mannes» Schukeiri als Vorwand, der PLO die zugesagten Unterstützungsgelder zu verweigern. Schon aus diesem Grunde blieb die PLO auch materiell von Ägypten abhängig. Ihr Einfluß mußte beschränkt bleiben, zum einen, weil die Tätigkeit in einigen arabischen Staaten, außer Kuweit, behindert wurde. In Jordanien, dem Land mit ihrer potentiell größten Basis, dem zahlenmäßig stärksten Bevölkerungsteil, war die PLO zeitweise sogar verboten. Zum anderen besaßen die bürgerlichen Führungskräfte keine Verbindung zu den palästinensischen Volksmassen.

Das Jahr 1964 verging und Ralf Bergner fand nur wenig Gelegenheit, über die neugegründete palästinensische Organisation zu berichten. Als seine Zentrale in Berlin deswegen anfragte und um eine Begründung ersuchte, schrieb er in einem internen Bericht: «Seit Gründung der PLO wurde weder der ernsthafte Versuch unternommen, die vorgesehenen Wahlen zum PLO-Nationalrat durchzuführen, noch wurden in den einzelnen Ländern Grundorganisationen oder Gruppen der PLO gebildet, welche die Palästinenser hätten aktivieren können. Es gibt keine organisatorische Struktur.

Noch schwerer wiegt, daß die Führer der Organisation, um ihre Schwäche und Ohnmacht zu kompensieren, mit radikalen, offen chauvinistischen Äußerungen an die Öffentlichkeit treten. Schukeiri erhebt bei jeder Gelegenheit lautstark die Forderung nach einem Präventivkrieg gegen Israel. Seiner Meinung nach solle man ‹den Krieg beginnen und das besetzte Land›, gemeint ist damit ganz Israel, ‹befreien›. Auf die Frage eines westlichen Journalisten über das Schicksal der Israelis nach einem arabischen Sieg antwortete er: ‹Wir werden ihre Rückkehr in ihre Ursprungsländer erlauben.› Von denjenigen, die in Israel geboren wurden, sagte er: ‹Ich denke, keiner von ihnen wird am Leben bleiben.›

Mit diesen stark an Antisemitismus grenzenden Erklärungen verschafft sich die PLO ein schlechtes internationales Renommee. Die imperialistische Propaganda schlachtet dies natürlich weitgehend aus, und die echten Motive der arabischen nationalen Befreiungsbewegung und die gerechten Forderungen der einfachen Palästinenser werden damit diskreditiert.»

Da die Zentrale einstweilen nicht wieder auf diese Problematik zurückkam, schloß Ralf Bergner, daß man seine Einschätzung teilte.

Das hielt ihn jedoch nicht davon ab, die palästinensische Sache weiter aufmerksam zu verfolgen, seine Kontakte auszubauen und sich um interne Informationen zu bemühen.

Im Herbst und Ende des Jahres hatte er wiederholt versucht, mit Kamal Adwan in Verbindung zu kommen. Er hatte wie abgesprochen die Beiruter Nummer 23 330 angerufen und sich nur mit seinem Vornamen gemeldet. Jedesmal war ihm geantwortet worden, man würde ihn in einigen Tagen wieder anrufen. Aber nichts rührte sich, vorläufig.

Doch am 2. Januar 1965, einem Mittwoch, klingelte in seinem Büro das Telefon.

«Mister Bergner?» fragte eine ihm unbekannte Stimme.

«Ja, bitte?»

«Kamal möchte Sie sprechen. Gegen zwölf Uhr bei ‹Abu Walid›.»

«Abu Walid» war ein kleines Fischrestaurant am Strand, südlich des Flugplatzes.

«Gut, ich bin da!»

Der andere hängte sofort ein.

Ralf Bergners journalistischer Spürsinn verriet ihm, daß es etwas Wichtiges sein mußte, wenn ihn Kamal so eilig sprechen wollte.

Ehe er ging, überflog er noch einmal die ständig über Fernschreiber eingehenden Nachrichten der letzten zwei Tage. Nichts Ungewöhnliches.

Punkt 12 Uhr saß er im «Abu Walid», außerhalb der Stadt. Kamal Adwan erschien kurze Zeit nach ihm. Er winkte bereits von weitem, lachte, bestellte mit lautem Ruf zur Theke hin: «Zwei Arak!» und fügte, sich fröhlich an Bergner wendend, an: «Ich bin sicher, Sie haben unseren heimatlichen Arak schon schätzengelernt.» Halblaut setzte er hinzu: «Außerdem brauchen wir etwas zum Anstoßen.»

Aus der Innentasche seiner abgetragenen Wildlederjacke zog er einen zusammengefalteten Zettel, legte ihn vor Bergner hin und strich ihn sorgfältig glatt. Der las den maschinengeschriebenen Text:

«Beirut, 1. Januar 1965

Kommuniqué Nr. 1

Sechzehn Jahre sind vergangen, seit die Palästinenser, unser Volk, getrennt von ihrer Heimat leben. Von den Vereinten Nationen werden sie als ‹Flüchtlinge› behandelt, während der Feind alle Mittel auf örtlicher und internationaler Ebene einsetzt, um sich in unserem Heimatland endgültig festzusetzen.

Angesichts dieser niederdrückenden Tatsachen und angesichts der verstrichenen Zeit haben die Streitkräfte der Al-Asifa mit ihrem Angriff begonnen, um dem Feind in aller Welt klarzumachen, daß dieses Volk nicht gestorben, sondern daß die bewaffnete Revolution der einzige Weg zur Rückkehr und zum Sieg für unser Volk ist.

Kommandotrupps der Al-Asifa haben im Hinterland des zionistischen Feindes am 31. Dezember 1964 insgesamt zehn militärische Aktionen gegen Israel durchgeführt. Eines der Ziele war die Pumpstation von Ain Bone, wo die Wasser unseres Jordan nach Israel gepumpt werden.

Revolution bis zum Sieg!

Al-Asifa – der Sturm»

Ralf Bergner blickte sein Gegenüber abwartend an. Dessen Augen leuchteten begeistert. «Wissen Sie, was das heißt? Das ist das Signal, der Beginn unseres bewaffneten Kampfes. Unsere, die palästinensische Revolution hat begonnen. Schluß mit den Phrasen und dem Geschwätz.»

«Glaubt ihr, die Israelis damit in die Knie zwingen zu können?» fragte Ralf Bergner vorsichtig.

«Darum geht es doch zunächst gar nicht», entgegnete Kamal Adwan leidenschaftlich. «Natürlich ist der Schaden, den wir dem Feind zugefügt haben, nicht groß. Unser wichtigstes Ziel war ein anderes: Wir mußten aller Welt durch eine spektakuläre Aktion zeigen, daß wir existieren, daß wir bereit sind zu kämpfen. Die Israelis sollen wissen, daß wir da sind. Und auch die arabischen Regierungen müssen das begreifen und die Weltöffentlichkeit, die vom Schicksal unseres Volkes nichts weiß oder vorgibt, nichts zu wissen.»

Der Journalist wußte darauf nichts Rechtes zu entgegnen.

«Glauben Sie, Mister Bergner, vor allem geht es uns um die Palästinenser. Die palästinensischen Massen in Israel und in den Lagern warten nur auf ein Signal, sich zu erheben. Die Unseren haben es gesehen.»

Zögernd entgegnete der Angesprochene: «Ich weiß nicht, ob Sie recht haben. Die Zeit wird es lehren.»

Kamal Adwan ließ sich davon nicht entmutigen. «Sie sind zu kleinmütig.»

Ralf Bergner wollte erwidern, er wünsche ihnen aus ganzem Herzen Erfolg, er wisse, sie seien im Recht mit ihrem Kampf – aber dennoch dürfe man gewisse Realitäten nicht übersehen. Doch er kam nicht dazu, denn Kamal Adwan fragte ihn geradeheraus: «Wird SPA die Meldung bringen?»

Erst nach einer erneuten Denkpause entgegnete der Gefragte: «Sie wissen, wir halten uns mit allen Meldungen über die palästinensische Bewegung, über Schukeiri und die PLO sehr zurück. Ich möchte Ihnen keine falschen Versprechungen machen.»

«Was hat das alles mit Schukeiri und seiner PLO zu tun? Al-Asifa, das sind wir, nicht die PLO.»

«Und wer steht hinter Al-Asifa – Sie und Ihre Freunde, aber wer noch?»

«Sie werden es erfahren, Mister Bergner, aber zunächst meine Frage.»

«Ich werde Ihre Meldung weitergeben, aber um ganz offen zu sein: Wer bestätigt, daß sie der Wahrheit entspricht?»

Erst nach einigem Überlegen sagte Kamal Adwan: «Ich kann Ihnen jetzt nicht mehr sagen. Versuchen Sie es. Die Bestätigung werden Sie erleben.»

Ralf Bergner gab die Meldung nach Berlin durch. Eine Reaktion von dort kam nicht, denn er hatte von sich aus weitere Informationen über ihre Echtheit zugesagt. Er verfolgte in den kommenden Tagen mit noch größerer Aufmerksamkeit alle Agentur- und Pressemeldungen über den Nahen Osten und die Palästinenser. Nichts! Fast acht Tage lang. Sollte Kamal Adwans Mitteilung tatsächlich nur eine Ente gewesen sein? Bergner konnte es nicht glauben.

Plötzlich jedoch reagierten die arabischen Nachrichtenagenturen alle mit einem Schlag. Freilich in einer Art und Weise, wie der Journalist es trotz eines gewissen Skeptizismus nicht im entferntesten vermutet hatte: Ein Sturm der Entrüstung brach herein, alle verurteilten die militärischen Aktionen der Al-Asifa. Die Ägypter beschimpften die Urheber der Operationen als fanatische Moslems, die im Solde des Imperialismus stünden. Die Nasser nahestehende Beiruter Tageszeitung «Al Anwar» meldete in großer Aufmachung, es handle sich um das Werk von CIA-Agenten. Die Presse Saudi-Arabiens sprach von «Agenten des internationalen Kommunismus», und Ahmad Schukeiri verurteilte die Aktionen im Namen der PLO und bezeichnete ihre Urheber als «Feinde der palästinensischen Revolution».

Für Ralf Bergner lagen die Dinge nun klar auf der Hand: Es waren die Jungen, die palästinensischen Aktivisten, Leute aus dem Hotel «Khalaf» in Jerusalem, Männer um Kamal Adwan, wie Abu Jihad, die gehandelt hatten – gegen den Willen der Alten, der Saturierten, der wohlhabenden Palästinenser der PLO-Führung. Damit jedoch hatten sie sich zugleich Nasser entgegengestellt – und das konnte für sie gefährlich werden.

Würden sie standhalten können? Aber dazu mußte man zunächst einmal wissen, wer dahintersteckte. Was war «Der Sturm – Al-Asifa»?

Doch die Dinge sollten noch verwickelter werden. Mitte Januar veröffentlichte eine große französische Tageszeitung eine Meldung aus Israel: «Tel Aviv, 15. Januar 1965 (AFP). Die Situation verschlechtert sich, erklärte General David Alazar, Oberbefehlshaber der israelischen Streitkräfte im Bereich der syrischen Grenze, im Verlaufe einer öffentlichen Versammlung am Donnerstagabend in Nazareth. Zur gleichen Zeit enthüllte am Donnerstag ein Sprecher der israelischen Armee, daß mehrere Gruppen von Arabern kürzlich in Israel eingedrungen seien, um dort Sabotageakte durchzuführen. Im Verlaufe von Zusammenstößen mit israelischen Sicherheitskräften wurde ein Saboteur verletzt, ein anderer gefangengenommen und mehrere Sprengladungen entdeckt. Der Sprecher bestätigte in diesem Zusammenhang, daß die Organisation Al-Fatah für diese Aktionen verantwortlich ist.»

Der DDR-Korrespondent wußte nicht, was er davon halten sollte. Mit der PLO hatten diese Anschläge nichts zu tun. Doch hatte nun die Meldung recht, die sie der Al-Fatah zuschrieb, oder das Kommuniqué, das mit Al-Asifa unterzeichnet war? Aus seinen palästinensischen Freunden vermochte er einstweilen nichts herauszubekommen. Erst viel später erfuhr er, daß es sich bei Al-Asifa um den militärischen Zweig der Al-Fatah handelte, von deren Existenz Anfang 1965 so gut wie nichts bekannt war.

Al-Fatah

Die ersten bewaffneten Aktionen der palästinensischen Widerstandsbewegung vom 31. Dezember 1964 waren das Werk einer geheimen palästinensischen Organisation, die sich in Abkürzung ihrer arabischen Bezeichnung «Harakat – al-Tahrir al-Falastin» (Bewegung zur Befreiung Palästinas) nannte. Die Umstellung der drei Wurzelkonsonanten beziehungsweise der Anfangsbuchstaben HTF zu FTH ergeben das Wort «Fatah». In richtiger Reihenfolge hieß das arabische Wort «Hatf», Tod.

Die erste geheime Zelle der Organisation dieses Namens

wurde 1958 von jungen palästinensischen Intellektuellen in Kuweit gegründet, so daß über Aufbau, Mitglieder und Führung in der Öffentlichkeit bis nach 1965 kaum etwas bekannt war.

Ralf Bergner hatte richtig geschlossen, als er vermutete, die jungen Leute vom Hotel «Khalaf», wie Kamal Adwan, Abu Jihad und die anderen, würden dieser Organisation angehören.

Anfang Herbst 1964 hatte sich die Spitze der Fatah in Kuweit versammelt. Es kam zur Bildung zweier voneinander abweichender Gruppierungen und zu heftigen Auseinandersetzungen über die Frage, ob die Zeit reif sei, nach algerischem Vorbild den Guerillakrieg zu beginnen, oder ob es besser sei zu warten, bis sich die Fatah zu einer Massenbewegung entwickelt habe.

Auf einem zweiten Treffen im Oktober 1964 in Damaskus setzte sich die Linie der sogenannten Abenteurer, die Linie des sofort zu beginnenden bewaffneten Kampfes durch. Die «Abenteurer» überstimmten die anderen, und es wurde ein Projekt gebilligt, das die erste militärische Operation gegen Israel auf den 31. Dezember 1964 festlegte.

An diesem Tage sollten im Westjordanland, im Gazastreifen und im Libanon zusammengestellte Kommandos heimlich die Grenze nach Israel überqueren und an verschiedenen Orten militärische und wirtschaftliche Objekte angreifen, insbesondere die mit der Umleitung des Jordan zusammenhängenden Einrichtungen. Im Gazastreifen jedoch war es zwei von Nasser bezahlten Agenten gelungen, sich in den Kommandotrupp einzuschleichen, und eine Woche vor Beginn der Aktion wurden alle Kämpfer dieses Trupps bis zum letzten Mann von den ägyptischen Sicherheitsbehörden verhaftet.

Im Westjordanland dagegen konnten die Männer der Al-Fatah zehn einzelne Operationen mit Erfolg zu Ende führen.

Einer dieser Gruppen gelang es, ausgerüstet mit wenigen Maschinenpistolen und Revolvern, zur Pumpstation von Ain Bone vorzudringen, mit der das Wasser des Jordan nach Israel abgeleitet wurde. Die Männer trugen selbstgefertigte Sprengkörper bei sich und sprengten die Station.

Der Al-Fatah ging es zunächst einmal darum, die Weltöffentlichkeit aufzurütteln und auf das Schicksal des palästinensischen Volkes aufmerksam zu machen.

Ralf Bergner war entschlossen, mehr über die Al-Fatah in Erfahrung zu bringen. In den folgenden Wochen opferte er, sehr zum Ärger seiner Frau, etliche Abende für lange Diskussionen mit seinen palästinensischen Freunden.

Gewiß, er hörte von den jungen Leuten vertrauliche, mit Begeisterung vorgetragene Reden, die eine leidenschaftliche Besessenheit und die Bereitschaft verrieten, für Palästina zu kämpfen und, wenn nötig, auch zu sterben, aber wenig nüchtern einschätzende, klare Vorstellungen und überzeugende Argumente. Die Worte «arabische Nation» und «Revolution» spielten eine große Rolle. Man sprach von der «palästinensischen Revolution», die Teil der «gesamtarabischen Revolution» sei, davon, daß die Al-Fatah einen «revolutionären Volkskrieg» begonnen hätte, und der Journalist aus der DDR hörte das immer wiederkehrende, mehr das Gefühl als die Logik ansprechende Motto «Revolution bis zum Sieg!».

Im März 1965 gelang es ihm, ein Exemplar des Ende Januar 1965 formulierten Politischen Manifestes der Al-Fatah in die Hände zu bekommen. Auch hier noch unter dem Namen Al-Asifa, bekräftigte sie darin ihre Verbundenheit mit der arabischen Nation und deren Auseinandersetzung mit Israel. Gleichzeitig rief sie die arabischen Völker auf, den von ihr soeben begonnenen bewaffneten Kampf zu unterstützen. Die Fatah erklärte sich für politisch ungebunden und gab vor, «keinerlei Ideologie» zu folgen und rein palästinensisch zu sein. Sie erstrebte «die völlige Befreiung Palästinas», das hieß, die «Beseitigung des jüdisch-zionistischen, rassistischen und expansionistischen Staates Israel», um an seiner Stelle einen «demokratischen palästinensischen Staat» zu schaffen.

Ralf Bergner fand heraus, daß sich die Al-Fatah in der Zielsetzung von der Palästinensischen Befreiungsorganisation Schukeiris unterschied. Sie forderte «ein demokratisches, nicht konfessionell geprägtes Palästina, in dem Juden, Moslems und Christen friedlich zusammenarbeiten, beten und leben werden», während Schukeiri die Vertreibung der Juden zum wichtigsten Punkt seines Programms erhob.

Das Manifest der Al-Fatah schloß mit den Worten: «Wir werden nicht eher die Waffen niederlegen, bis Palästina befreit ist und den Platz wieder eingenommen hat, der ihm im Herzen der arabischen Nation zukommt.»

Die Al-Fatah erklärte in jenen Jahren militärische Aktionen als einzigen Weg zur Befreiung Palästinas. Die Einsicht in die Notwendigkeit und Bedeutung des politischen Kampfes entwikkelte sich in ihren Reihen erst sehr viel später. «Wir werden», erklärte man Ralf Bergner gestenreich, «niemanden vertreiben, der gewillt ist, unter unserer Flagge als loyaler Palästinenser zu leben. Es ist gleich, ob er Christ, Moslem oder Jude ist.»

Weiter gingen die Vorstellungen vom künftigen palästinensischen Staat nicht. So sehr der Korrespondent auch bohrte und fragte, keiner seiner Freunde vermochte eine Antwort auf die Frage zu geben, wie die soziale Ordnung dieses Staates aussehen, welche Staatsform man wählen und welche Struktur dieser Staat haben sollte. «Das werden diejenigen entscheiden», erklärte man ihm, «die nach der Befreiung noch am Leben sind.»

Ralf Bergner schrieb an seine Dienststelle: «Die Al-Fatah überbetont meines Erachtens arabische, nationalistische Interessen. In ihrem Programm werden klare Aussagen vermieden, um innerhalb der Organisation, die sich offensichtlich aus sehr unterschiedlichen Kräften zusammensetzt, Meinungsverschiedenheiten zu verhindern, um ihre Vorstellungen für Angehörige verschiedener Schichten akzeptabel zu machen und um den arabischen Regierungen verschiedenster Prägung die Möglichkeit zur Unterstützung zu geben.»

Doch vor allem lag ihm daran, mit den Kämpfern der Al-Fatah, den Fedayin, unmittelbar in Kontakt zu kommen, zumal man ihn um eine Reportage über die Organisation gebeten hatte.

Und Bergner schaffte es! Seine palästinensischen Freunde ermöglichten ihm den Besuch eines Ausbildungslagers.

Drei Tage später schickte er mit der nächsten Interflug-Maschine das Manuskript nach Berlin:

«Eines Freitags, der in islamischen Ländern, also auch hier im Libanon, Feiertag ist, ruft mich ein palästinensischer Freund um sechs Uhr morgens an. Er erwarte mich eine halbe Stunde später in unmittelbarer Nähe meiner Wohnung.

Als ich mich der Straßenecke nähere, winkt man mir aus

In einem Ausbildungslager der PLO

einem Wagen heraus zu. Ich steige ein und jemand wird mir vorgestellt. Er sagt, er kenne Europa gut und habe in Paris studiert. Mein Freund erklärt mir, der andere, den ich Abu Ali nennen könne, sei für heute mein Führer.

Mir ist es recht, auch wenn ich weiß, daß Abu Ali natürlich nicht sein richtiger Name ist. Wir fahren zwanzig Minuten durch die Stadt, dann hält der Wagen. Abu Ali und ich steigen in ein anderes Fahrzeug; mein Freund fährt zurück.

Im Wagen bittet mich Abu Ali: ‹Könnten Sie mir bitte Ihre Armbanduhr geben? Ich gebe sie Ihnen später zurück.›

Ich tue es, auch wenn ich mich frage, ob das viel hilft, unseren Weg und seine Dauer geheimzuhalten.

Wir fahren nach meiner Berechnung eine gute Stunde, dann wechseln wir erneut den Wagen und steigen in einen Jeep, der uns am Straßenrand erwartet. Dem Fahrer, obgleich in Zivil, sieht man an, daß er eine militärische Ausbildung hinter sich hat.

Ich täusche mich nicht, denn der Wagen bringt mich auf schotterigen und ausgewaschenen Nebenwegen, die quer durch Hügel und Täler ins Gebirge hinaufführen, zu einem der Ausbildungslager von Al-Fatah, oder besser gesagt, seines militärischen Flügels Al-Asifa.

Unterwegs werde ich von Abu Ali über die Auswahlprinzipien informiert: ‹Wir bilden unsere Kämpfer auf eine spezielle Art aus: Sie müssen gleichzeitig die Qualitäten eines Soldaten und eines Kommandeurs haben, und sie müssen Revolutionäre sein. Wir wählen sie unter denen aus, die unsere Prinzipien anerkennen und die harten Bedingungen des bewaffneten Kampfes auf lange Zeit zu ertragen vermögen.

Die Männer sind in Gruppen organisiert. Neben der militärischen Ausbildung beteiligen sie sich an Versammlungen auf den verschiedenen Ebenen, dort diskutieren sie, entwickeln ihre Fähigkeit zur Selbstkritik und zur Berichtigung der eigenen Fehler; eine echte Demokratie.›

Von meinem Begleiter erfahre ich auch einiges über die Motivationen der palästinensischen Partisanen: ‹Der Fedayin wird auf einen Kampf vorbereitet, der von dem eines Berufssoldaten gänzlich verschieden ist. Der Guerillakampf mit seinen Elementen der Überraschung, des Hinterhalts, der Schnelligkeit und Beweglichkeit, seinem notwendigen Einfallsreichtum, der Fähigkeit zur Initiative und schnellen Entscheidung muß auf einer unerschütterlichen Grundlage, auf einer tiefen Motivation beruhen: auf der Hingabe an sein okkupiertes Vaterland, auf persönlicher Würde, dem Bewußtsein, die Familie, seine Nachbarn, sein Volk zu schützen, kurz – auf dem Recht eines Menschen, auf seiner Heimaterde, in seinem Heimatland zu leben, frei von Unterdrückung.

Wir zeigen Ihnen eines unserer Lager›, schließt mein Begleiter seine Erläuterungen, ‹weil wir glauben, daß nur der, der eines unserer Ausbildungslager selbst gesehen hat, die Strenge unserer Erziehung, die harte physische Vorbereitung und die wahrhaft stählerne Moral versteht, die wir von einem Fedayin fordern.›

Im Lager werde ich vom Kommandanten begrüßt, der gerade an einem Tisch gesessen hatte, im Schatten einiger Bäume, dicht vor dem Eingang einer Höhle, die in einen Berghang führt.

Neben dem Eingang hängt die Fotografie eines bärtigen, rundgesichtigen Mannes mit dunkler Sonnenbrille, um den Kopf malerisch die Kufija, das schwarz-weiß gewürfelte Kopftuch, geschlungen. Unter dem Bild ist, sorgfältig in Holz geschnitzt, das Zeichen der Al-Fatah angebracht: zwei gekreuzte Fahnen, die Karte Palästinas und daneben Handgranaten.

Der Kommandant, ein Mann Anfang Fünfzig, in einer gut geschnittenen Uniform in Tarnfarbe, diktiert mir seine Bedingungen: keinerlei Fragen über den Ort und die Gegend, keine Fotoaufnahmen, die eine Identifikation zulassen, nur Aufnahmen von hinten oder von der Seite sind genehmigt.

Er führt mich in ein Dickicht, in dem einige auch aus nächster Nähe vom Gelände kaum zu unterscheidende Zelte stehen. Da Freitag ist, also Ruhetag, ist das Lager fast still. Doch der Kommandant läßt einen Zug antreten. Keiner der Kämpfer trägt ein Rangabzeichen, ebensowenig der Kommandant, der, wie ich später erfahre, den Rang eines Majors hat. Der höchste Grad bei der Al-Fatah ist Colonel, also Oberst. Er führt seine Männer, denen mein Besuch – gewiß nicht zu ihrer Freude – eine zusätzliche Übung verschafft, durch das Wäldchen zum Exerzierplatz. Es ist eine geräumige Lichtung mit verschiedenen Übungsgeräten und einer Hindernisbahn. Die Männer marschieren mit bloßem Oberkörper in Zweierreihen und singen im Rhythmus des Marsches das Lied der Fedayin: ‹Baladi, Baladi – Mein Land, mein Land, ich gebe dir mein Blut.›

Die Fedayin sind von unterschiedlichstem Typus, einige dicklich, trotz des harten Lebens, das sie führen. Einige sind gewiß älter als dreißig, andere noch nicht einmal zwanzig. Jüngere, sagt man mir, erhalten eine Ausbildung in dem Flüchtlingslager von Baqaa, etwa 35 Kilometer nördlich von Amman.

Der Kommandant läßt einige Zeit exerzieren und lächelt zufrieden, als er meine Freude und Bewunderung für die exakt und präzise ausgeführten Kommandos spürt. Nach einer kurzen Pause läßt er die Männer die Hindernisbahn nehmen, eine harte und gefährliche Bahn, die an und für sich keine außergewöhnlichen Schwierigkeiten böte, wenn mein Begleiter die einzelnen

Hindernisse nicht zugleich mit seinem automatischen Gewehr unter Feuer nähme.

Später erklärt mir der Kommandant – den, wie ich inzwischen bemerkt habe, alle Abu Abed oder einfach Achi, mein Bruder, rufen – bei einem Glas Tee den Ausbildungsgang im Lager. Im Zelt ist es frisch und feucht, und die Luft riecht harzig. Abu Abed erläutert mir, daß die Freiwilligen aus Flüchtlingslagern oder von Universitäten kommen, an denen palästinensische Lehrer und Dozenten tätig sind, und die immer neue Freiwillige werben.

Die Al-Fatah nimmt in erster Linie Palästinenser auf. Wie ich am Rande erfahre, sollen in ihren Reihen jedoch auch einige Europäer kämpfen. Die Bewerber müssen sich zunächst einer strengen medizinischen Untersuchung und einem psychologischen Examen unterziehen, die beide von einer Gruppe Medizinern vorgenommen werden. Die zweite Prüfung besteht darin, daß man sie verschiedenste Übungen und Aufgaben erfüllen läßt, ohne ihnen Gelegenheit zum Schlafen zu geben. Diejenigen, die nicht durchhalten, bekommen die Genehmigung, sich später noch einmal zu melden, oder werden mit anderen, nichtmilitärischen Aufgaben betraut.

Je nach Kampfgeist und Geisteshaltung haben die Ausgewählten weitere Aufgaben zu erfüllen. In einigen Fällen unterwirft man den jungen Rekruten einer abschließenden, außerordentlich harten Prüfung: Man übergibt ihm eine Kiste, in der sich ein noch stark blutendes getötetes Tier befindet. Dem jungen Mann erklärt man jedoch, es handle sich um die Leiche eines seiner Kampfgefährten, und befiehlt ihm, die Kiste an den und den Ort zu schaffen und sich da und da zu melden. Der Rekrut hat kein Recht, dazu Fragen zu stellen. Wenn er nicht durchhält, sich übergibt oder versagt, setzt man ihn für andere Aufgaben, als Melder oder ähnliches ein, oder man schickt ihn zurück und beauftragt ihn, so viel wie möglich an Informationen zu besorgen, die die Organisation interessieren. Besteht er die Prüfung, wird er in eines der Ausbildungslager in Jordanien, Syrien, Libanon oder Irak geschickt.

Während mein Gesprächspartner mit mir spricht, spielt er zerstreut mit einem kleinen Stöckchen, und ich habe den Verdacht, daß er eine englische Offiziersausbildung hinter sich hat. Doch zu fragen traue ich mich nicht, gewiß würde er auf meine Frage auch keine Antwort geben.

Abu Abed fährt mit seinen Ausführungen fort: ‹Bei uns hier im Lager bringen wir den künftigen Fedayin bei, sich als Soldaten zu fühlen, den Befehlen zu gehorchen und sich mit den harten Bedingungen des Lebens eines Guerillakämpfers vertraut zu machen. Unsere Kämpfer nehmen an Ausbildungsstunden über internationale Politik und über unsere Rolle im Kampf um die Befreiung Palästinas teil. Ihnen werden auch Erste Hilfe und Hygiene beigebracht. Während der ersten Wochen wird jeder Kämpfer systematisch beobachtet. Wird er am Ende der ersten Woche gut benotet, kann er die zweite Ausbildungswoche absolvieren. Sie umfaßt ein strengeres physisches Training und die Unterweisung in allen Arten von Waffen, besonders des automatischen Gewehrs.

Im Verlaufe der kommenden Ausbildungswochen werden das physische Training und die Handhabung der Waffen weiter gesteigert. Wir haben auch einen Sonderkurs, der den künftigen Fedayin lehrt, wie er sich bei Hubschrauberangriffen und gegenüber Panzern zu verhalten hat, auch wie er gegen Fallschirmspringer vorgehen muß. Überhaupt ist das Training des Nahkampfes und besonders der Selbstverteidigung ohne Waffe sehr wichtig, denn ein Mann kann gezwungen sein, sich ohne Waffe, ohne Munition, vielleicht sogar ohne Messer verteidigen zu müssen.

Dann schildert mir Abu Abed die Ausbildung an Sprengmitteln, zum Beispiel wie man Minen auslegt, Brücken und Häuser sprengt.

‹Bevor der Fedayin bei Aktionen und Patrouillen auf israelischem Gebiet eingesetzt wird, hat er eine Phase der Gewöhnung zu absolvieren: Zuerst schläft er mehrere Nächte am Ufer des Jordan, auf arabischem Gebiet, dicht an der Grenze, dann am gegenüberliegenden Ufer, auf israelischem Territorium. Schließlich muß er auf feindlichem Terrain eine Strecke von 15 Kilometern zurücklegen. Danach beginnt er selbständig kleinere, weniger wichtige Sabotageakte auszuführen: Er legt Minen, ohne das Ergebnis abzuwarten. Später wartet er, bis sie detoniert sind, ohne seine Anwesenheit zu verraten. Schließlich hat er die Ankunft israelischer Verstärkungen abzuwarten, das Feuer auf sie zu eröffnen und sich schnell zurückzuziehen. Erst wenn der Fedayin diese Prüfungen bestanden hat, kann er an richtigen Kommandoeinsätzen teilnehmen: Angriffe aus dem Hinterhalt oder Überfall auf eine israelische Einheit oder eine israelische Militärbasis.›

Abu Abed bittet um Fragen.

‹Sagen Sie, Kommandant, gesteht man Ihren Männern, wenn sie gefangengenommen werden sollten, vorausgesetzt, sie tragen Uniform, das Recht auf eine Behandlung als Kriegsgefangene zu, entsprechend den internationalen Konventionen?›

Die Antwort kommt ohne Überlegen. ‹Ihre Frage ist nicht real. Die Israelis achten weder Zivil noch Uniformen, alle werden abgeurteilt.›

Aus anderen Berichten und Erzählungen weiß ich, daß er die Wahrheit sagt. Wir sitzen noch geraume Zeit beisammen, trinken Tee und unterhalten uns in der offenen, gastfreundlichen Art, die diesem Volke eigen ist. Als ich mich schließlich vom Kommandanten verabschiede, fordert er mich freundschaftlich auf: ‹Kommen Sie nach einiger Zeit wieder mal bei uns vorbei. Sie werden sehen, daß wir noch besser geworden sind, noch härter.›»

Genosse Fuad

Im Spätherbst 1966 erhielt Ralf Bergner von SPA folgendes Fernschreiben: «Erster Sekretär der Jordanischen KP, Fuad Nassar, soll sich zur Zeit in Beirut aufhalten. Erbitten Meinung JKP zu Nahostkonflikt und Palästinafrage.»

Es war nicht einfach, dem Auftrag nachzukommen. Fuad Nassar, der Führer der verbotenen Jordanischen Kommunistischen Partei, lebte, von den jordanischen Behörden als einer der prominentesten und populärsten Funktionäre der Partei erbittert verfolgt, seit fast zehn Jahren auf Beschluß des Zentralkomitees illegal im Ausland.

Am 28. November 1914 in Nazareth geboren, einer Stadt, die seit 1948 auf dem Territorium Israels liegt, lernte Fuad Nassar bereits als Kind die Armut kennen, obwohl sich der Vater als Lehrer schon in einer etwas privilegierteren sozialen Stellung befand. Er lernte Schuhmacher und erlebte schon als Halbwüchsiger die Folgen der politischen Auseinandersetzungen um Palästina. Erzogen in einer nationalbewußten Umwelt, die die englische Kolonialherrschaft ablehnte, nahm er bereits als Fünfzehnjähriger an einer antibritischen Demonstration teil, wurde verhaftet und mußte für eine Woche ins Gefängnis. Das war der Beginn seines politischen Lebens.

1936, als der sechsmonatige Generalstreik gegen die britische Mandatsherrschaft zu keiner Veränderung der Lage in Palästina führte, bildete er eine kleine Partisanengruppe, wie es in dieser Zeit mehrere in Palästina gab.

Fuad wurde zum zweitenmal verhaftet, wegen «Gründung einer geheimen, gegen die Mandatsmacht gerichteten Organisation und kommunistischer Betätigung», und zu einem Jahr Gefängnis und einem weiteren Jahr Verbannung verurteilt. Unter dem Druck des Generalstreiks wurde er nach sechs Monaten Haft wieder freigelassen, nach Hebron verbannt, erneut verhaftet und noch einmal verurteilt.

In der Haftzeit kam Fuad Nassar in engeren Kontakt mit Kommunisten, beschäftigte sich mit der marxistischen Theorie, las Parteizeitungen und wurde selbst Kommunist. Anfang 1939 kehrte er mit einer neuen Partisanengruppe nach Palästina zurück. Doch der bewaffnete Kampf führte zu keinem Erfolg – eine Partisanengruppe nach der anderen wurde zerschlagen. Als einer der Letzten gab Fuad Nassar auf und verließ das Land. Nach vier Jahren Emigration kehrte er erst 1943 wieder nach Palästina zurück.

Nun konzentrierte er sich völlig auf den politischen und sozialen Kampf. Unter seiner aktiven Mitwirkung wurde 1943 ein neuer Gewerkschaftsbund, der «Kongreß der arabischen Arbeiter in Palästina», gegründet. Fuad Nassar wurde zum Generalsekretär gewählt.

Etwa zur gleichen Zeit schlossen sich die arabischen Kommunisten Palästinas in einer eigenen Organisation, der Liga für Nationale Befreiung, zusammen. Einer ihrer vier Sekretäre hieß Fuad Nassar. 1951 wurde die Liga in Jordanische Kommunistische Partei umbenannt. Als Ersten Sekretär wählte man Fuad Nassar.

In Jordanien herrschte in diesen Jahren der Antikommunismus. Dem «Gesetz zum Kampf gegen den Kommunismus» zufolge konnte die Zugehörigkeit zur Partei oder auch nur der Verdacht kommunistischer Tätigkeit mit Gefängnis von drei bis fünfzehn Jahren bestraft werden. Die Partei arbeitete illegal. Ende 1951 wurde Genosse Fuad Nassar festgenommen und zu einer zehnjährigen Haftstrafe, die dann auf sechs Jahre herabgesetzt wurde, verurteilt. Als im Oktober 1956 die antiimperialistische Nationalpartei unter Suleiman Nabulsi die Parlamentsmehrheit errang, wurde Fuad Nassar aus der Haft entlassen. Doch bereits im April 1957 führte ein Militärputsch den Sturz der Regierung Nabulsi herbei. Alle politischen Parteien und die Gewerkschaften wurden verboten, besonders die Kommunisten trafen die Repressionsmaßnahmen mit aller Härte. 700 von ihnen mußten für lange Jahre ins Gefängnis. Der Erste Sekretär der Jordanischen Kommunistischen Partei ging mit bereits stark angegriffener Gesundheit auf Beschluß der Partei ins Ausland und leitete von dort aus den weiteren illegalen Kampf. (Erst 1967 kann Genosse Fuad Nassar nach Jordanien zurückkehren und weitere neun Jahre an der Spitze der Partei stehen. 1976 stirbt er in Amman.)

Ralf Bergner wußte, daß ein Gespräch mit diesem Mann aufschlußreich sein würde, denn als gründlich geschulter Marxist mit langjährigen Kampferfahrungen war von Fuad Nassar eine fundierte Analyse der Situation zu erwarten. Bergner sollte sich nicht täuschen. Doch die Kontaktaufnahme mit dem illegal lebenden Genossen Fuad war schwierig. Bergner hatte zwar Verbindung zu einigen Mitgliedern der Libanesischen Kommunistischen Partei, doch die war mehr zufällig und sporadisch zustande gekommen. Die LKP wurde von den libanesischen Behörden, der Polizei und dem Sicherheitsapparat zwar überwacht, aber nicht verfolgt. Innerhalb der Partei gab es Auseinandersetzungen, unterschiedliche Auffassungen und Standpunkte. Deshalb schien es ihm klüger, seine Beziehungen nicht

allzu eng werden zu lassen. Am leichtesten kam der Kontakt mit Genossen Nadim zustande, der in seiner Nähe wohnte und den er über eine Telefonnummer erreichte, wenn es ihm notwendig erschien.

Auch diesmal half ihm Nadim weiter. Eines Tages ließ er Bergner wissen, er solle am Abend ins «Abu Kamal», ein beliebtes Fischrestaurant außerhalb Beiruts, kommen. Es lag zu abseits, um vom Touristenstrom erfaßt zu werden, war etwas altmodisch und simpel eingerichtet, nicht auf europäisch getrimmt, und hatte etwas echt Orientalisches mit ein wenig arabischer Nonchalance. Von den Besuchern erwartete man, daß sie viel Zeit mitbrachten. Wer im Libanon heimisch geworden war, fühlte sich in dem Lokal schnell wohl.

Ralf fand Nadim an einem Ecktisch, etwas versteckt hinter einer Säule. Der bei ihm saß, schien ein Europäer zu sein. Eine sehr große, hagere Gestalt, schmales Gesicht unter einer grauen Haarmähne, dunkelgerandete dickglasige Brille, sensible, schmalgliedrige Hände. Ein Professorentyp und ein ausgesprochen eleganter Mann. Nadim brauchte nicht vorzustellen, denn der andere sagte, auf einen Stuhl deutend, lächelnd in einem etwas gutturalen Deutsch: «Guten Tag, Genosse! Wie geht es Ihnen?»

Verblüfft vergaß dieser auf Arabisch zu antworten und entgegnete ebenfalls in Deutsch: «Gut, danke, Genosse Fuad Nassar!»

Sofort schaltete sich Nadim ein. «Setz dich, Bergner!» sagte er halblaut arabisch, die Anrede «rafik» – Genosse – vermeidend. «Wir brauchen nicht das ganze Lokal auf uns aufmerksam zu machen. Das ist Fuad, und dabei bleibt es für heute.»

Fuad Nassar lächelte kaum merklich und erläuterte sofort: «Sie müssen wissen, ich habe mehrere Jahre bei Ihnen in der DDR gelebt. Bin erst ein paar Wochen hier. Nach Jordanien kann ich ohnedies nicht.» Mit der Hand an seinem Körper von oben nach unten weisend, meinte er schmunzelnd: «Mit meiner Gestalt kann ich nirgends unbemerkt bleiben. Und in diesen Breiten kennen mich zu viele Menschen.» Es lag Stolz in seinem Ton, dem ein wenig Eitelkeit beigemischt war. «Aber – Sie wollten mich sprechen?» Und ohne Ralf Bergner die Möglichkeit

Genosse Fuad Nassar, Erster Sekretär der Jordanischen Kommunistischen Partei 1951–1976 (†)

einer Erwiderung zu geben, fügte er hinzu: «Ich freue mich, mit einem DDR-Vertreter zusammenzukommen. Meine Frau ist einstweilen noch in Ihrem Land geblieben, und so erhalte ich gleich die Gelegenheit, ihr rasch einen Gruß zu bestellen.» Fuad machte eine Pause.

«Sehen Sie», sagte er plötzlich und wies mit dem Arm zu einem der Fenster hinaus aufs Meer, wo die Lichtergirlanden eines Vergnügungsdampfers am Horizont dahinglitten.

Ralf Bergner stutzte, begriff dann aber sogleich, daß Fuad das Thema gewechselt hatte, weil ein Ober an ihren Tisch getreten war, um ihre Bestellung entgegenzunehmen.

Nadim verlangte kaum sprottengroße rote Fischchen, die in Öl gebacken waren, Salate, Homos – dicken Bohnenbrei –, Fladen und Arak.

Erst als der Ober gegangen war, sprach Fuad mit seiner ein wenig tiefen Stimme halblaut weiter: «Lassen Sie bitte Leila bestellen, daß alles in Ordnung ist. Sie soll sich keine Sorgen machen. Ich bin einigermaßen gesund, und die Diabetis läßt sich in Grenzen halten. Man soll dort anrufen.» Er schrieb eine Telefonnummer auf eine Serviette.

Die Fische kamen und eine große Zahl kleiner Teller mit Nüssen, Mohrrüben, Tomaten, Gurken, Fleischstückchen, dickem Brei, Knoblauch und anderen, selbst für Ralf Bergner noch schwer zu definierenden Dingen – eine ganze libanesische Mezzeh, wie es sich nannte. Ein Gaumenschmaus für Feinschmekker.

Erst als sie mitten beim Essen waren, lenkte Fuad das Gespräch auf die Fragen, die Bergner interessierten.

«Gegenwärtig», sagte er, «so meinen wir als jordanische Kommunisten, entwickeln sich die Dinge hier im Raum des Nahen Ostens sehr günstig für die progressiven Kräfte. Sehen Sie, seit 1961 prägt sich in Ägypten unter Nassers Führung eine nichtkapitalistische Entwicklungsrichtung aus, die nationalisierte Industrie stärkt die Unabhängigkeit des Landes – und die Stellung des Rais in der arabischen Welt. Immer lauter spricht man dort vom Sozialismus, zwar vom ‹arabischen›, der gewiß anders aussehen wird als unser marxistischer, aber die Orientierung ist entscheidend. Und der Rais hat sich in der Sowjetunion einen starken Verbündeten gesichert. Keine der arabischen Armeen dürfte gegenwärtig so stark sein wie die ägyptische. Soweit diese Armee und ihre Führung unter Nasser die eigene Unabhängigkeit und den Fortschritt in der Region stärkt, ist es gut. Aber leider sind nationalistische, panarabische, unklare Einigungstendenzen und -absichten, ein martialisches Sich-aufspielen-wollen dabei nicht zu übersehen. Dennoch, die Grundtendenz dieses mächtigsten, einflußreichsten und bevölkerungsstärksten arabischen Landes ist antiimperialistisch und antikapitalistisch.»

«Unterschätze nicht die Stärke der ägyptischen Bourgeoisie», warf Nadim ein, «die nationalen Kapitalisten, die Bürokraten, die sprichwörtliche Korruptheit auf der einen Seite und die Armut, Unwissenheit, das Elend auf der anderen.»

«Gewiß – man muß auch das sehen», entgegnete Fuad, ohne sich aus dem Konzept bringen zu lassen, «dennoch: Die progressiven Kräfte im Raum sind sehr stark, und sie drängen weiter voran.»

Ralf Bergner saß dabei, hörte zu und machte sich Notizen. Der Erste Sekretär analysierte die Situation bewußt so gründlich, weil er wollte, daß die Beurteilung der Lage durch die Jordanische Kommunistische Partei auch in den sozialistischen

Ländern bekannt würde. «Neben Ägypten ist für uns die Entwicklung in Syrien ein Grund, in unseren Parteidokumenten von der wachsenden Stärke der antiimperialistischen Bewegung und ihren antikapitalistischen Tendenzen zu sprechen.» Und Fuad fuhr fort: «Gewiß, die Einheit Syriens mit Ägypten, die ein Modell für eine künftige gesamtarabische Einheit sein sollte, ist 1961 gescheitert. Doch die im März 1963 an die Macht gelangte Baath-Partei bekennt sich mit ihren Losungen ‹Einheit – Freiheit – Sozialismus› ebenfalls zu einer antikolonialen, antiimperialistischen Ausrichtung des Landes. Sie wollen einen ‹Sozialismus›, der dem Nassers ähnelt, das heißt, sie folgen sozialreformistischen Vorstellungen. Doch dessenungeachtet und trotz des Festhaltens am arabischen Nationalismus, am Einheits- und Einigungsgedanken steht das soziale und das revolutionäre Element bei diesen nationalen, demokratischen Kräften im Vordergrund.

Die Linkskräfte der Baath-Partei um Zouayen, Al-Atassi und General Jedid haben begonnen, ihre progressiven Vorstellungen in die Tat umzusetzen, nachdem sie die rechten Leute der Baath-Partei – wie Michel Aflaq, den Parteigründer, und Bitar – in diesem Frühjahr, also vor kaum sechs Monaten ausgeschaltet haben. Und vor sechs Wochen, Sie wissen das genauso wie ich, Mister Bergner, wurden in Syrien auch kommunistische Minister in die Regierung einbezogen. Syrien hat mit durchgreifenden Enteignungsmaßnahmen begonnen. Der Staat hat bereits heute die volle Verfügungsgewalt über alle Schlüsselindustrien in der Volkswirtschaft. Der Ölkonzern IPC wurde enteignet; man beginnt mit einer Planwirtschaft; die Basis der Demokratie wird verbreitert, die Positionen der einheimischen Bourgeoisie gewaltig eingeengt, und umfassende Sozialmaßnahmen sind eingeleitet worden.»

Fuad Nassar hob abwehrend die Hand, als er die zweifelnde Miene des Journalisten bemerkte. «Ich weiß, was Sie einwenden wollen, Genosse Bergner! Auch wir sind weit davon entfernt, damit die Dinge für geklärt, die progressive Entwicklung für gesichert zu halten. Aber die Richtung, die eingeschlagen wurde, ist entscheidend. Und glauben Sie mir: Unsere syrischen Genossen und auch wir tun alles, die progressiven Schritte zu unter-

stützen, diese Leute weiter auf dem begonnenen Weg voranzubringen. Das ist schwer, aber sie lernen – mühsam zwar, oft auf Umwegen, durch die Erfahrung, die objektive Realität und ihre Feinde. Außerhalb und im eigenen Lande gibt es nicht wenige.» Nach einer kurzen Pause setzte er hinzu: «Die Linie von uns Kommunisten kann, ja darf nur sein: alles in unseren Kräften Stehende zu tun, um an dieser Orientierung festzuhalten, diese Ansätze zu stärken, zu stützen.»

Fuad Nassar hatte sehr eindringlich gesprochen, und es war fast schon eine abschließende Bemerkung. Dennoch konnte Bergner, gerade weil er mit Kommunisten sprach, seine Zweifel nicht für sich behalten. «Gut! Ich gebe Ihnen recht, was Ägypten und auch was Syrien angeht. Aber der Irak und Jordanien? Haben Sie da den gleichen Optimismus?»

«Ich wußte, daß Sie das aufwerfen würden. Nehmen wir Irak. Ja, die Hoffnung, die der Sturz der Monarchie und damit des Feudalregimes im Irak mit sich brachte, hat sich nicht erfüllt. Tausende von Kommunisten und fortschrittlichen Patrioten wurden seit 1963 ermordert, um jede progressive Entwicklung des Landes abzubrechen, zu verhindern. Kaum eine kommunistische Partei mußte solche Verluste hinnehmen wie die irakische. Genosse Husain ar-Radawi war mein persönlicher Freund. Man hat ihn, den Generalsekretär, und viele, viele grausam umgebracht. Aber glauben Sie, daß deshalb die fortschrittliche Entwicklung des Irak aufgehalten werden kann? Wir wären keine Kommunisten, wenn wir nicht wüßten, daß das Leben, seine Dialektik, stärker ist; niemand und nichts wird den Fortschritt, den Sozialismus aufhalten – auch im Irak nicht. Warten Sie ab.»

Ralf Bergner schwieg dazu, und Fuad Nassar spürte, daß er ihn nicht völlig überzeugt hatte. «Mehr kann ich Ihnen nicht sagen, Genosse Bergner, ich weiß nur, daß sich unsere irakischen Genossen wieder gruppieren. Die Kommunistische Partei des Irak war stets stark, trotz ihrer Verluste. Sie wird wiedererstehen.»

Während dieses Gespräches Ende 1966 vermochten weder Fuad Nassar noch Ralf Bergner vorauszusehen, daß sich schon anderthalb Jahre später die Vermutungen des ersteren bewahr-

heiten sollten: Ein Flügel der nationalrevolutionären, kleinbürgerlichen Baath-Partei übernahm auch im Irak die Macht und schickte sich bald darauf an, im Bündnis mit den wiedererstarkten Kommunisten eine progressive Entwicklung einzuleiten.

«Aber Jordanien?» fragte der SPA-Korrespondent.

«Hier sind Ihre Zweifel gewiß berechtigt», gab Fuad Nassar bereitwillig zu. «Von progressiver Entwicklung, ja von Ansätzen dazu, ist gegenwärtig wirklich in meinem Lande nichts zu spüren. Wäre ich sonst hier und nicht zu Hause?»

Ralf Bergner nickte bestätigend, und Genosse Fuad Nassar setzte fort: «1963, als ich das Land verlassen mußte, schien die Entwicklung eindeutig in reaktionäre Richtung zu gehen. Die USA hatten von Großbritannien die Schutzmachtfunktion für König Hussein übernommen, und die Armee hatte die Dinge in der Hand. Aber Jordanien ist in das Räderwerk des Palästinaproblems geraten, ohne sich dessen zu versehen.

Seit 1963 sind fast drei Jahre vergangen: Hussein muß der Politik Nassers Rechnung tragen und der Entwicklung in Syrien. Seine insgeheim vorhandenen Hoffnungen einer ‹Aussöhnung› mit Israel muß er unterdrücken, will er nicht offen zum Angriffsziel der progressiven arabischen Staaten werden. Ja, gegenwärtig liegen die Dinge so, daß er zu immer weitergehenden Konzessionen an die Palästinenser gezwungen wird, will er nicht um seinen Thron fürchten.

Er ist sich wohl bewußt, daß in seinem Land die Palästinenser zwei Drittel der Gesamtbevölkerung betragen. Die darf er sich nicht zum Feind machen. Über sein Territorium dringen palästinensische Gruppen nach Israel ein – er kann sich also nicht offen gegen die Palästinenser, aber auch nicht gegen Israel stellen. Und so ist er in einer für ihn schlimmen Lage: Einerseits klagt ihn der radikale Flügel der palästinensischen Bewegung an, einen Guerillakrieg von Jordanien aus zu verhindern, und fordert die Beseitigung der Monarchie. Andererseits führen die Israelis immer häufiger sogenannte Vergeltungsschläge gegen jordanische Dörfer, wie erst vor kaum zwei Wochen am 13. November gegen das Dorf Samun, südlich von Hebron. Aus dieser Klemme kommt Hussein nicht heraus. Es liegt an uns, die Situation zur Stärkung der progressiven Kräfte im Lande zu nutzen,

um so den König – ob er will oder nicht – auf die Seite der antiimperialistischen arabischen Staaten zu ziehen.»

In der Zwischenzeit hatten die drei ihre in Öl gebratenen Fische verzehrt, dazu runde, dünne knusprige Fladen gegessen und waren schließlich mit einigen Unterbrechungen beim Nachtisch, einer angenehm nach verbranntem Zucker schmeckenden und riechenden Karamelspeise, angelangt.

Ralf Bergner, der fürchtete, die Zeit würde vielleicht zu kurz werden, um zum Kern seines Anliegens zu kommen, schaltete sich jetzt ein. «Aus Ihren Ausführungen, Genosse Fuad, glaube ich schließen zu können, daß Sie unter die positiven, optimistisch stimmenden Tendenzen auch die Entwicklung der palästinensischen Bewegung einordnen?»

Fuad Nassar zögerte einen Augenblick mit der Antwort, zog dann etwas die Schultern hoch und wiegte nachdenklich den Kopf hin und her. «Ja und auch nein! Je nachdem, wie man es sieht.»

«Ich habe selbst der Gründungskonferenz der PLO in Jerusalem beigewohnt», ergänzte Ralf Bergner. «Wenn diese Bewegung, geeint und richtig geführt, wirksam wird, ist sie ein Instrument des Fortschritts; so sehe ich es zumindest. Diese Organisation ...»

«Ja, sehen Sie, Genosse Bergner», unterbrach ihn Fuad, «Ihr ‹wenn› ist entscheidend! Ist sie denn geeint, richtig geführt? Wollen die in ihr vereinigten Kräfte überhaupt, daß sie voll wirksam wird?»

«Weshalb sollte man sie sonst gegründet haben?» fragte Bergner zurück – und ein gewisser provokatorischer Unterton war bei ihm unverkennbar, denn er selbst zweifelte in dieser Richtung. Aber für ihn war wichtig, die Meinung des Ersten Sekretärs dazu zu hören.

«Die junge, sich erst entwickelnde palästinensische Befreiungsbewegung braucht wie jede nationale Befreiungsbewegung Hilfe, Unterstützung, militärische, finanzielle, organisatorische. Die natürlichen Verbündeten für sie sind zweifelsohne die arabischen Staaten. Aber gerade da beginnen die Schwierigkeiten. Jeder der arabischen Staaten will die Bewegung unterstützen, aber unter der Voraussetzung, daß die Palästinenser die

Interessen des jeweiligen Staates mit den ihren verbinden, ja über ihre eigenen stellen.

So unterbreitete im Irak Kassem 1959 den Palästinensern das verlockende Angebot, eine ‹autonome palästinensische Regierung› in der ‹palästinensischen Einheit› Gaza und Westjordanien zu schaffen. Darüber hinaus verkündete er, daß in Bagdad eine Armee palästinensischer Freiwilliger ausgebildet würde.

Innerhalb der arabischen Welt löste das gewaltige Bewegung und Unruhe aus, denn erstmals wurde damit von einer arabischen Regierung die Einverleibung des westlichen Jordanufers durch König Hussein von Jordanien in Frage gestellt. Prompt reagierte Hussein denn auch mit der Organisierung eines projordanischen Palästinensischen Gegenkongresses. Das wiederum veranlaßte Nasser, in Kairo einen unter seiner Kontrolle stehenden palästinensischen Sender ‹Stimme Palästinas› zu installieren und 1960 für Gaza eine ‹palästinensische Verfassung› zu erlassen. Auf diesem Wege ging der Rais dann weiter, bis es ihm gelang, die 1. Arabische Gipfelkonferenz im Januar 1964 in Kairo einzuberufen und dort zu erreichen, daß das Ersuchen des jordanischen Königs Hussein, als Souverän der Palästinenser anerkannt zu werden, abgelehnt wurde. Statt dessen wurde im Mai 1964 die Palästinensische Befreiungsorganisation PLO geschaffen. Diese ‹selbständige, politisch-militärische Palästinenserorganisation›, wie sie sich selbst gern bezeichnet, betrachtet sich in erster Linie als Repräsentativorgan der gesamten arabischen Welt, aller arabischen Regierungen, weniger jedoch als Organisator eines palästinensischen Volkswiderstandes.»

«Und die inzwischen geschaffene Palästinensische Befreiungsarmee (PLA), die doch fast 10000 Mann stark ist», fragte Ralf Bergner.

«Untersteht einem neugebildeten sogenannten gemeinsamen arabischen Militärkommando. Das sagt alles. Was meinen Sie, Genosse Bergner, wie die Befehle für diese Armee aussehen, über die sich stets der irakische, ägyptische und jordanische Generalstab zuvor zu einigen haben?» Fuad Nassar betrachtete seine vor ihm auf dem Tisch liegenden feingliedrigen Hände und schüttelte dann den Kopf. «Nein! Wenn Sie meine Meinung wissen wollen: Die PLO ist keine Kampforganisation, sondern eine Notabelenversammlung, in der die bürgerlich-nationalistischen Kräfte tonangebend sind, Beamte, Unternehmer, islamische Würdenträger.»

Der SPA-Korrespondent zögerte einen Augenblick, dann stellte er doch die Frage: «Aber die Al-Fatah? Ich habe kürzlich eines ihrer Lager besucht: Diese Leute kämpfen – für Palästina!»

Eine Zeitlang herrschte Schweigen. Bergner spürte, daß er einen heiklen Punkt berührt hatte. Schließlich sagte Genosse Fuad: «Gewiß – Sie haben recht. Diese Leute kämpfen! Aber lassen Sie mich wiedergeben, was der Generalsekretär der Kommunistischen Partei Israels kürzlich erst auf einer Pressekonferenz erklärt hat: Die Kommunistische Partei Israels verurteilt die Sabotageaktivitäten der Fatah in Israel sowie ihre Erklärungen gegen das Existenzrecht des Staates Israel. Das schadet dem politischen Kampf des arabischen Volkes von Palästina für seine legitimen, nationalen Rechte und kann den Imperialisten und ihren Handlangern als Vorwand für militärische Interventionen gegen die antiimperialistischen arabischen Regimes dienen.»

Fuad fügte hinzu: «Verstehen Sie uns als arabische Kommunisten recht: Palästina ist wichtig, wir treten für die Wiedererlangung der nationalen Rechte des palästinensischen Volkes ein, doch wir meinen, daß die Festigung und die Verteidigung all der progressiven Ansätze, von denen ich sprach, gegenwärtig das Entscheidende ist. Gelingt es uns, die antiimperialistischen Regimes zu festigen und notfalls erfolgreich zu verteidigen, dann bringt das auch bessere Bedingungen für den Kampf des palästinensischen Volkes. Wohlgemerkt – für den politischen Kampf. Wir sollten nie vergessen, daß Israel stark ist; nicht Israel allein, sondern die USA, die hinter ihm stehen, die die Entwicklung dieses Landes mit allen Mitteln gefördert haben. Israel ist ihr Stützpunkt, ihre feste Bastion inmitten der progressiven arabischen Staaten – eine Bastion, von der aus man Ausfälle machen kann gegen die, die Israel belagern und vernichten wollen. Und die arabischen Staaten machen es ihm leicht. Schukeiris Parolen, man werde die Juden ins Meer treiben, sind chauvinistische und unrealistische Losungen, die nur dem Imperialismus dienen. Nein, Genosse Bergner, wir Kommunisten müssen darum kämpfen, daß sich endlich die Meinung durchsetzt, daß das Nahostproblem politisch mit Hilfe und über die progressiven arabischen Staaten gelöst werden muß – und nur politisch, niemals militärisch lösbar ist. Sehen Sie ...», wollte Fuad fortfahren, doch Nadim, der libanesische Kommunist, unterbrach ihn. «Und ich sage dir nochmals: Keiner, auch wir Kommunisten nicht, können die Palästinenser davon abhalten, mit der Waffe um ihr Land zu kämpfen, auch haben wir nicht das Recht dazu.»

Entschuldigend wandte sich Nadim an Ralf Bergner: «Du mußt wissen, daß wir gerade über diesen Punkt unterschiedliche Auffassungen haben. Ja, ich gehe noch weiter: Wenn die Palästinenser schon zur Waffe greifen – es gibt ja nicht nur die Al-Fatah, da ist noch Dr. Habaschs Arabische Nationalistische Bewegung (ANM) und die As-Saika –, dann ist es Zeit, daß auch wir Kommunisten uns fragen, ob wir nicht in diesen Organisationen mitkämpfen oder sogar selbst eine eigene kommunistische Kampforganisation ins Leben rufen sollten.»

«Liegst du mir damit schon wieder in den Ohren», wandte sich Fuad an sie beide. «Überzeuge mich, wenn du kannst. Aber bis jetzt haben mich deine Argumente noch nicht überzeugt. Die progressiven arabischen Regimes entscheiden über die weitere Entwicklung, nicht irgendwelche geheimen Kampf- oder Sabotageorganisationen.»

Gewiß hätten sie sich noch eine Weile gestritten, wenn nicht Ralf Bergner dazwischengefragt hätte: «Was hat es mit den anderen Organisationen auf sich?»

Nadim antwortete bereitwillig. «Dr. Habasch ist ein bekannter palästinensischer Arzt. Er hat bereits 1948 die Arabische Nationalistische Bewegung gegründet. Ihre Tendenz ist nasseristisch-nationalistisch, und seine Organisation hat jetzt neben der Al-Fatah auch mit bewaffneten Aktionen über die Grenze nach Israel begonnen. Bestimmt nicht zu Nassers Freude und mit seiner Unterstützung. Genau das gleiche gilt von der As-Saika, dem ‹Blitzstrahl›. Das ist eine palästinensische Zweigorganisation, die unter dem Einfluß der Baath-Partei in Syrien steht, von ihr ausgerüstet und geleitet wird. Alle diese Organisationen haben gerade im Laufe der letzten Monate ihre Kommandoeinsätze in Israel verstärkt.»

«Es ist eine falsche Taktik, Nadim, ich bleibe dabei», betonte Fuad Nassar erneut.

«Selbst wenn du recht hast, Fuad. Auch die Kommunisten werden diese Leute nicht zurückhalten. Wir müssen mit ihnen gehen, arbeiten, zu ihnen Kontakte suchen, uns nicht gegen sie stellen.»

Fuad lachte. «In dieser Frage haben wir schon fast eine gemeinsame Plattform gefunden. Und ein Radikaler warst du ja schon immer, Nadim.»

Sie stritten und diskutierten noch lange, und Ralf kam erst weit nach Mitternacht in seine Wohnung zurück.

6-Tage-Krieg

Der Ausbruch des Krieges überraschte den SPA-Korrespondenten am 5. Juni 1967 in Kuweit. Selten hatte er einen Auftrag seiner Agentur so verwünscht wie an diesem Tag. Er hatte vorgeschlagen, angesichts der zunehmenden Spannungen die geplante Informationsreise nach Kuweit aufzuschieben. Sein Chef jedoch hatte davon nichts wissen wollen und ihn auf die Schwierigkeiten verwiesen, ihm ein Visum für Saudi-Arabien zu beschaffen, das Bürgern aus sozialistischen Staaten nur in Ausnahmefällen die Einreise gewährte.

Nun saß er in Kuweit, die Hiobsbotschaft vom Ausbruch der israelischen Aggression überrollte ihn. Die Rückfahrt auf derselben Straße durch das nördliche Saudi-Arabien, längs der Erdölleitung der Aramco, vorzunehmen schien ihm und seinem Begleiter zu gefährlich. Die Saudis hätten sie möglicherweise festgesetzt. Und so klemmte er sich zusammen mit dem Fotografen, den ihm die Zentrale mitgegeben hatte und der sonst im SPA-Büro in Kairo arbeitete, hinter das Steuer seines Peugeot und raste mit Höchstgeschwindigkeit über die Straßen von Kuweit nach Bagdad. Wie sich später herausstellte, taten sie gut daran, diesen nördlichen Umweg zu benutzen, um nach Damaskus und dann weiter nach Beirut zu kommen, denn in Jordanien fuhren inzwischen auf dieser Straße bereits die israelischen Panzerkolonnen in Richtung Osten. Also selbst wenn in Saudi-Arabien alles gut gegangen wäre, später wären sie in die Klemme geraten.

Weder die kahle Pracht der Wüste, die sich rechts und links der Straße erstreckte, die glühende, stickige Hitze, das blendende Licht des Tages, noch die undurchdringliche Bläue der Nacht, die ihre Scheinwerfer durchschnitt, und die Kälte berührten sie. Sie bewegte nur der Gedanke, so schnell wie möglich ins Zentrum der Ereignisse, nach Damaskus und Beirut zu gelangen.

Der Weg war lang; die zumeist schnurgerade Wüstenstraße schlecht zu befahren. Mehrere Male blieben sie im Sand stekken. Sie fuhren rund um die Uhr, wechselten sich am Steuer ab und hielten nur zum Tanken oder um sich ein Sandwich hineinzustopfen. Ununterbrochen ging das Radio im Wagen, und sie drehten alle zehn Minuten an den Knöpfen, um einmal Damaskus oder Kairo, ein andermal Tel Aviv zu hören. Die zunächst nur wenig voneinander abweichenden Meldungen über die ersten Stunden des Krieges wurden nach und nach immer widerspruchsvoller.

Zuerst schien alles klar zu sein: Israel überfiel Ägypten. Bereits im Verlaufe der letzten Wochen hatten sich die Beziehungen zwischen Ägypten und Israel rapide verschlechtert. Der Rais war gezwungen gewesen, seine Truppen auf Sinai zu konzentrieren, denn Israel drohte offen mit einer Aggression. Um die auf Sinai stationierten UNO-Truppen nicht zu gefährden, ersuchte Nasser um deren Rückzug, doch der Generalsekretär der UNO, U Thant, stellte den Rais vor die Wahl, entweder alle UNO-Truppen zurückzuziehen oder gar keine.

Diese Antwort des Generalsekretärs brachte den Rais in eine Zwickmühle: Entweder mußte er gedemütigt von seiner Forderung abgehen und vor der arabischen Welt als ein ohnmächtiger, vom Westen abhängiger Politiker dastehen, oder er spitzte die Lage weiter zu, indem er die Vereinten Nationen aufforderte, überall ihre Truppen zurückzuziehen – auch von Sharm el Sheik. Und damit hatte es seine eigene Bewandtnis: Jene Stadt, an der Südspitze der Sinaihalbinsel gelegen, kontrollierte zwar den gesamten Eingang zur Meerenge von Tiran, aber es waren nicht die Ägypter, die kontrollierten.

Sharm el Sheik war der Preis, den Ägypten, der Rais, 1956 zahlen mußte, um zu erreichen, daß sich die israelischen Truppen aus dem gesamten Sinai zurückgezogen hatten. Seit dieser Zeit war die Stadt von UNO-Streitkräften besetzt.

Der Rais zögerte nicht. Er stimmte zu, daß sich alle UNO-Truppen zurückzogen, und ägyptische Truppen besetzten Sharm el Sheik. Danach verkündete er die Schließung der Straße von Tiran ins Rote Meer für israelische Schiffe und Schiffe anderer Nationen, die strategisches Material für Israel transportierten. Daraufhin griff Israel die arabischen Länder an.

Den beiden übermüdeten Männern dröhnten die Ohren von der sich vor Begeisterung überschlagenden Stimme des Sprechers von Radio Kairo, der von der Vernichtung Dutzender israelischer Flugzeuge, von Hunderten zerstörten Panzern, Tausenden getöteten israelischen Soldaten und dem sich entfaltenden Vorstoß der arabischen Armeen nach Israels Hauptstadt Tel Aviv sprach. Dem folgten anfeuernde, kriegerische Kampflieder und Märsche.

Auf der Welle von Kol-Israel dagegen meldete eine betont ruhige Stimme: «Mit einem Überraschungsangriff unserer Luftwaffe zerstörten israelische Bomber am gestrigen ersten Tag der Kriegshandlungen 280 ägyptische Flugzeuge auf ihren Militärflugplätzen im Nildelta und auf Sinai.»

«Sie lügen», erklärte Ralf seinem Begleiter bestürzt. «Ihr sachlich ruhiger Ton soll ihre Panik nur überdecken.»

«Nein», entgegnete der Fotograf entschieden, «Radio Kairo überzieht. Die Araber nehmen wieder einmal ihre eigenen Wünsche für Realität.»

«Trotzdem! Schau dir das Kräfteverhältnis an, nachdem auch Jordanien und Syrien in den Krieg an der Seite Ägyptens eingetreten sind.»

Radio Damaskus hatte die Meldung vor einigen Stunden verbreitet.

«Fast um das Doppelte sind ihnen die Araber überlegen», fuhr Ralf Bergner eifrig fort, «den 275000 israelischen Soldaten, 1050 Panzern und Selbstfahrlafetten und 290 Kampfflugzeugen auf israelischer Seite.» Er unterbrach sich. «Du siehst, ich habe mich gründlich damit befaßt! Ihr stehen 335000 arabische Soldaten, 2100 Panzer und über 550 Kampfflugzeuge Ägyptens, Jordaniens und Syriens gegenüber.»

Darauf wußte der Fotograf nichts zu entgegnen. Doch je weiter die Zeit in dieser ihrer ersten Kriegsnacht auf der Wüstenstraße fortschritt, um so klarer wurde, daß die Lage sich zuungunsten der arabischen Staaten entwickelte. Kol-Israel und bald auch andere Radiostationen wie BBC und Voice of America, die sie mit ihrem recht guten Autosuper empfingen, meldeten im Laufe der Nachtstunden:

Israelische Panzer dringen auf Sinai, auf ägyptisches Gebiet vor.

Gaza und der strategisch wichtige Straßenknotenpunkt auf Sinai, Bir-La Jahm, sind von israelischen Truppen genommen. Israelische Verbände besetzen die Altstadt von Jerusalem und marschieren auf Bethlehem.

In der Wüste Negev rücken zwei israelische Panzerkolonnen nach heftigen Gefechten mit ägyptischen Verbänden zum Suezkanal vor.

Ägypten schließt den Suezkanal.

Irak, Algerien und Kuweit unterbrechen ihre Öllieferungen an die USA und Großbritannien.

Ägypten, Algerien, Jemen, Irak, Sudan und Syrien brechen ihre diplomatischen Beziehungen zu den USA und Großbritannien ab.

Der Sicherheitsrat der Vereinten Nationen appelliert mit der Resolution 233 an alle am Krieg beteiligten Parteien, das Feuer einzustellen und weitere Schritte zur Beilegung des Konfliktes zu unternehmen.

Bergner blieb in dieser ersten Nacht noch bei seiner Einschätzung. «Das alles spielt keine Rolle. Dieser Krieg hat gerade erst begonnen. Die fortschrittlichen arabischen Länder haben nur noch keine Zeit gehabt, ihre Kräfte zu sammeln nach diesem Überfall – aber warten wir ab.»

Als er sich zu dem neben ihm sitzenden Fotografen wandte, mußte er feststellen, daß der völlig überanstrengt, tief und ruhig neben ihm schlief.

Nach stundenlangem Aufenthalt an der Grenze und durch die mit syrischen Militärkolonnen verstopfte Straße zwischen Aleppo und Damaskus erreichten sie beide mit zehnstündiger Verspätung endlich am Abend des 6. Juni Damaskus.

Die Stadt glich einem Heerlager. Militärstreifen, verstörte Einwohner, antiisraelische Losungen brüllende Jugendliche auf den Straßen. Fahrzeugkolonnen mit finster blickenden Soldaten wollten in Richtung Grenze. An eine Weiterfahrt über das Libanongebirge nach Beirut war nicht zu denken; die syrisch-libanesische Grenze war gesperrt.

Bergners und des Fotografen Ankunft in der Botschaft glich der Heimkehr der verlorenen Söhne. Von Kairo und von Beirut hatte man informiert, daß beide irgendwo auf dem Weg zwischen Kuweit und Libanon verlorengegangen seien. Der Konsul, obgleich ebenfalls erleichtert, kritisierte sie wegen ihres «verfluchten Leichtsinns», in dieser Lage «herumzugondeln» und dann auch noch mitten ins «Kriegsgebiet» hineinzufahren. Zugleich jedoch sprach aus seinen Worten die Freude, die beiden in Sicherheit zu wissen. Freilich nur in einer relativen Sicherheit, denn mit dem Wort Kriegsgebiet hatte er bald nur zu recht. Die israelische Grenze war von Damaskus nur knappe 100 Kilometer entfernt, dazwischen lagen die Golanhöhen. Und um deren Besitz entbrannten in den folgenden Tagen heftige Kämpfe.

Doch noch konzentrierte sich das Kriegsgeschehen auf Ägypten, und dort trafen auch die Schläge der Israelis die Araber zu Beginn am schwersten. Bereits in den ersten Stunden des ersten Kriegstages zerstörten israelische Flugzeuge nahezu die gesamten ägyptischen Luftstreitkräfte am Boden, auf den Flugplätzen. Ägypten verlor innerhalb weniger Stunden 300 Flugzeuge. Stunden nach diesem Überfall stürzten sich die israelischen Flugzeuge auf Jordanien und Syrien. Jordanien büßte seine gesamten 28 Kampfflugzeuge ein; Syrien 50, das heißt die Hälfte seines Bestandes.

Am 5. Juni stießen israelische Bodentruppen auf der Sinaihalbinsel nach Westen und Südwesten vor. Etwa zwei Tage lang verteidigten die ägyptischen Soldaten ihre Stellungen. Dann zogen sie sich zurück. Für viele Verbände wurde aus dem Rückzug planlose Flucht. Schutzlos waren die ägyptischen Truppen den Angriffen der israelischen Luftwaffe ausgesetzt. Am Abend des 8. Juni erreichte die israelische Armee den Suezkanal. Am 10. Juni war die ganze Sinaihalbinsel in ihren Händen. Zehntausende ägyptischer Soldaten, fast 3000 Offiziere und etwa 20 Generale gingen in Gefangenschaft. Bereits am 5. Juni griffen israelische Truppen auch Jordanien an. Nach wenigen Tagen hatten sie das jordanische Gebiet westlich des Jordan besetzt. Die Altstadt von Jerusalem wurde von den Jordaniern erbittert verteidigt, doch ohne Erfolg.

Am 9. Juni ging Israel, nachdem es den Krieg gegen Ägypten und Jordanien zu seinen Gunsten entschieden hatte, gegen Syrien vor. Die israelischen Truppen trafen auf starken Widerstand und erlitten schwere Verluste. Doch innerhalb von zwei Tagen nahmen sie die Golanhöhen ein; der Gegner war nur noch 60 Kilometer von Damaskus entfernt.

Noch einmal stieß er am 10. Juni weitere 20 Kilometer vor, doch dann war jene Grenze erreicht, die auch Israel nicht zu überschreiten wagte – die Gefahr der internationalen Ausweitung des Konfliktes, ein Weltkrieg, drohte.

Der Sicherheitsrat der UNO nahm am Abend des 9. Juni auf Druck der Sowjetunion und anderer progressiver Staaten die Resolution 235 an, die Israel und Syrien erneut aufforderte, sofort die Kämpfe einzustellen, nachdem Ägypten bereits am 8. Juni mehrfachen Aufrufen der UNO zur Feuereinstellung nachgekommen war.

Aber es war nicht so sehr dieser neuerliche Beschluß des UNO-Sicherheitsrates, der Israel zum Einlenken zwang, sondern vielmehr die entschlossene Haltung der Staaten der sozialistischen Gemeinschaft, mit der diese dem Aggressor entgegentrat.

Bereits am 5. Juni 1967 hatte die Sowjetunion Israel aufgefordert, die Kriegshandlungen gegen die arabischen Länder einzustellen und seine Truppen hinter die Waffenstillstandslinie zurückzunehmen.

Die Staaten des Warschauer Vertrages erklärten am 9. Juni, daß «sie voll und ganz mit dem gerechten Kampf der arabischen Völker solidarisch» seien, und forderten, daß Israel unverzüglich alle Kriegshandlungen einstellen und sich hinter die Waffenstillstandslinie zurückziehen solle. Am 10. Juni brach die Sowjetunion die diplomatischen Beziehungen zu Israel ab, die ČSSR, die VR Bulgarien, die Ungarische Volksrepublik, Jugoslawien und die VR Polen folgten am 11. beziehungsweise 12. Juni.

Weltweit nahmen die kommunistischen Parteien und zahlreiche progressive Kräfte und Einzelpersönlichkeiten gegen die israelische Aggression Stellung.

Angesichts dieser festen Haltung mußten auch die USA zurückstecken. Bei aller Rückendeckung, die sie der israelischen Expansion gaben, waren sie sorgsam darauf bedacht, eine Situation zu vermeiden, in der sie gezwungen gewesen wären, ihre eigenen Streitkräfte an der Seite Israels einzusetzen.

Am 11. Juni 1967 gingen im Nahen Osten die Kampfhandlungen des sogenannten 6-Tage-Krieges zu Ende. Israel hatte mit seinem Überfall auf Ägypten, Syrien und Jordanien ein Gebiet zwischen dem Jordan und dem Suezkanal okkupiert, das zweimal so groß war wie das eigene Territorium.

Wenngleich die eigentlichen Kämpfe vorüber und die unmittelbare Bedrohung von Ägypten und Syrien abgewendet war, befand sich doch der Nahe Osten nach wie vor in Aufruhr und machte es Ralf Bergner und seinem Begleiter unmöglich, Beirut zu erreichen. Zusammen mit den Botschaftsangehörigen und anderen DDR-Bürgern saßen sie zunächst in Damaskus fest. Kontakte nach außen unterhielten nur der Botschafter, der Botschaftsrat und der Konsul. Auf die Journalisten paßte man besonders gut auf, besorgt, ihre Neugier und eine ihnen eigene gewisse Hemdsärmeligkeit könnte Schaden anrichten.

Doch sowohl Bergner als auch der Fotograf waren zu diszipliniert und zu einsichtsvoll, um sich angesichts der Situation dagegen aufzulehnen. Ihre Lage änderte sich sehr schnell, als ihnen der in Damaskus tätige SPA-Korrespondent anbot, sie einstweilen auf zwei provisorischen Liegen in seiner Wohnung unterzubringen.

Nun kamen sie beide nicht nur aus erster Hand in den Besitz der neuesten, sich weiterhin oft widersprechenden Informationen, die das SPA-Büro über Fernschreiben und durch das Radio erhielt, sondern der Damaszener Kollege namens Pommer berichtete ihnen auch bereitwillig alles, was er in Erfahrung bringen konnte.

Da die Geschäfte zumeist wieder geöffnet worden waren, saßen die drei ab 10. Juni Abend für Abend in dem gemütlichen Wohnzimmer der Familie Pommer bei einer Flasche Whisky bis weit nach Mitternacht, von Frau Pommer mit Nüssen, Salzgebäck und Zigaretten reichlich versorgt, und stritten sich die Köpfe heiß.

Es stellte sich nämlich heraus, daß sie die Ereignisse der vergangenen Tage recht unterschiedlich beurteilten. Zum erstenmal gerieten sie über die Handlungsweise des Rais aneinander. Am 9. Juni hatte Nasser in einer großen Rede die Niederlage der ägyptischen Armee eingestanden und zugleich seinen Rücktritt erklärt – diesen Schritt jedoch am 11. Juni wieder zurückgezogen.

«Ein Mann wie der Rais, der sein Volk in so eine Niederlage geführt hat, hat kein Recht, weiterhin an dessen Spitze zu stehen», erklärte Pommer bestimmt und setzte hinzu: «Die feste Haltung der Baath-Partei-Führung ...», weiter kam er nicht, denn der Fotograf ließ ihn nicht aussprechen. «Du vergißt, daß du selbst uns erzählt hast, wie eben diese Führung, aus Sorge um ihre eigene Haut, vor dem Volkszorn – oder der Opposition, wenn du so willst – ihre Eliteformationen bereits in den ersten Tagen von der Golanfront abgezogen und zur eigenen Sicherung in und um Damaskus stationiert hat. Oder etwa nicht?»

«Das schon, aber ...»

«Nichts mit aber», fuhr der Fotograf schon unter dem Einfluß einiger Glas Whisky mit den Händen gestikulierend fort, «ergo hätten die Israelis, wenn sie nicht die sowjetische Warnung gestoppt hätte, nahezu kampflos bis Damaskus vorstoßen können. Und das nennst du feste Haltung! Nein, Nasser hat unter dem Druck der ägyptischen Massen richtig gehandelt, davon lasse ich mich nicht abbringen. Wenn angesichts dieser Niederlage jemand die Fahne der Araber weiter hochhalten kann, dann er.»

«Trotzdem», erklärte Bergner, «für die Palästinenser bedeutet die Niederlage das Ende all ihrer Hoffnungen. Es ist für sie nicht nur eine militärische, sondern auch eine politische Niederlage.»

«Laß mich mit deinen lautstarken Palästinensern in Ruhe», entgegnete der Fotograf. «Von wegen ‹Baladi – mein Vaterland, ich gebe dir mein Blut›. Wo war sie denn in diesem Krieg, die 10000 Mann starke, 1964 gegründete Palästinensische Befreiungsarmee? Hat sie etwa eine Rolle gespielt? Hat sie überhaupt gekämpft?»

Darauf wußte keiner von ihnen eine Antwort. Erst viel später, als er einige Zeit bereits wieder im Libanon arbeitete, sollte Ralf Bergner erfahren, daß Achmad Schukeiri bereits am 21. Mai die Verbände der PLA dem Oberbefehl der arabischen Länder unterstellt hatte, in denen sie stationiert waren. Damit hatte er schon drei Wochen vor Beginn der Kampfhandlungen das Schicksal der PLA-Brigaden mit den klangvollen arabischen Namen «Ain Jalut», «Hittin» und «Al Kassimiyah» besiegelt. Sie gingen im allgemeinen Chaos des militärischen Zusammenbruchs unter, führten keinerlei eigene Kampfhandlungen durch, wurden zerstreut und ausgeschaltet, noch ehe sie zum Einsatz gekommen waren. Einzelne Einheiten wurden nach der Niederlage mühsam zu neuem Leben erweckt.

«Wenn irgend jemand die palästinensische Bewegung wieder sammeln und mobilisieren kann», wiederholte der Fotograf, «dann Nasser.»

«Im Augenblick scheint es mehr, als würden die Syrier sich dieser Sache intensiv annehmen», meinte Pommer, und es war etwas in seinem Tonfall, das die beiden anderen aufhorchen ließ.

«Weißt du etwas?» fragte Bergner.

«Man munkelt, und zwar Leute, die mir als zuverlässig bekannt sind, daß gegenwärtig die Führung der Al-Fatah unter Arafats Leitung hier in Damaskus einen Kongreß durchführt. Man will angeblich nur über ein Thema sprechen: die Wiederaufnahme des bewaffneten Kampfes gegen Israel.»

«Gegen den Sieger?» höhnte der Fotograf. «Sie werden sich weiter blutige Nasen holen. Und wenn sie sich gegen Nasser stellen, werden sie nichts erreichen, gar nichts.»

«Wer sagt denn, daß sie sich gegen den Rais stellen?» provozierte Pommer und setzte hinzu: «Im Gegenteil: Die Al-Fatah hat als eine der ersten Widerstandsorganisationen erklärt, daß sie sich mit Nasser solidarisch verbunden fühlt, weiter an seiner Seite steht.» Pommer griff nach einem hektografierten Blatt, das seitlich auf der Anrichte neben einem Stoß Telexnachrichten lag, und las vor: «... und das um so mehr, da die Bourgeoisie und die reaktionären Regierungen den Jubel der Israelis über den Zusammenbruch des nasseristischen Regimes offen teilen.»

«Bravo!» sagte der Fotograf anerkennend.

«Doch der Rais hätte erst gar nicht so weit gehen dürfen», warf Ralf kritisch ein. «Er hat zu hoch gespielt.»

«Papperlapapp!» knurrte der Fotograf erbost, «wenn mir eines aus diesem Nachrichtenwust der letzten Tage klargeworden ist, dann die Tatsache, daß der Rais nicht die Absicht hatte, die Feindseligkeiten gegen Israel zu eröffnen. Oder?» Da keiner etwas dagegen sagte, fuhr er fort: «Wenn ich richtig zitiere, hat er Ende Mai in einer Rede erneut wiederholt: Wir werden nicht den ersten Schuß abfeuern. Wir werden keinen Angriff beginnen!»

Was zu diesem Zeitpunkt noch keiner von den drei wissen konnte und was die Behauptung des Fotografen unterstützte, war eine Erklärung von USA-Verteidigungsminister Robert McNamara. Am 26. Mai 1967 informierte er bei einem Treffen mit Abba Eban, dem damaligen Premier- und Kriegsminister Israels, auf Grund von Berichten dreier amerikanischer Spionageorganisationen sei man zu der Schlußfolgerung gelangt, Ägypten habe nicht die Absicht, Feindseligkeiten zu eröffnen. Zugleich erfuhr man später, daß der ägyptische Stab 24 Stunden vor Beginn des israelischen Angriffs die entscheidenden politischen und militärischen Führer des Landes zu einer Lagebesprechung zusammengerufen hatte. Einige der ägyptischen Generale hatten, da offensichtlich der israelische Angriff gegen Ägypten innerhalb der nächsten Stunden unmittelbar bevorstand, als beste Taktik empfohlen, einen Präventivschlag zu führen. Doch Nasser blieb fest. «Ich werde den Krieg nicht beginnen, denn wenn ich das mache, bringe ich mich selbst gegenüber meinen Verbündeten und den anderen Ländern der Welt in eine leicht angreifbare Situation.»

«Und trotzdem konnte nichts den Lauf der Dinge aufhalten», sagte Ralf Bergner.

«Genau!» rief der Fotograf dazwischen. «Weil der Imperialismus diesen Krieg wollte und Israel sich dabei der Absegnung durch die USA gewiß war. Israel ist nur Werkzeug.»

Bergner wiegte nachdenklich den Kopf. «Ich weiß nicht, ob man das so absolut und sicher sagen kann.»

«Natürlich, muß man sogar», entgegnete der Fotograf und fuhr entschieden fort: «Für die israelische Führung, die zudem noch unter dem Druck der eigenen ‹Falken›, wie Dayan und Begin, stand, war die Haltung der USA ausschlaggebend im Hinblick auf ihre Entscheidungen.»

Israels Führung hatte nie ein Geheimnis aus ihrem Expansionsstreben gemacht; die USA ihrerseits nahmen das nicht nur stillschweigend zur Kenntnis, sondern wurden im Verlaufe der letzten Jahre offen zu Israels wichtigstem Waffenlieferanten. Sie beabsichtigten, diesen Staat zur dominierenden Militärmacht in diesem Raum aufzubauen. Ein Vorhaben, das ihnen auch gelang. Im Nahostkonflikt bestanden und bestehen bis heute die Ziele der USA darin, diesen Konflikt im israelischen Interesse zu «kontrollieren» und zu «steuern».

Was nun die konkrete Lage vor Beginn der israelischen Aggression angeht, so hatten sich im Verlaufe der Monate März und April 1967 die Beziehungen zwischen Israel und Syrien beträchtlich verschärft. Es kam zu israelischen Truppenbewegungen längs der Grenze, zu Artillerieduellen und Luftkämpfen. Israel drohte lautstark damit, Damaskus einzunehmen. Die USA ihrerseits waren weit davon entfernt, dem entgegenzutreten, im Gegenteil: Das israelische Vorgehen hatte ihren Segen, und Levi Eschkol konnte in der amerikanischen Zeitschrift «US News and World Report» damit prahlen, daß Washington bereit sei, alle israelischen Aktionen abzudecken. «Wir haben dieses Versprechen erhalten», schrieb er, «als wir die Vereinigten Staaten um Waffen baten. Und sie haben uns darauf gesagt: Gebt doch nicht euer Geld aus. Wir sind da, die 6. Flotte ist hier.»

Für die dann folgenden Ereignisse, den israelischen Angriff auf arabische Länder und für ihren sogenannten Präventivschlag war die US-amerikanische Deckung die wichtigste Voraussetzung.

Die USA-Administration hatte der israelischen Regierung volle Unterstützung bei jeder Art von «Aktion zur Aufhebung der Blockade» des Golfs von Akaba zugesichert, selbst wenn dazu gegen Ägypten militärische Gewalt angewendet werden müßte. Zugleich taten die USA alles auf politischer und diplomatischer Ebene, um Nasser unter Druck zu setzen und ihm jeden Ausweg zu versperren. Doch nicht genug damit. Zwei Tage vor dem israelischen Angriff schickten die USA einen kampfbereiten Flugzeugträger durch den Suezkanal, und Admiral Martin zog eine «naval task force» zusammen, deren Kern die zwei riesigen Flugzeugträger «America» und «Saratoga» sowie der Kreuzer «Little Rock» bildeten. Insgesamt unterstanden seinem Befehl 50 Kriegsschiffe, 200 Düsenbomber und Schlachtflieger, dazu 25000 Soldaten und Marineinfanteristen.

Einerseits taten die Amerikaner alles, um eine Situation zu verhindern, in der sie gezwungen sein würden, ihre bewaffneten Streitkräfte an der Seite Israels einsetzen zu müssen. Andererseits wurde der Erfolg der israelischen Operation nur dank der amerikanischen Deckung möglich. Die politischen Ziele der USA im Nahen Osten haben sich seitdem um kein Jota verändert: Israel als imperialistischer Vorposten hat die Aufgabe, die progressive antiimperialistische Bewegung im arabischen Raum abzufangen oder zumindest entscheidend zu schwächen und die amerikanischen Positionen auszubauen und zu stärken in der weltweiten Auseinandersetzung mit der Sowjetunion und den anderen sozialistischen Staaten.

Erst fünf Tage später gelang es Ralf Bergner und dem Fotografen, in Begleitung eines Diplomaten der DDR-Botschaft die noch immer geschlossene Grenze nach Libanon zu passieren und nach Beirut zurückzukehren.

Die Stadt, vom Kriege nicht unmittelbar berührt, glich einem gewaltigen, unter ungeheurem Druck stehenden Kessel, der jeden Augenblick explodieren konnte. Lähmende, stehende Hitze lag über der Stadt. Gerüchte wuchsen in Stunden empor wie Pilze, bis sie sich langsam wieder in Schall und Rauch auflösten. Alle wußten und hörten alles, keiner Genaueres. Der Kampf gegen Israel hatte sich auf die Radiowellen, die Zeitungsspalten und auf die Bildschirme verlagert.

Doch bei allem, was geschehen war, und wie tiefgreifend die Folgen für die arabische Welt auch sein mochten, an einem gab es keinen Zweifel: Die progressiven Regime in Ägypten und in Syrien hatten, zwar angeschlagen, den Schock überstanden. Und damit war zugleich, wie Ralf Bergner sehr schnell feststellte, für die Palästinenser das Hinterland erhalten geblieben. Bereits seine ersten Gespräche bestätigten indessen noch mehr: Hätte es noch eines Anstoßes bedurft, in den breiten Massen der Palästinenser das Nationalgefühl zu wecken und ihnen klarzumachen, daß es um ihre ureigenste Sache ging, dann waren es diese sechs Tage Krieg. Sie waren Spielball gewesen in einer Auseinandersetzung zwischen Fortschritt und Reaktion und Gefahr gelaufen, dabei völlig aufgerieben zu werden. Diese Erkenntnis brachte der Bewegung einen ungeahnten und unerwarteten Aufschwung.

Ralf Bergner konnte sich schon bald mit eigenen Augen davon überzeugen.

Karameh

Das Desaster der arabischen Armeen im Junikrieg 1967 und die Unterwerfung einer weiteren Million arabischer Palästinenser unter israelische Herrschaft veränderten die Ausgangsbedingungen des palästinensischen Befreiungskampfes grundlegend.

Eine Konsequenz bestand in der unmittelbaren Konstituierung weiterer eigenständiger bewaffneter Widerstandsorganisationen, die neben der Al-Fatah den Guerillakampf in Gaza, im Jordangebiet und an der syrisch-libanesischen Front aufnahmen. Bereits im Dezember 1967 schloß sich die Arabische Nationalistische Bewegung (ANM), die unter der Führung von Dr. George Habasch stand, mit zwei kleineren Gruppen, den Helden der Rückkehr (gegründet 1966) und der Palästinensischen Befreiungsfront (gegründet 1959), zu der von Habasch geführten «Volksfront zur Befreiung Palästinas» (PFLP) zusammen. Sie wuchs schnell zu einer starken Organisation heran.

Unter indirekter Anleitung und Kontrolle der syrischen

Baath-Partei formierte sich die As-Saika zu einer großen Widerstandsorganisation.

Auch die Kampfbedingungen der palästinensischen Widerstandsbewegung veränderten sich durch die Ausweitung ihrer territorialen Basis. Waren ihre Kommandotrupps bisher vorwiegend von Syrien und Ägypten aus vorgedrungen, so verlagerte sich nun ihre Hauptausgangsbasis nach Jordanien. Die jordanische Regierung war zu geschwächt, um sich den Aktionen der Palästinenser entgegenstellen zu können und zu wollen. Die kommenden Jahre sollten zeigen, daß die Palästinafrage immer stärker auch zu einer Frage der weiteren Existenz der jordanischen Monarchie wurde. König Hussein erkannte frühzeitig die Gefahr, die seinem Regime von der progressiven, demokratischen und unter dem Druck der Ereignisse immer radikaler werdenden palästinensischen Befreiungsbewegung drohte, und er stellte sich geschickt auf sie ein.

Unmittelbar nach dem Junikrieg wurden die vielen palästinensischen Patrioten, die er in den Jahren vor Kriegsausbruch hatte verhaften lassen, auf freien Fuß gesetzt. Stillschweigend erlaubte er von nun an den Widerstandsorganisationen, entlang des Jordan Stützpunkte zu errichten, von denen aus die Fedayin ihre Aktionen starten konnten. Dabei konnten diese sowohl mit der Hilfe und Unterstützung der einheimischen Bevölkerung als auch der jordanischen Soldaten und Offiziere rechnen, die selbst Palästinenser waren. Dasselbe traf für die irakischen Einheiten zu, die im Junikrieg die Front zu spät erreichten, um noch an den Kampfhandlungen teilnehmen zu können, die aber immer noch in der Nähe der Waffenstillstandslinien stationiert waren.

Zum erstenmal hatten die palästinensischen Guerillas die Möglichkeit, sich nach der alten Regel des Partisanenkampfes in der Bevölkerung wie der Fisch im Wasser zu bewegen. Damit taten sich für sie völlig neue Perspektiven auf.

Der Ausgang des Junikrieges hatte zugleich eine weitere Konsequenz zur Folge: Die palästinensische Widerstandsbewegung nahm Massencharakter an. In den Aufnahmebüros der Lager drängten sich die jungen Palästinenser zu Tausenden, bereit, für Palästina zu kämpfen und zu sterben. Der Ausweg, die Befreiung aus dem Elend, dem Stumpfsinn, der Hoffnungslosigkeit des Flüchtlingslebens war gezeigt. Ein Volk wurde sich seiner selbst bewußt und begann, die Waffe in die Hand zu nehmen, um für sein Überleben zu kämpfen.

In den dem Krieg folgenden Jahren stieg die Zahl der politisch aktiven Palästinenser auf ein Mehrfaches; die der Fedayin auf 36000 bis 40000 Mann. Das zeigte das wachsende Vertrauen der Palästinenser in den bewaffneten Widerstand.

Das Selbstbewußtsein wurde besonders beflügelt durch das legendäre Gefecht von Karameh, in dem die palästinensischen Fedayin erstmals den israelischen Truppen direkt gegenüberstanden.

Ein Fedayin-Stützpunkt befindet sich in der Nähe der Siedlung Karameh. Sie liegt in einem hügeligen Gebiet, etwa 4 Kilometer vom Jordan entfernt, oberhalb des steilen Ostabhangs der Jordansenke und besitzt daher strategische Bedeutung. Karameh dient der Al-Fatah im Frühjahr 1968 als Hauptquartier.

Dort trifft Anfang März ein junger Palästinenser ein. Er trägt einen zerknitterten grauen Anzug, darunter einen schwarzen Pullover, denn es war noch kühl in den Bergen, und ausgetretene braune Schuhe. Er verlangt, zum Chef des Stützpunktes geführt zu werden. Der Posten lehnt das zunächt rundheraus ab. Doch als sich der Zivilist mit einem Kärtchen als Mitarbeiter des jordanischen Geheimdienstes ausweist, erstattet der Posten seinem Vorgesetzten Meldung.

Abu Ijad, der zu dieser Zeit den Befehl über den Stützpunkt hat, empfängt den Fremden in seinem recht primitiven Büro, dem fast kahlen Raum in einem der kleinen Häuser. Der Mitarbeiter des jordanischen Geheimdienstes lehnt den Stuhl ab, den ihm Abu Ijad anbietet, greift in seine Tasche und gibt seinem Gegenüber einen bereits etwas abgegriffenen Zettel. «Mein Chef bittet um eine Unterredung mit Vertretern der Fatah-Spitze», sagt er erklärend.

«Und wer ist Ihr Chef?»

«Sie kennen ihn: Amer Khammasch.»

Abu Ijad nickt und verbirgt nur mühsam seine Überraschung. General Amer Khammasch ist Stabschef der jordanischen Armee, allerdings auch ein Mann, von dem bekannt ist, daß er sich gegenüber den Aktivitäten der Palästinenser loyal verhält.

Der Zettel sagt nicht mehr, als der Bote bereits erklärt hat. Abu Ijad zögert. Bisher hat noch niemand von der Al-Fatah-Führung ein offizielles Gespräch mit einem Vertreter der jordanischen Armee geführt. Eine Falle? Doch das könnte die jordanische Armee einfacher haben. Noch sind sie nicht sehr stark. Abu Ijad sagt zu, gewiß, daß auch Arafat seine Entscheidung billigen würde.

Die Begegnung findet am 18. Mai 1968 in Amman statt, in einem unauffälligen, hell gestrichenen Privathaus mit einem kleinen Vorgarten am Rande der Stadt.

General Khammasch empfängt Arafat, Abu Ijad und ihre zwei Begleiter betont freundlich. «Seien Sie gewiß, daß wir nichts gegen Sie und Ihre Organisation unternehmen werden», versichert er eingangs und lächelt dabei. «Wir hätten Sie sonst nicht hierher eingeladen.»

«Das ist uns völlig klar», entgegnet Arafat ebenso freundlich. Aber sehr bestimmt setzt er hinzu: «Dennoch werden Sie zugeben, daß wir weder Sie selbst noch Ihre Armee behindern oder in irgendeiner Weise darum gebeten hätten, uns Ihre Hilfe zuteil werden zu lassen.» Der Stolz in Arafats Stimme ist unüberhörbar.

«Nein», erwidert Khammasch eilig, «natürlich nicht. Doch ich möchte Sie warnen!»

«Weshalb? Eben stimmten Sie zu ...»

«Nicht doch! Verstehen wir uns richtig: Auch ich will nichts von Ihnen noch Ihren Leuten. Ich will Sie vor den Israelis warnen.»

Arafat blickt ihn aufmerksam an, und der General fährt fort: «Ich brauche Ihnen nicht zu sagen, daß wir mehr Möglichkeiten haben, Informationen einzuholen, als Sie selbst. Ich werde ganz offen sein: Unsere Leute haben mitgeteilt, Israel plane eine Offensive gegen die von Ihnen längs des Jordan errichteten Stützpunkte, die wir tolerieren. Sie wird in drei Tagen beginnen.» Und sich leicht nach vorn beugend, fügt General Khammasch in freundschaftlichem Ton hinzu: «Lassen Sie mich raten, als Freund, der Ihren Kampf mit Anerkennung verfolgt: Ziehen Sie

Yasser Arafat, im Februar 1969 zum Vorsitzenden des Exekutivkomitees der Palästinensischen Befreiungsorganisation (PLO) gewählt

Ihre Einheiten weiter auf jordanisches Gebiet zurück. Lassen Sie die Israelis ins Leere stoßen. Unsere Unterstützung haben Sie.»

Arafat und die anderen schweigen. Khammasch spürt das Zögern und setzt eindringlich hinzu, Arafat leicht die Hand auf den Unterarm legend: «Glauben Sie mir, Sie begehen einen schwerwiegenden Fehler, überschätzen Ihre eigenen Kräfte und unterschätzen die Schlagkraft der Israelis, wenn Sie sich ihrem Angriff aussetzen. Vermeiden Sie unnötige Verluste Ihrer Leute, Ihres Materials, bringen Sie sich in Sicherheit.»

Arafat weiß, daß General Khammasch im Prinzip völlig recht hat und es aufrichtig mit seiner Warnung meint. Die Palästinenser ganz allgemein und die Al-Fatah im besonderen sind nicht genug gerüstet, um einen Kampf gegen reguläre Truppen an einem vom Gegner bestimmten Punkt aufzunehmen. Die Stärke und Wirksamkeit der Guerillabewegung hängt in erster Linie von ihrer Beweglichkeit ab.

Doch für Arafats und Abu Ijads Entscheidung gibt es noch gewichtigere Gründe als nur taktische Erwägungen. Und so sagt Arafat nach einigem Überlegen, bemüht, das Verständnis seines Gegenübers zu gewinnen: «Sagen Sie selbst, General, werden uns unsere Leute, die Palästinenser, begreifen, wenn wir den Israelis zum zweitenmal fast kampflos das Feld überlassen? Verstehen Sie uns, General, aber wir, zumindest ich selbst und wohl auch Abu Ijad, halten es für unsere Pflicht, uns den Israelis entgegenzustellen, selbst bei Gefahr größerer Verluste. Wir können gar nicht anders, wollen wir als Al-Fatah nicht unser Gesicht und damit unseren ganzen Einfluß vor unserem Volk verlieren.»

Vergebens müht sich der General, Arafat und seinen Begleiter zu überzeugen und ihnen die, wie er meint, Schwierigkeit eines Widerstandes klarzumachen. Es gelingt nicht.

Noch am selben Tage kehren Arafat und Abu Ijad nach Karameh zurück. Unterwegs auf den kalkigen Straßen des jordanischen Berglandes schlägt Abu Ijad vor: «Laß uns vor unseren Leuten einstweilen darüber schweigen, was uns Khammasch vorgeschlagen hat. Teilen wir ihnen die Fakten mit und lassen sie urteilen.»

Arafat ist sofort einverstanden. In den frühen Morgenstunden des kommenden Tages werden alle für das Gebiet um und in Karameh militärisch verantwortlichen Kommandeure der Al-Fatah zusammengerufen. Arafat unterrichtet sie in knappen Worten von dem bevorstehenden israelischen Angriff und fragt dann die Versammelten: «Wir müssen jetzt und hier entscheiden, ob wir die Konfrontation vermeiden, das heißt, uns weiter ins Jordanische hinein zurückziehen wollen, oder ob wir uns dem Gegner widersetzen.»

Die Debatte ist kurz. Keiner der Anwesenden stimmt für kampflosen Rückzug. Alle sind entschlossen, sich den Israelis entgegenzuwerfen.

«Ich schlage vor», sagt plötzlich Kamal Adwan, als sie schon fast dabei sind, Einzelheiten zu besprechen, «daß unsere Verbände Karameh verteidigen, die Mitglieder der Führung jedoch aus Sicherheitsgründen das Kampfgebiet verlassen.»

Schweigen tritt ein, und alle blicken auf Arafat. «Ich werde nicht gehen!» sagt der und schaut die anderen fragend an.

Faruk Kaddumi (Abu Lutf) antwortet ohne Zögern im Namen der anderen: «Abgelehnt! Selbstverständlich nehmen wir an den Kämpfen teil.»

Abu Sharif, dem der Abschnitt von Karameh untersteht, teilt die Führungsmitglieder der Al-Fatah den verschiedenen Sektoren zu. Sie verschanzen sich jeweils in einer der Grotten in der Umgebung Karamehs, die in den Hügeln versteckt liegen.

Noch am selben Tag dröhnen dumpf die Einschläge schwerer Artilleriegeschosse im Dorf Sukna und in den dort gelegenen Flüchtlingslagern in der Nähe der Allenby-Brücke. Erdfontänen steigen auf, die Lehmwürfel, die kleinen Häuser, stürzen zusammen. Zelte gehen in Flammen auf. Die israelische Artillerie bereitet den Angriff vor. Sofort beginnt sich eine neue Flüchtlingswelle aus den Dörfern nahe der Allenby-Brücke ins Innere Jordaniens zu ergießen. Die Israelis klären das Vorfeld auf, ihre «Phantom» rasen über die Hügel des Jordanlandes, belegen alles, was sich bewegt, mit dem Feuer ihrer Bordkanonen.

Aus ihren Verstecken in den Grotten beobachten die Fedayin der Al-Fatah den Gegner mit Ferngläsern: Nachts versuchen sie, die Menschen zu bewegen, das Lager von Karameh, das zu dieser Zeit mit rund 30000 Flüchtlingen belegt ist, zeitweilig zu verlassen. Sie haben kaum Erfolg. Die Menschen wollen nicht auch noch das Wenige, das sie besitzen, im Stich lassen. Ein paar tausend wandern im Schutze der Nacht mit ihren Bündeln, Kartons und Blechtöpfen gen Osten.

Arafat wird im Morgengrauen des 21. Mai 1968 von einem Posten heftig am Arm gerüttelt. Verschlafen reibt er sich die rotränderten, kurzsichtigen Augen und setzt sich mit entschlossener Miene die Brille auf. «Was ist los?»

«Die Israelis greifen an», stößt der Posten aufgeregt hervor, «ihre Panzer, die den Jordan überqueren, kann man bereits mit bloßem Auge erkennen.»

«Also geht es los?» fragt Arafat, ohne eine Antwort zu erwarten.

«Schau es dir selbst an», ruft ihm Abu Ijad, ein Fernglas um den Hals gehängt, vom Eingang der Grotte her zu.

Gesichert von Hubschraubern, den berüchtigten «Battle-Ships», und Jägern, stoßen israelische Angriffskolonnen im Morgenlicht über den Jordan in das Gebiet um Sukna und Karameh vor. Ihre Artillerie beschießt die Dörfer, und ihre Hubschrauber setzen in den Hügeln östlich Sukna Fallschirmjäger ab; sie sollen die Kräfte der Al-Fatah von hinten umfassen.

Fast 15000 Mann stehen auf einer Frontlänge von 80 Kilometern, mehr als drei Brigaden, ausgerüstet mit amerikanischen M-48-Panzern, hellgrau gestrichene, plumpe Ungetüme. Kaum 30 Minuten nach Beginn des Angriffs forcieren sie im flimmernden Licht die lehmgrauen Wasser des Jordan. 1200 Mann Infanterie, den Fluß auf Booten und Flößen überwindend, folgen ihnen, am jordanischen Ufer wieder auf die Panzer aufsitzend. Die Panzer rollen los, Marschrichtung: Nordnordwest – Karameh.

Indessen verschanzen sich dort 300 Fedayin, verbarrikadieren die Türen der grauen Häuserwürfel, hinter deren Fensterlöchern sie mit ihren Bazookas auf die Panzer lauern, stapeln noch eilig weitere Sandsäcke auf die Brustwehr ihrer Maschinengewehrnester. Die Scharfschützen blicken prüfend durch ihre Zielfernrohre und verbessern ihre Tarnung, indem sie sich die Gesichter mit grauweißem Lehmbrei beschmieren. Und selbst in diesen letzten Minuten vor dem Ansturm der israelischen Stahlkolosse führen noch immer Fedayin die endlich überzeugten Bewohner des Lagers in die östlichen Täler, die als Verstecke dienen können.

Doch bald nach der Forcierung des Flusses gerät die in der Hauptstoßrichtung operierende Panzerkolonne bereits ins Stokken. Jordanische Artillerie, gut getarnt in den Hügelketten, feuert aus allen Rohren. Ohne die Befehle des Oberkommandos abzuwarten, hat General Machhur Hadissa, dem das Gebiet um Karameh untersteht, den Befehl zum Feuern erteilt. Die israelische Infanterie sitzt ab, entfaltet sich. Doch die Israelis lassen die jordanischen Artilleriestellungen ungeschoren. Ihre Führung ist sich des Wagnisses bewußt; die Gefahr einer Ausweitung zu einem neuen Nahostkrieg liegt zu nahe. Zähneknirschend und fluchend preßt sich die israelische Infanterie an die Kreidefelsen. Ihre Verluste sind hoch. Doch trotz des Artilleriefeuers arbeitet sie sich weiter in Richtung Karameh vor.

Durch die Fensterhöhlen der grauen Häuserwürfel spähend, entsichern die Fedayin ihre Panzerbüchsen und schieben den Sicherungshebel ihrer MPi nach unten. Sie lassen die israelischen Panzer herankommen, immer näher. Als die beginnen, die ersten Häuser niederzuwalzen, kommt der Befehl. Die Fedayin eröffnen auf einen Schlag das Feuer, werfen hinter grauen Feldsteinmauern hervor ihre gebündelten Handgranaten auf die Panzer.

Die abgesessene israelische Infanterie verharrt überrascht angesichts dieser erbitterten Gegenwehr. Noch ehe sie zur Besinnung kommt, stürzen sich die Fedayin, die blanke Waffe in den Fäusten, über sie. Sie werfen sich von den flachen Dächern, tauchen hinter Mauern auf, springen über die Felsblöcke und stürmen aus den Olivenhainen hervor.

Hinter einem Kakteengestrüpp lauern zwei junge Fedayin. Ein Panzer nähert sich. Plötzlich springen sie hervor und werfen Sprengkörper gegen die Ketten. In einer Detonation geht alles unter.

Den Fedayin gelingt es, gestützt auf ihre bessere Kenntnis des Geländes, die Infanterie von den Panzern zu trennen. Geschickt nutzen sie Durchgänge, kleine Höfe, niedere Mauern, ziehen sich blitzschnell zurück, sobald der Gegner massiv vorstößt, um ihn überraschend von der Flanke oder von hinten zu überfallen.

Abu Sharif, der örtliche Kommandeur, stellt den Panzern in einer Bananenplantage, die sich am Hügel entlangzieht, einen Hinterhalt. Er rechnete richtig. Der israelische Kommandeur erkennt die strategische Lage des Hügels, von dem aus man fast ganz Karameh übersehen kann, und befiehlt seinen «Patton», dort in Stellung zu gehen. Als sie, gefolgt von Schützenpanzerwagen, den Hohlweg hinauf durch dichte Bananenstauden fahren, geraten sie in das schlagartig einsetzende Feuer der im Hinterhalt liegenden Fedayin-Gruppe. Zwei der Panzer brennen sofort und blockieren den Weg. Nur mit Mühe gelingt es dem israelischen Kommandeur, die Panzer zurückzuziehen. Aber viele Fedayin, unter ihnen Abu Sharif, sind gefallen.

Den ganzen Tag über rennen die Israelis gegen Karameh an. Nahezu kein Haus bleibt verschont, sie werden niedergewalzt, wie auch die Zelte am Rande des Ortes und mit ihnen viele Flüchtlinge. Brände schwelen, drückend liegt die Hitze über den Hügeln. Die Sonne brennt erbarmungslos auf die kalkigen Felsen, auf die braune verkrustete Erde, auf die Olivenhaine und dornigen Büsche mit ihren braungrünen, harten schmalen Blättern, die sich zusammengerollt haben. Süßlicher Geruch von Pulver und Verwesung breitet sich aus.

Yasser Arafat, inmitten der Kämpfenden, entkommt zweimal dem Tod um Haaresbreite. Am Vormittag befand er sich mit anderen Fedayin in einer Grotte. Als sie hinausgingen, um aus einem der flachen Nachbarhäuser neue Munition zu holen, verließ Arafat die Grotte und ging zwischen den Felsen in Dekkung. Israelische Scharfschützen beobachteten das, und als Arafat einem Fedayin Feuerschutz gab, wurde er getroffen. Die Verwundung war zum Glück nicht schwer.

Am späten Nachmittag war Arafat mit einer Gruppe unterwegs, um einen neuen Befehlsstand auf einem Hügel zu beziehen. Von den üblichen Schmerzen seiner Wirbelsäule geplagt, vermochte er den trainierten jungen Fedayin, die den Hang erklommen, nicht so schnell zu folgen. Er blieb ein Stück zurück, hockte sich an einen Felsblock und blickte, mehr zufällig als bewußt, zurück, den Hang hinunter. Da sah er israelische Soldaten, die vorsichtig den Hang durchkämmten. Ihre Gewehre hielten sie schußbereit. Die Fedayin hatten sie jedoch noch nicht bemerkt.

Arafat verharrte reglos, zwischen die grauen Felsen gepreßt. Zwei der israelischen Soldaten kamen geradewegs auf ihn zu. Langsam zog er die Pistole. Doch plötzlich schlugen sie eine andere Richtung ein und verschwanden. Kurze Zeit später kamen zwei Fedayin, die Arafats Fehlen bemerkt hatten, zurück, und mit ihrer Hilfe kletterte er nach oben.

Als sich der Abend ankündigt, beginnen die israelischen Soldaten plötzlich, ihre Toten und Verwundeten zu bergen. Hubschrauber tauchen an von ihnen beherrschten sicheren Punkten auf, feuern aber nicht mehr auf die Fedayin und die Bewohner des Lagers, sondern hängen, gleich brummenden Hornissen, regungslos unter ihren Rotoren, um sich langsam herabzusenken. Sie holen die Toten und Verletzten. Das ist der Rückzug!

Vom Lager Karameh steht kein Stein mehr auf dem anderen. Häuser, Lehmhütten und Zelte sind vernichtet, mit ihnen der klägliche Hausrat der Flüchtlinge, ihre wenigen Vorräte; Hunderte von Flüchtlingen niedergemetzelt, ältere Männer, denn die jungen haben alle zur Waffe gegriffen, Frauen, Kinder. Trümmer türmen sich, qualmen blakend. Eine vom Abendlicht rötliche Rauchwolke hängt über dem Ort.

Die Kampfkraft der Fedayin jedoch vermochten die Israelis nicht zu brechen. Als der Gegner sich zurückzieht, stoßen ihre Kommandos nach, greifen ihn hier in der Flanke, dort frontal an, fügen ihm weitere Verluste zu und verschwinden dann blitzschnell. Die Israelis aber setzen über den Fluß, Nachhuten dekken ihren Rückzug. Die jordanische Artillerie belegt sie immer noch mit Feuer.

Dann senkt sich die Stille des Abends herab, nur selten noch von einem weithin hörbaren Schuß, dem Stakkato einer Salve unterbrochen. An einigen Stellen jedoch lassen Detonationen die Hügel erbeben: Die Israelis haben Sprengsätze mit Verzögerung an die Mauerreste der aus Beton erbauten Schule und an einige fast unversehrte Häuser gelegt. Minen fliegen noch da und dort in die Luft, Dreckfontänen hochschleudernd, Menschen zerreißend.

Die Fedayin gehen das Gefechtsfeld ab, suchen ihre Toten und Verwundeten, es sind viele, sehr viele. Trupps der jordanischen Armee helfen.

Spät in der Nacht rattern plötzlich Zugmaschinen heran, schwere Fahrzeuge mit langarmigen Kranen und Tiefladern. König Hussein hat Befehl gegeben, drei der von der Artillerie und den Fedayin zerstörten und ausgebrannten israelischen «Patton»-Panzer nach Amman zu schaffen.

Am folgenden Tag werden sie – die aufgerissen, zerfetzt und ausgebrannt sind – in der Nähe des «Philadelphia»-Hotels in Amman auf einem Platz ausgestellt. In einem der Wracks hockt noch die schwarze, halb verkohlte Leiche des Fahrers.

Die Israelis mußten viele Fahrzeuge und anderes Gerät zurücklassen. Ihre Verluste schätzte man auf 200 Mann – Tote und Verwundete, 25 Panzer blieben zerstört oder beschädigt liegen, 3 «Mystère»-Jagdflugzeuge wurden abgeschossen.

Dem Namen des Ortes Karameh, der arabisch Würde bedeutet, wurde alle Ehre gemacht. Die arabische Würde erhob sich stolz nach der Niederlage von 1967. Karameh war der erste Sieg der Palästinenser, das Signal, daß ein Volk begann, sich seiner selbst bewußt zu werden.

Baladi

Ralf Bergner kam zu spät nach Amman; das Gefecht von Karameh war bereits vorüber, als er eintraf. Schon nach den ersten Meldungen über den erneuten Aggressionsakt Israels gegen Jordanien hatte er sofort mit seinem Peugeot hinfahren wollen. Doch seine Vorgesetzten forderten zunächst einen die Situation insgesamt einschätzenden Kommentar, um eine Grundorientierung für die weitere konkrete Berichterstattung zu haben.

Der Korrespondent machte sich sofort an die Arbeit. «Eine offene Aggression!» so schrieb er unter anderem nach Berlin. «Immer häufiger verletzten die israelischen Extremisten im Laufe der letzten Wochen und Monate die Bedingungen der Feuereinstellung und provozierten neue Zusammenstöße. Diesmal haben sie die Dinge sogar bis zur offenen, systematisch geplanten und vorbereiteten Aggression getrieben. Es ist bezeichnend, daß diese Aggression gegen Jordanien genau zwölf Stunden nach der Abreise des UNO-Sonderbeauftragten Gunar Jarring aus dem Nahen Osten stattfand. Nicht nur, daß sich Israel weigert, den Beschlüssen des Sicherheitsrates folgend, den Rückzug seiner Truppen aus den besetzten arabischen Gebieten zu verwirklichen, es tut im Gegenteil alles, wie die letzten Ereignisse zeigen, die Flammen des Krieges neu auflodern zu lassen.»

Danach fuhr Bergner nach Amman. Spätabends kam er an. Er nahm sich ein Zimmer in einem am Rande der Altstadt gelegenen Hotel. Der Raum, den er erhielt, war schlecht gelüftet, stank nach Mottenpulver, und die Bettwäsche sah zerknittert und fleckig aus. Er störte sich daran nicht. Eingedenk seiner früheren Erfahrungen mied er die großen Hotels mit ihren internationalen Gästen, die von keinem Interesse für ihn waren. Er wollte hören, was die Jordanier dachten und sprachen. Seine Rechnung ging auf: Als er in das dem Hotel angeschlossene arabische Restaurant ging, um zu Abend zu essen, wimmelte es von aufgeregt diskutierenden Leuten.

Bergner, den seine nächsten Nachbarn sogleich in ein Gespräch verwickelten, bekam sofort mit, daß es in der Stadt die tollsten Gerüchte gab. Alles drehte sich um die Ereignisse bei

Karameh. Alle waren in Hochstimmung. Man berichtete von Dutzenden zerstörten israelischen Panzern, von Tausenden Gefallenen, von der Absicht der Israelis, Amman zu besetzen, was jedoch in Karameh verhindert worden wäre, und von unwahrscheinlichen Heldentaten der Fedayin. In allem schien ein Körnchen Wahrheit zu stecken, doch so hartnäckig er auch die Leute befragte, keiner konnte Konkretes sagen.

Eines jedoch schien sicher – die Fedayin würden am kommenden Tag ihre gefallenen Kämpfer hier in Amman beerdigen, und in der Nähe des «Philadelphia»-Hotels standen drei ausgebrannte israelische Panzer. Bergner, müde und zerschlagen von der Fahrt am Vortag, nahm sich vor, an der Beerdigung teilzunehmen.

Am anderen Morgen ist er zeitig auf den Beinen. Er verzichtet auf das Frühstück und begnügt sich mit ein paar halbtrockenen Sandwiches, die er in einem Lädchen eilig in sich hineinstopft; dazu einen heißen Tee. Das ermuntert.

Bereits zu dieser frühen Stunde wimmelt die Straße von Menschen. Ernst, ohne Lärm, nur von gedämpfter summender Erregung überlagert, bewegt sich alles auf einen kleinen Platz der Altstadt zu. Stumm drängen sich dort Tausende. Neben den Wohngebäuden auf einer Seite des Platzes steht ein offener Hangar, der wohl sonst zum Unterstellen von Fahrzeugen dient. An einigen Stellen ist das Blechdach verbogen und hängt herab.

Hier haben die Fedayin ihre Toten aufgebahrt, in einer langen Reihe. Es sind mehr als hundert.

Auf der einen Seite des Platzes nehmen Fedayin in Kampfuniform Aufstellung, auf der anderen Seite stehen Frauen und Männer, verlegen, hilflos, unsicher. Die Frauen haben verweinte Augen, die Männer versuchen eine gewisse Würde zu wahren. Es sind die Familien der Gefallenen; man hat sie aus den Lagern oder auch aus Dörfern und Städten Jordaniens hierher geholt. In dem langen Zug schiebt sich auch Ralf Bergner an den Toten vorbei. Am Ende der Sargreihe stehen die Führer der Al-Fatah und anderer Widerstandsorganisationen. Bergner erkennt Kamal Adwan und Sami Hadawi.

Endlich gerät Bewegung in die Menge. Auf der Seite der Fedayin ertönen Kommandos. Aus einer Nebenstraße kommen

Geländewagen, auf die einige Särge gehoben werden. Die Wagen sind mit der Fahne Palästinas bedeckt. Die meisten Särge werden jedoch von je sechs Fedayin getragen.

Langsam zieht die Kolonne über den Platz. Die Familien der Gefallenen schließen sich dem Zug an. Yasser Arafat geht mit einigen anderen Führern der Widerstandsorganisationen vor den Wagen.

Eingekeilt in die Menschenmenge, wird auch Ralf Bergner durch die enge Straße geschoben. Während die meisten scheinbar unbewegt vor sich hinstarren, bemüht er sich, etwas zu sehen. Erst als der Zug in eine breite Allee einmündet, gelingt ihm das. Links und rechts stehen viele Menschen, die den langen Zug an sich vorüberziehen lassen.

Plötzlich schwillt das Stimmengemurmel an, wird lauter, geht in Rufen und Klagen über. Der Zug gerät ins Stocken; Bergner drängt sich zum Straßenrand durch. Es gelingt ihm, sich an der Mauer eines Gebäudes hochzuziehen, um zu sehen, was los ist. Von der Seite her, aus einer breiten Nebenstraße, drängen sich Menschenmassen in den Zug hinein. Später wird er erfahren, daß es Hunderte von Flüchtlingen aus dem mitten in Amman gelegenen Flüchtlingslager Al-Husseini waren.

Bergner sieht, wie sich die Menschen der Särge bemächtigen, sie plötzlich hoch über die Köpfe der Dahinziehenden heben. Fahnen werden entrollt. Jemand schreit mit sich überschlagender Stimme Kampflosungen. Ohrenbetäubender Lärm bricht los. Vergeblich versuchen die Fedayin, der Menge Einhalt zu gebieten. Die Särge, von kräftigen Armen hochgestemmt, schweben über dem Menschenstrom. Jemand hat über einen der Särge die Fahne Palästinas mit den grün-weiß-schwarzen Streifen und dem roten Dreieck gebunden. Das Weinen und Klagen ist untergegangen in aufpeitschenden Liedern, in frenetisch herausgeschrieenen Losungen und vereinzelten, in die Luft abgegebenen Schüssen aus Maschinenpistolen.

Laut, mit vor Erregung verzerrten Gesichtern singen sie alle ein Lied, das plötzlich aufbrandet, ihr Lied: «Baladi! Baladi! Mein Land, mein Land, ich gebe dir mein Blut! Palästina!»

Dann ist der Zug vorüber, die Menschen fluten hinterher. Hunderttausende folgen den Särgen. Auf einer Strecke von

Kamal Adwan, führendes Mitglied der PLO; am 10. 04. 1973 in Beirut von israelischen Soldaten ermordet

7 Kilometern, von der Al-Hussein-Moschee bis zum Militärfriedhof, rufen Tausende Stimmen rhythmisch im Chor immer wieder Zeilen aus einer Sure des Koran: «Allah hu akbar! Allah ist groß, und unsere Märtyrer sind für eine gerechte Sache gefallen!»

Alle mohammedanischen und christlichen Würdenträger des jordanischen Königreiches, Minister, hohe Offiziere und viele andere Persönlichkeiten nehmen Seite an Seite mit den Vertretern des diplomatischen Korps an der Beerdigung teil.

Über die schweigend mit gesenkten Köpfen Betenden hinweg spricht ein Ulema, einer der mohammedanischen Geistlichen, Verse des Koran und ehrt die Gefallenen mit den verheißungsvollen Worten des Propheten Mohammed, die jedem echten Moslem teuer sind: «Diejenigen, die für ihren Glauben sterben, leben ewig!»

Langsam nur zerstreuen sich die Menschen. Unschlüssig, was er weiter tun soll, will Ralf Bergner bereits zu seinem Hotel zurückkehren, als ihn jemand anspricht. Er dreht sich um und erblickt Kamal Adwan, den er seit längerer Zeit nicht gesprochen hat. Kamals ernstes Gesicht zeigt kurz ein warmes Lächeln. «Ich freue mich, daß Sie auch hier sind, Bergner!» sagt er einfach. «Darüber müssen Sie schreiben.»

«Werde ich auch!» entgegnet der Journalist, noch aufgewühlt von dem Erlebten. «Ihre Leute haben einen Sieg errungen und die Israelis viele Menschen und Material verloren.»

Kamal Adwan nickt. «Ja, und Sie sollen alle Einzelheiten erfahren. Rufen Sie mich in den nächsten Tagen in Beirut an. Ich werde alles absprechen.» Er unterbricht sich. «Aber für uns ist etwas anderes noch viel wichtiger, als dem Gegner materiellen Schaden zugefügt zu haben: Zum erstenmal sind die Israelis nicht Sieger geblieben. Sie haben den Ruf ihrer Unverwundbarkeit eingebüßt, ein Mythos wurde zerschlagen, die Legende vom kleinen tapferen David hat ausgelebt. Die Auswirkungen werden Sie sehr schnell zu sehen bekommen. Denken Sie daran!»

Und er verabschiedet sich von Bergner mit einem Händedruck und einem freundlichen Lächeln. Der bleibt nachdenklich zurück. Die kommenden Tage und Wochen bestätigen Kamal Adwans Worte.

Die Palästinenser, die Fedayin in den Ausbildungscamps und den Basen, die elend lebenden Flüchtlinge in den Lagern, aber auch die seßhaft gewordenen in Libanon, Syrien, Jordanien, nicht zu sprechen von den Menschen in den besetzten palästinensischen Gebieten westlich des Jordan, das ganze palästinensische Volk erfüllte grenzenlose Bewunderung und Begeisterung. Seit Jahrzehnten hatte man sie verhöhnt und gedemütigt, der Sieg von Karameh aber, der für sie der erste Schritt zu ihrer Befreiung war, erfüllte sie mit Stolz.

Die Palästinenser erhoben wieder den Kopf. Alle arabischen Zeitungen waren voll von Nachrichten über die Niederlage der Israelis, brachten Fotos von dem erbeuteten Material und den angerichteten Schäden. In Jordanien wurden die Fedayin wie Volkshelden gefeiert.

Ralf Bergner wurde mit anderen Journalisten am Abend des Beerdigungstages Zeuge der grenzenlosen Freude und Begeisterung der Palästinenser in dem Flüchtlingslager von Baqaa nördlich der Hauptstadt. Die Führung der Widerstandsorganisationen hatte anläßlich des Sieges von Karameh ein Meeting organisiert. Die Redner, immer wieder unterbrochen von anfeuernden Losungen, von rhythmischen Gesängen und Hochrufen, bekamen heisere Stimmen vor Erregung, alte Frauen umarmten schluchzend die jungen Fedayin, die dabeigewesen waren, Tausende von Menschen schworen mit erhobenen, zum Victory-Zeichen gespreizten Fingern, eher ihr Leben zu geben, als ihr Heimatland zu lassen.

König Hussein von Jordanien sah sich unter dem Druck der Palästinenser gezwungen, der Al-Fatah feindlich gesonnene Minister zu entlassen.

Von einem westlichen Journalisten befragt, ob er nicht von seiten der Palästinenser um den Bestand seines jordanischen Staates fürchten müsse, antwortete er: «Was erwarten Sie von mir? Was soll ich mit einem Volke anfangen, das alles verloren hat, das aus seinem Lande verjagt worden ist? Soll ich sie erschießen? Ich meine, wir sind an dem Punkt angelangt, wo wir alle Fedayin sind.»

Worte, von denen er schon zwei Jahre später, 1970, nichts mehr wird wissen wollen.

Hussein mußte den palästinensischen Fedayin das Waffentragen in dem gesamten Gebiet genehmigen. Von da an führten die Palästinenser ihren eigenen Krieg gegen Israel.

Die palästinensische Widerstandsbewegung erlebte einen nie dagewesenen Aufschwung. Viele junge Palästinenser kamen von weit her, um den Kampf der Fedayin zu unterstützen. Zu Tausenden wollten die Jungen genauso wie die Alten der Al-Fatah beitreten. Schüler und Studenten ließen ihr Studium im Stich, um sich den Fedayin anzuschließen.

Bald schon, wenige Tage nach seiner Rückkehr nach Beirut, versuchte Ralf Bergner, Kamal Adwan anzurufen. Wie stets vergeblich, doch dann erreichte er einen, der ihn kannte. Auf seine Bitte, für ihn ein Gespräch mit Kamal Adwan zu organisieren, damit er sich über diese unerwartete Entwicklung unterrichten könnte, antwortete der andere – es war, wie Bergner später erfuhr, Abu Salah – nach einiger Zeit des Überlegens: «Wissen Sie was, Bergner, wollen Sie sich das nicht selbst anschauen?»

«Natürlich, sehr gern, wenn das geht!»

«Passen Sie auf! Sie fahren nach Damaskus und rufen dort

folgende Nummer an: 41975.» Nach einer Pause: «Haben Sie: 41975?»

«Ja, ich habe es notiert, danke!»

«Aber fahren Sie nicht vor einer Woche. So lange brauchen wir, dann wissen sie drüben Bescheid.»

Etwa zehn Tage später fährt Ralf Bergner mit seinem Peugeot nach Damaskus, neugierig, was ihn erwartet.

Auf der Hauptpost, unweit des Bahnhofs, der einem märkischen Bahnhofsgebäude aufs Haar gleicht, hat ihn doch ein wilhelminischer Architekt gebaut, ruft er die ihm von Abu Salah genannte Nummer an. Eine laute freundliche Stimme nennt ihm, als er sich vorgestellt hat, ein Stadtviertel und macht noch eine Menge von Angaben, die er nur zur Hälfte versteht. Er hängt ein und geht auf den Bahnhofsvorplatz, um dort vorsichtshalber nochmals anzurufen.

Während er noch herumsucht, ruft ihn pötzlich ein Polizist aus seinem Wachhäuschen zu: «Was suchen Sie?»

«Jemand, von dem ich nur die Telefonnummer kenne.»

Der Polizist nimmt Bergner den Telefonhörer aus der Hand, wählt die Nummer und spricht einen Moment. Dann hellt sich sein Gesicht auf: «Ah! Al-Fatah-Büro! Gut, ich schicke ihn zu Ihnen!»

Bergner kann sein Erstaunen über diese Art, offen über die Al-Fatah zu sprechen, nicht verbergen.

«Es geht in Ordnung. Warten Sie, ich zeige Ihnen den Weg.»

Der Polizist zieht ihn bis zur nächsten Ecke, beschreibt ihm gestenreich die Straße und schickt ihn los.

Ein großes, schon etwas älteres Gebäude im Botschaftsviertel beherbergt die Büroräume der Al-Fatah. Ein sehr junger Mann, der nachlässig eine Maschinenpistole balanciert, erwartet Ralf Bergner vor der Tür.

Am Eingang stehen viele Kisten. Im Treppenhaus ist am Geländer Stacheldraht angebracht, mit dem man schnell den Eingang versperren kann. Auf dem Absatz zum ersten Stock übergibt ihn der kaum Sechzehnjährige einem anderen Fedayin und bezieht dann wieder seinen Posten. Die Maschinenpistole ist ein ägyptisches Fabrikat, das nach dem Vorbild der alten Sten aus dem letzten Weltkrieg gebaut ist. Die Munition ist amerikanisch. Als Bergner anerkennend die Hand auf die Waffe legt, macht der Bursche eine unmißverständliche Geste, wie ein alter Soldat.

Die Leute im Büro sind alle vom gleichen Typ: sehr braun, athletisch, mit breiten Schultern und dichtem Haar. Ihre lachenden Augen und martialischen Schnurrbärte machen sie Bergner sogleich vertraut.

Der Fedayin, der ihn in Vertretung des am Vormittag nach Kairo abgereisten Kommandeurs empfängt, ist ein jovialer Riese über dreißig. Er ist in Khaki gekleidet; ein ausgeblichener Rock mit großen Taschen, offener Hemdkragen, Hose aus grobem Tuch.

Selten ist Bergner ein herzlicherer Empfang bereitet worden. Alle scheinen ihn zu kennen, behandeln ihn wie einen alten Freund. Nach ein paar Minuten sind sechs Personen um ihn versammelt, sitzen auf den Tischen oder lehnen gegen die Wand – bereit, seine Fragen zu beantworten.

«Wieviel Fedayin hat die Al-Fatah jetzt?»

«Schwierige Frage. In den Lagern mehrere tausend. In Wirklichkeit ist jeder Palästinenser ein potentieller Fedayin. Es ist gerade diese Art der Aktion, die unserem Temperament am meisten entspricht. Die Araber sind ausgezeichnete Schützen, sie schwärmen für Feuerwaffen, und in weniger als einem Monat bilden wir sie in der Handhabung moderner Waffen aus.»

Der Vertreter des Kommandeurs hält einen Moment nachdenklich inne und fügt dann hinzu: «Unser Problem ist nach Karameh nicht mehr die Rekrutierung, sondern die Unterbringung. Wir haben nicht genug Ausbildungscamps, um alle aufzunehmen.»

«Wer meldet sich jetzt, um Fedayin zu werden?»

«Alle. Wir haben Ingenieure, Bauern, Arbeitslose, Studenten; ja, wir haben eine besondere Abteilung für Studenten.»

Man zeigt Bergner einen Raum im Erdgeschoß. Dort sitzen an die zwanzig junge Leute auf Bänken oder stehen schweigend an der Wand und lesen die Anschläge: Proklamationen der Stärke und Entschlossenheit von Al-Asifa und Al-Fatah, Erinnerungen an Heldentaten, Militärkommuniqués, Spottverse an die Adresse Moshe Dayans – aber auch die Namen und Fotos der

Toten. Insgesamt führt die Al-Fatah schon vierhundert Namen auf der Liste der Märtyrer.

Israel rühmte sich, am 28. Januar bei einem Zusammenstoß bei Ain Arus, südlich des Toten Meeres, eine Patrouille der Fedayin vernichtet zu haben: 12 Mann, 12 Tote. In diesem Büro in Damaskus hat man an der Wand die Fotos dieser Märtyrer angeheftet: Der Jüngste, Boussa Burhan Khlaifa, war gerade 18 Jahre alt, Younes Zaki El Aaouni 52.

Die im heiligen Krieg fallen, finden sofort ihren Platz zu Füßen Gottes, sagt ihre Religion.

Die jungen Leute in dem Vorzimmer, alle zwischen 17 und 20, sind Freiwillige aus dem Libanon. Sie sind zu Fuß gekommen, mit dem Taxi, auf Lastwagen, ohne Gepäck. Einige sind von der Schule, von zu Hause weggegangen, ohne eine Nachricht zu hinterlassen. Viele sind einfach von der Familie ausgerissen; man sucht sie in den Feldern oder den Beiruter Nachtlokalen. Wer keine Papiere hatte, um die Grenze zu überschreiten, ist nachts durchs Gebirge gewandert.

Der erste Empfang für sie sind die Porträts der Toten in diesem Vorzimmer. Trotzdem sind die Ausbildungslager voll von Freiwilligen. Man schreibt die Adressen der Bewerber auf und schickt sie enttäuscht wieder zurück, mit dem Versprechen, sie zu gegebener Zeit zu benachrichtigen.

Dann kommen zwei Neue: zwei ehemalige Angestellte eines Damaszener Office, die ihre Tarnanzüge angezogen haben und sich nun darin vorstellen. Morgen gehen sie in ein Lager. Der eine trägt noch schwarze Schuhe mit perforiertem Oberleder, darunter rote Socken.

Sie sind beide ganz ausgefüllt von dem, was ihnen bevorsteht, sie reden und reden.

Ralf Bergner diskutiert noch lange mit den Leuten des Büros. Eine Welle der Begeisterung erfüllt sie alle. Ganz Damaskus steht den Fedayin offen – über Nacht sind sie nun gewissermaßen auch die Hoffnung der Syrier geworden, ihr von Israel geraubtes Land, die Golanhöhen, wiederzuerobern.

Nie scheint die Einigkeit der Araber, den Kampf gegen den Aggressor erneut aufzunehmen und siegreich zu führen, so stark wie in jenen Tagen nach Karameh.

Als Bergner am späten Nachmittag nach Amman zurückfährt, blickt er nach Süden, zu den Golanhöhen, die die Israelis vor fast einem Jahr mit Flammenwerfern eroberten. Jetzt organisieren sie von Tel Aviv und Haifa aus Touristenreisen dorthin, sichern ihre Überlegenheit und Macht, gedeckt von den Vereinigten Staaten. Ralf Bergner denkt angesichts des armseligen, kreidig weißen Gebirgslandes, durch das er fährt, mit seinen versteckten kleinen Dörfern aus Lehm, mit den vereinzelten Feigenbäumen, den Ziegenherden und steinübersäten Feldern an die beiden Neuen im Rekrutierungsbüro in Damaskus. Sie sind bereit, für diesen kargen Landstrich, ihre Heimat, notfalls ihr Leben zu geben.

Ein paar Monate werden sie ausgebildet, lernen schießen, Handgranaten werfen, Minen legen, die Verteidigung mit dem Messer; dann werden sie in kleinen Gruppen, den Kommandos, nachts den Jordan überwinden und ihre Einsätze ausführen. Die Bevölkerung in den besetzten Gebieten unterstützt sie dabei auf vielfältige Weise.

Abu Amar

Noch im Herbst desselben Jahres 1968 machte der Journalist Ralf Bergner das Interview seines Lebens und gewann damit endgültig das Vertrauen der Palästinenser, vor allem Abu Amars selbst.

Am 15. April 1968 hatte einer der Führer der Al-Fatah, Salah Chalaf, der den Decknamen Abu Ijad trug, der internationalen Presse eine Erklärung übergeben, in der es hieß, Yasser Arafat sei zum Wortführer der Al-Fatah und damit gleichzeitig zum Führer ihres militärischen Flügels, der Al-Asifa, ernannt worden, und nur er allein sei ermächtigt, im Namen der Befreiungsorganisation zu sprechen. Außerdem ließ er eine kurze Erklärung Arafats kursieren, in der dieser seine neuen Pflichten annahm, jedoch hinzufügte, die Al-Fatah stünde auch weiterhin unter kollektiver Führung.

Wer ist dieser Arafat, fragte man sich überall. Auch Ralf Bergners Zentrale in Berlin stellte diese Frage und bat um Material über ihn.

Ralf Bergner hatte bereits in Erfahrung gebracht, daß sich Arafat und die gesamte Führung der Al-Fatah unmittelbar nach Beendigung des israelischen Überfalls, noch Ende Juni 1967, in Damaskus geheim mit den Vertretern mehrerer anderer kleinerer Fedayin-Gruppen getroffen hätten: mit Vertretern der «Munazzamat Shebab al-Tha'r» – der «Organisation der Jugend der Rache», der «Abtal al-Audah» – den «Helden der Rückkehr» – und der «Jabhat Tahrir Filistin» – der «Palästinensischen Befreiungsfront».

Die PLO, damals noch unter Führung Ahmad Schukeiris stehend, nahm nicht direkt teil, doch man hielt sie auf dem laufenden. Zu diesem Zeitpunkt gelang es der Al-Fatah noch nicht, mit den anderen Organisationen zu einer Übereinkunft zu gelangen. Drei dieser Gruppen schlossen sich dann unter der Führung von Dr. George Habasch zur «Volksfront für die Befreiung Palästinas» zusammen. Aber die Al-Fatah gab sich nicht geschlagen.

Im Dezember 1967 mußte schließlich Ahmad Schukeiri sein Amt als Vorsitzender der PLO abgeben. Wegen des Versagens im Junikrieg griffen ihn mehrere arabische Staaten heftig an, und selbst Nasser, dessen Schützling er bisher gewesen war, ließ ihn fallen. Jahja Hammuda nahm als provisorischer Vorsitzender seinen Platz ein. Das erleichterte die Zusammenarbeit der Al-Fatah mit der PLO. Denn von da an strebte auch Nasser das gleiche an wie die Al-Fatah: Man wollte einen geeigneten Rahmen finden, der die Fedayin-Organisationen, die bisher mehr oder weniger außerhalb der PLO gestanden hatten, mit dieser Organisation vereinigte. Entsprechend ihrer Stärke stellte die Al-Fatah allerdings eine Bedingung für ihre Mitarbeit: Die Fedayin-Organisationen sollten im Palästinensischen Nationalrat (PNC), einer Art Parlament der PLO, über die Mehrheit der Sitze verfügen, wobei es sich von selbst verstand, daß die Al-Fatah als zweifellos stärkste Organisation für sich den Löwenanteil forderte.

Nach mühseligen Verhandlungen gelang es der Al-Fatah schließlich im Juni 1968, fast die Hälfte der Sitze zu erlangen.

Auf dem 4. Palästinensischen Nationalkongreß im Juli in Kairo vermochte sie zwar noch nicht, die Zusammensetzung des Exekutivkomitees, des obersten Organs der PLO, zu verändern, doch in die Verfassung der PLO wurde ein Zusatz aufgenommen, der besagte, daß «der bewaffnete Kampf der einzige Weg zur Befreiung Palästinas ist», und genau das war die politische Losung der Al-Fatah. Damit waren die Weichen gestellt. Die Al-Fatah konnte auf dem kommenden Kongreß der PLO den neuen Vorsitzenden stellen, und der würde vermutlich Arafat heißen.

Ralf Bergner beschloß, alles auf eine Karte zu setzen und zu versuchen, zu einem Gespräch mit Yasser Arafat zu kommen. Sollte man Arafat tatsächlich zum neuen Vorsitzenden des Exekutivkomitees der PLO wählen, war er mit seinem Interview allen anderen Korrespondenten der verschiedensten Agenturen eine Nasenlänge voraus. Seine Zentrale in Berlin stimmte sofort zu, machte jedoch aus ihrer Skepsis, ob das gelingen würde, kein Hehl.

Bei seinen Verbindungen zur PLO hatte Bergner deren offiziellen Sprecher Kamal Nasser nicht aus den Augen verloren. Er kannte ihn von Amman her. Sie begegneten sich in Beirut öfter auf Pressekonferenzen oder Staatsakten, zu denen die Presse eingeladen war. Er diskutierte gern mit dem klugen, zumeist etwas zurückhaltenden Mann, der, wenn er sich voll engagierte, ein brillanter, begeisternder Redner war. Mit Absicht nutzte er jedoch diesen Kontakt nur selten, nur in größeren Zeitabständen, wollte er ihn sich doch aufsparen für wirklich wichtige Dinge. Ein Arafat-Interview schien ihm bedeutsam genug. Kamal Nasser versprach zu tun, was in seinen Kräften stand, konnte aber nichts zusagen.

Es zeigte sich, daß die Bitte des SPA-Mitarbeiters den Interessen der Al-Fatah bis zu einem gewissen Grade entgegenkam. Sie bewies, daß die Kunde über die beabsichtigte Wahl Arafats bereits ziemlich weit durchgesickert war und sich schnell verbreiten würde. Die Organisation beschloß, die Gelegenheit zu nutzen, um Arafat, der nun ja bereits aus der Anonymität herausgetreten war, im Ausland weiter bekannt zu machen.

Kamal Nasser teilte Bergner bald darauf mit, man werde ein

Interview mit Arafat arrangieren; Ort und Zeit würden ihm mitgeteilt.

Wie bisher alle seine Begegnungen mit führenden Männern des palästinensischen Widerstandes, so kam auch diese für Ralf Bergner überraschend. Ende Oktober wurde er spätnachts telefonisch über eine Zusammenkunft mit Arafat verständigt.

In diesen Herbsttagen des Jahres 1968 hatten sich die israelischen Angriffe auf jordanisches und auch auf libanesisches Gebiet verstärkt. Entlang des Suezkanals waren israelisch-ägyptische Artillerieduelle eine alltägliche Angelegenheit geworden. Am Tage des Anrufs hatte eine israelische Panzerbrigade mit Luftwaffenunterstützung die Arkub-Region überfallen, jenes Gebiet an den Hängen des Hermonberges, in dem die Fedayin ihre Hauptbasen im Libanon hatten; eine bewaldete Gegend mit Höhlen und verborgenen Tälern.

Wie verabredet, fand sich Ralf Bergner um sechs Uhr früh an der Ausfallstraße unweit des Flugplatzes von Beirut ein, von weitem gut zu erkennen. Wie befohlen, ging er in südlicher Richtung. Plötzlich hielt neben ihm ein in Tarnfarbe gestrichener Jeep; ein ihm unbekannter Fedayin forderte ihn auf einzusteigen. Sie fuhren zunächst weiter nach Süden, um bald darauf ins Hermonmassiv nach Osten abzubiegen.

Es war außerhalb von Hebbariyeh, einem der libanesischen Grenzdörfer, die von den israelischen Panzern fast vollständig zerstört worden waren, wo Ralf Bergner seine erste Begegnung mit Yasser Arafat hatte, jenem Mann, den alle Fedayin mit seinem Decknamen Abu Amar kannten.

Bergner unterhielt sich gerade mit einem libanesischen Artillerieoffizier, dessen Batterie am Vortage gemeinsam mit den Fedayin israelischen Panzern mit Erfolg Widerstand geleistet hatte, als er einen Landrover inmitten einer Staubwolke herankommen sah. Der Wagen raste an ihnen vorbei. Neben dem Fahrer saß ein Fedayin, die MPi schußbereit quer über dem Schoß, hinten ein Mann im Battledress der Fedayin. Bergner erhaschte nur ein von der Kufija verhülltes Stück bärtigen Gesichts, die Augen hinter einer dunklen Sonnenbrille verborgen.

«Wir haben Glück», meinte sein Begleiter, «das war Abu

Amar. Er erwartet uns ein Stück weiter unten; wir sind zu seinem Stab bestellt.»

Keine zehn Minuten später saß der Korrespondent unter einer dichten Tarnung aus langnadligen Kiefernzweigen auf einem Holzhocker und wartete. Man hatte ihm ein Glas Limonade angeboten; die zwischen den versteckt stehenden Zelten umherlaufenden Fedayin ließen sich durch ihn nicht stören. Einige nickten ihm freundlich zu.

Neben einem der Zelte stand ein kleiner Mann von zierlichem Körperbau mit zwei Fedayin zusammen. Bergner konnte ihn ungestört mustern. Er ahnte, das konnte nur Yasser Arafat sein. Sofort fiel ihm ein, daß er dieses Gesicht schon gesehen hatte: unter den Al-Fatah-Führern, die an der Beerdigung in Amman teilgenommen hatten. Das also war Yasser Arafat.

Ein Gesicht, auf dem man Spuren von Entbehrungen und die Müdigkeit ablesen konnte. Die Lippen waren voll und wulstig, die Nase breit, hervorspringend. Die hohe Stirn wurde durch das schwarz-weiß gewürfelte Kopftuch fast völlig bedeckt. Ein stoppeliger, schwarzer Bart ließ den Mann älter erscheinen, als er war. Doch was dem Journalisten vor allem auffiel, waren seine großen braunen Augen, die freundlich und fast träumerisch blickten. Bei all dem verriet dieses Gesicht zugleich Energie und Hartnäckigkeit.

Endlich kam Arafat geradewegs auf ihn zu, begrüßte ihn freundlich und umarmte ihn dann. Er mußte Bergners sekundenlanges Zögern bei dieser herzlichen Begrüßung bemerkt haben, denn er sagte lächelnd: «Sie wissen doch, Genosse Bergner, daß wir Freunde immer so begrüßen!»

Etwas verlegen konnte der nur sagen: «Also darf ich mich zu Ihren Freunden zählen?»

«Man hat mich bei der Beerdigung unserer Toten in Amman auf Sie aufmerksam gemacht. Das vergessen wir Ihnen nicht. Außerdem sagte man mir, daß Sie für die Medien der DDR arbeiten. Wir schätzen Ihr Land!»

Ohne Zeit zu verlieren, forderte Arafat ihn auf: «Bitte, beginnen wir!»

Entgegen seiner ursprünglichen Absicht stellte Bergner nicht sofort eine Frage, sondern erklärte, berührt von Arafats freundschaftlicher Begrüßung: «Lassen Sie mich Ihnen zuerst sagen, daß wir in der DDR und auch in den anderen sozialistischen Ländern um den Kampf des palästinensischen Volkes wissen und auf seiner Seite stehen. Wir wissen, was der Imperialismus Ihrer Heimat, Ihren Menschen angetan hat.»

Arafat nickte zustimmend. «Ich weiß es, und ...»

Doch Bergner ließ sich, einmal in Fahrt gekommen, nicht so leicht bremsen. «Lassen Sie mich noch sagen, ich habe nicht aus Sensationslust um dieses Interview gebeten. Wir wissen längst, daß die Al-Fatah nicht eine Gruppe von Banditen und Terroristen ist, die aus blinder Rache friedliche israelische Bürger überfallen, so wie dies die westlichen Gazetten tagtäglich ihren Lesern weismachen wollen. Wir sehen in Ihnen die Kämpfer einer Bewegung, die ihr Land befreien will. Um das zu schreiben und unseren Lesern die Situation noch besser verständlich zu machen, deshalb bin ich hier.»

«Ich weiß», entgegnete Arafat, der aufmerksam zugehört hatte, «dafür danke ich Ihnen und auch für die Unterstützung Ihres Landes für unseren Kampf. Wir stehen im gleichen Graben!»

Dann holte der Korrespondent seine Fragen hervor, die er bereits mit Kamal Nasser abgesprochen hatte. Er fragte Yasser Arafat zunächst nach dem Inhalt ihres Kampfes und drückte sich dabei mit Absicht etwas vage aus, um seinem Gegenüber die Möglichkeit zu einer ausführlichen Antwort zu geben.

«Unser Standpunkt ist sehr einfach», begann Arafat. «Unser Heimatland ist besetzt. Die Mehrheit unseres Volkes ist vom Zionismus und vom Imperialismus aus der Heimat vertrieben worden. Wir haben gewartet und gewartet auf die Gerechtigkeit der Vereinten Nationen, auf die Gerechtigkeit der ganzen Welt – während unser Volk in Zelten und Höhlen litt und dahinvegetierte. Nichts geschah. Keine einzige unserer Hoffnungen erfüllte sich.

Wir kamen zu der Ansicht, daß der einzige Weg, um in unsere Wohnstätten und in unsere Heimat zurückzukehren, der bewaffnete Kampf ist. An diese Theorie glauben wir ohne Schwankungen und in klarer Einsicht. Das ist unser Ziel und unsere Hoffnung.»

Bergner warf ein, daß es aber doch die Resolution 242 des UNO-Sicherheitsrates gäbe, fragte, ob diese nicht vielleicht eine Möglichkeit biete, auf friedlichem Wege das Ziel zu erreichen.

Yasser Arafat schüttelte den Kopf. «Die Resolution der UNO spricht nur von dem ‹jüngsten Konflikt›. Die Al-Fatah aber sieht in dem Überfall vom Juni 1967 lediglich eine weitere Manifestation der ständig andauernden Aggression gegen unser palästinensisches Volk. Wir weigern uns, dieses jüngste Ereignis als ein einzelnes und für sich stehendes Phänomen zu betrachten. Jede Lösung, die sich nur auf die Folgen dieser letzten Aggression bezieht, ist völlig unakzeptabel für uns und wird kategorisch zurückgewiesen.

Darüber hinaus fordert die UNO-Resolution lediglich eine gerechte Lösung des Flüchtlingsproblems. Unsere Sache ist jedoch keine humanitäre Frage, sondern uns geht es um das Recht des palästinensischen Volkes auf Unabhängigkeit und Souveränität.

Unsere Fedayin kämpfen um klare, edle Ziele. Sie kämpfen für das Palästina von morgen – einen demokratischen Staat, in dem Christen, Juden und Mohammedaner arbeiten, friedlich leben und gleiche Rechte genießen, unabhängig von Rasse, Geschlecht, Sprache oder Religion.»

Ralf Bergners Gesprächspartner war einer jener Menschen, die auch zuzuhören verstehen. Er stellte Zwischenfragen, und alles verriet, daß er sich für sein Gegenüber, den Menschen, der ihm gegenübertrat, interessierte. Sprach er selbst, belebte sich sein Gesicht; seine Hände unterstrichen bildhaft seine Worte. Er antwortete ruhig, stets bemüht, klar, einfach und überzeugend das auszudrücken, was er meinte. Er vermied jegliche Phrase, und hinter allem Gesagten spürte man seine ganze Persönlichkeit.

Bergner begriff, daß dieser Mann nicht im geringsten das war, was seine Gegner aus ihm machen wollten: ein ehrgeiziger, machtbesessener Bandenchef, grausam, kalt. Im Gegenteil, Arafats Freundlichkeit war voller Wärme; er war alles andere als ein Fanatiker, eher scheu, zurückhaltend.

Ralf Bergner fragte ihn nach der Haltung der Al-Fatah zu den Juden.

«Wir sind nicht gegen die Juden», antwortete Arafat. «Im Gegenteil, wir sind alle Semiten, und wir lebten seit vielen Jahrhunderten miteinander in Frieden und Brüderlichkeit – Mohammedaner, Juden und Christen. Wir heißen von Herzen alle Juden willkommen, die mit uns ehrlich in einem arabischen Staat zusammenleben wollen als Bürger, die vor Gesetz und Verfassung gleich sind.»

«Aber wäre nicht gerade auch aus diesem Grunde eine politische Lösung denkbar?»

Yasser Arafat schüttelte den Kopf und erklärte, weshalb die Al-Fatah eine politische Lösung des Palästinaproblems zurückweise. «Wir meinen, eine politische Lösung bedeutet, sich auszuliefern, ein Dokument zu unterzeichnen, das all das legalisiert, was die Israelis an sich gerissen haben, und damit auch die Bedingungen zu legitimieren, die sie diktiert haben.» Er setzte entschieden hinzu: «Wir haben am 5. Juni 1967 nicht den Krieg verloren, wir haben nur eine Schlacht verloren.»

Arafat erläuterte seinem Gesprächspartner eindringlich: «Die Okkupation arabischen Territoriums nach dem 5. Juni hat den Widerstandskampf nicht beendet. Im Gegenteil, sie machte die palästinensische Revolution stärker. Die Besetzung weiterer Gebiete der arabischen Welt wird niemals bedeuten, daß die Revolution und der Widerstand aufhören. Nein, sie wird den Widerstand ermutigen und ihn breiter und stärker machen, er wird fortgesetzt werden bis zum Sieg.»

«Es gibt aber», hielt Ralf Bergner ihm entgegen, «eine ganze Reihe von Staaten – ich meine jetzt nicht die arabischen –, die diesen Standpunkt nicht teilen und für eine politische Lösung eintreten.»

«Ich weiß, Sie spielen auf die sozialistischen Staaten an. Die Sowjetunion tritt für eine friedliche Lösung ein und unterbreitete Vorschläge dazu. Wir aber lehnen alle derartigen Vorschläge zur Beseitigung des Palästinaproblems ab.»

«Aber braucht Ihre Bewegung nicht auch Bundesgenossen?»

«Wir sind eine eigenständige, revolutionäre Bewegung. Al-Fatah ist unabhänig, sowohl in ideologischer wie in organisatorischer Hinsicht, von jeglicher politischen Partei oder Gruppierung. Wir sind bereit, mit all denen zusammenzuarbeiten, die bereit sind, unsere Revolution zu unterstützen.

Ralf Bergner wollte weiter fragen, doch unerwartet trat einer der Begleiter an Arafat heran und sagte halblaut etwas zu ihm.

Yasser Arafat blickte seinen Gast etwas verlegen an und meinte entschuldigend: «Man verlangt, daß ich mich mit libanesischen Offizieren treffe. Es müßte sofort sein. Unsere Leute beschwerten sich, daß die Libanesen ihnen gestern nicht genügend Artilleriedeckung gegeben hätten. Sie haben unrecht. Die Libanesen verteidigen ihre Linien und wir die unseren. Natürlich, wenn sie uns besseren Feuerschutz gegeben hätten, würden wir weniger Verluste gehabt haben. Ich werde versuchen, die Dinge klarzustellen.»

Arafat stand auf und verabschiedete sich. «Entschuldigen Sie, Genosse Bergner. Ich werde Ihnen Abu Ijad hierlassen. Soll er an meiner Stelle auf Ihre Fragen antworten.» Lächelnd fügte er hinzu: «Er macht das besser als ich.»

Arafat umarmte Bergner noch einmal, dann ging er.

Abu Ijad, der Mann mit dem kugeligen Kopf, der Halbglatze und dem gutmütigen, runden Gesicht, setzte sich ihm gegenüber. Von ihm erfuhr Bergner das Wichtigste über das Leben von Abu Amar.

Yasser Arafat wurde 1929 in Jerusalem geboren. Seine Eltern gehörten zur gehobenen Mittelklasse. Er verlor seinen Vater, als er noch sehr jung war. Kaum 15 Jahre alt, transportierte er Waffen für die irregulären arabischen Verbände, die aufgestellt wurden, um die israelischen Terrororganisationen Haganah und die Stern-Bande zu bekämpfen.

Während des arabisch-israelischen Krieges von 1947/48 diente er als einfacher Kämpfer in den arabischen Einheiten von Abdel Kader al-Husseini.

Als gewiß war, daß der Krieg verloren war, flohen Arafat und seine Familie in den bereits damals übervölkerten Gazastreifen, wo er die dunkelsten Seiten des Flüchtlingslebens kennenlernte.

Da Kairo die von Gaza aus am leichtesten zu erreichende arabische Hauptstadt war, entschloß sich Arafat, dort seine in Jerusalem begonnene Ausbildung fortzusetzen. Er schrieb sich an der ingenieurtechnischen Fakultät ein. Wie viele andere Studenten dieser Universität schloß er sich den «Moslembrüdern» an, einer großen Geheimorganisation, deren Ziel es war, die

Araber zur strengen Moral und den ethischen Prinzipien des Koran zurückzuführen, und die immer stärker zu einem im Untergrund wirkenden politischen Instrument der arabischen Reaktion wurde.

1952, in dem Jahr, in dem Colonel Gamal Abdel Nasser und seine «Freien Offiziere» das Feudalregime König Faruks hinwegfegten, wurde Arafat zum Vorsitzenden der «Palästinensischen Studenten-Union» (GUPS – General Union of the Palestina Students) in Kairo gewählt. Zwei Jahre später, nach der Dezimierung der «Moslembrüder», die einem fehlgeschlagenen Mordanschlag auf Nasser folgte, verließ Arafat Ägypten. Er ging zuerst nach Beirut, dann nach Kuweit, wo er für eine arabische Ingenieurfirma arbeitete. Doch bereits 1955 kehrte er nach Ägypten zurück, trat in die ägyptische Armee ein, erhielt eine Kommandeursausbildung und nahm 1956 als Reserveoffizier am Suezkrieg teil.

In jenen Jahren wurde im Kreise junger Palästinenser im Gazastreifen die Idee einer bewaffneten Widerstandsorganisation geboren, die unabhängig von allen arabischen Regierungen sein sollte und später den Namen Al-Fatah erhielt. Yasser Arafat hatte Gaza kurze Zeit nach dem Suezkrieg 1956, also noch ehe es die Israelis besetzten, besucht. Wahrscheinlich faßte er bei diesem Besuch den Plan, eine Zelle der Al-Fatah in Kuweit zu gründen. Klar erkannte er zugleich die Notwendigkeit, der Organisation eine sichere finanzielle Basis zu schaffen. Die Grundlage dafür bildete seine eigene Ingenieurfirma, die er im Jahre 1955 in Kuweit eingerichtet hatte.

Yasser Arafat fühlte sich durch und durch als Palästinenser, entschlossen, für die Befreiung seiner Heimat zu leben und zu kämpfen. Sowohl in seiner Studentenzeit als auch später zeigte er im Gegensatz zu vielen seiner Alters- und Studienkameraden nur wenig Interesse für ein angenehmes Leben, für Wein und Frauen.

«Palästina ist meine Gefährtin und mein einziges Ziel», pflegte er zu sagen. Das brachte ihm den Ruf eines Asketen ein, ließ ihn jedoch zugleich die Hochachtung zahlreicher junger Palästinenser gewinnen, die bereit waren, mit ihm zusammenzuarbeiten.

Er selbst begann, für die Al-Fatah Geldspenden zu sammeln und innerhalb der GUPS Anhänger unter den arabischen Studenten in Kairo, Bagdad und Stuttgart zu werben, so die Organisation nach und nach von Kairo unabhängig machend. Unter den vielen palästinensischen Studenten in der BRD fand er in Hani-al-Hassan und dessen Bruder Khaled-al-Hassan tatkräftige Verbündete, die beide später zur Führung der Al-Fatah gehören sollten.

Frühzeitig erkannte Arafat die Notwendigkeit enger Beziehungen zur algerischen Revolution. Es gelang ihm nicht nur, in Algerien Ausbildungsmöglichkeiten und Rekrutierungsbüros für die Al-Fatah einzurichten, sondern die Algerier auch zu veranlassen, Ausbildungsplätze an der algerischen Militärakademie in Cherchell und im Militärcamp Blida für Führungskader der Al-Fatah zur Verfügung zu stellen. Eine große Anzahl Al-Fatah-Kämpfer verbrachte beträchtliche Zeit in Algerien. Enge gefühlsmäßige und ideologische Bindungen zwischen algerischen und palästinensischen Revolutionären resultieren daraus.

In Kuweit sicherte Arafat die finanzielle Unterstützung der Al-Fatah durch die dort lebenden Palästinenser, die großzügig von ihren hohen Löhnen, die sie in der Ölindustrie und sonstigen Unternehmen verdienten, spendenten.

In jener Zeit bereits schuf man die Sozialorganisation der Al-Fatah, wie die Institution für soziale Angelegenheiten, die sich um die Familien der Gefangenen und Märtyrer kümmerte, und die Palästinensische Arbeitsgesellschaft der Söhne der Märtyrer (SAMED), eine Vereinigung von Produktionsgenossenschaften. Im März 1963 kam in Syrien die «Partei der arabischen Wiedergeburt», die Baath-Partei, an die Macht. Für Arafat war entscheidend, daß diese Partei die Befreiung Palästinas als eines ihrer Hauptziele betrachtete. Die Konzeption der Al-Fatah von einem «revolutionären Krieg», um Palästina zurückzuerobern, entsprach genau der Baath-Ideologie. Von den syrischen Baathisten erhielt Arafat jene Hilfe und Unterstützung, die ihm und der Organisation weder Jordanien noch Libanon gewähren wollten. Schon im Sommer 1963 verlegte die Al-Fatah dank Yasser Arafats Initiative einen Teil ihrer Stützpunkte, Rekrutierungsbüros und Ausbildungslager nach Syrien, in die Orte al-

Hameh und Maysalun, und es war in Syrien – auf einem Treffen in Damaskus, bei dem Arafat eine maßgebliche Rolle spielte –, daß die Al-Fatah die Entscheidung über die Aufnahme des bewaffneten Widerstandskampfes traf.

Da Bergner die weitere Entwicklung der Organisation bekannt war und er das Gefühl hatte, das Gespräch zu lange auszudehnen, unterbrach er Abu Ijad und sagte entschuldigend: «Ich weiß, daß Ihre Zeit bemessen ist, Abu Ijad! Darf ich noch einige spezielle Fragen zur Person Yasser Arafats stellen?»

«Fragen Sie, Genosse Bergner, fragen Sie, wie und was Sie wollen. Nur verstehen Sie, gewisse Dinge ...», entgegnete Abu Ijad lächelnd.

«Keine Sorge! Ich verstehe, daß man in manchen Situationen nicht alles sagen kann.» Und nach einem kurzen Blick in seine Notizen fuhr Ralf Bergner fort: «Mir ist bekannt, daß Arafat die militärische Operation bei Karameh persönlich geführt hat. Trifft das auch auf andere Aktionen zu?»

«Wie die Kämpfe der vergangenen Tage hier im Libanon, so hat Abu Amar eine große Anzahl der militärischen Aktionen der Al-Asifa persönlich geleitet, denn er ist seit langem unser militärischer Befehlshaber. Von 1965 bis 1967 hat die Al-Fatah 73 Militärkommuniqués herausgegeben, für die meisten zeichnete Abu Amar verantwortlich. In seiner Eigenschaft als militärischer Führer überquerte er in dieser Zeit mehrmals illegal die damalige Grenze, um nach Israel zu gelangen, und weilte auch in Jerusalem.»

«Was würden Sie, Abu Ijad, sagen, ist am typischsten für den Charakter Yasser Arafats?»

Abu Ijad antwortete, ohne zu zögern: «Er ist ein mutiger, wenig auf sich selbst aufmerksam machender Mensch, und er ist der geborene Diplomat. Seine Vorliebe für aktives Handeln steht gleichwertig neben seiner Geschicklichkeit im Verhandeln.» Er überlegte einen Augenblick, ehe er schmunzelnd weitersprach: «Es gibt da eine für ihn bezeichnende Geschichte. Sie werden bemerkt haben, daß er zumeist unrasiert ist, auch auf Fotografien. Einmal wurde ich aufgebracht von palästinensischen, recht begüterten, gebildeten Leuten, die mit uns sympathisieren, gefragt: Warum kann er sich bloß nicht öfter rasieren? Ich habe mit Abu Amars eigenen Worten geantwortet: ‹Ich bin ständig unterwegs und habe einfach keine Zeit dazu.› Genau das trifft es. Abu Amar ist immer unterwegs, und das hängt mit einem nicht recht zu fassenden Charakterzug von ihm zusammen, den man mit der Natur des Quecksilbers vergleichen könnte: Gerade wenn man denkt, daß man über seine Persönlichkeit oder seinen Charakter zu einem gewissen abschließenden Urteil gekommen ist, erfährt man etwas Neues über ihn.

Seine Ergebenheit für unsere palästinensische Sache steht über allem – er ist jederzeit bereit, dafür sein Leben zu opfern, und das ist für ihn keine Phrase.»

Abu Ijad blickte bereits auf seine Armbanduhr. Doch Ralf Bergner wollte unbedingt noch eine Sache klären. «Nur eine letzte, kurze Frage! Warum hat die Al-Fatah erst vor wenigen Monaten öffentlich bekanntgegeben, daß Yasser Arafat ihr Führer ist? Warum nicht schon früher?»

Abu Ijad zögerte, dann sagte er lächelnd: «Ich weiß, worauf Sie anspielen, und weiß, daß es Gerüchte gibt. Ich will Ihnen gegenüber ehrlich sein: Ich könnte erklären, daß unsere Führung beschlossen habe, an die Öffentlichkeit zu treten, weil wir jetzt stark genug sind oder etwas Ähnliches. Aber das wäre nicht die Wahrheit. In Wirklichkeit liefen die Dinge ganz anders.»

Nach einer kurzen Pause fuhr er fort: «Etwa drei Wochen nach der Schlacht von Karameh erhielt ich in meiner Eigenschaft als Chef des Nachrichtendienstes der Fatah einen Geheimbericht, in dem es hieß, eines unserer Mitglieder beabsichtige, sich öffentlich als Oberbefehlshaber von Al-Asifa, dem militärischen Flügel der Al-Fatah, auszugeben. Sein Vorhaben war durchaus geeignet, die Organisation in eine Krise zu stürzen, um so mehr, als die Zusammensetzung der Fatah-Spitze zu dieser Zeit noch geheim war und daher jeder vorgeben konnte, ihr anzugehören. Der Betreffende wolle, so hieß es, bereits in wenigen Stunden seine Erklärung verbreiten lassen. Da ich in Damaskus war und keine Möglichkeit hatte, mit meinen Brüdern vom Zentralkomitee sofort Kontakt aufzunehmen, fällte ich allein die Entscheidung: Am 15. April 1968 übergab ich der Presse eine Erklärung, in der es hieß, daß Yasser Arafat zum Wortführer der

Al-Fatah – und dadurch gleichzeitig von Al-Asifa – ernannt worden sei. Ich ließ außerdem im Namen Arafats eine kurze, von mir selbst verfaßte Erklärung verbreiten, in der er seine neuen Pflichten annahm.»

Abu Ijad vermochte ein Lachen kaum zu unterdrücken. «Können Sie sich Abu Amar vorstellen? Er erfuhr diese Neuigkeit zuerst durch das Radio und war äußerst überrascht. Auf einer Versammlung, die kurz darauf in Damaskus abgehalten wurde, legte er gegen seine Ernennung Protest ein und vertrat die Meinung, andere verdienten diese Funktion eher. Wie ich vorausgesehen hatte, billigten alle anderen Mitglieder der Führung meine Wahl. Abu Amar gehörte zu den ersten aktiven Mitgliedern der palästinensischen Widerstandsbewegung, wir schätzten und respektierten ihn alle gleichermaßen. Das wichtigte für uns jedoch war, daß die Al-Fatah nun eine Persönlichkeit an ihrer Spitze hatte, die würdig war, uns nach außen hin auf internationaler Ebene zu vertreten.»

Abu Ijad fügte noch hinzu: «Genosse Bergner, verwenden Sie diese Information bitte nicht. Warten Sie einige Zeit.»

«Bis die PLO ihn auf ihrer nächsten Nationalversammlung zu ihrem Vorsitzenden gewählt hat?» fragte Ralf Bergner nicht ohne Hintergedanken.

Abu Ijad lachte. «Vielleicht! Wahrscheinlich würde diese Geschichte ihn und die Al-Fatah bei einigen Leuten in ein schlechtes Licht rücken.»

«Steht sich Arafat so schlecht mit der PLO?»

«Nein, im Gegenteil. Ich werde Ihnen auch hier in aller Offenheit unsere Meinung sagen, Genosse Bergner. Abu Amar und wir alle wollen die Einheit der gesamten palästinensischen Bewegung, und eine Organisation, die PLO, die an der Spitze unseres Kampfes steht, nicht nur mit Worten. Und seien Sie gewiß, daß sich Abu Amar auch dafür einsetzen wird.»

«Ich bin Ihnen und besonders Arafat selbst sehr zu Dank verpflichtet, daß mir dieses Interview gewährt wurde. Bitte übermitteln Sie ihm das nochmals», sagte Ralf Bergner.

«Mache ich! Wann wird das Interview veröffentlicht werden?»

«Wann möchten Sie denn, daß es veröffentlicht wird?»

«Wenn Sie noch einige Zeit damit warten könnten, Genosse Bergner.»

«Bis Arafat zum Vorsitzenden der PLO ernannt worden ist?» wiederholte Ralf Bergner listig.

«Falls man ihn wählen sollte», entgegnete Abu Ijad lächelnd.

«Da bin ich mir ziemlich sicher – eine so starke Persönlichkeit.»

«Sie haben wohl recht, Genosse Bergner, das ist er.»

Der Journalist nutzte den Rest des Tages, sich das Lager zeigen zu lassen und mit den Fedayin zu unterhalten. Gegen Abend brachte ihn der Jeep zurück. Die Fedayin setzten ihn spätnachts wieder am Stadtrand von Beirut ab, nachdem sie ihn gebeten hatten, nichts von ihrem Stützpunkt zu verraten.

Im Februar des Jahres 1969, auf dem 5. Palästinensischen Nationalkongreß in Kairo, übernahmen die verschiedenen Fedayin-Organisationen, die inzwischen über die absolute Mehrheit der Sitze verfügten, die volle Kontrolle über die PLO. Die Al-Fatah festigte ihre Postition und spielte mit elf Mitgliedern in der Führung die entscheidende Rolle. Das neugewählte Exekutivkomitee ernannte Yasser Arafat zu seinem Vorsitzenden.

Bergners Zeitung brachte bald nach dem PLO-Kongreß ein Interview mit dem neuen Vorsitzenden und ein umfangreiches, mit exakten Daten belegtes Porträt von Yasser Arafat, den seine Gefährten Abu Amar nennen.

Die Kommandos organisieren sich

Das Desaster der arabischen Armeen im Junikrieg 1967, das Gefecht bei Karameh und die sich immer deutlicher abzeichnende Unterdrückung und Diskriminierung der arabischen Palästinenser in den besetzten Gebieten durch den israelischen Militär- und Machtapparat veränderten die Kampfbedingungen des palästinensischen Befreiungskampfes grundlegend.

Nach der Ablösung Ahmad Schukeiris als Vorsitzender der PLO vollzog sich unter den bewaffneten Widerstandsgruppen ein Trend zum Zusammenschluß, der im Januar 1968 erste Früchte trug. Bei einem Treffen einigten sich acht Widerstandsorganisationen auf eine Nationalcharta der aktiven und revolutionären Widerstandsbewegung, die den Palästinensischen Nationalvertrag von 1964 als programmatische Grundlage ablöste und im Juli 1968 auf dem 4. Palästinensischen Nationalkongreß angenommen wurde.

Im Unterschied zum Nationalvertrag betonte die Palästinensische Nationalcharta als Ziel der Befreiung Palästinas die Errichtung eines «demokratischen Staates» und einer «progressiven Gesellschaft». Diese Forderung wurde zu einem der grundsätzlichen Orientierungspunkte des palästinensischen Widerstandes.

Unlösbar damit verbunden war die Feststellung, daß dieses Ziel – ein demokratischer Staat – nur auf dem Wege des «bewaffneten Kampfes» erreicht werden könne. Paragraph 9 der Palästinensischen Nationalcharta besagte dazu: «Der bewaffnete Kampf ist der einzige Weg zur Befreiung Palästinas; er ist daher Strategie und keine Taktik. Das palästinensische Volk bestätigt seine endgültige und unwiderruflich feste Entschlossenheit, den bewaffneten Kampf fortzusetzen und der bewaffneten Volksrevolution zur Befreiung Palästinas, seiner Heimat, entgegenzuschreiten.»

An dieser grundsätzlichen Orientierung von 1968 wird der palästinensische Widerstand über Jahre hin unbeirrbar festhalten. Doch für die weitere Entwicklung und Organisierung der Widerstandsbewegung war vor allem der Paragraph 10 richtungweisend. Er lautete: «Die Aktionen der Fedayin bilden den Kern des Volksbefreiungskrieges. Diese Tatsache verpflichtet sie, sich zu erheben, sich auszudehnen, sich zu schützen und die palästinensischen Volksmassen ... zu organisieren und sie an der bewaffneten palästinensischen Revolution zu beteiligen.»

Einen deutlichen Ausdruck fand diese Forderung bereits auf der 5. Tagung des Palästinensischen Nationalkongresses im Februar 1969. Dort erlangte die Al-Fatah innerhalb der PLO die dominierende Stellung. Sie und ihre Anhänger bildeten von nun an die stärkste Gruppierung im Nationalrat sowie in dem vom Nationalkongreß zu wählenden Zentralrat. Gemeinsam mit anderen eigenständigen bewaffneten Widerstandsorganisationen, die sich in der Zwischenzeit formiert hatten, schickten sich die bewußtesten Palästinenser an, die PLO aus einer Organisation von «Salonrevolutionären», die sie unter Ahmad Schukeiri gewesen war, in eine Organisation von Kämpfern, von Fedayin zu verwandeln. Sie überwanden die Lähmung nach dem Junikrieg, und in den folgenden Jahren entwickelte sich die PLO zu einem aktiven Kampfinstrument des palästinensischen Volkes. Erst nach 1968 erhielt sie jene Struktur und Organisationsform, die sie auch heute noch hat.

Die Palästinensische Befreiungsorganisation (PLO), gegründet auf dem 1. Palästinensischen Nationalkongreß (28. 5. bis 2.6.1964), ist die Dachorganisation der palästinensischen Widerstandsbewegung, in der die wichtigsten Widerstandsorganisationen vereinigt sind, wobei jede einzelne weitgehend ihre politische Selbständigkeit bewahrt. Die PLO ist von der Arabischen Liga anerkannt und offiziell bei ihr vertreten und wird von der Mehrzahl der arabischen und von anderen Staaten als einzige und rechtmäßige Vertreterin des palästinensischen Volkes angesehen.

Seit ihrer Gründung hat die PLO einen bedeutenden politischen Entwicklungsprozeß hinter sich gebracht. Man muß sich vor Augen führen, daß sich am Anfang eine Vielzahl von Kräften unterschiedlichsten Herkommens, unterschiedlichster politischer Bildung und unterschiedlichster ideologischer Bindung zusammenfand. Im Prozeß des Kampfes, unter dem Eindruck eigener positiver wie negativer Erfahrungen, haben auch die strategischen und taktischen Leitlinien der PLO einen Wandlungsprozeß erfahren.

Vom Gründungstag der PLO an stand die Verwirklichung der legitimen Rechte des arabischen Volkes von Palästina als Ziel außer Frage. Die vom 4. Nationalkongreß im Juli 1968 angenommene Nationalcharta stellte als Aufgaben die Befreiung ganz Palästinas, insbesondere durch den bewaffneten Kampf, die Errichtung eines demokratischen Palästinastaates mit gleichen Rechten für Moslems, Juden und Christen sowie die Zurückweisung einer politischen Lösung des Nahostkonfliktes. Bereits damals wurde die Resolution 242 des UNO-Sicherheitsrates vom November 1967 abgelehnt. Diese Resolution, die unter anderem

Israel zur bedingunslosen Räumung aller im Junikrieg okkupierten Gebiete auffordert, enthielt keinen Hinweis auf die Rechte des palästinensischen Volkes und erwähnte die Palästinenser nur als «Flüchtlinge», deren Heimkehr zugelassen werden sollte. Für die PLO war diese Resolution unzureichend.

Unter dem Einfluß realistischer Kräfte in der PLO und auch durch intensivere Beziehungen zur Sowjetunion und zur sozialistischen Staatengemeinschaft bewegt sich die PLO seit 1968 auf Positionen zu, die von konsequenterer progressiver und antiimperialistischer Einstellung und größerem Realismus geprägt sind.

Das höchste Organ der PLO ist der Palästinensische Nationalrat (PNC). Jeder Nationalkongreß wählt ein Komitee, das nach eingehenden Konsultationen mit allen Organisationen einen Schlüssel vereinbart, nach dem sie und alle anderen palästinensischen Vereinigungen Vertreter in den nächsten Nationalrat entsenden. Außerdem gehören dem PNC unabhängige Persönlichkeiten an. Angesichts der besonderen Lage des palästinensischen Volkes, das über viele Länder verstreut lebt, können keine allgemeinen Wahlen abgehalten werden. Der PNC kann mit einem Parlament verglichen werden; er beschließt über Grundsatzfragen.

Seit 1973 wählt der Nationalrat einen 41köpfigen Zentralrat aus den Mitgliedern des Exekutivkomitees und Vertretern der Widerstandsgruppen. Der Zentralrat hat die Aufgabe, darüber zu wachen, daß die Beschlüsse des Nationalrats verwirklicht werden.

Als ausführendes Organ wählt der PNC das Exekutivkomitee der PLO. Der Vorsitzende des Exekutivkomitees ist gleichzeitig Oberbefehlshaber der Streitkräfte der palästinensischen Revolution. Das Exekutivkomitee ist also einer Regierung vergleichbar, dessen Mitglieder gewissermaßen Minister sind. Dem Exekutivkomitee unterstehen die einzelnen Abteilungen der PLO:
das Politische Departement, das für die auswärtigen Beziehungen der PLO zuständig ist und dem die Auslandsbüros und -vertretungen der PLO unterstehen,
das Militärdepartement,
das Departement für die besetzten Gebiete,

das Departement für Massenorganisationen,
die Informationsabteilung,
die Abteilung für Erziehung und Kultur,
die Verwaltungsabteilung.

Dem Exekutivkomitee nachgeordnet sind außerdem der Palästinensische Nationalfonds, der alle Einkünfte aus Zuwendungen palästinensischer Bürger und arabischer Staaten verwaltet und die Arbeit der PLO finanziert, ein Vereinigter Informationsrat, das Palästinensische Forschungszentrum und das Palästinensische Planungszentrum. Diese beiden letzteren Institutionen liefern Material für die politischen Entscheidungen und für die Informationsarbeit.

Im Palästinensischen Nationalrat sind auch die Massenorganisationen vertreten. Es sind dies:

Der Palästinensische Gewerkschaftsbund (General Union of the Palestinian Workers – GUPW). Diese 1965 gegründete Organisation versteht sich bewußt als Nachfolgerin des 1923 gegründeten Eisenbahnerverbandes und der 1946 ins Leben gerufenen palästinensischen Gewerkschaftsverbände. Der GUPW ist Mitglied der Arabischen Arbeitsorganisation und gehört seit 1969 dem Weltgewerkschaftsbund an.

Der Palästinensische Lehrerverband (General Union of the Palestinian Teachers – GUPT) hat eine besondere Bedeutung, da es in den okkupierten Gebieten und in zahlreichen arabischen Staaten insgesamt 65000 palästinensische Lehrer gibt. GUPT wurde im November 1975 gegründet.

Der Palästinensische Studentenverband (General Union of the Palestinian Students – GUPS) ist eine der ältesten palästinensischen Organisationen und spielte angesichts der Tatsache, daß für eine überaus große Anzahl junger Palästinenser ein Studium überhaupt die einzige Möglichkeit war, der bedrückenden Untätigkeit der Flüchtlingslager zu entkommen, immer eine bedeutende Rolle. Der GUPS ist 1959 aus dem Zusammenschluß der nach 1948 ins Leben gerufenen palästinensischen Studenten-Ligen hervorgegangen. Aus seinen Reihen kommt eine große Zahl der heutigen Führer des Widerstandes.

Der Palästinensische Frauenverband (General Union of the Palestinian Women – GUPW) wurde 1965 gegründet und spielt

Das politische Selbstbewußtsein der Palästinenserinnen ist unter dem Einfluß der PLO erstarkt

eine bedeutende Rolle bei der Mobilisierung der palästinensischen Frauen für die Widerstandsbewegung. Der Frauenverband hat eine Vielzahl von Aktivitäten im sozialen und erzieherischen Bereich entwickelt, vor allem in den Flüchtlingslagern.

Weitere im Nationalrat vertretene Organisationen sind der Palästinensische Bauernverband, der Allgemeine Verband Palästinensischer Schriftsteller, die Vereinigung Palästinensischer Journalisten und der Palästinensische Künstlerverband.

All diese Organisationen haben sich sowohl die wirtschaftliche und soziale Interessenvertretung ihrer Mitglieder wie auch deren Mobilisierung für den Widerstandskampf zur Aufgabe gemacht.

Nicht im Nationalrat vertreten sind, entsprechend seinem Statut als nichtpolitische Organisation, der Palästinensische Rote Halbmond. Angesichts der unzulänglichen medizinischen Betreuung in den Lagern wurde der Palästinensische Rote Halbmond im Dezember 1968 von einigen jungen palästinensischen Ärzten gegründet. Er war die erste palästinensische Institution, die außerhalb der arabischen Welt anerkannt wurde. Am 13. September 1969 wurde ihm vom Internationalen Roten Kreuz ein Beobachterstatus eingeräumt.

Der Palästinensische Rote Halbmond hat in den zurückliegenden Jahren eine Vielzahl medizinischer Einrichtungen geschaffen, darunter dreißig Krankenhäuser und Hunderte Polikliniken. Er unterhält eine Schule für Pflegepersonal, aber auch Handwerksbetriebe für eigene Bedürfnisse und für die Erwirtschaftung zusätzlicher Mittel zum Unterhalt der medizinischen Einrichtungen. Auf Initiative des Palästinensischen Roten Halbmondes wurden in den Flüchtlingslagern Hygiene- und Impfkampagnen durchgeführt und die Trinkwasserversorgung verbessert.

Unter den sozialen Aktivitäten der palästinensischen Widerstandsbewegung nimmt die Palästinensische Arbeitsgesellschaft der Söhne der Märtyrer (SAMED) einen wichtigen Platz ein. Es ist eine Vereinigung von Produktionsgenossenschaften, die sich nach und nach zum Grundstock für eine eigene palästinensische Industrie zu entwickeln begannen.

An der Wiege der 1969 gebildeten SAMED stand die Notwendigkeit, den Kindern der Märtyrer, also der gefallenen Fedayin, eine Möglichkeit zur beruflichen Ausbildung und zu geregelter Arbeit zu geben. Mittlerweile sind es bei weitem nicht mehr nur Märtyrerkinder, die in SAMED-Einrichtungen Arbeit finden, denn für die PLO ist die Gründung der SAMED nicht allein eine soziale oder politische Maßnahme, sondern sie hat auch eine psychologische Bedeutung. Die Mehrzahl der palästinensischen Flüchtlinge hatte ihre Angehörigen verloren, war entwurzelt und in eine andere Umgebung verpflanzt worden. Die PLO gab dem Leben dieser Menschen wieder einen Sinn, zeigte ihnen, daß sie gebraucht werden und in eine neue Gemeinschaft aufgenommen sind.

Besonders wichtig war es dabei, Arbeitsplätze für Frauen zu schaffen, die, meist alleinstehend, vielköpfige Familien versorgen müssen, weil ihre Männer gefallen sind oder als Fedayin kämpfen.

Begonnen hat die SAMED 1969 mit einer bescheidenen Schneiderwerkstatt. Mittlerweile ist der Wirtschaftssektor der PLO ständig gewachsen. Das Produktionsprogramm von SAMED umfaßt Textilien (insbesondere Kleidung), Möbel sowie Erzeugnisse der palästinensischen Volkskunst (Metallarbeiten, Stickereien, Schnitzarbeiten, Keramik). 1981 zählte die Organisation im Libanon 37 Betriebe mit über 800 Arbeitern. Unter den SAMED-Betrieben waren so wichtige wie:
eine Plastwarenfabrik in Naameh bei Damour,
eine Schuhfabrik in Naameh,
eine Textil- und Trikotagenfabrik,
eine Abteilung zur Herstellung von Dokumentar- und Spielfilmen und
eine Reihe leistungsfähiger landwirtschaftlicher Betriebe.
Ein besonderes Ausbildungszentrum für Volkskunstarbeiten sorgt zugleich dafür, daß die palästinensische Kulturtradition im Exil nicht verlorengeht.

Das Wichtigste ist vielleicht der soziale Aspekt der SAMED. Aufgabe der Betriebe ist es nicht nur, die Menschen in den Flüchtlingslagern mit preiswerten Waren des täglichen Bedarfs zu versorgen – SAMED bietet ihren Arbeitern auch beachtliche soziale Sicherheiten, wie sie in kapitalistischen Betrieben dieser Art keineswegs üblich sind, vom Lohnausgleich bei Krankheit über den Jahresurlaub bis zum Zuschuß für studierende Kinder. Von den Arbeitern gewählte Revolutionskomitees haben ein umfangreiches Mitspracherecht in allen ökonomischen und sozialen Fragen.

All das kann sich eines Tages von weittragender Bedeutung für die industrielle Entwicklung und die Formierung der Arbeiterklasse in dem künftigen palästinensischen Staat erweisen. SAMED ist gleichsam ein Modell dafür.

Für die soziale Tätigkeit der palästinensischen Widerstandsbewegung ist auch die «Institution für soziale Angelegenheiten und Wohlfahrt für die Familien der Gefangenen und Märtyrer» von großer Bedeutung. Sie betreut die Familienangehörigen gefallener Kämpfer und der in Israel eingekerkerten Patrioten. Diese 1966 gegründete Einrichtung unterhält Waisenhäuser, aber auch Kindergärten in den Flüchtlingslagern.

In den Jahren zwischen 1965 und 1968 schuf Al-Fatah eine eigene Organisation für Kinder und Jugendliche, die Gesellschaft der Ashbal und Zahrat (Ashbal heißt Junge Löwen; Zahrat bedeutet Blumen). Es ging darum, vornehmlich in den Flüchtlingslagern den Kindern einen Halt zu geben, sie vor sozialen Defekten zu bewahren und sie zu Kämpfern für die Widerstandsbewegung zu erziehen. Sie sollten beim Lernen unterstützt werden, man wollte sie zu einer sinnvollen Freizeitgestaltung anhalten, sie körperlich ertüchtigen – angesichts der schlechten Lebensbedingungen in den Lagern ist dies von erstrangiger Wichtigkeit – und sie nicht zuletzt vormilitärisch ausbilden. Ashbal und Zahrat faßt die Kinder und Jugendlichen entsprechend ihrem Alter in Gruppen zusammen; eine die 7- bis 13jährigen, die anderen die 14- bis 18jährigen. Das Erziehungsprogramm enthält politischen Unterricht, vor allem über die Geschichte und Geografie Palästinas und die Geschichte und Aufgaben der Widerstandsbewegung, aber auch praktische Unterweisung in handwerklichen Tätigkeiten und künstlerische Betätigung. Dazu kommen vormilitärische Übungen.

Beträchtlich ausgebaut wurde das Informationssystem der PLO. Neben den Zeitungen der einzelnen Widerstandsgruppen erscheint wöchentlich die Zeitung «Falistin as-Thaura» als Organ der PLO. Monatlich wird die theoretische Zeitschrift «Shu'un Falistiniya» (Palästinensische Angelegenheiten) herausgegeben. Die palästinensische Nachrichtenagentur WAFA informiert in täglichen Bulletins. Die einzelnen Widerstandsgruppen, die Informationsabteilungen der PLO und das Palästinensische Forschungszentrum geben eine Vielzahl von Broschüren und Büchern in mehreren Sprachen heraus. Für die Information im Ausland ist das vierzehntäglich erscheinende Bulletin «Palestine» gedacht.

Eine weitere unmittelbare Konsequenz nach der israelischen Aggression und dem Sieg bei Karameh bestand in der Bildung weiterer bewaffneter Widerstandsgruppen, die nun neben der

Al-Fatah Guerillakämpfe im Gazastreifen, im Jordangebiet und an der syrisch-libanesischen Front aufnahmen.

1969 wurde deshalb nicht nur die Grundstruktur, sondern auch die Zusammensetzung der PLO, so wie sie nahezu bis heute besteht, festgelegt.

Die größte Widerstandsgruppe der PLO ist die Al-Fatah. Sie stellt die führende Kommandoorganisation dar. Von den 105 Mitgliedern, die das Exekutivkomitee 1969 zählte, stellte die Al-Fatah außer dem Vorsitzenden Yasser Arafat 33 weitere Mitglieder.

Andere wichtige Organisationen entstanden neben der Al-Fatah. Im Dezember 1967 formierte sich der von Dr. George Habasch geführte Zweig der «Arabischen Nationalistischen Bewegung» (ANM, gegründet 1948) mit den «Helden der Rückkehr» (gegründet 1966) und der «Palästinensischen Befreiungsfront» (gegründet 1959) zur «Volksfront für die Befreiung Palästinas» (PFLP), an deren Spitze Dr. Habasch steht. Aus ihr ging nach einer Spaltung im Februar 1969 die «Demokratische Front zur Befreiung Palästinas» (DFLP) unter der Führung von Naif Hawatmeh hervor.

Im August 1967 konstituierte sich mit der syrischen, der Baath-Partei angeschlossenen «Avantgarde des Volksbefreiungskrieges ‹As-Saika›» eine weitere wichtige Organisation des Widerstandes. Sie zählt nach Schätzungen aus dem Jahre 1978 zwischen 5000 bis 10000 Fedayin, gefolgt von den 1000 bis 3000 Mann starken Guerillaeinheiten der Organisationen PFLP und der DFLP.

Weitere Gruppierungen, deren Stärke unter denen der anderen liegt, bildeten das von Ahmed Jibril geleitete «Volksfront-Generalkommando» (PFLP – General Command; gegründet 1968 durch Abspaltung aus der PFLP) und die unter dem Einfluß der irakischen Baath-Partei stehende «Arabische Befreiungsfront» (ALF).

Je nach den Umständen ihrer Entstehung, der sozialen Zusammensetzung ihrer Mitglieder und der ideologischen Ausrichtung ihrer Führung haben diese Widerstandsorganisationen ein unterschiedliches Profil – doch allen gemeinsam ist der Wille zur Befreiung ihres Heimatlandes Palästina. Als einflußreichste

Widerstandsorganisationen haben sich mittlerweile die Al-Fatah und die Volksfront für die Befreiung Palästinas herauskristallisiert.

Die Al-Fatah entstand früher als die PLO, jedoch nicht durch Beschluß irgendeines arabischen Staates, sondern auf Initiative der Palästinenser selbst, sozusagen «von unten». Die erste geheime Zelle, die diesen Namen trug, wurde 1958 von jungen palästinensischen Intellektuellen in Kuweit als Reaktion auf die indifferente Haltung der arabischen Staaten zur Befreiung Palästinas gegründet. Aus Sicherheitsgründen gab sie jedoch anfangs ihre Existenz nicht zu erkennen.

Den Charakter einer Geheimorganisation hat die Fatah im wesentlichen bis heute beibehalten. Sie arbeitet nach den Regeln strenger Konspiration, so daß über Aufbau, Mitglieder und Führerschaft, außer einigen namentlich bekannten Persönlichkeiten, die auch in der PLO einflußreiche Positionen einnehmen, nur sehr wenig an die Öffentlichkeit dringt.

Die Al-Fatah besteht aus politischen Kräften aller Schattierungen, von Nasseristen über Baathisten und Marxisten, von Kleinbürgern über Arbeiter und Intellektuelle bis zu Angehörigen der palästinensischen Bourgeoisie. Sie untersteht einer kollektiven Führung; Yasser Arafat wird nur als ihr Sprecher bezeichnet. Oberste Leitungsebene der Organisation ist das Zentralkomitee; die nächste Ebene ist der Zentralrat; danach folgen die Regionalkomitees.

Im Regionalkomitee arbeiten drei Büros, das Politische, das Informations- und das Militärbüro. Dem Regionalkomitee unterstehen außerdem drei Arten von Komitees: das Flüchtlings-, das Universitäts- und das Arbeiterkomitee. Diesen wiederum sind die kleinsten Einheiten der Al-Fatah, die Zellen, unterstellt, die in den Flüchtlingslagern, an den Universitäten und in den Betrieben arbeiten.

Die Organisation gibt sich politisch ungebunden und betont, daß sie «keinerlei Ideologie» habe und rein palästinensisch sei. Sie erstrebt «die völlige Befreiung Palästinas, um dem Konzept eines jüdischen zionistischen, eines rassistischen und expansionistischen Staates ein Ende zu bereiten». An seiner Stelle soll «ein demokratischer palästinensischer Staat, in dem alle leben können», entstehen. «Wir werden», so erklärte Yasser Arafat in verschiedenen Interviews der Jahre 1965 bis 1969, «niemanden vertreiben, der gewillt ist, unter dem Banner dieses Staates als loyaler Palästinenser zu leben. Es ist gleich, ob er Christ, Moslem oder Jude ist.»

Da der Kampf der Palästinenser möglicherweise noch Dutzende von Jahren dauern wird, werden keine Aussagen über die soziale Ordnung gemacht. Es wird «der Generation, die Palästina schließlich befreit, überlassen, über die Struktur des Staates zu entscheiden». Die Befreiung werde «durch bewaffneten Kampf, der, wie wir glauben, das einzige Mittel zur Erreichung unseres Zieles ist», verwirklicht. «Wir wenden die Prinzipien eines revolutionären Krieges an», in dem reguläre Armeen erst «den letzten Kampf entscheiden». Die palästinensische Revolution sei «Teil der arabischen Revolution, die auf Unabhängigkeit, Beseitigung ausländischer Vorherrschaft und aktive Teilnahme an der Wiederbelebung der arabischen Welt abzielt».

Dieses Programm der Al-Fatah entspricht, auch mit seiner gewissen Überbetonung arabischer Interessen, dem allgemeinen ideologischen Entwicklungsstand in der arabischen Welt. Die spätere Entwicklung der Al-Fatah bestätigte ihre Einstufung als progressive, nationale arabische Organisation, die es immer besser versteht, den objektiven Gesetzmäßigkeiten der internationalen Entwicklung Rechnung zu tragen. Das äußert sich nicht zuletzt in den immer engeren Beziehungen zu den Staaten der sozialistischen Gemeinschaft, in der sie ihre echten Verbündeten erkennt.

Bei der Beurteilung dieses Programms ist zu berücksichtigen, daß es Anziehungskraft für breiteste, klassenmäßig sehr unterschiedliche Schichten des palästinensischen Volkes haben sollte und auch so beschaffen sein mußte, daß andere arabische Regierungen die Al-Fatah unterstützen können.

Die Al-Fatah kann als die mit Abstand militärisch aktivste Organisation betrachtet werden. Auf Grund dessen gelang es ihr, im Gebiet westlich des Jordan einen gewissen politischen Einfluß zu erlangen. Die militärischen Aktionen hatten jedoch auch eine andere Seite. Obwohl der durch die Kommandos angerichtete materielle Schaden relativ gering blieb, zeigten diese Aktionen verhängnisvolle Auswirkungen. Die Meldungen darüber wurden von den imperialistischen Massenmedien aufgebauscht und als Beweis für die Gefährdung Israels durch die Araber hingestellt. Die herrschenden Kreise Israels nahmen die Überfälle zum Anlaß, ihr Land als bedauernswertes Opfer arabischer Aggressivität zu präsentieren und unter dem Vorwand der Selbstverteidigung aggressive Akte gegen die arabischen Staaten zu begehen.

Der Erfolg der Fedayin in Karameh geht zum großen Teil auf das Konto der Al-Fatah. Ihre Popularität stieg daraufhin sprunghaft an; die Kämpfer wurden von nun an in eine Reihe mit den Soldaten der arabischen Armeen gestellt. Die Al-Fatah entwikkelte sich zur stärksten palästinensischen Organisation. Sie erhielt materielle Unterstützung aus Ägypten, Algerien, Irak, Syrien und nach dem 1. September 1969 auch aus Libyen, Kuweit und Saudi-Arabien.

Mit der Besetzung aller wichtigen Funktionen in der PLO konnte sie im Februar 1969 auf dem 5. Palästinensischen Nationalkongreß praktisch die Führung dieser Organisation übernehmen, so daß sie in den Besitz der finanziellen Ressourcen der PLO und auch ihres Verwaltungsapparates gelangte. In einer Erklärung vom 6. Februar 1969 betonte das ZK der Al-Fatah jedoch, daß ihr Beitritt zur PLO nichts an der Unabhängigkeit der Al-Fatah, ihrem Charakter als Geheimorganisation und an der Beibehaltung ihrer eigenen militärischen Kräfte, der Al-Asifa, ändern werde.

Wie bereits vor der israelischen Aggression, so sah die Fatah auch danach im militärischen Kampf das einzige Mittel zur Erreichung ihres Zieles. Sie erklärte aber gleichzeitig, sie sei «in keiner Weise gegen die Haltung einiger arabischer Staaten, die auf die Verwirklichung einer friedlichen Lösung hoffen», lehne eine derartige Position für sich selbst aber ab, da diese «das Recht Israels auf Existenz bedeuten» würde. Ihre zentrale Losung lautete: «Unsere Politik entspringt unseren Gewehren.»

Doch nach den besonders von der Sowjetunion unternommenen Bemühungen um eine politische Lösung des Nahostkonfliktes auf Grundlage der entsprechenden UNO-Resolutionen, der zunehmenden Bereitschaft der unmittelbar von der Aggression betroffenen arabischen Staaten, an diesen Bemühungen teilzunehmen, sowie abenteuerlicher, terroristischer Aktionen, die dem palästinensischen Volk mehr schadeten als nutzten, lief die palästinensische Widerstandsbewegung und damit die Al-Fatah Gefahr, von ihren wichtigsten Verbündeten – der sozialistischen Staatengemeinschaft, der progressiven Regierung Ägyptens unter Gamal Abdel Nasser und den antiimperialistischen demokratischen Kräften in aller Welt – isoliert zu werden, wenn sie sich weiterhin ausschließlich auf bewaffnete Aktionen orientierte. Diese Erkenntnis führte zu einem Umdenken in der Organisation. Realistische Kräfte, geschart um Arafat, gewannen an Einfluß. So wurde etwa ab Ende 1970 auch dem politischen Kampf in der Fatah eine Funktion zugebilligt, ohne daß jedoch eine Abkehr vom strategischen Ziel – der Befreiung ganz Palästinas – erfolgt wäre und die Organisation insgesamt ein klares Programm hätte formulieren können. Propaganda und Information zur Selbstdarstellung außerhalb der arabischen Staaten, zuvor vernachlässigt, da sich die Fatah «hauptsächlich als Aktionsorganisation» betrachtete, wurden verstärkt. Die Fatah-Vertreter, die in einigen westeuropäischen Ländern tätig waren und dort zum Teil Büros eröffnet hatten, wurden aktiviert.

Nach dem Ausfall Jordaniens als Ausgangspunkt für militärische Operationen gegen den Aggressor sind politische Aktionen sogar die wichtigste und wirkungsvollste Kampfform der Al-Fatah geworden. Sie vertritt dabei einen klassenindifferenten Nationalismus, ihr Kurs ist aber objektiv antiimperialistisch. Dem militärischen Kampf wird jedoch nach wie vor die bestimmende Bedeutung beigemessen. Wie in den Jahren bis 1970 – ihr Programm ist ja noch immer in Kraft – hält die Organisation auch gegenwärtig am Prinzip der Nichteinmischung in die inneren Angelegenheiten der arabischen Staaten fest.

Als selbständige Organisation tritt die Al-Fatah nach außen hin allerdings seit 1970 immer seltener in Erscheinung. Sie wirkt vielmehr als einflußreichster Bestandteil der PLO und ist bemüht, deren Rolle als Rahmen der palästinensischen Widerstandsbewegung zu festigen.

As-Saika

Eine weitere Widerstandsorganisation ist – wie erwähnt – in Syrien unter dem Namen As-Saika (Blitzstrahl) gegründet worden. Sie steht der Baath-Partei nahe. Die syrisch gelenkte Kommandoorganisation wurde zwar offiziell erst nach dem israelischen Überfall von 1967 ins Leben gerufen, jedoch dürften ihre Anfänge bereits auf den IX. Kongreß der Arabischen Sozialistischen Baath-Partei (ASBP) Syriens im Jahre 1966 zurückreichen.

Nach syrischer Darstellung galt As-Saika zunächst nur als Hilfstruppe der Fatah, die sich später selbständig machte. Jedoch scheint die Annahme richtiger, daß As-Saika die Fatah mit Anhängern der Baath-Partei unter Kontrolle bringen sollte. Das schlug aber fehl. Die Folge waren die Trennung beider Gruppen, eine langjährige Fehde und ständig bestehende Versuche, den Einfluß der anderen Organisation zurückzudrängen beziehungsweise sie zu spalten.

Die Fedayin der As-Saika sind als Hilfstruppe vollständig in die syrische Armee eingegliedert. Diese liefert ihnen Waffen, Lebensmittel, Uniformen und stellt Transportmittel zur Verfügung. Bei Wahrung einer gewissen Selbständigkeit stimmt die As-Saika ihre politische Orientierung und ihre militärischen Aktionen mit der Baath-Partei ab, die auch ihre leitenden Kader stellt.

Ein As-Saika-Führer definierte diese Kommandoorganisation einmal wie folgt: «Wir sind fast genauso organisiert wie eine reguläre Armee. Nur: Wir sind politisch festgelegt. Die Offiziere sind Mitglieder der Baath-Partei.»

Das Programm der Baath-Partei und ihr Motto «Einheit – Freiheit – Sozialismus» ist auch für die Mitglieder der As-Saika bindend, die sich und ihren Kampf wie die Baath-Parteigänger als Vorkämpfer für die arabische Einheit betrachten.

Im Oberkommando der PLO ist die As-Saika, deren Stärke auf über 5000 Mann geschätzt wird, mit Sitz und Stimme vertreten.

Generalsekretär der As-Saika war bis zu seiner Ermordung

Zuheir Muhsin, zugleich Mitglied der Nationalleitung der syrischen Baath-Partei.

Muhsin zählte zweifellos zu den markantesten Persönlichkeiten des palästinensischen Widerstandes. Seine Entwicklung ist zugleich sichtbarer Ausdruck für die im Laufe der Jahre immer massiver werdenden Versuche der syrischen Führung, innerhalb der PLO entscheidende Positionen zu erlangen.

Zuheir Muhsin, 1936 in Tulkarm auf der Westbank geboren, wurde 1953 Mitglied der Arabischen Sozialistischen Baath-Partei. Als Flüchtling ging er 1948 mit seiner Familie nach Jordanien, wurde dort aber bereits 1957, gerade 21jährig, als einer der führenden Aktivisten der verbotenen Baath-Partei ausgewiesen. Das gleiche Los ereilte ihn in Katar, wo er als Mathematiklehrer arbeitete. Er mußte das Land verlassen und fand in Kuweit erneut eine Anstellung als Lehrer. Auf dem Weg über die syrische Baath-Partei schloß er sich 1968 der As-Saika an und stieg rasch in führende Positionen auf. An der Arabischen Universität in Beirut studierte er politische und ökonomische Wissenschaften.

Im Juli 1968 wurde er als Vertreter der As-Saika zum Vizepräsidenten des Palästinensischen Nationalrates gewählt und bald auch Mitglied des Exekutivkomitees und Leiter der Politischen Abteilung der PLO.

Nach Übernahme der Macht in Syrien durch Hafez al-Assad 1970 wurde seine Rolle entscheidend. Er leitete nunmehr anstelle der Politischen die Militärische Abteilung. Von jetzt an gab es keine Entscheidung der PLO-Führung, bei der Zuheir Muhsin nicht ein Wort mitzureden gehabt hätte.

Mitte der siebziger Jahre wurde er vom israelischen Geheimdienst in einem Appartement an der französischen Riviera ermordet. Seine Nachfolger in der PLO vermochten ihn nicht zu ersetzen.

Die As-Saika ist ein typisches Beispiel für das nach der israelischen Aggression von 1967 immer stärker ausgeprägte Bestreben der am Nahostkonflikt direkt beteiligten arabischen Staaten, durch Gründung eigener Widerstandsorganisationen die palästinensische Widerstandsbewegung stärker beeinflussen und zur Verwirklichung eigener Ziele ausnutzen zu können. Nirgends wurde dieses Problem deutlicher sichtbar als im Verhältnis der PLO zur As-Saika, die in allen Auseinandersetzungen des palästinensischen Widerstandes mit syrischen Interessen eine entscheidene Rolle spielte.

Nicht zufällig war es eine pro-syrische Fraktion, die 1983 die offene Spaltung der PLO herbeiführte.

Dr. Habasch und die Volksfront

Ende 1968, bald nach seinem Interview mit Abu Amar, begegnete Ralf Bergner, der ständig bemüht war, seine Kontakte zu den führenden Männern der PLO weiter auszubauen, einem Mann, dessen fast legendären, von Gerüchten und Geheimnissen umwitterten Namen er zwar kannte, mit dem zusammenzutreffen er jedoch am allerwenigsten vermutet hätte, dem Generalsekretär der Volksfront für die Befreiung Palästinas (PFLP), Dr. George Habasch.

Bis dahin hatte Bergner noch keinerlei Kontakte mit dieser Organisation, geschweige denn zu irgend jemandem ihrer Führung gehabt, auch wußte er herzlich wenig über die PFLP. Die Leute der Al-Fatah hatten ebenfalls stets so getan, als gäbe es die Volksfront des Doktors gar nicht, und wenn sie schon nicht umhin konnten, sie zu erwähnen, stellten sie sie Ralf Bergner gegenüber als ziemlich unbedeutend dar.

Tatsächlich galt die PFLP nach der Al-Fatah als die zweitstärkste Widerstandsorganisation in der PLO. Zahlenmäßig zwar schwächer als die As-Saika, war ihr Einfluß unter den Palästinensern, vor allem in den Lagern in Jordanien und im Libanon, wesentlich größer als der der As-Saika, wenn auch nicht so groß wie der der Al-Fatah. Ihre Stärke lag nicht zuletzt darin, daß man ihr nicht nachsagen konnte, lediglich ein verlängerter Arm eines arabischen Staates oder einer Partei zu sein, wie man das von der As-Saika mit Fug und Recht behaupten konnte.

Es war George Habasch, der Doktor, der zur Personifizierung der Volksfront wurde, wie Yasser Arafat es bei der Al-Fatah geworden war. Und wenn jemand in der Führung der PLO das

Recht beanspruchen durfte, sich als «überzeugter arabischer Nationalist» und nicht nur als nationalbewußter Palästinenser zu bezeichnen, dann George Habasch. Verdankte doch ihm die Arabische Nationalistische Bewegung (ANM), eine der dynamischsten Organisationen im Kampf um die arabische Identität, ihre Entstehung.

1926 in Lydda, dem heutigen Tel Aviv, als Sohn eines griechisch-orthodoxen Getreidehändlers geboren, besuchte George Habasch die Schule in Jerusalem und wurde dort Zeuge der Terroraktionen der jüdischen Stern-Bande und der Irgun Zwai Leumi.

Er studierte an der Amerikanischen Universität in Beirut Medizin und begann in diesen Jahren mit anderen jungen Intellektuellen die Arabische Nationalistische Bewegung zu organisieren. Diese kleinbürgerlich-nationalistische Organisation setzte sich das Ziel, die nationale Unterdrückung und Ausbeutung in den arabischen Ländern zu beseitigen und die Einheit der arabischen Welt herzustellen. Kristallisationspunkt der ANM war die Palästinaproblematik. Zunächst setzte die ANM auf den Panarabismus als einzige Möglichkeit, Palästina zurückzuerobern. Das fand seinen Niederschlag in dem Motto der Bewegung: «Einheit – Befreiung – Rache!» Die ANM unterstützte zunächst Gamal Abdel Nasser und akzeptierte ihn als ihr Leitbild.

Habasch selbst eröffnete nach Beendigung seines Studiums in Amman eine Klinik, in der er die Armen der Stadt kostenlos behandelte.

1957, als König Hussein Gefahr drohte, von pronasseristischen Kräften gestürzt zu werden, wurde Habasch der Komplizenschaft verdächtigt und ging deshalb nach Damaskus. Dort richtete er eine neue Klinik ein. Nach der Trennung Syriens von Ägypten 1961 warf man ihm in Syrien wiederum seine Anhängerschaft zu Nasser vor. Dr. Habasch floh nach Beirut und ging dort in den Untergrund. Immer klarer erkannte er, daß Abwarten und nur politischer Kampf keine Chance hatten, Palästina zurückzugewinnen. Ein militanter Flügel der ANM, die Helden der Rückkehr, formierte sich und begann 1966 mit Kommandounternehmen gegen Israel.

Die israelische Aggression von 1967 brachte eine entscheidende Wende für die ANM. Dr. George Habasch schrieb in dieser Zeit in seiner Zeitschrift «Al-Hadaf» (Das Ziel): «Die Armeen der arabischen Staaten haben die Palästinenser dreimal betrogen: 1936 gaben sie uns heilige Versprechungen, 1948 traten sie in den Krieg gegen Israel ein und verloren die Hälfte von Palästina – und 1967 ließen sie sich wieder auf einen Krieg ein – und verloren die andere Hälfte von Palästina.»

Von nun an verstärkten die Anhänger Dr. Habaschs, nur gestützt auf die eigene Kraft, ihre bewaffneten Angriffe auf Israel.

In ihrer strikten Ablehnung jeglicher Bevormundung durch einen der arabischen Staaten oder auch deren Parteien glich die ANM der Al-Fatah. Diese Besinnung und zugleich Beschränkung auf die alleinige Kraft des palästinensischen Volkes sicherte der Organisation eine ständig wachsende Anhängerschaft, wenngleich sie von einer anderen ideologischen Basis ausging als die Al-Fatah. Die ANM begann sich umzuformieren.

Drei kleine palästinensische Widerstandsorganisationen, Dr. Habaschs Helden der Rückkehr, die Palästinensische Befreiungsfront (Palestine Liberation Front – PLF, seit 1959 existent) und die Rächende Jugend (Revenging Youth, der palästinensische Zweig der Arabischen Nationalistenbewegung, seit 1964) sowie Unabhängige schlossen sich am 8. Dezember 1967 zur Volksfront für die Befreiung Palästinas (Popular Front for the Liberation of Palestine – PFLP) zusammen.

Habasch selbst, der ursprünglich auf der äußersten arabischen Rechten der ANM gestanden hatte, löste sich nach und nach von deren Ideologie, um immer weiter nach links zu wandern, bis zur Übernahme gewisser marxistischer Ansichten, aber auch ultralinker radikaler Auffassungen, die für die Ausprägung des Bildes der PLO im internationalen Maßstab entscheidenden Einfluß haben sollten.

Ralf Bergners Begegnung mit Dr. Habasch und sein Wissen um die PFLP verdankte er einem Zufall. Durch Vermittlung des Palästinensischen Forschungszentrums war es einer Gruppe ausländischer Journalisten ermöglicht worden, eines der Flüchtlingslager am Rande Beiruts zu besuchen, das Lager von Sabra, das damals, 1969, immer schneller anwuchs. Bergner hatte gebeten, sich der Gruppe anschließen zu dürfen, und Sami Hadawi hatte es auch diesmal sofort in die Wege geleitet.

Dr. George Habasch; unter seiner Leitung formierte sich 1967 die Volksfront zur Befreiung Palästinas (PFLP)

Sabra war ein Lager aus erbärmlichen Lehmhäuschen ohne Kanalisation, ohne Hygiene; es quoll über von Flüchtlingen; Strandgut israelischer Überfälle von 1967 und danach. Es stellte sich heraus, daß Ralf Bergner unter den zumeist westeuropäische Blätter vertretenden Reisejournalisten der einzige war, der fließend arabisch sprach. Er wurde als Übersetzer in Anspruch genommen, und als einziger konnte er mit einigen Bewohnern ein wirkliches Gespräch führen. Fragen stellen. Er hatte auch mehr als nur ein verständnisvolles Nicken und zustimmendes «Yes, yes, you are right» für die Lagerinsassen übrig.

Ihr Begleiter war ein jüngerer Mann mit borstigem schwarzem Haar und etwas hervorstehenden Augäpfeln, der gebeten hatte, ihn nur «Walid» zu nennen. Walid und Bergner arbeiteten Hand in Hand und versuchten, die Journalisten, die vor allem Sensationen suchten, mehr für das Leid und den ungebrochenen Willen der Bewohner des Lagers zu interessieren, womit sie auch einigen Erfolg hatten.

Als sie sich verabschiedeten, zog Walid Bergner etwas zur Seite. «Kommen Sie morgen noch einmal her, wenn Sie können.

Morgen wird hier Dr. Habasch sprechen, denn in diesem Lager hat unsere Volksfront starke Positionen.»

Bergner, überrascht und erfreut, sagte sofort zu.

Am anderen Tag fand er sich zur vereinbarten Zeit an dem von bewaffneten Posten bewachten Lagereingang wieder ein. Der andere, der sich diesmal mit seinem vollen Namen Walid Toufik vorstellte, erwartete ihn bereits. Walid duzte ihn dann auch sogleich. «Komm, Genosse Bergner! Wir können uns später unterhalten. Der Doktor ist früher gekommen als geplant. Sicherheitsgründe – du begreifst!» Und er zog Bergner eilends durch die schmalen Gassen des Lagers.

Bergner fand sich auf einem mit Menschen vollgestopften Platz wieder, eingezwängt, von einigen mißtrauisch gemustert. Doch die Begleitung durch Walid schien die Neugierigen zu beruhigen. Unmöglich, nach vorn durchzukommen, wo etwas erhöht vor einem Hintergrund, der durch ein rotes Tuch und durch eine Fahne Palästinas gebildet wurde, ein Mann in mittleren Jahren sprach; ruhig, eindringlich: Dr. George Habasch. Der Doktor hatte eine mittelgroße, schlanke Gestalt, eine hohe Stirn und kluge, braune Augen. Er glich mit den eleganten Bewegungen seiner Hände eher einem kultivierten Intellektuellen aus der arabischen Bourgeoisie als dem Führer der zweitstärksten Kampforganisation des palästinensischen Widerstandes.

Dr. Habasch legte, selten die Stimme hebend, seine Gedanken dar. «Das Volk von Palästina und die arabischen Massen haben stets einen historisch festgefügten Standpunkt zur Anwesenheit der Zionisten gehabt; er bestand darin, sich zu weigern, diese Anwesenheit überhaupt anzuerkennen, die Herausforderung anzunehmen und sie bis zuletzt zu bekämpfen.»

Allmählich jedoch steigerte er sich. «Die Entwicklung hat gezeigt, daß dieser historisch gerechtfertigte Standpunkt des palästinensischen Volkes und der arabischen Massen ein revolutionärer Standpunkt ist. Alle anderen Theorien, die darauf hinauslaufen, sich zu ergeben, sind angesichts dieses Standpunktes zusammengebrochen.»

Die Versammelten klatschten begeistert.

Dann erläuterte Dr. Habasch die Grundprinzipien, an denen

sich nach Meinung der Volksfront die palästinensische Revolution orientieren müsse:

«1. Unser Hauptfeind ist der amerikanische Imperialismus, und wir werden der arabischen Reaktion nicht erlauben, im amerikanischen Fahrwasser zu schwimmen.
2. Unsere aufgeklärten und organisierten bewaffneten Massen sind der grundlegende und wesentlichste Faktor für den Sieg.
3. Ein lange währender Volkskrieg ist der Weg, um die Zionisten aus unserem Heimatland zu vertreiben.
4. Unter keinen Umständen dürfen wir den lange währenden Volkskrieg gegen den Zionismus und den Imperialismus zu früh beenden. (Und hier zitierte Dr. Habasch einen arabischen Politiker, der kürzlich gesagt hatte: ‹Je näher die israelische Armee bei Kairo oder Damaskus steht, um so näher rückt für die Araber der Sieg.›).
5. Wir dürfen nicht nur als Palästinenser denken und nicht nur an diese Region. Der palästinensische Kampf muß mit der Bewegung der arabischen Massen verbunden werden.»

In diesem Zuaammenhang wiederholte Dr. Habasch mehrfach, die Volksfront vertrete weder ein romantisches Abenteurertum noch eine selbstmörderische Linie, sondern die Meinung, daß der Kampf in ein neues Stadium eintreten müsse. Und er fügte hinzu: «Unsere hier dargelegten Grundprinzipien können nur durch einen Volkskrieg verwirklicht werden, und deshalb ist der Volkskrieg unsere Strategie.»

Zustimmung und langer Beifall folgten, so daß Dr. Habasch erst nach geraumer Zeit seine Rede beenden konnte. «Die Volksfront für die Befreiung Palästinas will innerhalb der palästinensischen Bewegung die Rolle der Opposition ausüben und dies in voller Erkenntnis dieser Tatsache. Ich möchte gleichzeitig ausdrücklich klarstellen, daß die Volksfront diese Haltung beibehalten und mit verantwortungsvollen und ernstgemeinten Taten alles tun wird, um die Einheit der palästinensischen Reihen zu erhalten.»

Bergner, der begriffen hatte, daß Dr. Habaschs Konzeption von der der Al-Fatah, ja der PLO generell, beträchtlich abzuweichen schien, war sich dennoch nicht klar, was damit konkret gemeint war, wenn vom Volkskrieg als Strategie der PFLP und von verantwortungsvollen und ernstgemeinten Taten die Rede war. Er hatte gehört, daß die Volksfront linksradikale, ultrarevolutionäre Positionen innerhalb der PLO vertreten sollte, daß man ihr zuschrieb, für die Entführung der El-Al-Maschine vom 23. Juli 1968 verantwortlich zu sein. Das israelische Flugzeug war auf dem Flug von Rom nach Tel Aviv in Algier zur Landung gezwungen worden. Zwölf israelische Passagiere und zehn Besatzungsmitglieder waren am 31. August 1968 gegen in israelischen Gefängnissen inhaftierte Fedayin ausgetauscht worden. Für diese Aktion sollte Dr. Habaschs Volksfront verantwortlich gewesen sein; doch Genaueres wußte keiner zu sagen.

Nach der Versammlung hockte sich Ralf Bergner mit Walid und einigen seiner Freunde auf den Hof eines der kleinen Lehmhäuschen, vor sich ein Gläschen starken, aromatisch duftenden schwarzen Tee, der ihnen von einem alten Mann feierlich und gastfreundlich angeboten worden war.

Bemüht, sein mangelndes Wissen und zugleich seine Neugier über die Volksfront nicht allzusehr zu demonstrieren, tastete sich Bergner nur langsam an die Fragen heran, die ihm am meisten auf der Seele lagen.

Zunächst forschte er vorsichtig: «Was unterscheidet eigentlich die Volksfront von der Al-Fatah, Rafik Walid?» Bergner wählte bewußt das Wort «Genosse».

Walid Toufik erklärte bereitwillig, mit einem hintergründigen Lächeln: «Zunächst einmal die Tatsache, daß unsere Fedayin keinen regulären Sold bekommen wie die der Al-Fatah. Wir können ihnen höchstens eine Beihilfe geben: fünf Dollar monatlich und alle 30 Tage die Fahrtkosten, um ihre Familien zu besuchen. Unsere tägliche Kost in den militärischen Stützpunkten besteht aus gekochten Bohnen, und wenn alles gut geht, gibt es einmal in der Woche Fleisch. Die wenige Freizeit, die die militärische Ausbildung noch übrig läßt, ist mit dem Studium marxistischer Literatur ausgefüllt.»

Walid lachte trocken. «Man muß schon ein wirklich überzeugter Revolutionär sein, um sich der Volksfront anzuschließen.» Und er fügte hinzu: «Gerade das bezwecken wir: Ein Fedayin, der sich der Volksfront anschließt, tut dies nie aus materiellen Gründen. Das ist unsere Stärke – eine echte revolutionäre Haltung erwächst nur aus dem Glauben an unsere Heimat, aus der Bereitschaft, alles, wenn es notwendig ist, auch das eigene Leben, für die Revolution zu opfern.»

Bergner sagte dazu nichts. Schließlich fragte er, bewußt etwas den Naivling spielend: «Was versteht ihr unter verantwortungsvollen und ernstgemeinten Taten, Genosse Walid?»

Natürlich verbarg sich hinter seiner Fragestellung die Neugier zu erfahren, ob die Flugzeugentführung und die anderen Terrorakte der letzten Zeit tatsächlich der Volksfront zuzuschreiben waren.

Noch ehe Walid Toufik dazu kam, Bergners Frage zu beantworten, öffnete sich die alte wackelige Tür, die den Hof zur Gasse hin abschloß, und Dr. Habasch trat ein, begleitet von zwei seiner Leute, die Maschinenpistolen umhängen hatten. Der Doktor stutzte, als er Bergner erblickte. Walid Toufik klärte ihn mit ein paar Worten auf. Dr. Habasch setzte sich zu ihnen auf den Lehmboden. Er sah müde aus und genoß das Gläschen Tee, das man ihm anbot, mit sichtlichem Wohlbehagen.

Bei seinem Eintreten war die Unterhaltung abgebrochen worden; als ihm das Schweigen zu lange dauerte, fragte er: «Habe ich gestört? Um was geht es? Ich nehme nicht an, daß ihr mit dem Deutschen schweigend gesessen habt. Er müßte kein Journalist sein.»

Walid Toufik blickte Bergner lächelnd an und meinte dann: «Stell deine Fragen am besten Genossen Habasch selbst.» Der blickte Bergner aufmerksam an, nicht etwa abweisend, eher einladend und bereitwillig.

Trotzdem kostete es Bergner einige Überwindung, ehe er sich entschloß, seine Frage zu wiederholen. «Genosse Habasch, es gibt, besonders unter den Journalisten natürlich, viel Rätselraten um die Aktionen Ihrer Organisaton. Ihre Grundprinzipien, die Sie vorhin dargelegt haben, habe ich durchaus begriffen, aber Ihre ...» Bergner blieb stecken, faßte sich dann jedoch ein Herz und fragte geradezu: «Man spricht davon, daß die Flugzeugentführung vom Juni dieses Jahres auf das Konto Ihrer Organisation geht?»

Dr. Habasch nickte. «Stimmt! Wir haben uns öffentlich dazu bekannt.»

«Ihre Volksfront soll sich auf diese Art Kampf und auf Attentate spezialisieren. Und dies nicht nur in Israel selbst, sondern auch in europäischen Ländern.»

Dr. Habasch überlegte einen Augenblick und antwortete dann: «In diesem Krieg ist Israel nicht unser einziger Feind. Unsere Feinde sind: Israel, die zionistische Bewegung, die in vielen Ländern, die Israel unterstützen, Einfluß besitzt, und außerdem noch der Imperialismus. Wir müssen uns gegen jeden stellen, der Israel wirtschaftlich, militärisch, politisch und ideologisch unterstützt. Das heißt, gegen die kapitalistischen Länder, die den Staat Israel geschaffen haben und ihn jetzt als Bollwerk benutzen, um ihre Interessen in der arabischen Region zu schützen; dazu gehören die USA und fast alle westeuropäischen Länder.»

Er machte eine Pause und fuhr dann fort: «Vom wirtschaftlichen und politischen Gesichtspunkt aus betrachtet, ist Israel eine von seinen Freunden isolierte und von feindlichen Ländern – Syrien, Libanon, Jordanien und Ägypten – umgebene Insel. Seine Verbindungen mit befreundeten Nationen können nur auf dem Luft- und Seeweg aufrechterhalten werden, deshalb ist es eine zwingende Notwendigkeit für uns geworden, diese Zugänge abzuriegeln. In Zukunft werden wir uns auch um die Seeverbindungen kümmern, an Bord der Schiffe, in den Docks oder auf See. Jetzt kümmern wir uns schon seit einiger Zeit um die Fluglinien, indem wir die Flugzeuge von El-Al, der israelischen Fluglinie, aufs Korn nehmen. Die El-Al-Maschinen sind ein völlig legitimes militärisches Ziel: Sie gehören dem Feind, sie stellen die Verbindung zwischen der Insel Israel und anderen Küsten her, und sie transportieren Truppen und Munition.»

«Aber Dr. Habasch», wandte Bergner ein, «vergessen Sie dabei nicht, daß diese Flugzeuge auch Bürger neutraler Länder befördern?»

Der Generalsekretär der Volksfront schüttelte den Kopf. «Abgesehen von der Tatsache, daß die Flugplätze sich stets in prozionistischen Ländern befinden, wiederhole ich, daß wir das Recht haben, unseren Feind zu bekämpfen, wo immer er sich auch aufhalten mag. Und was die nichtisraelischen Passagiere betrifft, so sind sie auf dem Wege nach Israel. Da wir keine Kontrolle über das Gebiet haben, das man uns gestohlen hat und das man jetzt Israel nennt, wäre es richtig, daß jeder, der nach Israel will, uns um Erlaubnis fragt.»

«Wie weit werden Sie mit dieser Taktik gehen?»

«Es handelt sich nicht um Taktik, es ist unsere Strategie. Wir müssen das wissenschaftlich betrachten und erkennen, daß unsere Revolution eine Phase der Weltrevolution ist. Wir sollten ehrlich sein und zugeben, daß wir so einen Krieg wollen, wie es der Vietnam-Krieg ist. Wir wollen einen Vietnam-Krieg nicht nur in Palästina, sondern in der ganzen arabischen Welt. Die Palästinenser sind ein Teil der arabischen Nation, und was wir brauchen, ist, daß die ganze arabische Nation in den Krieg eintritt.

Die Angriffe der Volksfront basieren auf Qualität, nicht auf Quantität. Wir glauben, daß es mehr Wirkung hat, einen Juden fern vom Schlachtfeld zu töten, als hundert von ihnen in der Schlacht. Es erregt mehr Aufmerksamkeit. Und wenn wir einen Laden in London in Brand stecken, sind diese wenigen Flammen ebensoviel wert wie die Niederbrennung von zwei Kibbuzim. Weil wir die Leute damit zwingen zu fragen, was geht vor, und sie dadurch von unserer tragischen Lage Kenntnis erhalten. Glauben Sie mir, nach dem, was uns geschehen ist, haben wir das Recht, alles zu tun, auch das, was Sie terroristische Akte nennen. Wir werden auch weiterhin entsprechend unserer Strategie vorgehen, wir werden sie noch ausweiten. Wir werden jedoch unser möglichstes tun, um keine Europäer zu verletzen.»

Bergner hätte gern noch weiter gefragt, doch hatte er das deutliche Gefühl, daß Dr. Habasch eigentlich gekommen war, um mit seinen hier versammelten Leuten etwas zu besprechen; er störte. Deshalb verabschiedete er sich mit der Entschuldigung, noch in der Nacht seine Meldung durchgeben zu müssen.

Dr. Habasch meinte, als er ihm die Hand gab: «Beurteilen Sie uns nicht gar zu hart, Genosse Bergner. Unsere Fedayin, wir alle glauben an die Gerechtigkeit unserer Sache. Es ist keine Phrase, wir sind bereit, unser Leben dafür zu opfern. Vielleicht sollten Sie einmal mit unseren Kämpfern sprechen.»

«Nichts lieber als das», antwortete Bergner. «Wenn Sie mir das ermöglichen könnten. Ich würde gern mit Ihren Leuten diskutieren. Ich bin hier in Beirut, um Ihren Kampf, Ihre Methoden besser zu verstehen und meinen Landsleuten näherzubringen. Und seien Sie versichert: Wir Marxisten wissen sehr genau Freunde von Feinden zu unterscheiden.»

Es war alles etwas pathetisch, was Bergner da sagte, erwachsen aus seiner eigenen Unsicherheit.

Der Doktor aber lachte. «Auch wir wissen zwischen Freund und Feind zu unterscheiden. Walid wird mit Ihnen in Kontakt bleiben, Genosse Bergner.»

Es war denn auch Walid Toufik, der ihn durch das nächtliche Lager zum Ausgang führte und ihm zusagte, ein Treffen für ihn zu organisieren.

Bergner verfaßte über diesen Besuch im Lager Sabra einen längeren, ausführlichen Bericht an die Zentrale. Das Verhältnis der Volksfront zum Marxismus einschätzend, formulierte der SPA-Korrespondent: «Die PFLP betont, daß der zu schaffende einheitliche Palästinastaat einen sozialistischen Inhalt erhalten müsse, wobei sie erklärt, daß der Marxismus die Basis ihres Sozialismuskonzeptes sei. Als einzigen Weg zur Erreichung ihres Zieles betrachtet die PFLP bis heute den bewaffneten Kampf gegen Israel, den Zionismus, den Weltimperialismus und die arabische Reaktion. Die Organisation selbst rechnet neben der Volksrepublik China auch die Sowjetunion zu ihren Verbündeten. Eine Analyse ihrer Vorstellungen zeigt aber, daß ihre Doktrin zwar eine Reihe marxistischer Elemente enthält, jedoch trotz der zweifellos subjektiv ehrlichen Absichten nicht von wirklich marxistischen Positionen ausgeht. Die marxistische Terminologie dient oft nur dazu, kleinbürgerlich-revoluzzerhafte Vorstellungen zum Ausdruck zu bringen.

Entsprechend dieser Doktrin prägen Extremismus und Abenteuertum die PFLP und ihre Aktionen. Besonders wurde sie durch Flugzeugentführungen bekannt, hinter denen extremistische Kräfte der Organisation stehen.»

Einige Tage nach dem Gespräch mit Dr. Habasch Ende 1968 rief Walid Toufik Bergner an. Er bat ihn, am Abend, 19 Uhr, zur Hamra, Ecke Rue Hassan zu kommen. «Dort erwartet dich Habib, einer von uns. Von ihm erfährst du alles weitere.» Walid hängte ein.

Bergner war pünktlich. Habib begrüßte ihn. «Auf Anweisung von Dr. Habasch haben wir für dich ein Treffen mit einer jungen Aktivistin der Volksfront organisiert. Sie hat an der Amerikanischen Universität in Beirut studiert. Genosse Habasch meinte, daß es für dich vielleicht am interessantesten sei, einmal die Gedankenwelt einer Frau kennenzulernen, die in unseren Reihen kämpft.»

«Darf ich Notizen machen?» fragte Ralf Bergner.

«Natürlich! Uns kommt es auf die Öffentlichkeit an. Nur deshalb ist sie bereit, mit dir zu sprechen.»

Bergner wurde noch neugieriger, als er ohnedies war. Sie stiegen in einen bereitstehenden Wagen. Das Auto kletterte in der Dunkelheit die breite asphaltierte Straße hinan, die über das Gebirge nach Damaskus führt. Doch noch ehe sie den Scheitelpunkt des Libanongebirges erreichten, bog Habib in eine unübersichtliche, schmale Seitenstraße ein, die schließlich in einen holperigen Karrenweg überging. Rechts und links zeigten sich halbfertige, im Bau befindliche Häuser, dazwischen kleine Gärten. Die Männer stiegen aus, folgten einem schmalen Pfad, der an einem Bewässerungskanal entlangführte, und erreichten, weitab von der Straße, ein von einer Mauer aus grauen Natursteinen umgebenes Gehöft. Habib drückte eine knarrende Tür auf, und sofort kam ihnen jemand entgegen, leuchtete ihnen mit einer Taschenlampe ins Gesicht und begrüßte dann Habib mit einer Umarmung und Bergner mit einem Händedruck.

«Ihr seid pünktlich», sagte der andere, ein junger Bauer mit einem dichten Schnurrbart. «Sie wird auch gleich hier sein.»

«Wir haben Zeit, Farid», entgegnete Habib und folgte dem anderen ins Haus.

Der hieß sie, auf einem gepolsterten niedrigen Holzgestell in einem kahlen Raum Platz nehmen, der von einer grellen Kerosinlampe erleuchtet wurde.

«Wenn Sie möchten, hole ich Ihnen einen Hocker», erbot sich Farid, an Bergner gewandt.

Habib lachte. «Laß sein! Er spricht unsere Sprache, also wird er sich auch an unsere Lebensweise gewöhnen, oder?»

Bergner ließ sich, die Beine untergeschlagen, neben Habib auf den Polstern nieder und schlürfte genießerisch den heißen süßen Tee, den ihnen Farid sogleich anbot. Wenig später traf die Erwartete ein. Eine junge Frau, klein, volles schwarzes Haar, mandelförmige braune Augen, schmalgliedrige Finger, die sie unaufhörlich bewegte. Sie trug eine Khakijacke, das palästinensische schwarz-weiß gewürfelte Tuch malerisch um den Hals geschlungen, Hosen mit großen aufgesetzten Taschen und derbe Schnürschuhe.

Wenn sie sich das Tuch über den Kopf zieht, muß sie jeder für einen Mann halten, dachte Ralf.

Er erhob sich, und die junge Palästinenserin reichte ihm mit einem förmlichen Lächeln die Hand.

«So sehen Sie also aus», sagte sie ungeniert, «ich hatte Sie mir älter vorgestellt.»

«Wieso?» fragte Bergner verdutzt.

«Alle haben Sie mir als einen erfahrenen Journalisten geschildert. Dafür sind Sie noch recht jung.»

«Ist das ein Hinderungsgrund?» fragte er und spürte, wie in ihm Unmut ob ihrer Dreistigkeit aufstieg. Im stillen beschloß er, es ihr heimzuzahlen. Da schaltete sich auch schon schmunzelnd Habib ein. «Laß es gut sein, Leila, er steht auf unserer Seite, sonst wäre er nicht hier, um mit dir zu sprechen.»

Bergner ließ sich jedoch nicht weiter beirren. «Können wir gleich anfangen, Mademoiselle Leila?»

«Sagen Sie Genossin», entgegnete sie spitz und nickte.

«Vielleicht erzählen Sie mir zuerst etwas über Ihr Leben und gestatten dann, daß ich einige Fragen stelle?» schlug Bergner vor und legte den Notizblock auf seine Knie.

«Wie Sie wollen, doch bitte ich, daß Sie das wiedergeben, was ich gesagt habe, nicht mehr.»

«Soweit ich Sie wörtlich zitieren werde, gewiß», antwortete Bergner hintergründig.

«Gut! Ich komme aus der Stadt Haifa, aber ich kann mich kaum an meinen Geburtsort erinnern. Als ich vier war, wurde meine Familie aus Haifa vertrieben. Ich besuchte die Grund- und Oberschule im Libanon, in Saida. Im Frühjahr 1961 machte ich das Abitur und ließ mich an der Amerikanischen Universität in Beirut einschreiben. Ich belegte die Fächer Chemie, arabische Literatur, Englisch und Mathematik, um Lehrerin zu werden.»

Sie machte eine Pause und fügte erläuternd hinzu: «Damit Sie daraus keine falschen Schlüsse ziehen: Meine nominelle Erziehung fand an der Amerikanischen Universität in Beirut statt, meine wirkliche Erziehung jedoch in den Reihen der Arabischen Nationalistischen Bewegung ANM, für die ich mich bereits 1958 entschieden hatte und in der ich bald Mitglied wurde. Intellektuell war die Amerikanische Universität ein Grab für mich.»

«Wie meinen Sie das?»

«Die einzig erlaubten Aktivitäten innerhalb der Universität waren Tanzveranstaltungen, Parties, Theateraufführungen. Politische Klubs waren verboten. Es gab keine Demonstrationen, überhaupt keine politischen Veranstaltungen.»

«Und das entsprach nicht Ihren Vorstellungen?»

«Wissen Sie, Genosse Bergner, als Mitglied der Arabischen Nationalistischen Bewegung bin ich geschult, mir der Vergangenheit, der Gegenwart und der Zukunft bewußt zu sein. Das einzig Gute, das die imperialistische und zionistische Eroberung Palästinas gebracht hat, ist, daß sie den Grundstein für unsere Regeneration und Wiederbelebung gelegt hat. Jetzt geht es nicht um den Wiederaufbau, sondern um die Zusammenfassung der ganzen arabischen Welt zu einer neuen sozialistischen Republik. Wir haben ...»

Bergner unterbrach sie. «Sie meinen nach dem Vorbild der Sowjetunion und der anderen sozialistischen Staaten?» fragte er nicht ganz ohne Hintergedanken.

«Ich sagte ‹neuen sozialistischen Republik›. Wir wollen einen arabischen Sozialismus oder Kommunismus.» Und ohne ihm Zeit zu einer weiteren Frage zu geben, fuhr sie fort: «Wir Palästinenser haben zwei Möglichkeiten: Wir können die Herausforderung annehmen oder ablehnen. Ich für meinen Teil nehme sie an und habe mein Leben danach eingerichtet. Während der letzten sechs Jahre habe ich praktisch an jeder Demonstration in Saida, wo ich lebte, teilgenommen.»

«Sie betrachten sich, wenn ich das richtig verstehe, also in erster Linie als Revolutionärin?»

«Ganz recht, als Berufsrevolutionärin, auch wenn ich zeitweilig noch einen anderen Beruf ausüben muß. Der bewaffnete Aufstand ist der Weg zur Rettung. Als Palästinenserin sehe ich das Gewehr als die Verkörperung meines Menschseins und meines Entschlusses, mich und meine Kameraden zu befreien. Jeder Palästinenser mit Selbstachtung muß ein Revolutionär werden.»

Und begeistert fuhr sie fort: «Auf die katastrophale Niederlage, die die Israelis uns beigebracht haben, kann es nur diese Antwort geben.»

«Ich danke Ihnen», sagte Ralf Bergner, da sie nicht weitersprach. «Gestatten Sie mir eine letzte, persönliche Frage?»

Als sie nickte, fragte er, was sie in Zukunft tun werde.

«Ich werde weiterkämpfen, trotz der Niederlage von 1967.» Sie richtete sich stolz auf, und Bergner begriff, daß ihre Äußerungen nicht nur Worte gewesen waren, ihr ganzes Ich stand dahinter. «Mein Leben gehört der Revolution. Ich bin ein palästinensisch-arabischer Soldat.»

Der Stolz, der aus ihren Sätzen sprach, war unüberhörbar, und Bergner glaubte ihr. Ein wenig tat es ihm leid, daß in ihrem Gespräch eine ungewollte hintergründige Schärfe und Konfrontation gelegen hatte. Er versuchte, etwas gutzumachen, indem er ihr versicherte, daß er in seinem Artikel ihre Auffassungen so genau wie möglich wiedergeben werde.

Sie lächelte, nickte ihm freundlich zu und sagte: «Unsere Leute berichten nur Gutes über Sie. Und ich glaube, daß Sie uns verstehen. Leben Sie wohl!»

Sie verschwand ebenso selbstverständlich im Dunkel draußen, wie sie gekommen war. Bergner und Habib gingen wenig später. Wieder im Wagen, fragte Habib Ralf Bergner vertraulich: «Was halten Sie von ihr?»

«Eine interessante Person», antwortete der ausweichend.

«Das meine ich nicht. Ich möchte wissen, was Sie von ihren Ansichten halten.»

Ralf zögerte. Er kannte die Ernsthaftigkeit der Palästinenser und versuchte, ihr Rechnung zu tragen. «Mir ein wenig zu theatralisch», sagte er zuerst vorsichtig, gab sich dann jedoch innerlich einen Ruck und fügte hinzu: «Um ehrlich zu sein: Ich ziehe Taten revolutionären Phrasen vor.»

Habib schwieg einige Zeit, ehe er erwiderte: «Sie urteilen etwas zu hart, wenngleich Sie im Grunde wohl recht haben. Trotzdem ist sie, wie wir alle, bereit, ihr Leben zu wagen für die Heimat – Palästina.»

Der Journalist schwieg. Er spürte, daß er der jungen Frau mit seinem vorschnellen Urteil wohl Unrecht getan hatte.

Die Entführung der TWA-Maschine

Mit dem Problem der Flugzeugentführungen kam Ralf Bergner das erstemal Ende August 1969 in Berührung. Am 29. August 1969 entführte ein palästinensisches Kommando eine Maschine der amerikanischen Luftfahrtgesellschaft «Trans-World-Airlines», die – von Los Angeles kommend – den Flugplatz Lod in der Nähe Tel Avivs als Bestimmungshafen hatte. Das Kommando ging in Rom an Bord, leitete das Flugzeug – eine Boeing 707 – um und zwang es in Damaskus zur Landung. Die Maschine wurde dort teilweise zerstört.

Bergner erhielt die Meldung über Fernschreiber und versuchte etwas Genaueres zu erfahren.

Flugzeugentführungen hatte es bereits mehrere gegeben. Sie erregten Aufsehen und waren stets in den Schein eines zweifelhaften Heroismus oder eines blindwütigen Terrorismus gehüllt. Der Korrespondent war entschlossen, etwas mehr über die Hintergründe einer solchen Aktion in Erfahrung zu bringen.

Er fuhr mit seinem Wagen nach Damaskus, kam jedoch an den etwa 30 Kilometer außerhalb der Stadt liegenden International-Airport nicht heran. Die syrische Armee hatte alles hermetisch abgeriegelt. Weit am Horizont, es mußte am Ende des Flugfeldes sein, stiegen Rauchwolken auf; vermutlich brannte dort die gekaperte Boeing.

In der Stadt erfuhr er, daß es sich bei den Flugzeugentführern – eine Frau und ein Mann – um Angehörige der Volksfront für die Befreiung Palästinas (PFLP) handeln solle. Die syrischen Behörden hatten die israelischen Passagiere festgenommen, um sie später gegen gefangene Fedayin auszutauschen. Den anderen Passagieren war nichts passiert.

Was aus dem palästinensischen Kommando geworden war, vermochte ihm niemand zu sagen.

Ralf kehrte unverrichteterdinge nach Beirut zurück. Durch diese Entführung war die gesamte Problematik der Luftpiraterie wieder aktuell geworden – und die bürgerliche Presse kommentierte, analysierte und spekulierte auf Teufel komm raus. Bergner reizte es, die Wahrheit in Erfahrung zu bringen.

Ein Zufall kam ihm zu Hilfe.

Ab und zu kaufte Ralf Bergner an einem kleinen Zeitungskiosk, der nicht weit von einem Flüchtlingslager im Westteil der Stadt entfernt war, die unregelmäßig erscheinende Zeitschrift der Volksfront, «Al-Hadaf», die auch Bilder brachte. Mitte September sah er zufällig ein Foto, das vor dem Hintergrund eines brennenden Flugzeuges einen Fedayin und eine junge Palästinenserin zeigte, die Ende August die amerikanische Maschine der TWA entführt hatten. Zu seiner Verblüffung erkannte er in der Frau dieselbe, die er vor kaum einem Jahr in der Nähe Beiruts interviewt hatte.

Seine Kontakte zu den Volksfront-Leuten ausnutzend, gelang es Bergner, mit Walid Toufik über die ganze Angelegenheit zu sprechen. Doch der war diesmal zurückhaltend.

«Gut, nehmen wir einmal an, es handelt sich um dieselbe Person. Was möchtest du wissen?»

«Wissen möchte ich möglichst nichts aus dritter Hand. Ich würde gern wieder mit ihr selbst zusammentreffen!» entgegnete Ralf Bergner.

«Ich fürchte, das wird vorläufig nicht möglich sein. Noch hält man unsere Leute in Syrien fest. Aber auch danach kaum. Es gibt Sicherheitsgründe.»

Ralf Bergner zuckte bedauernd die Schultern und sagte provozierend: «Es ist nur schade, daß sich westliche Gazetten Gruselstories aus den Fingern saugen und eure wahren Motive verborgen bleiben. Ob das eurer Organisation nützt, wage ich zu bezweifeln. Aber lassen wir es!»

Man sah Walid Toufik an, daß er nach einem Weg suchte. Schließlich sagte er: «Ich könnte dir, wenn auch mit Schwierigkeiten, einen Bericht unserer Schwester beschaffen.»

«Wann könnte ich den Text bekommen?»

«Sagen wir in acht bis zehn Tagen. Eher läßt sich so etwas nicht machen.»

«Gut! Ich werde meine Agentur entsprechend informieren», sagte Ralf Bergner.

Damit gingen sie auseinander.

Vierzehn Tage verstrichen. Eines Morgens fand Ralf Bergner im Briefkasten seines Büros in einem dicken Umschlag und an ihn persönlich adressiert einen maschinengeschriebenen Text, dazu einen kleinen Zettel: «Lesen Sie und rufen Sie mich dann bitte unter 78 32 an.» Unterschrift «W. T.», also Walid Toufik. Ein Bote mußte den Brief ganz früh am Morgen eingeworfen haben.

Bergner hatte nicht so recht an Walid Toufiks Versprechen geglaubt. Erstaunt hielt er nun einen Text in den Händen, der dem Stil nach durchaus von der «Berufsrevolutionärin» hätte sein können, denn er begann mit einer etwas pathetischen Überschrift: «‹Mein Volk soll leben› von L. K.» Bergner las mit zunehmendem Interesse die detaillierte Schilderung der Flugzeugentführung.

«Während in Los Angeles führende Zionisten mit dem kalifornischen Gouverneur Ronald Reagan und mit Golda Meir (die israelische Ministerpräsidentin, M. W.) zusammentrafen, plauderte ich in einem Bus mit einem Vertreter des Singer-Nähmaschinen-Konzerns. Ich befand mich auf meinem Weg zum Flugplatz von Rom, um den TWA-Flug 840 nach Damaskus umzuleiten. Ich hatte mich auf alles gründlich vorbereitet; die riesige Boeing kannte ich beinahe in- und auswendig. Am frühen Morgen des 29. August hatte ich in Rom das Hotel verlassen und diesen Bus zum Flugplatz Fiumicino genommen.

Mein ‹Bruder›, den ich nur von einem Foto her kannte, erschien pünktlich, und wir tauschten die verabredeten Zeichen aus. Er heißt Salim Issawi und ist ein Palästinenser aus Haifa. Zusammen stiegen wir in die Maschine. Salim saß ruhig in meiner Nähe, und wir versuchten uns gegenseitig zu ignorieren. Einige Sitze weiter saß ein kleines Mädchen mit einer Plakette am Kleid, die fröhlich verkündete Make friends. Das zwang mich, daran zu denken, daß dieses Mädchen dort kein Verbrechen gegen mich oder mein Volk begangen hatte. Es wäre grausam gewesen, ihr Leben durch die Entführung eines Flugzeugs zu gefährden, ein Flugzeug, das während unseres Entführungsversuches explodieren oder von israelischem Flakfeuer zerrissen werden konnte. Während diese Gewissensbisse an mir nagten, standen mir die zweimal vertriebenen Kinder in den palästinensischen Flüchtlingslagern in der Nähe von Amman deutlich vor Augen. Diese Vorstellung gab mir wieder Kraft. Das Unternehmen mußte ausgeführt werden. Es durfte keinen Zweifel oder Rückzug geben.

Die Maschine war kaum zwanzig Minuten in der Luft, als die Stewardessen ihre fünf Erste-Klasse-Passagiere zu bedienen begannen.

Weder Salim noch ich waren hungrig. Dann gab ich Salim ein Zeichen, sich zum Cockpit zu begeben. Gerade in dem Moment öffnete eine Stewardeß, die das Tablett mit dem Essen der Crew trug, die Tür zum Cockpit. Salim ergriff die Gelegenheit und schlüpfte vor ihr hinein. Sie schrie: ‹Oh, nein!›, und das Tablett flog ihr aus der Hand. Es gab einen riesigen Lärm, aber verletzt wurde niemand. Ich war hinter Salim und befahl der Stewardeß, aus dem Weg zu gehen. Sie tat, wie ihr geheißen. Salim war so groß, daß er mir die Sicht versperrte und ich die Reaktion der Mannschaft nicht abschätzen konnte. Ich hörte ihn aber sagen, das Flugzeug sei von einer PFLP-Kommandoeinheit übernommen worden; der neue Kapitän hieße Shadiah Abu Ghazalah.

Mitten in seiner Rede rutschte mir meine Pistole aus dem Hosenbein. Ein paar Sekunden kam ich mir albern vor, lachte über meine Aufmachung, steckte die Pistole weg und betrat das Cockpit. Ich schwang meine Handgranate und erklärte, ich sei der neue Kapitän. Die Mannschaft war geschockt, aber sie schien keine Angst zu haben.

Ich erklärte, wenn sie meinen Befehlen gehorchten, würde nichts geschehen; wenn nicht, seien sie für die Sicherheit der Passagiere und der Maschine verantwortlich.

‹Nehmen Sie Kurs auf Lydda!› befahl ich.

‹Nach Lod?› fragte der Copilot und gebrauchte den israelischen Namen für den Flugplatz von Tel Aviv.

‹Sie verstehen Englisch, oder›, sagte ich kurz angebunden.

‹Sie brauchen nur meine Befehle auszuführen, die dummen Fragen können Sie sich sparen.›

Ich bat Captain Carter, Rom anzufunken, so daß ich dem italienischen Volk unsere Aktion erklären könnte. Er sagte, sie wären schon zu weit entfernt. Außerdem ließ ich das Bordmikrofon einschalten und las den Passagieren folgende Botschaft vor: ‹Meine Damen und Herren! Hier spricht Ihr neuer Kapitän. Eine Kommadoeinheit der Volksfront für die Befreiung Palästinas, die den Befehl über diese TWA-Maschine übernommen hat, bittet alle Passagiere an Bord, ihre Instruktionen zu befolgen. Bleiben Sie auf Ihren Sitzen. Zu Ihrer eigenen Sicherheit legen Sie Ihre Hände hinter den Kopf. Machen Sie keine Bewegung, die das Leben anderer Passagiere in Gefahr bringen würde. Wir werden alle Forderungen innerhalb der Sicherheitsbedingungen unseres Planes berücksichtigen. Jeder von Ihnen hat die Freiheit zu gehen, wohin er will, sobald die Maschine sicher gelandet ist.› Ich erklärte, daß wir die Nahostaktionen der amerikanischen Regierung verabscheuten, aber nichts gegen einzelne Personen hätten.

Auf Arabisch informierte ich Lydda-Tower über unsere bevorstehende Landung. ‹Lydda-Tower versteht nicht›, sagte der Pilot und schlug vor, wir sollten um Landeerlaubnis bitten. Ich sagte: ‹Das ist mein Land. Ich brauche keine Landeerlaubnis von den zionistischen Geiern.› Diesmal sprach ich englisch und sagte: ‹Hier sind wir wieder. Shadiah Abu Ghazalah ist wieder zum Leben erwacht. Es gibt Millionen von Shadiahs, die immer wieder zurückkommen werden, um das Land zurückzuholen.›

Im israelischen Tower mußte man für eine Weile zu Tode erschrocken gewesen sein, als ich sagte, daß wir vorhätten, das Flugzeug mitten auf dem Flughafen in die Luft zu jagen. In wenigen Sekunden erschienen drei israelische ‹Mirages› am Horizont und versuchten, uns von der Landung abzuhalten.

Ich erklärte noch einmal, daß der Pilot und die Israelis für die Sicherheit der Passagiere und des Flugzeuges verantwortlich seien. Der Copilot fragte, ob er zu den Israelis sprechen könnte, und ich ließ ihn. Er sagte: ‹Die Volksfront, bewaffnete Leute, hat gedroht, das Flugzeug mit Handgranaten zu sprengen, wenn eure ‹Mirages› nicht verschwinden.›

Während wir über meinem geliebten Haifa kreisten, fragte der Pilot: ‹Was sollen wir jetzt machen?›

‹Ich sagte: ‹Wir machen jetzt eine Sieben-Minuten-Tour über meinem Vaterland!› Meines Vaters Bild erschien vor meinen Augen. Ich sah auf die grünen Ebenen und die Berge Palästinas hinunter. Ich weinte vor Rührung und Sehnsucht und sagte: ‹Vater, wir werden zurückkehren. Wir werden deine Ehre zurückgewinnen und deine Würde wiederherstellen. Wir werden eines Tages wieder die Herren dieses Landes sein.›

Ich wies den Piloten an: ‹Flieg nach Libanon, wo meine Leute als Vertriebene leben.›

Die israelischen Flugzeuge verfolgten uns immer noch. An der libanesischen Grenze drehten sie ab. Wir streiften kurz Beirut, bevor ich den Kurs nach Damaskus anordnete. Ich nahm das Mikrofon in die Hand und wandte mich zum letztenmal an die Passagiere. ‹Verlassen Sie das Flugzeug sofort nach der Landung. Ich wünsche Ihnen einen angenehmen Ferienaufenthalt in Syrien. Ich vertraue darauf, daß Sie eine weiche Landung haben werden.›

Die Benzinuhr zeigte fast auf Null, der Pilot bat um Landeerlaubnis. Ich wies ihn an, sofort auf der Startbahn, die am weitesten vom Air-Terminal entfernt war, zu landen. Wir landeten weich, und in weniger als drei Minuten war das Flugzeug leer.

Als Captain Carter die Maschine verließ, salutierte ich und dankte ihm für seine Mitarbeit. Er sah mich sehr erstaunt an.

Ich überprüfte die Maschine. Alle Passagiere waren schon draußen. Salim legte den Draht im Cockpit aus und setzte die Zündschnur in Brand. Ich glitt auf einer der herausgezogenen Rettungsrutschen aus und fiel unten auf den Rücken. Salim folgte. Die Maschine explodierte nicht wie geplant. Mutig kletterte Salim noch einmal zurück und setzte alles noch einmal in Gang. Die Boeing explodierte immer noch nicht. Salim, der wieder herausgeklettert war, schoß ein paarmal in die Tragflächen, aber es war kein Benzin mehr darin, und deshalb fingen sie nicht sofort Feuer. Als die Funken endlich sprühten, gingen wir etwa zwanzig Meter entfernt in Deckung.

Eine halbe Meile weiter beobachteten die Passagiere vom Terminal aus das Freudenfeuer und die Explosion der Boeing. Syrische Soldaten kamen. Sie waren überrascht, als wir uns stellten und unsere Waffen übergaben. Der ‹Al-Hadaf›-Fotograf, den die Volksfront per Fallschirm abgesetzt hatte, um unsere Landung zu filmen, war so aufgeregt, daß er zuerst vergaß, den Objektivdeckel von seiner Kamera zu entfernen.»

Ralf Bergner, der beim Lesen am Schreibtisch seines Büros saß, ließ die Blätter sinken und blickte nachdenklich über das Meer und die mit modernen Hochhäusern bebaute Uferstraße, die Corniche von Beirut. Was sollte er von diesem Text halten? Er war zuerst geneigt, über die Romantik, die aus den Zeilen sprach, zu lächeln, doch zugleich wurde ihm der bittere Ernst und die im Grunde hoffnungslose Verzweiflung, die hinter solchen Aktionen stand, bewußt. Warum war nicht die Rede von der namenlosen Angst aller, die darin verwickelt waren? Nichts von dem bitterernsten Spiel mit Menschenleben? Nicht nur die beiden Palästinenser setzten ihr Leben aufs Spiel, auch die Passagiere des TWA-Fluges 840 hätten alle nicht mehr unter den Lebenden sein können, wenn nur eine einzige Kleinigkeit schiefgegangen wäre. Eine Kurzschlußreaktion eines der Besatzungsmitglieder, der Passagiere oder auch der Entführer.

Und wozu das alles? Um Schlagzeilen in den bürgerlichen Zeitungen und Journalen zu bekommen? Um auf das Elend der Palästinenser aufmerksam zu machen? Mit solchen Methoden?

Ralf Bergner konnte darin keinen Sinn erblicken. Die Zeit seit seinem Zusammentreffen mit Walid Toufik hatte er genutzt, sich über die Organisation der Volksfront für die Befreiung Palästinas und ihre Führer noch besser zu informieren, und zusammengetragen, was mit Flugzeugentführungen durch palästinensische Widerstandsorganisationen zusammenhing.

Mit den Anschlägen auf Verkehrsmaschinen israelischer und internationaler Fluggesellschaften hatte der Kampf der Palästinenser nach dem Juni-Krieg 1967 einen neuen Aspekt bekommen. Erstmals in der Geschichte einer Widerstandsbewegung wurde die Entführung von Passagiermaschinen als Kampfmethode angewandt. Am 23. Juli 1968 zwang ein palästinensisches Kommando eine Maschine der israelischen Fluggesellschaft El-Al, die, von Rom kommend, für Tel Aviv bestimmt war, in Algier zur Landung. Zwölf israelische Passagiere und zehn Besatzungsmitglieder wurden nach langwierigen Verhandlungen gegen in israelischen Gefängnissen eingekerkerte palästinensische Fedayin ausgetauscht.

Am 26. Dezember 1968 und am 18. Januar 1969 wurden Anschläge auf El-Al-Maschinen auf den Flughäfen von Athen beziehungsweise Zürich verübt. Und nun, in diesen Augusttagen 1969, die Entführung der TWA-Maschine nach Damaskus.

Pate bei der in bestimmten Kreisen der Palästinenser nach 1967 auftauchenden Idee, Flugzeuge aus politischen Motiven zu entführen, stand wahrscheinlich der Theoretiker des Kampfes der brasilianischen «Stadtguerillas», Carlos Marighella, der empfohlen hatte: «In der Luft können Flugzeuge durch eine Guerillaoperation oder durch eine einzige Person entführt werden.»

In der Tat bot diese Taktik eine Reihe nicht von der Hand zu weisender Vorteile: Eine unmittelbare Konfrontation mit dem technisch und materiell überlegenen Gegner wurde vermieden. Der Einsatz an Menschen und materiellen Mitteln war relativ gering, und eine Verkehrsmaschine war verhältnismäßig leicht zu entführen, wenn die Entführer entschlossen und kaltblütig handelten.

Das für die Palästinenser entscheidende Motiv jedoch war, die Weltöffentlichkeit durch derartige spektakuläre, sensationsgeladene Aktionen auf ihre Bewegung und ihren Kampf aufmerksam zu machen. Ihre Rechnung ging im allgemeinen auf. Nur zu gern schilderte in jedem einzelnen Fall die bürgerliche Presse genüßlich und in aller Breite Einzelheiten, doch war die Wirkung derartiger Publizität für die palästinensische Widerstandsbewegung mehr als zweifelhaft.

Die Gegner der palästinensischen Befreiungsbewegung nahmen derartige Aktionen zum willkommenen Anlaß, die PLO als terroristische Organisation zu diskriminieren. Sie verschwiegen, daß es sich um Verzweiflungstaten von Menschen handelte, die keinen anderen Ausweg aus dem Unrecht sahen, das ihnen und ihren Brüdern seit langem von den israelischen Extremisten zugefügt wurde. Seit Jahrzehnten war dem palästinensischen Volk Gewalt angetan worden – war es da verwunderlich, wenn seinen Peinigern mit ähnlichen Mitteln begegnet wurde? Terror wurde zudem nur von einigen palästinensischen Gruppen ausgeübt, und er trat zurück, als der Widerstand erstarkte und die Kämpfer politisch reifer wurden.

Linksradikale, ultrarevolutionäre Blättchen im Westen veröffentlichten auch diesmal Sensationsberichte über die Entführung und feierten die junge Plästinenserin als Heldin. Ein englischer Verlag brachte – als Taschenbuch – die Autobiografie der palästinensischen Revolutionärin Leila Khaled unter dem Titel: «Mein Volk soll leben». Darin fand Ralf Bergner auch jenen Bericht wieder, den ihm Walid Toufik zugestellt hatte.

Die Story von dem «todesmutigen» Mädchen, das mit einer Handgranate im Cockpit einer Verkehrsmaschine die Stärke der Schwachen gegenüber den Mächtigen symbolisierte, verfehlte ihre Wirkung nicht. Aller Augen der westlichen Welt richteten sich auf die Fedayin der Volksfront.

Die Gegenreaktion ließ nicht auf sich warten. Die bürgerliche Presse verurteilte die gesamte palästinensische Bewegung und kommentierte lang und breit die «eigentlichen» Methoden ihres Kampfes: «Ermordung Unschuldiger – politische Verbrechen – politischer Mord – Flugzeugentführungen – heimtückische Überfälle», all das konnte nur das Werk «fanatisierter Bandenführer» sein, die «vor nichts zurückschreckten».

Und damit waren in erster Linie Yasser Arafat, waren die Kämpfer um ihn und die gesamte Spitze der PLO gemeint.

Hatte die Al-Fatah lange Zeit zu den Methoden der Volksfront geschwiegen, so lehnten seit 1970 Yasser Arafat und die Mehrheit der PLO-Führung derartige Aktionen entschieden ab und sprachen sich dagegen aus – auch wenn sie diese zunächst noch nicht öffentlich verurteilten. Einer der Gegenspieler von George Habasch, der spätere Generalsekretär der Demokratischen Front, Naif Hawatmeh, formulierte diese Ablehnung am drastischsten: «Irrsinn, diese Gangstermethoden! Mit solchen Mitteln macht man keine Revolution.»

Amman im Sommer '70

Ende Juni 1970 erhielt Ralf Bergner ein Fernschreiben seiner Agentur, das ihn anwies, unverzüglich nach Amman zu fahren und über die Entwicklung in Jordanien zu berichten.

Die Tage Ende Juni waren heiß, drückend, obwohl der Sommer noch keineswegs seinen Höhepunkt erreicht hatte. Der Chamsin wehte, der glühende Wind aus der Shammar-Wüste, und trug in großer Höhe Wolken feinsten Sandes über das Land, das wie unter einer Glocke regungslos lag. Das Atemholen fiel schwer, und die bleierne Luft lähmte Menschen, Tiere und Pflanzen. Die Kreidefelsen warfen die Hitze in heißen Wellen zurück.

Der Auftrag selbst überraschte den Korrespondenten nicht allzusehr. Es hätte in dem Fernschreiben des Hinweises auf den Rogers-Plan nicht bedurft. Er selbst hatte sich schon mehrfach gefragt, wie die Reaktion der Palästinenser sein würde, nachdem König Hussein diesem amerikanischen Plan seine Zustimmung gegeben hatte. Das war am ehesten in Amman festzustellen.

Bald nach 1967 war deutlich geworden, daß Israel, gedeckt von den USA, nicht daran dachte, die UNO-Resolution 242 vom November 1967 zu verwirklichen. Es war weder bereit, die okkupierten Gebiete zu räumen, noch anerkannte es die nationale Eigenständigkeit und das Recht des palästinensischen Volkes auf Selbstbestimmung.

Die USA standen prinzipiell auf der Seite Israels, doch im Verlaufe des ersten Halbjahres 1970 hatte die öffentliche Meinung in westlichen Ländern, nicht zuletzt von ökonomischen Interessen diktiert, immer mehr Verständnis für den Standpunkt der arabischen Staaten gezeigt. Die konstruktive Politik Ägyptens, Jordaniens und des Libanon und ihr Suchen nach einem Kompromiß als Grundlage für einen Frieden trugen das ihre dazu bei. Die bedingungslose Unterstützung der USA für Israel stieß in immer breiteren westlichen Kreisen auf Unverständnis, ja Ablehnung.

Irgendeine Art politischer Aktion oder Scheinaktion erwies

sich für die Vereinigten Staaten als unumgänglich, wollten sie nicht völlig zum alleinigen Bundesgenossen Israels gestempelt werden. Das war die Lage, die Washington veranlaßte, im Sommer 1970 eine Demarche zu unternehmen.

Im Juni 1970 verkündete USA-Staatssekretär William Rogers die sogenannte amerikanische Friedensinitiative für den Nahen Osten, die später den Namen Rogers-Plan erhielt.

Die amerikanischen Vorschläge, die bereits Ende 1969 entwikkelt worden waren, sahen Korrekturen an der ägyptisch-israelischen und an der jordanisch-israelischen Grenze vor, während über den Gazastreifen und Jerusalem verhandelt werden sollte.

Die Sowjetunion charakterisierte die USA-Vorschläge als eindeutig proisraelisch. Sie machte ausdrücklich darauf aufmerksam, daß die Nahostproblematik nur in ihrer Komplexität gesehen und gelöst werden könne.

Als Rogers feststellen mußte, daß die amerikanischen Vorschläge vielfachen Widerstand, besonders von Ägypten hervorriefen, modifizierte er sie. Er sprach sich am 19. Juni 1970 unter anderem für ein Friedensabkommen zwischen Israel und Ägypten aus. Ferner sollten sich beide Seiten bereit erklären, die Sicherheitsresolution 242 in allen Teilen zu erfüllen, und erneut in Verhandlungen mit dem UNO-Vermittler Jarring treten.

Daraufhin akzeptierte Ägypten die USA-Vorschläge. In der arabischen Welt erhob sich ein Proteststurm. Doch offensichtlich wollte Nasser, der sich innenpolitisch in einer schwierigen Lage befand, nicht die geringste Möglichkeit vorübergehen lassen, um auf politischem Wege zu einer gerechten Nahostlösung zu gelangen. Trotz des Protestes anderer arabischer Staaten folgte Jordanien dem ägyptischen Beispiel und gab dem Rogers-Plan seine Zustimmung. Auch Israel sprach sich im August 1970 für den Plan aus. Doch hatte seine Führung schon zuvor deutlich gemacht, daß es ungeachtet verbaler Friedensbeteuerungen nicht bereit war, auch nur einen Teil seiner Kriegsbeute herauszugeben.

Irak, Algerien, Syrien und vor allem die PLO wiesen den amerikanischen Plan entschieden zurück, denn vom Kernstück des

Nahostkonfliktes, vom Schicksal des palästinensischen Volkes und seinem Recht auf Selbstbestimmung, war in dem Plan nirgends die Rede.

Der Rogers-Plan scheiterte. Sein einziges Ziel war es gewesen, die amerikanische Politik im Nahen Osten zu einem Zeitpunkt ins Spiel zu bringen, in dem sich die israelische Politik in einer Sackgasse befand. Trotzdem gaben die USA ihr Ziel, eine «amerikanische» Lösung des Nahostkonfliktes durchzusetzen, nicht auf. Von nun an spekulierten sie darauf, aus den mit Israel konfrontierten arabischen Staaten einen herauszubrechen. Als erstes konzentrierten sie sich auf Jordanien.

Ralf Bergner hatte nichts gegen die Fahrt nach Amman. Nach Wochen und Monaten ständigen Aufenthalts in der mediterranen, vom europäischen Kontinent beeinflußten und alle Schattierungen der Vor- und Nachteile europäischer Kultur und Zivilisation schillernd widerspiegelnden Metropole Beirut tat ihm ein Besuch in der noch echte arabische Atmosphäre atmenden Hauptstadt Jordaniens immer wohl – eine Art Rückkehr zu den Quellen der arabischen Kultur.

In Jordanien angelangt, fuhr er durch Hügel und Täler, spärlich graugrün überwachsen, fast menschenleer. Er hielt vor einem der improvisierten Cafés am Straßenrand – Hütten mit Laubdächern gegen die helle Sonne, von denen man einen weiten Ausblick über die Vorwüste genoß.

Und dann kam Amman – eine Stadt der Hügel, sehr viel höher als in Rom. Statt einzelne Stadtviertel anzugeben, nennt man den «Berg», den «Djebel», auf dem ein bestimmter Stadtteil liegt: Djebel Amman, Djebel Wahdat, Djebel Hussein und so weiter.

Amman sieht man an, daß es eine Stadt der Flüchtlinge ist. Fast auf jeder der Bergkuppen oder an deren Flanken ziehen sich riesige Flüchtlingslager hin. Es gibt weite Hänge, die von kleinen, mehr oder weniger von den Bewohnern selbst zusammengebastelten Hütten und Zelten überzogen sind. Aus der Ferne nimmt sich das recht bunt und belebt aus, erst aus der Nähe wird einem das Elend deutlich, das in diesen Lagern herrscht. Dort, hinter dem sicheren Wall der Flüchtlinge, befinden sich die Basen der Widerstandsorganisationen, die in den Lagern lebten «wie der Fisch im Wasser».

Auf dem Djebel Hussein, so hatte Bergner gehört, sei der Stab der Al-Fatah untergebracht, dort solle sich Yasser Arafat aufhalten – aber wer wußte das schon so genau?

Der Zusammenschluß der Gebiete des früheren palästinensischen Jordanufers mit den an die Wüste angrenzenden Ostgebieten im Staate Jordanien hatte zwei Bevölkerungsgruppen vereinigt. Die Palästinenser, ein mediterranes Küstenvolk, besaßen eine städtische Mittel- und Oberschicht, modern ausgebildet, arabisch-nationalistisch gesinnt, durch den Verlust ihrer Heimat Palästina verbittert. Nun war durch die israelische Okkupation des westlichen Jordanufers die Zahl der Palästinenser durch die Flüchtlinge nahezu verdoppelt worden.

Grob gesehen setzte sich damit Jordaniens neue Bevölkerungsstruktur wie folgt zusammen: Ein knappes Drittel der etwa 2 Millionen Bewohner Jordaniens (1966) waren die ursprünglichen Bewohner Transjordaniens, ein gutes Drittel die ursprünglichen Bewohner des palästinensischen Gebietes östlich des Jordan und ein weiteres Drittel vor 1966 aus Israel geflüchtete ehemalige Palästinenser. Mit der israelischen Aggression von 1967 waren nun weitere Hunderttausende von palästinensischen Flüchtlingen der Westbank, des Gebietes westlich des Jordan, hinzugekommen, so daß sich die Gesamtzahl der Palästinenser in Jordanien auf über 1 Million belief.

Die Macht im jordanischen Staat lag jedoch weitgehend in den Händen der Transjordanier. Beduinen bildeten das Rückgrat der Armee König Husseins, und die Armee war die Hauptstütze der Königsherrschaft. Die mit der Dynastie eng verbundenen Politiker und Vertrauensleute aus Transjordanien besetzten die wichtigsten Positionen in der Verwaltung und der Polizei.

Die Palästinenser standen diesem Staat zumeist abwartend, oft feindlich gegenüber, denn sie sahen in der jordanischen Regierung eine Gruppe von «Quislingen», die Palästina den dynastischen Beduineninteressen der Haschemiten geopfert hatte. Kein Wunder, daß die jordanische Regierung und auch der König den Palästinensern nicht trauten und sie dementsprechend behandelten; Zündstoff genug und Ursache ständiger Spannungen in der jordanischen Gesellschaft.

Ralf Bergner fuhr durch Amman. Er sah die Flüchtlingslager an den Hängen wieder. Seit seinem letzten Besuch 1968, zur Beerdigung der bei Karameh gefallenen Fedayin, hatten sie sich weiter ausgedehnt. Und er sah auf anderen Hügeln die Villen und Gärten der Reichen. Ihre Häuser waren aus gehauenem Naturstein gebaut. Es gibt in Amman Luxushotels mit Schwimmbassins, Paläste mit – recht bescheidenen – Gärten, Verwaltungsgebäude, alle im Baustil des Landes, aus Kalksteinquadern.

Die Hauptstraßen von Amman sind eng; sie verlaufen in schluchtartigen Tälern, zwischen den einzelnen Djebels und treffen sich auf einem zentralen Platz, dem Mittelpunkt der Stadt.

Von dort fand Ralf ohne Schwierigkeit die schmale Gasse, die zum Hotel «Khalaf» führte, denn dort hatte er sich, wie schon vor Jahren, eines der immer noch häßlichen Zimmer bestellt.

Erneut geriet er sofort in den Kreis der Palästinenser, die dort verkehrten. Die Diskussionen spiegelten die Erregung und Verbitterung wider, die unter den Palästinensern herrschte. Hatte nicht jener König Hussein noch vor zwei Jahren, nach der Schlacht von Karameh, erklärt: «Auch ich bin ein Fedayin.» Jetzt hatte er dem Rogers-Plan zugestimmt, der die Forderungen der Palästinenser völlig unberücksichtigt ließ. Doch nicht das allein hatte die Erbitterung hervorgerufen. Es gab Beweise, daß König Hussein Kontakt mit Israel suchte und mehrfach Begegnungen mit israelischen Regierungsvertretern gehabt hatte.

Vor wenigen Tagen erst war von den Palästinensern ein Brief veröffentlicht worden, der im Oktober 1967 von Ministerpräsident Talhouni an den jordanischen Botschafter in Rom gerichtet worden war und der die Bitte enthielt, italienische Presseberichte über eine geheime Begegnung zwischen König Hussein und dem israelischen Ministerpräsidenten Levi Eschkol zu unterdrücken. Und erst kürzlich sollte eine Zusammenkunft zwischen König Hussein und dem stellvertretenden israelischen Ministerpräsidenten Yigal Allon in der Negev-Wüste stattgefunden haben.

War König Hussein dabei, die Palästinenser zu verraten? In

den Gesprächen im Hotel «Khalaf» hörte Ralf Bergner auch zum erstenmal die Losung, die ihn die ganze Zeit über in Amman begleiten sollte: «Der Weg nach Tel Aviv führt über Amman.» Bergner wußte mit ihr zunächst wenig anzufangen. Mit einem Kopfnicken in Richtung eines Nachbartisches, an dem eine laut und stürmisch diskutierende Palästinensergruppe saß, fragte er den Kellner, einen alten Freund: «Wer ist das, Abu George?»

«Oh, Mister Bergner, Sie kennen ihn nicht? Das ist Naif Hawatmeh mit einigen seiner Leute. Soll ich Sie mit ihnen bekannt machen?»

«Gern, aber lassen Sie mich erst zu Ende essen.»

«Gut, dann nachher.»

Bergner blickte während des Essens immer wieder verstohlen, doch voller Interesse zu dem Nachbartisch hinüber. Die Diskussion wurde von einem lebhaften, schwarzhaarigen Mann beherrscht – zweifellos Hawatmeh. Seine entschiedene Art zu sprechen und der durchdringende Blick seiner braunen Augen verrieten eine starke Persönlichkeit, die gewohnt schien, im Mittelpunkt zu stehen. Seine temperamentvolle Gestik, die ständig wechselnde Modulation seines Tonfalls und seine Mimik schienen Bergner ein Zeichen, daß ihm Pathos und Dramatik, die vielen Arabern von Natur aus gegeben sind, durchaus nicht fremd waren. Doch er sollte sehr bald feststellen, daß Hawatmeh auch einen scharfen, nüchternen Verstand besaß und sich in erster Linie von ihm leiten ließ.

Dem Korrespondenten war der Name Hawatmehs nicht unbekannt, ebensowenig wie der Name der Widerstandsorganisation, deren Generalsekretär er jetzt war, der Demokratischen Front zur Befreiung Palästinas (Democratic Front for the Liberation of Palestine – DFLP).

Naif Hawatmeh, 1935 in dem Städtchen Es-Salt am Ostufer des Jordan geboren, war selbst kein gebürtiger Palästinenser, sondern ein christlicher Jordanier beduinischer Herkunft. Ein in Kairo begonnenes Medizinstudium mußte er aus finanziellen Gründen abbrechen.

1958 verurteilte ihn ein jordanisches Gericht als einen der führenden Köpfe der Arabischen Nationalistischen Bewegung wegen «panarabischer Untergrundtätigkeit» zum Tode. Es gelang Hawatmeh jedoch, nach seiner Verurteilung in den Irak zu fliehen. Dort wurde er von der Regierung Kassem unter der Anklage, einen Putsch zu inszenieren, inhaftiert.

Nachdem Kassem gestürzt war, amnestierte man Hawatmeh. Er ging in den Libanon. In Beirut studierte er dann Philosophie und Soziologie. Nach der israelischen Aggression von 1967 zog er sich nach Aden zurück und kämpfte dort im Untergrund gegen die englische Kolonialherrschaft. Anschließend kam er wieder nach Amman, wo er einer der führenden Köpfe in der Volksfront Dr. Habaschs wurde.

Doch bald kam es zum Bruch zwischen den beiden Männern. Bergner war Ende Februar 1969 auf eine AFP-Meldung gestoßen, die über die Bildung einer neuen palästinensischen Widerstandsorganisation informierte. Im Text hatte er damals gelesen: «Die neue Organisation der palästinensischen Kommandos, die den Namen Demokratische Front zur Befreiung Palästinas angenommen hat, ist die marxistischste Gruppe der Fedayin. Sie steht von allen Bewegungen am weitesten links. Sie fordert, daß man sie als marxistisch-leninistisch ansieht. Die Demokratische Front verpflichtet sich, laut einer jetzt veröffentlichten Erklärung, ‹ihre Beziehungen mit allen Kräften enger zu gestalten, die dem Imperialismus und der Reaktion feindlich gegenüberstehen, und in einem engen Bündnis mit allen Kräften des sozialistischen Lagers zu bleiben›.» In der Erklärung hieß es abschließend: «Die Frage der Befreiung Palästinas steht in engem Zusammenhang mit dem weltweiten Kampf gegen den Imperialismus und die Reaktion, da ja Israel an den internationalen Imperialismus in seiner Gesamtheit und besonders an den amerikanischen Imperialismus gebunden ist.»

Die AFP-Meldung informierte des weiteren, daß sich die neue Organisation vorrangig aus ehemaligen Mitgliedern der Volksfront für die Befreiung Palästinas von Dr. George Habasch gebildet habe.

Über die Hintergründe der Spaltung hatte Bergner damals einiges in Erfahrung bringen können: Auf dem Kongreß der Volksfront für die Befreiung Palästinas im August 1968 in Amman hatten sich zwei rivalisierende Flügel gebildet. Die ideologisch links orientierten Kreise scharten sich damals um Naif Hawatmeh und nannten sich Marxisten, während sich die linksextremistischen Kräfte um Dr. George Habasch gruppierten. Die «Marxisten» konnten, obwohl sie in der Minderheit waren, ihr Programm durchsetzen. Doch trotz ihres Erfolges auf dem Kongreß gelang es der Hawatmeh-Gruppe nicht, ihre Thesen in der Gesamtorganisation der Volksfront zu verwirklichen. Die Spaltung der Volksfront am 24. Februar 1969 war die logische Konsequenz.

Bergner wollte nichts lieber, als Naif Hawatmeh persönlich kennenzulernen, nicht zuletzt, um Genaueres über die ideologischen Positionen der Demokratischen Front zu erfahren, insbesondere über ihren Anspruch, als marxistische Gruppe innerhalb des palästinensischen Widerstandes angesehen zu werden.

Abu George organisierte das ohne großes Aufsehen. Hawatmeh lud ihn mit einem freundlichen Lächeln ein, an ihrem Tisch Platz zu nehmen. Einer der Anwesenden erläuterte gerade, seine Worte mit Gesten unterstreichend: «Man muß diesen Staat Israel und all seine militärischen, administrativen, kulturellen und zionistischen Institutionen zerschlagen, ganz Palästina befreien und einen volksdemokratischen Staat aufbauen. Habe ich nicht recht?» schloß er und blickte sich, Zustimmung suchend, um.

Unvermittelt sah sich Ralf Bergner von Naif Hawatmeh, der bisher geschwiegen hatte, angesprochen: «Fragen wir doch den Genossen Korrespondenten, er wird euch bestätigen: Ohne die Kontrolle des Volkes über seine Bodenschätze, ohne die Verarbeitung dieser Bodenschätze beim Aufbau einer stabilen nationalen Wirtschaft, ohne Industrialisierung des Landes gibt es keine volksdemokratische Lösung. Fragt ihn, ob ich recht habe!»

Bergner, überrumpelt, konnte nur nicken.

«Und», fuhr Naif Hawatmeh eindringlich fort, «militärische Aktionen sind die grundlegende und prinzipielle Form des nationalen Kampfes – eben weil demokratische und friedliche Mittel für die Errichtung eines volksdemokratischen palästinensischen Staates nicht existieren.»

Diesmal forderte er nicht die Zustimmung des Fremden, die der ihm gewiß verweigert hätte. Seinen Einspruch, daß es doch auch einen Kampf mit politischen und diplomatischen Mitteln für dieses Ziel geben könne, konnte er nicht anbringen, denn Hawatmeh fuhr ohne Unterbrechung fort: «Der Kampf um Palästina ist Klassenkampf. Da die reaktionären arabischen Regime auf seiten des Klassengegners, des Imperialismus stehen, muß sich der Kampf der arabischen nationalen Befreiungsbewegung auch gegen diese Kräfte richten. Und einer dieser reaktionären Stützpunkte dieses von der Geschichte längst verurteilten Regimes ist das jordanische. Es stellt neben dem Imperialismus und Israel den Hauptfeind des palästinensischen Volkes dar. Ohne Beseitigung der Königsherrschaft hier wird es keine Befreiung Palästinas geben. Der Weg zur Befreiung Tel Avivs führt über Amman. Ist es nicht so, Genosse Bergner?»

Dieser antwortete erst nach reiflicher Überlegung: «Wenn wir schon von Klassenkampf sprechen, den gibt es auch in Jordanien. Auch hier gibt es progressive und reaktionäre Tendenzen. Müßte man nicht versuchen, vor allem die fortschrittlichen Organisationen dieses Landes zu gewinnen, mit ihnen zusammenarbeiten?» Bergner dachte dabei in erster Linie an die Genossen der Jordanischen Kommunistischen Partei, einer erfahrenen, starken, wenn auch verbotenen Partei. Wenn sich die DFLP schon als marxistisch bezeichnete, dann wäre es doch das natürlichste gewesen, hier ihre Verbündeten zu suchen.

Hawatmeh ließ das nicht gelten: «Vielleicht haben Sie recht – aber wir haben keine Zeit zu verlieren. Das Schicksal unseres Landes, Palästinas, steht auf dem Spiel. Wo gibt es in Jordanien echte, revolutionäre Bundesgenossen?»

Bergner hütete sich, seine Überlegungen zur Jordanischen Kommunistischen Partei, mit deren Ersten Sekretär Fuad Nassar er sich damals in Beirut unterhalten hatte, zu äußern. In Jordanien war die Partei streng illegal, und er, der Journalist, war Gast dieses Landes. Er hielt den Mund, und so blieb Hawatmehs Frage unbeantwortet.

«Nein, Genosse Bergner, hier sehen die Dinge anders aus, hier sind ganz spezifische Bedingungen: Wir müssen die Feudalherrschaft beseitigen, radikal, schnell – und seien Sie überzeugt, dazu braucht es nicht mehr lange. Die revolutionären Volksmassen, die jordanischen Arbeiter und Bauern werden auf unserer

Seite stehen. In Jordanien wie in der ganzen arabischen Befreiungsbewegung ist eine konsequente Änderung notwendig. Die Arbeiterklasse und ihre demokratischen Verbündeten müssen die Rolle einer Avantgarde in der Führung übernehmen.»

Es hatte wohl keinen Zweck, in dieser Hotelgaststätte gegen solche illusionären Forderungen anzugehen. Die Zeit würde beweisen, wie revolutionär die Demokratische Front wirklich war. Solange sie eine wirksame Zusammenarbeit mit den arabischen Kommunisten und besonders mit denen ihres eigenen Landes ablehnte, konnte davon keine Rede sein.

Da kam es am 9. Juli 1970 zu jenem Ereignis, das letztlich das auslösende Moment, der Zünder für die folgende Entwicklung in Jordanien war.

Am 9. Juli 1970 wurde der Adjutant König Husseins, Zeid Rifai, in der Frühe durch Gewehrschüsse geweckt. Er rief den Sicherheitschef, Husseins Vetter Zeid ben Shaker, an und erfuhr, palästinensische Kommandos hätten auf das Hauptquartier des Geheimdienstes in Amman das Feuer eröffnet.

Schießereien zwischen Angehörigen der jordanischen Armee und Fedayin der palästinensischen Kommandos hatte es in letzter Zeit öfter gegeben, doch es waren Zusammenstöße einzelner. Ein Angriff auf den Geheimdienst war eine andere Sache. Rifai informierte den König.

Nie konnte später festgestellt werden, ob diese Meldung den Tatsachen entsprach, ob es sich um eine geschickt organisierte Provokation der jordanischen Militärs handelte, die Hussein zwingen wollten, gegen die palästinensische Bewegung entschiedener vorzugehen, oder ob ein einfacher Zwischenfall, der bewußt falsch dargestellt wurde, das auslösende Moment war. Fest steht lediglich, daß die weitere Entwicklung nicht nur den Wünschen der Ultras unter den jordanischen Militärs, sondern vor allem den Wünschen der USA entsprach.

König Hussein, einmal informiert, wollte sich sofort selbst an Ort und Stelle begeben. Rifai versuchte ihm das auszureden, doch er ließ sich nicht davon abbringen. Er befahl, die Wagen bereitzustellen.

Rasch formierte man einen Geleitzug: voraus drei gepanzerte Landrover, dann der Wagen des Königs, ein Mercedes, und schließlich drei weitere gepanzerte Fahrzeuge mit der Begleitmannschaft, Beduinen eines Eliteregiments, das Hussein besonders nahestand.

Als die ersten Wagen die Suweilih-Kreuzung, an der das Armeeoberkommando lag, erreichte, stellte der Fahrer fest, daß die Holzbarriere auf der Zufahrtstraße von Amman niedergelassen war. Zwei Soldaten stiegen aus, um die Barriere zu öffnen. In diesem Augenblick wurde von einem ostwärts gelegenen Hügel das Feuer auf den Konvoi eröffnet. Die Schüsse kamen von einem schweren Maschinengewehr und von leichten automatischen Waffen. Der erste Soldat wurde sofort getötet, der andere stürzte verwundet zu Boden. Dann bestrich das MG die Wagenkolonne. Die Soldaten schossen zurück, obwohl der Gegner nicht auszumachen war. Sie feuerten in die Richtung, aus der die Schüsse kamen.

König Hussein blieb zunächst auf seinem Sitz. Die Lage war klar: Das Ganze war ein Attentat auf ihn. Doch Hussein, ein entschlossener, mutiger Mann, überwand schnell den ersten Schock. Er schob sein Gewehr aus dem Wagenfenster und feuerte, ebenso wie seine beiden Begleiter, auf den unsichtbaren Gegner.

Schließlich drängte Rifai, der erkannt hatte, in welch gefährlicher Situation sie sich befanden, den König, am Straßenrand Deckung zu nehmen.

Er mußte die Bitte mehrfach wiederholen, erst dann, fast widerwillig, hörte Hussein auf zu schießen, öffnete die Wagentür, lief gebückt zum Straßengraben und warf sich hinein.

Die Begleitmannschaft feuerte noch eine Weile weiter. Als der Schußwechsel zu Ende war, zählten die jordanischen Soldaten acht Tote; einige trugen Fedayinuniform.

König Hussein fuhr zurück in den Hummar-Palast. Alle beglückwünschten ihn zu seiner Rettung. Die Baraka des Malik, das Glück hatte – nach dem unerforschlichen Ratschluß Allahs – den König geschützt.

Der Kabinettschef meldete ihm sogleich, alle Kommandoorganisationen, sowohl die Al-Fatah als auch die PFLP und die DFLP, hätten ihm mitgeteilt, daß sie die Verantwortung für den Anschlag ablehnten. Doch diese Nachricht ging in der nun einsetzenden aufgeheizten Stimmung unter – und sollte untergehen.

Ralf Bergner bemerkte in seinem Hotel, daß keiner der Palästinenser, mit denen er zusammengesessen hatte, mehr anzutreffen war. Auch aus dem Straßenbild Ammans waren die Fedayin schlagartig verschwunden. Es fiel sofort auf, daß die jungen Männer im Battledress, die Pistole am Gurt, die breiten Messer auffällig in den Schäften der halbhohen Schnürstiefel, fehlten. Nur ihre Jeeps, mit eine Patrouille besetzt, fuhren noch durch die Straßen.

Die Kommandos hatten sich zurückgezogen in die Flüchtlingslager oder in jene Stadtviertel, die sie seit geraumer Zeit unauffällig unter ihre Kontrolle gebracht hatten. Jetzt waren diese Viertel abgeriegelt; Schlagbäume und Posten versperrten den Zugang. Und die Lage spitzte sich weiter zu. Plötzlich begann jordanische Artillerie die großen Flüchtlingslager von Al-Wahdat und Al-Husseini zu beschießen. Hunderte Menschen, meist Frauen und Kinder, wurden getötet.

Die Fedayin bereiteten sich auf eine Auseinandersetzung mit der jordanischen Armee vor. Durch eine spektakuläre Show-Aktion der PFLP wurde die Spannung weiter verschärft: Leute der Volksfront besetzten zwei der führenden Hotels von Amman und nahmen 58 Ausländer, darunter viele Journalisten fest. Ralf Bergner beglückwünschte sich, daß er im «Khalaf»-Hotel in der Altstadt abgestiegen war. Die Volksfront erklärte, die Ausländer so lange als Geiseln festzuhalten, wie die bewaffneten Zusammenstöße zwischen der jordanischen Armee und den Kommandos andauerten. Im Falle eines Angriffs drohten sie, die Hotels in die Luft zu sprengen.

Doch noch konnte eine Explosion der Lage verhindert werden. Die Al-Fatah, die größte und mächtigste der Widerstandsorganisationen, wandte sich gegen die spektakuläre Aktion der Volksfront und gegen die demagogischen Forderungen der Demokratischen Front. Yasser Arafat gelang es in langen, mühsamen Verhandlungen, einen Waffenstillstand auszuhandeln. Die Al-Fatah verlangte von Hussein die Entlassung von vier seiner führenden militärischen Berater, insbesondere des Armeeoberbefehlshabers Sherif Nasser, eines Onkels Husseins, und des

Kommandeurs der Panzerdivision Zeid ben Shaker. Diese beiden Männer hatten ihren Truppen Befehl gegeben, die Kommandos anzugreifen. Die Kämpfer der Al-Fatah ließen keinen Zweifel daran, daß sie anderenfalls bereit wären, unter Einsatz all ihrer Kräfte zurückzuschlagen. König Hussein gab nach. Sherif Nasser und Zeid ben Shaker wurden ihres Postens enthoben; die Kämpfe eingestellt. Die Volksfront ließ die Geiseln frei. Die Fedayin verpflichteten sich, in Amman Ruhe und Disziplin zu halten und ihre Angriffe auf die jordanische Monarchie einzustellen.

Ralf Bergner kehrte nach Beirut zurück.

War damit die Angelegenheit erledigt, die Pläne der Amerikaner mit Jordanien, der Rogers-Plan also, gescheitert? Bergners Gedanken kehrten immer wieder zu dieser Frage zurück. Sie war verbunden mit einer weiteren Überlegung: Warum hatte König Hussein so schnell nachgegeben? Waren er und seine Armee wirklich so schwach und die Fedayin militärisch so stark?

Auf beide Fragen gaben die kommenden Wochen Antwort, Husseins zögerndes Nachgeben und der Preis für Jordaniens Zustimmung zum Rogers-Plan wurden deutlich. Bald nach den Juli-Ereignissen in Amman gaben die USA König Hussein die Versicherung, ihm umgehend Militärhilfe in wesentlich größerem Umfang als bisher zu leisten. Sie sagten als sofortige Aktion die Lieferung von «Patton»-Panzern sowie von Artillerie (105 und 155 mm) sowie von zwei Staffeln der damals modernsten Jagdbomber F-104 zu. Zahlreiche amerikanische Techniker und Instrukteure reisten nach Jordanien. Die CIA schickte ihre erfahrensten Leute, die schon seit Jahren Verbindungen zu den höheren jordanischen Militärs geknüpft hatten. Im östlichen Mittelmeer wurden die Einheiten der 6. US-Flotte zusammengezogen: 40 Schiffe, darunter zwei Flugzeugträger mit 1600 Marineinfanteristen an Bord.

Bergner begriff, daß die Dinge in Jordanien keineswegs einen Abschluß gefunden hatten, sondern sich entscheidende Ereignisse vorbereiteten.

Schwarzer September

In den ersten Tagen des September 1970 bahnte sich eine offene Auseinandersetzung an. Vorwand für die Verhärtung der Fronten lieferte eine spektakuläre Serie von Flugzeugentführungen.

Am Abend des 6. September 1970 landeten zwei Passagiermaschinen, eine schweizerische und eine amerikanische, auf der Rollbahn eines nordöstlich von Amman gelegenen einsamen Flugplatzes, den einst die Engländer angelegt hatten und der nicht mehr benutzt wurde – Dawson Field.

Die Flugzeuge führten 300 Passagiere nebst Besatzung mit sich, darunter 127 Frauen und Kinder. Die Maschinen waren beim Verlassen europäischer Flughäfen entführt worden. Ein drittes Flugzeug, ein Jumbo-Jet der Pan American wurde nach Kairo entführt und dort auf dem Flugfeld kurz nach der Landung in die Luft gesprengt.

Die Männer, die die zwei entführten Maschinen in Dawson Field erwarteten, ebenso wie die Entführer selbst und die, die den Jumbo-Jet zerstörten, waren Angehörige der PFLP, der Volksfront für die Befreiung Palästinas. Der stellvertretende Leiter der Organisation Wadi Haddad hatte die Aktion geplant. Er wollte beweisen, daß die Palästinenser ihren Forderungen Gehör zu verschaffen vermochten, wenn sie zu extremsten Methoden griffen.

Nachdem sich einige Tage später zu den entführten Maschinen eine weitere, eine VC 10 der britischen BOAC mit 115 Passagieren an Bord, hinzugesellte, stellte die Volksfront ihre Forderungen, die dann auch zum größten Teil erfüllt wurden: Freilassung von sieben in westeuropäischen Gefängnissen festgehaltenen Fedayin – anderenfalls drohte man, die Maschinen in Dawson Field mitsamt den Passagieren in die Luft zu sprengen. Ein grausames Spiel mit Menschenleben.

Die arabischen Regierungen verurteilten die Entführungen der PFLP. Yasser Arafat weigerte sich, der Aktion die Zustimmung des Exekutivkomitees der PLO zu geben. Er setzte seine ganze Autorität ein, und es gelang ihm, zu vermitteln und die Situation weitgehend zu entschärfen: Bis zum 12. September wurde die Mehrzahl der Geiseln freigelassen. Die anderen wurden ausgetauscht.

Die Geiseln waren, wie sie bestätigten, von den Fedayin gut behandelt und niemand war verletzt worden. Doch diese Erklärung half nicht mehr. Es war bereits zu spät. Die jordanischen Ultras erkannten die einmalige Chance, die ihnen die Flugzeugentführungen für ihren Kampf gegen die palästinensische Widerstandsbewegung boten, und König Hussein, der US-amerikanischen Rückendeckung und Waffenlieferung gewiß, schloß sich diesmal ihrer Meinung an.

Am Abend des 15. September 1970 versammelten sich im Hummar-Palast Husseins engste militärische Berater.

Der Herrscher hat diesen Kreis bewußt klein gehalten. Neben Feldmarschall Habes Majali und Zeid ben Shaker, der erneut als Chef der Operationsabteilung eingesetzt wurde, sind Wasfi at-Tall und Zeid Rifai anwesend, zwei führende Offiziere der Armee, daneben die Brigadegenerale Ma-azen Ajlouni und Qhasem Ma'itah. Hussein tritt ein. Er begrüßt die Anwesenden und bittet sie, auf den mit glänzender Damastseide bezogenen Polstern Platz zu nehmen. Tiefes Schweigen herrscht in der Runde.

Erst nach geraumer Zeit fragt die Ordonnanz: «Sir, wünschen Sie die Karten?» Hussein schüttelt den Kopf.

«Was schlagen Sie vor?» fragt er in den Raum hinein, ohne sich direkt an jemanden zu wenden.

Zeid ben Shaker blickt den Feldmarschall an, und beide wissen, daß sie endlich gewonnen haben. «Vereinbarungen sind Fetzen Papier», sagt der Marschall. «Die Zeit der Vereinbarungen ist vorbei. Sir, setzen Sie eine Militärregierung ein. Ich wiederhole es: Nur die Armee kann das Land noch retten.»

Es ist, als ob mit dem kleinen, eleganten Mann, der an der Spitze eines Königreiches steht, eine Verwandlung vor sich ginge. Er blickt in die Gesichter seiner Offiziere. Ruhig steht er auf, zieht die Bluse seiner Uniform glatt, geht aufrecht zu dem großen Tisch, auf dem die Karten bereitliegen. Schon scheint es, als wolle er sich darin vertiefen, da tritt er dicht an Habes Majali heran, schaut ihm in die Augen und sagt: «Marschall, Sie werden an der Spitze meiner Militärregierung stehen, und ich werde Sie zum Militärgouverneur ernennen. Ich erwarte, daß

Sie endlich Ordnung schaffen.» Dann dreht er sich ohne ein weiteres Wort herum und stützt die Hände auf den Kartentisch. «Ihre Pläne, meine Herren!» Doch noch ehe einer zu Wort kommt, ändert er seine Absicht. «Zunächst die Lage. Wie steht es mit der Kräfteverteilung?»

Zeid ben Shaker erläutert: «Sir, militärisch ist der Vorteil eindeutig auf unserer Seite. Wir haben 55000 Mann unter Waffen – vor allem haben wir drei Panzerbrigaden. Von den 300 ‹Centurion›- und ‹Patton›-Panzern liegt die Hälfte rund um Amman, die anderen haben wir hier an der Nordfront mit Blick auf Syrien und die irakischen Verbände bei Mafraq postiert.»

«Und die palästinensischen Kommandos?»

«Wir schätzen ihre Stärke auf 20000 Mann, die Waffen besitzen. Freilich stehen mindestens 10000 von ihnen in der in Syrien stationierten Palästinensischen Befreiungsarmee. Doch die kommt zum Eingreifen in Amman nicht in Frage. Berücksichtigt man außerdem die ungeordnete Gliederung ihrer Befehlsgewalt, ihre Disziplinlosigkeit, ihren Mangel an schweren Waffen und ihre Verwundbarkeit im offenen Gelände, gibt es kaum einen Zweifel am Ausgang des Kampfes, wenngleich die Kommandos gegenwärtig noch den größten Teil von Amman und Irbid sowie Teile von Zarqa, Ramtha, Jerasch, Ajloun und As-Salt kontrollieren. Freilich», Zeid ben Shaker zögert. Sofort unterbricht ihn Hussein, hellhörig geworden: «Was freilich?»

«Die Sympathien der anderen arabischen Länder sind auf seiten der Fedayin. Es besteht die Gefahr, daß sie zugunsten der Palästinenser eingreifen, besonders Syrien, der Irak ...»

«Wir werden ihnen keine Gelegenheit dazu geben», wirft Majali dazwischen. «Ehe ihre schwerfälligen Regierungen Entschlüsse gefaßt haben, wird alles vorüber sein. Wir haben das berücksichtigt.» Der Marschall wendet sich an General Ma'itah. «Den Angriffsplan bitte, General.»

Der General entrollt auf dem Kartentisch ein Blatt, den Angriffsplan auf Amman. Majali erläutert: «Sir, unser Plan beruht darauf, die Fedayin mit einem entscheidenden Schlag aus den Städten zu vertreiben und in das Gebiet nahe der israelischen Grenze abzudrängen. Es wird nicht lange dauern, in achtundvierzig Stunden wird alles vorbei sein. Den Hauptschlag führen wir in Amman.

«Vor dem Angriff werden wir unsere Panzer noch näher an die Stadt heranziehen», beginnt Ma'itah seinen Vortrag. Er spricht lange. Mehrmals nickt Hussein zustimmend. Aus den Worten des Generals geht hervor, daß geplant ist, die Stadt nach intensivem Artilleriebeschuß auf die Flüchtlingslager und die Stützpunkte der Fedayin durch die «Patton» der 60. Panzerbrigade, unterstützt von gepanzerten Fahrzeugeinheiten, besetzen zu lassen und jeden Widerstand mit größter Härte zu brechen.

Als der General geendet hat, schweigt Hussein einen Augenblick, dann sagt er: «Ich billige den Plan, Marschall. Schlagen Sie schnell und erbarmungslos zu.»

Der Beginn des Angriffs wird auf den 17. September, 4.55 Uhr festgesetzt.

Als sich die Generale verabschiedet haben, geht König Hussein in sein Arbeitszimmer zurück, setzt sich an seinen Schreibtisch und formuliert den Text einer Rede, die er am Vorabend des Angriffs halten wird. «Eine Situation der Ungewißheit, des Chaos und der Unsicherheit herrscht in unserem teuren Vaterland, und die Gefahr, die Jordanien bedroht, ist gewachsen. Wir halten es für unsere Pflicht, eine Reihe von Maßnahmen zu ergreifen, um Gesetz und Ordnung wiederherzustellen und das Leben jedes Bürgers, seine Lebensbedingungen und sein Eigentum zu sichern.»

Noch am selben Abend ernennt Hussein eine Militärregierung unter Habes Majali. Das neue Kabinett setzt sich aus sieben Generalen und Brigadegeneralen, zwei Obersten und drei Majoren zusammen.

Ebenfalls am selben Tag trifft in Amman der neuernannte Botschafter der Vereinigten Staaten, Luis Dean Brown, ein.

Ralf Bergner, der am 9. September nach Amman gefahren war, konnte weder an Dawson Field noch an einen PLO-Vertreter herankommen.

Von der Beratung König Husseins mit den Militärs am 15. September hatte er keine Ahnung, hörte jedoch am 16. September die Rede des Staatsoberhauptes und begriff, daß es sich um eine Kriegserklärung an die palästinensische Widerstandsbewegung handelte. Er beschloß, noch einige Tage im Hotel «Intercontinental», in dem er wohnte, zu bleiben und die Entwicklung der Dinge abzuwarten. Dieser Entschluß wurde ihm zum Verhängnis. Er geriet in eine böse Falle.

Am Sonntag, dem 20.September 1970, hockte er am Tisch seines Hotelzimmers im siebenten Stock und schaute nachdenklich auf das noch unbeschriebene weiße Blatt Papier. Er hatte den Tisch vom Fenster weg in eine Ecke geschoben und saß nun geschützt in einem Winkel, die hellgrau gestrichene Zimmerwand unmittelbar vor den Augen. So war er sicherer vor Schüssen oder Querschlägern. An der Zimmerdecke waren zwei Einschläge zu sehen, doch das war passiert, als er zusammen mit allen anderen in den Kellerräumen Schutz gesucht hatte und draußen in der Stadt die Kämpfe begannen.

Im Augenblick war alles ziemlich ruhig. Es ging auf den Abend zu. Vereinzelt fielen Schüsse, ab und an bellte eine Maschinenpistole, oder der Abschuß einer Panzerkanone dröhnte dumpf in den nun seit Tagen menschenleeren Straßen.

Bergner riß sich zusammen, brannte sich eine seiner letzten Zigaretten an und machte sich daran, einen Situationsbericht zu verfassen, um aus dieser Falle, in die er mit zwei Dutzend Journalisten aus aller Welt geraten war, wenigstens einigen Nutzen für seine Arbeit zu ziehen.

Das Hotel, an zentraler Stelle gelegen, war mit Beginn der Kämpfe zu einem hart umstrittenen Objekt geworden. Doch keiner Seite war es bisher gelungen, es zu besetzen. Nun lag es seit Tagen im Niemandsland, zwischen den Fronten der sich hartnäckig verteidigenden palästinensischen Fedayin und den angreifenden Einheiten der jordanischen Armee. Die Umgebung des Hotels wie das Gebäude selbst befanden sich ständig unter Feuer. Nur unter Lebensgefahr gelangte man heraus oder hinein. Ein Reporter von UPI hatte seinen Versuch bereits mit dem Leben bezahlt; ein zweiter Journalist war verwundet worden.

Es war 19 Uhr. Ralf Bergner begann etwas mühselig zu formulieren. Ob der Bericht die Zentrale überhaupt erreichen würde? Als echter Journalist fühlte er jedoch den Drang, das Erlebte festzuhalten und seine Eindrücke niederzuschreiben. Bald ging ihm die Schreiberei flüssiger von der Hand.

«Bericht aus Amman – Die jordanische Hauptstadt ist heute, am 20. September 1970, eine tote Stadt. Das Elektrizitäts- und Gasnetz ist zerstört, nach zwei Tagen erbitterter Kämpfe gehen die Lebensmittel zu Ende. Über den Hügeln stehen Rauchpilze, rußgeschwärzte Ruinen ragen überall auf, Tausende von Kartuschen liegen herum. Und noch sind die Kämpfe nicht beendet.

Wir Journalisten sind seit Donnerstag im Hotel ‹Intercontinental› mitten im Niemandsland eingeschlossen. Für jeden, der sich tagsüber an einem der Fenster zeigt, besteht Gefahr, daß auf ihn geschossen wird. In den Straßen rings um das Hotel sind Gebäude und Geschäfte zerstört. Die nach dem Brand stehengebliebenen Betonmauern der Häuser zeigen schwarze Flecke von den Einschlägen der 75er rückstoßfreien Geschütze, die auf Jeeps montiert sind.

Alles begann am Donnerstag, dem 17. September, kaum 24 Stunden, nachdem König Hussein die Bildung einer Militärregierung bekanntgegeben hatte.

Bereits um 4.55 Uhr Ortszeit fallen die ersten Schüsse. Jeeps mit aufmontierten Maschinengewehren und Panzer der jordanischen Armee bewegen sich auf das Stadtzentrum zu. Auch die Fedayin beziehen Kampfposition. Sie tragen Uniformen oder Zivilkleidung, die Gesichter verhüllt von dem schwarz-weiß gewürfelten Kopftuch, der Kufija, die eine Art Erkennungszeichen geworden ist. Sie verschanzen sich hinter Barrikaden, versperren die Zugänge zur Altstadt und zu den Flüchtlingslagern. Ihre Bewaffnung besteht aus MPi, Maschinengewehren, Granatwerfern und Panzerbüchsen.

Es kommt zu Straßenkämpfen, besonders auf dem Djebel Hachemi und anderen Hügeln, auf denen die Stadt liegt, dem Djebel Mazif und dem Djebel Hussein. Die Panzer des jordanischen Obersts Zeid ben Shaker rücken jedoch unaufhaltsam auf das Stadtzentrum vor, das einer belagerten Festung gleicht, mit MG-Nestern auf den Terrassen und an wichtigen Punkten.

Um das Hotel, in dem wir wohnen, entbrennt bald eine heftige Schlacht. Wir geraten zwischen das Feuer beider Fronten und können das Hotel nicht verlassen. Über das Radio hören wir einen Aufruf Yasser Arafats, des zum Verantwortlichen für alle bewaffneten Kräfte der Revolution ernannten Chefs der Palästinenser, den er aus seinem Stabsquartier im Lager auf dem Djebel Hussein erließ. ‹Leistet Widerstand und seid standhaft, der Sieg ist nahe›, fordert er seine Kämpfer auf. ‹Wir sind stolz auf euren Mut.›

Die Fedayin leisten erbitterten Widerstand.

Am Freitag, dem 18. September, werden die Flüchtlingslager auf dem Djebel Wahdat, dem Sitz des Stabes der Volksfront, und dem Djebel Achrafieh bombardiert. Die jordanische Armee setzt Napalm ein, überall flammen Brände auf. Um 21.43 Uhr erfolgt ein Aufruf über den jordanischen Rundfunk, daß sich alle Ärzte und Krankenschwestern melden sollen.

Doch am Samstag, dem 19. September, kommen die jordanischen Panzer plötzlich nicht weiter. Sie ziehen sich hinter den Maximplatz zurück. (Am Djebel Hussein sollen zehn Panzer vernichtet worden sein.) Sie kommen in den enger gewordenen Straßen der Altstadt nicht voran und werden ein leichtes Ziel der Panzerbüchsen der Fedayin. Daraufhin setzt Marschall Majali Infanterie ein, die sich unter starker Artilleriedeckung langsam weiter vorkämpft, von Haus zu Haus.

Syrien und der Irak erklären sich mit der palästinensischen Bewegung solidarisch. Im Norden Jordaniens sollen syrische Panzer in die Kämpfe eingegriffen, sich dann jedoch zurückgezogen haben. Im Mittelmeer ziehen die Vereinigten Staaten ihre 6. Flotte zusammen, 40 Schiffseinheiten, darunter zwei Flugzeugträger, Marineinfanteristen. Sie kreuzen vor der israelischen und libanesischen Küste.

Heute nun dauern die Kämpfe bereits dreieinhalb Tage. Die Fedayin kämpfen verzweifelt gegen die besser ausgerüstete, besser organisierte und ausgebildete jordanische Armee, die alle ihre militärischen Machtmittel, die ihnen die USA und Großbritannien geliefert haben, einsetzt. Sie muß oft mehrere Angriffe unternehmen, um die Fedayin aus einzelnen Stellungen zu vertreiben. Diese feuern von den Dächern mit MPis und Panzerbüchsen und beweisen verzweifelten Heldenmut. Überall sitzen ihre Scharfschützen.

Seit drei Tagen wagen sich die 500000 Bewohner der Stadt Amman nicht mehr auf die Straße. Hunger stellt sich ein, die

Gefahr von Seuchen droht. Bereits jetzt spricht man von 5000 Toten und 10000 Verwundeten.

Eine Beendigung des Kampfes ist noch nicht abzusehen, obwohl sich die Anzeichen mehren, daß beide Seiten einen Kompromiß suchen. Aber wie soll er aussehen? Die nächsten Tage werden es zeigen.»

Als Ralf Bergner die Feder aus der Hand legte, war es bereits tiefe Nacht. Er lehnte sich in seinem Sessel zurück, der seitlich vom Fenster stand, und lauschte nach draußen. Ab und an fielen Schüsse, fegten Leuchtspurgeschosse quer über den Himmel, eine gelbrote düstere Aureole lag über der Silhouette der Berge, der Häuser und Moscheen.

Seine Gedanken kehrten seit Tagen immer wieder zu denselben Fragen zurück: Wie würde es weitergehen? Würden sie alle heil aus dieser Falle herauskommen? Und vor allem, was würde von der palästinensischen Bewegung übrigbleiben nach diesem Angriff? Würde sie überhaupt ihre bloße Existenz zu retten vermögen?

Die Spuren von Husseins Panzern endeten weit außerhalb des Stadtzentrums. Die Generale hatten einen Sieg innerhalb von 48 Stunden vorausgesagt. Zehn Tage später – Bergner saß bereits wieder heil und gesund in seinem Büro in Beirut – leisteten die Fedayin noch immer Widerstand und hatten mit ihrem verzweifelten Standhalten die Sympathien der arabischen Welt und die aktive Unterstützung der sozialistischen Staatengemeinschaft gewonnen. Freilich bezahlten sie mit einem hohen Preis: Yasser Arafat nannte über 3400 tote und 10800 verwundete Fedayin. Dazu kamen Tausende von Toten und Verwundeten unter der Zivilbevölkerung.

Am 24. September, einem Donnerstag, traf in Amman, in dem die Kämpfe andauerten, eine Friedensabordnung aus Vertretern arabischer Staaten ein, an deren Spitze Präsident Numeiri vom Sudan stand. Unter ihrem Druck und angesichts des tapferen Widerstandes der Kommandos mußte Hussein nachgeben. Er stimmte einem Waffenstillstand zu. Yasser Arafat, der die Verteidigung der Palästinenser von seinem Kommandostand auf dem Djebel Wahdat aus leitete, veröffentlichte über Radio Damaskus eine Erklärung. «Um für unser großes Volk, unsere tapferen Revolutionäre weiteres unschuldiges Blutvergießen zu vermeiden, stimme ich in meiner Eigenschaft als Oberkommandierender der revolutionären palästinensischen Einheiten und in Beantwortung eines Appells der Abordnung arabischer Staatsoberhäupter dem Abschluß eines Waffenstillstandes zu und bitte meine Brüder, ihn einzuhalten.»

Auf Numeiris Rat hin beschloß Arafat, sofort nach Ägypten zu fliegen. Am Freitag, dem 25. September, traf er 20.30 Uhr mit der Friedensabordnung in Kairo ein. Um 22 Uhr kam Präsident Nasser ins «Hilton»-Hotel, in dem Arafat abgestiegen war.

Vier Stunden lang berichteten Arafat und die Abordnung Präsident Nasser über die Lage in Jordanien; es fiel nicht eben günstig für König Hussein aus. Um 02.00 Uhr des 26. 9. telegrafierte Präsident Nasser persönlich an Hussein, er habe sich von dem Umfang des «entsetzlichen Blutbades» überzeugt, das jordanische Soldaten unter der palästinensischen Widerstandsbewegung angerichtet hätten. Er bat den König, umgehend zu einem arabischen Gipfeltreffen nach Kairo zu kommen.

Hussein sah sich einer nahezu geschlossenen Front der arabischen Staaten gegenüber, aber Nassers Prestige hatte darüber hinaus die gesamte progressive Weltöffentlichkeit gegen ihn mobilisiert. Hussein erkannte, ging er in das Lager Israels und der imperialistischen Staaten über, bestand eine reale Gefahr für seine Monarchie. Die verzweifelt um ihre Existenz kämpfenden Palästinenser waren sich der Unterstützung anderer arabischer Staaten und auch der sozialistischen Gemeinschaft gewiß. Es war wenig wahrscheinlich, daß das Königreich trotz weiterer massiver militärischer Lieferungen aus den USA diesen Sturm überstehen könnte.

Am Vormittag des 27. September 1970 flog der Monarch, seine Caravelle selbst steuernd, nach Kairo. Noch am selben Tag fand im «Hilton»-Hotel das Treffen arabischer Staatsoberhäupter statt. Zehn Stühle waren in Hufeisenform in der Mitte des Raumes aufgestellt. Nasser nahm den mittleren, Arafat den letzten am linken Flügel, König Hussein den letzten der rechten Seite. Auch die anderen nahmen Platz: König Feisal von Saudi-Arabien, Emir Sabah von Kuweit, Colonel Ghaddafi von Libyen,

General Numeiri von Sudan, Bahi Laqdham von Tunesien, Präsident Franjieh von Libanon, El Shamy aus Jemen.

Die Sitzung dauerte sechseinhalb Stunden mit einer zweistündigen Pause. Die aus 14 Punkten bestehende Vereinbarung, die dann abgeschlossen wurde, unterstrich nachdrücklich das Recht der palästinensischen Widerstandsbewegung auf freies, nicht von jordanischen Gesetzen eingeengtes Handeln und wies ausdrücklich auf die Notwendigkeit der unabhängigen, selbständigen Existenz des palästinensischen Widerstandes hin. Sie schloß mit den Worten: «Die volle Unterstützung der palästinensischen Revolution ist sicherzustellen, um sie in die Lage zu versetzen, ihrer geheiligten Pflicht zu genügen: der Befreiung ihres Landes.»

König Hussein und Yasser Arafat schüttelten sich die Hände. Die bewaffneten Auseinandersetzungen waren beendet; das weitere Schicksal der palästinensischen Widerstandsbewegung schien gesichert, nicht zuletzt durch die Garantie und das Gewicht, das diese Vereinbarung durch die Person Präsident Nassers erhielt.

Doch die Dinge entwickelten sich anders. Am Montag, dem 28. September 1970, einen Tag nach dem Gipfeltreffen, starb Gamal Abdel Nasser in Kairo im Alter von 52 Jahren an einem Herzinfarkt. Von diesem Tage an sollten sich die Geschicke der arabischen Welt und auch der palästinensischen Widerstandsbewegung anders gestalten.

Der Rückschlag

Noch im Oktober 1970 begann König Hussein mit seinen Beratern eine neue Strategie auszuarbeiten, um sein Ziel, die Zerschlagung der palästinensischen Widerstandsbewegung in Jordanien, doch noch zu erreichen.

Er konnte sich dabei auf die völlige Rückendeckung der USA stützen, ging es den Amerikanern neben vielem anderen auch darum, den letzten Einfluß Großbritanniens auf das jordanische Königreich zu beseitigen.

Da die arabischen Staaten Kuweit und Libyen nach den Septemberereignissen ihre finanziellen Subventionen an Jordanien eingestellt hatten, sprangen die USA ein und gewährten eine Sofortanleihe in Höhe von 50 Millionen Dollar. Der nach der Annahme des Rogers-Planes ins Land geleitete Strom militärischen Materials wurde stärker: Die jordanischen Panzerwaffen und die Artillerie konnten kontinuierlich umgerüstet und modernisiert werden. Die jordanische Luftwaffe wurde auf amerikanische F-5-Kampfflugzeuge umgestellt. Doch damit nicht genug. Der amerikanische Geheimdienst CIA zahlte Hussein viele Millionen Dollar, und seine Leute unterstützten mit «Rat und Tat» die neue Strategie. (Sieben Jahre später erklärte König Hussein in einem Interview, er betrachte die geheimen Zuwendungen für sich selbst und seine engsten Vertrauten als eine völlig normale Sache. Die CIA sei lediglich eine Institution der USA-Regierung und helfe somit nur dem eigenen Lande, eine beiden Seiten nützende Politik durchzuführen.)

Zugleich entwickelte Israel gewiß nicht zufällig in den Monaten nach dem September 1970 eine Politik, die bestimmte Vorteile für Jordanien bot. Die direkten Angriffe auf das Königreich wurden eingestellt. Israel führte Erleichterungen beim Währungsumtausch zwischen dem Ost- und dem Westufer des Jordan ein, eine Erweiterung des Handelsaustausches folgte. Gleichzeitig öffnete Israel die durch sein Gebiet führenden Transportwege für Jordanien, was besonders im Hinblick auf die Seetransporte über den Mittelmeerhafen Gaza von Bedeutung war.

All das stärkte nicht nur die Position König Husseins, sondern machte ihm zugleich die Hände frei, seine neue Strategie in die Tat umzusetzen und gegen die Kommados vorzugehen.

Nach dem Oktober 1970 begannen Hussein und seine Armeebefehlshaber unaufhörlich den militärischen Druck auf die palästinensische Widerstandsbewegung zu verstärken. Die Stellungen der Kommandos wurden eine nach der anderen isoliert, angegriffen und vernichtet. Provokationen und linksradikale Losungen einiger Widerstandsorganisationen lieferten den reaktionären Militärs ständig neue Vorwände. Die Einheitlichkeit der Bewegung war nicht gesichert.

Die jordanischen Ultras, der Rückendeckung und militärischen Hilfe durch die USA und des Stillhaltens Israels gewiß, machten kein Geheimnis daraus, daß sie entschlossen waren, die palästinensische Präsenz in Jordanien zu beenden. Hussein selbst reagierte nur mit Verachtung auf die lautstarken Proteste der anderen arabischen Staaten, die zwar seine Regierung verurteilten, aber nichts taten, den Kommandos wirklich zu helfen.

Das Vorgehen gegen die Widerstandsorganisationen vollzog sich in zwei Stufen: Vom November 1970 bis April 1971 vertrieb die jordanische Armee sie aus den jordanischen Städten – aus Amman, Irbid, Jerasch und Ajloun.

Ende März 1971 gab es fast täglich Zusammenstöße zwischen der jordanischen Armee und palästinensischen Kommandos. Am 26. März kündigte der neue jordanische Ministerpräsident Wasfi at-Tall an, er habe der Armee den Befehl gegeben, «in Irbid die Sicherheit wiederherzustellen». Zwei Tage später dehnten sich die Kämpfe bereits bis Amman aus.

Während der folgenden Tage setzten sich die Kommandos in Lastwagen auf den Straßen in nördlicher Richtung ab. Innerhalb einer Woche hatten auf Befehl Arafats, der zu Recht die Vernichtung des bewaffneten palästinensischen Widerstandes befürchtete und alles tat, dies zu verhindern, alle Kommandos die Stadt Amman verlassen.

Die Zurückdrängung, Einkreisung und Liquidierung der Kommandos wurde Husseins Militärs wesentlich durch die mangelnde Einheit und Koordinierung dieser bewaffneten Kräfte erleichtert. Zwar hatten alle Organisationen beschlossen, sich unter der Führung Arafats zusammenzuschließen, auch Dr. Habaschs Volksfront war dazu aufgerufen worden. Doch der durch die Flugzeugentführungen vom September 1970 zwischen der Al-Fatah und der Volksfront entstandene Bruch, zusammen mit der «Alles-oder-nichts-These» der Volksfront, ließ die Gegensätze nicht so schnell überbrücken. Hinzu kam, daß Husseins mit eiserner Disziplin von erfahrenen Militärs geführte Beduinenarmee zwei nicht zu kompensierende Vorteile besaß: Sie konnte sich in den nicht von den Kommandos kontrollierten Landstrichen und Stadtteilen ungehindert entfalten, ihre Vorbereitungen treffen und die Fedayinstellungen isolieren, und –

was noch schwerer wog – sie konnte Panzer und Artillerie gegen die Kommandos einsetzen, während diese nur leichte Waffen besaßen.

Im Frühjahr 1971 ließen sich die Kommandos im Einvernehmen mit der jordanischen Führung in den benachbarten Gebieten zwischen Ajlun und Jarasch nieder, in der kalten, klaren Gebirgsluft des beginnenden Frühlings. Es waren etwa noch 5000 Fedayin. Einige fanden Unterkunft in den kleinen grauen Häuserwürfeln der Dörfer Sakib, Dibbin, Burma und Sumiya. Andere gruben sich Bunker in den weißen Kalksteinboden oder errichteten sich Zelte.

Einige sprachen von einem neuen Abschnitt des Kampfes für die Befreiung Palästinas. Doch die Männer der Al-Fatah und vor allem die Führung konzentrierten ihre Aufmerksamkeit darauf, eine Verteidigung gegen die jordanische Armee aufzubauen, die entsprechend ihrer neuen Taktik schnell heranrückte und die Kommandos einkreiste. Keiner der realistisch Denkenden gab sich noch irgendwelchen Illusionen hin.

Der tunesische Vertreter Bahi Laqdham klagte als Mitglied der arabischen Waffenstillstandskommission Hussein in aller Öffentlichkeit der «offensichtlichen Absicht» an, die Kommandos zu vernichten. Ägypten, Syrien und der Irak erklärten, sie wollten die palästinensische Widerstandsbewegung nicht untergehen lassen, und Präsident Sadat sagte, die arabische Welt würde diejenigen, die für die Vernichtung der Kommandos verantwortlich seien, zur Rechenschaft ziehen. Oberst Ghaddafi von Libyen forderte die jordanische Armee auf, Hussein zu stürzen. Doch die arabische Solidarität versagte auch diesmal. Den lautstarken Erklärungen folgten keine Taten.

König Hussein lehnte diese und andere rhetorisch-propagandistischen Angriffe im Bewußtsein seiner starken Position verächtlich ab. Am 2. Juni gab er seinem Ministerpräsidenten Wasfi at-Tall den Befehl, «kühn und hart gegen die Handvoll berufsmäßiger Verbrecher und Verschwörer vorzugehen, die sich der Kommandobewegung bedienen, um ihre verräterischen Komplotte zu verschleiern. Ich wünsche, daß gegen sie ohne Verzug, ohne Toleranz, ohne Kompromisse vorgegangen wird.»

Damit ließ er den Ultras unter den jordanischen Militärs freie

Hand. Niemand konnte mehr an des Königs Absicht zweifeln, das zu realisieren, was ihm im September 1970 nicht gelungen war: den palästinensischen Widerstand Stück um Stück zu liquidieren. Die Tage der Kommandos in Jordanien waren gezählt.

Die zweite Etappe der Ausschaltung und schließlichen Vernichtung der palästinensischen Widerstandsbewegung begann. Panzerkolonnen rückten gegen die Fedayingebiete in den Bergen vor. Mit unvergleichlicher Gewalt und Grausamkeit vernichteten die Beduinensoldaten die Kommandos, ermordeten die Fedayin, ihre palästinensischen Brüder.

Niemand wurde verschont; offensichtlich beabsichtigten die Jordanier, auch die letzte Festung der Kommandos, die das Massaker vom September 1970 überlebt hatten, dem Erdboden gleichzumachen. Sie schossen blindlings, nur mit dem Ziel zu töten, und wer überlebte, wurde von ihren Panzern zermalmt.

Die Schlacht von Jerasch und Ajloun bedeutete das Ende der palästinensischen Widerstandsbewegung in Jordanien. Fünf Tage lang – vom 13. bis 17. Juli 1971 – kämpften etwa 3000 Fedayin, die sich in den Wäldern und auf den bewaldeten Hügeln dieser beiden Ortschaften im Norden des Landes verschanzt hatten, mit beispiellosem Heldenmut bis zum bitteren Ende gegen die jordanischen Streitkräfte.

Der örtliche Kommandant, Abu Ali Ajad, Mitglied des Exekutivkomitees der Al-Fatah, lehnte es ab, sich zu ergeben. Kurz bevor er seine Stellung aufgeben mußte, gab er noch einen letzten Funkspruch durch. «Nach diesen wenigen Worten werde ich den Sender zerstören. Besser aufrecht zu sterben, als auf Knien zu leben!» Die jungen Kämpfer der Al-Fatah haben seither diesen Satz nie vergessen.

Nach einer erbarmungslosen Verfolgungsjagd wurde Abu Ali Ajad gefangengenommen, grausam gefoltert, verstümmelt und schließlich getötet.

Siebenhundert Fedayin wurden in diesen fünf Tagen umgebracht, etwa 2000 gefangengenommen, sie wurden später an die syrischen Behörden ausgeliefert. Etwa 100 Fedayin gelang die Flucht nach Syrien oder, für sie eine Demütigung, in das besetzte Westjordangebiet, in dem die israelischen Behörden sie gefangennahmen und als Terroristen aburteilten.

So endete eines der blutigsten Kapitel in der Geschichte des Widerstandskampfes und die bisher glorreichste Etappe der palästinensischen Befreiungsbewegung, deren Höhepunkt der Sieg von Karameh im Mai 1968 gewesen war.

Kaum mehr als drei Jahre waren erst vergangen, seit König Hussein unter dem Eindruck dieser Heldentat die Worte sprach: «Wir alle sind Fedayin!»

Ralf Bergner erlebte die Vernichtung der palästinensischen Kommandos nicht unmittelbar. Als Korrespondent war er zur Beisetzung Präsident Nassers nach Kairo entsandt worden.

Gegen Jahresende 1970 war er von dort in den Libanon zurückgekehrt. Im Frühjahr, als in Jordanien das Kesseltreiben gegen die Palästinenser wieder einsetzte, hatte er versucht, nach Amman zu gelangen. Vergeblich! Man verzögerte die Visaerteilung immer wieder, bis er begriff, daß man ihn nicht würde einreisen lassen. Die jordanischen Behörden hatten die Einreiseformalitäten für Journalisten kompliziert. Vielleicht erinnerte man sich auch noch daran, daß er zu jenen gehörte, die, eingesperrt im Hotel, die Schlacht gegen die Palästinenser miterlebt und darüber objektiv berichtet hatten. Das Urteil war keineswegs zugunsten des jordanischen Königreiches ausgefallen.

Bergner entschloß sich, seine Versuche aufzugeben, Zeit verstreichen und günstigere Umstände eintreten zu lassen. Doch die kamen in der ersten Hälfte des Jahres 1971 nicht – im Gegenteil. Bald sperrten die Jordanier den Nordteil des Landes völlig für ausländische Berichterstatter. Sie wußten, warum.

Erst nach und nach wurde Bergner die ganze Tragweite der mit dem September 1970 eingeleiteten und mit der Vernichtung der letzten Fedayin in den Bergen von Ajloun abgeschlossenen Tragödie des palästinensischen Widerstandes in Jordanien klar.

Mitte 1971 kam ihm ein Dokument in die Hände, das ihm half, die Ereignisse besser zu durchschauen.

Es handelte sich um einen vom ZK der illegalen Jordanischen Kommunistischen Partei einstimmig angenommenen Bericht des Politbüros, der in der Zeitschrift «Al-Akhbar», dem Organ der nunmehr legalen Libanesischen Kommunistischen Partei, abgedruckt war.

Mit Interesse las er diese Einschätzung, die die Überschrift «Das imperialistische Komplott gegen die PLO» trug.

Im Text hieß es unter anderem: «Es ist unmöglich und auch falsch, betrachtete man die Massaker von 1970 und 1971 an den Palästinensern als zweitrangig und isoliert. Die Zusammensetzung der neuen jordanischen Regierung, der Verbleib der jordanischen Armeekontingente in den Städten, die Fortsetzung der Provokation gegen die Bevölkerung, die Besetzung von Amman und Zarqa mit schwerbewaffneten Soldaten, die serienmäßigen Entlassungen aus der Armee und dem Staatsapparat, die Schwächung der arabischen Einheit, besonders mit der VAR nach dem Tode Präsident Nassers, und die plötzlich einsetzende vielfältige, großzügige militärische und finanzielle Hilfe der USA an das jordanische Regime nach ihrer Einstellung von mehreren Jahren, all das deutet darauf hin, daß die Ziele und Hintergründe des Massakers tiefer liegen, als nur der Wiederherstellung von Ruhe und Ordnung zu dienen.

Die Massaker an den Palästinensern waren eine imperialistische Verschwörung. Die Pläne dafür wurden von imperialistischen Geheimdienstzentralen entworfen, und die Ausführung geschah in völliger Übereinstimmung mit jenen Kreisen. In diesem Zusammenhang muß man auch die Manöver der 6. Flotte im Mittelmeer und die Konzentration israelischer Truppen an der Waffenstillstandslinie sehen. Diese Verschwörung stand im Dienste der Globalstrategie des Imperialismus.

Um die wahren Ziele der Juniaggression von 1967 zu erreichen, wurden vom Imperialismus alle Bemühungen zur Durchführung der UNO-Resolution 242 torpediert. Auch wurde Zwietracht gesät zwischen den arabischen Völkern und der Sowjetunion zur Schwächung ihres Bündnisses gegen den Imperialismus, Zionismus und gegen den sozialen Fortschritt.

Der Imperialismus verwirklichte seine Pläne zur Vernichtung der palästinensischen Widerstands- und Befreiungsbewegung in Jordanien, um dieses Land aus der gemeinsamen Front der arabischen Bruderländer herauszubrechen, eine östliche vereinigte Front (Syrien, Jordanien und Irak) gegen Israel zu verhindern und alle proimperialistischen Elemente zu fördern, die zur Kollaboration mit Israel bereit sind.»

Besonders wichtig schien Bergner, was das Dokument zur Rolle der palästinensischen Widerstandsbewegung selbst sagte: «Die abenteuerlichen Praktiken linksradikaler Kräfte in den Widerstandsorganisationen und die Haltung bestimmter arabischer Staaten, die Spaltung in Jordanien zu verschärfen, schufen ein günstiges Klima für die blutigen Ereignisse. Die Grundfehler, auf die die abenteuerlichen Praktiken in den Widerstandsorganisationen zurückzuführen sind, sind folgende:

1. Verkennung des Charakters der gegenwärtigen Etappe des Kampfes, die die Etappe des Kampfes zur Beseitigung der Folgen der israelischen Aggression ist.
2. Das Nichtbegreifen, daß die Widerstandsbewegung Bestandteil der gesamtarabischen Befreiungsbewegung und des weltweiten Kampfes gegen den Imperialismus ist.
3. Unverständnis für die Zusammenhänge und objektiven Gemeinsamkeiten, die beide verbinden.

Folgen dieser Grundfehler waren der Konflikt zwischen den Widerstandsorganisationen und der gesamtarabischen Befreiungsbewegung und dem übrigen weltweiten Kampf gegen den Imperialismus. Beweis dafür sind die schlechten Beziehungen der Widerstandsorganisationen zu der VAR und der Sowjetunion sowie ihre widerspruchsvolle Haltung zu der arabischen kommunistischen Bewegung und den kommunistischen Parteien der ganzen Welt.

Dieser Gegensatz zeigte sich besonders scharf in der Stellung zur politischen Lösung des Kampfes gegen den Aggressor, das heißt letztlich in der Ablehnung des Beschlusses Nr. 242 des UNO-Sicherheitsrates.

Die Losungen von maoistischen und trotzkistischen Gruppen in den Widerstandsorganisationen zeigen deutlich die Verkennung der Aufgaben in der gegenwärtigen Etappe.

Zu diesen linksradikalen Losungen gehören solche wie: ‹Alle Macht den Widerstandsorganisationen!› – ‹Der Weg nach Tel Aviv führt über Amman!› und die Reduzierung aller Formen des Widerstandes einzig auf den militärischen Kampf, einem Leitsatz Mao tse-Tungs folgend, der besagt: ‹Die Politik kommt aus den Mündungen der Gewehre!›»

Im Herbst 1971 erfuhr Ralf Bergner, daß Walid Toufik, einem der führenden Männer der Demokratischen Front, die Flucht aus einem jordanischen Gefängnis gelungen sei und er sich wieder in Beirut aufhielte.

Bergner machte sich unverzüglich auf die Suche nach seinem alten Bekannten, dem er seit dem Interview über die Entführung der TWA-Maschine nicht wieder begegnet war.

Er war an einem Zusammentreffen mit Walid Toufik um so mehr interessiert, als er erfahren hatte, daß dieser an den Kämpfen in Amman teilgenommen und bis zuletzt in der Stadt geblieben war. Lange hatte er als verschollen gegolten.

In einem der Lager der Demokratischen Front erkundigte er sich nach ihm. Dort fragte man ihn mißtrauisch, warum und weshalb er sich gerade für Toufik interessiere. Schließlich versprach man ihm, alles zu tun, um eine Begegnung zu ermöglichen.

Einige Tage vergingen, und Bergner hatte es bereits aufgegeben zu hoffen, als das Rendezvous doch noch zustande kam. War es Zufall oder geschickt arrangiert, daß er ihn eines Abends in dem kleinen Fischrestaurant «Abu Kamal» traf, in das er noch einmal gegangen war, um knusprige, in Öl gebackene kleine Rotfische, den Sardinen ähnlich, zu essen? Jedenfalls legte ihm dort jemand von hinten vertraulich die Hand auf die Schulter und sagte freundlich: «Achlan wa sachlan, ja Rafik Bergner!» Als er sich umwandte, blickte er in das ausgezehrte, hagere Gesicht Walid Toufiks, dessen Wangen eingefallen waren und dessen große graugrüne Augen in tiefen Höhlen lagen. Aber er lachte fröhlich, schien sich über das Wiedersehen aufrichtig zu freuen. Er duldete nicht, daß Bergner ihn einlud, im Gegenteil, er mußte Toufiks Gast sein. «Widersprich nicht – so will es die arabische Sitte. Oder willst du mich beleidigen?»

Bergner wollte das zuallerletzt und fügte sich. Während des Essens, bei einigen Whiskys, die Toufik dem heimatlichen Arrak vorzog, erfuhr Bergner dessen Odyssee, die nach dem Septembermassaker in Amman begonnen hatte und für das Schicksal vieler palästinensischer Fedayin stehen konnte.

«Ich bin damals mit einer der letzten Einheiten aus der Stadt herausgekommen, mußt du wissen», erzählte er, gestenreich seine Worte unterstreichend. «Doch dann gerieten wir um ein Haar in eine Straßensperre und konnten gerade noch nach Osten abbiegen. Wir wußten nun, daß alle Straßen nach Norden gesperrt waren und uns nur noch der Weg ostwärts, in die Wüste blieb. Allzu weit kamen wir nicht. Bald ging unser Benzin zu Ende – außerhalb eines Dorfes. Wir machten uns zu Fuß auf den Weg, Benzin zu holen.

In der Nähe zogen zufällig Beduinen vorüber. In dem Glauben, sie würden uns helfen, wandten wir uns an sie. Doch Irrtum! Sobald sie an unserer Aussprache merkten, daß wir Palästinenser waren, wurden sie feindselig. Mit Mühe gelang es uns nach vielen Reden und Beteuerungen, sie zu bewegen, daß sie uns wenigstens ins nächste Dorf ließen. Husseins Propaganda von den ‹palästinensischen Terroristen› zeigte unter den königstreuen Beduinen Wirkung, dienten doch die meisten ihrer jungen Männer in der Armee.

Nur ging es uns in diesem elenden Dorf am Rande der Wüste nicht besser – eher noch schlimmer: Zuerst waren die Leute mißtrauisch, dann sperrten sie uns ein, nahmen uns die Waffen ab.»

Walid Toufik, der Bergners erstauntes Gesicht richtig zu deuten wußte, zuckte die Schultern und machte eine vage Bewegung mit der Hand. «Was willst du? Hätten wir mit den Pistolen um uns schießen sollen – auf unsere Leute? Die MPis hatten wir sowieso in der Nähe Ammans sicher versteckt. Überwältigt hätten sie uns so und so. Mein Glück war, daß mich keiner erkannte. Ich gab einen falschen Namen an, und», er machte eine Kunstpause, «unter dem saß ich fast zwei Monate in Amman im Gefängnis!» Er hob sein Glas «Cheerio!»

«Als ganz gewöhnlicher Verbrecher?» fragte Bergner.

«Was dachtest du! Hätten sie meine Identität aufgedeckt, würde ich jetzt nicht mit dir hier sitzen. Es war besser, als unbekannter kleiner Verbrecher im Gefängnis zu gelten, als erkannt zu werden.»

«Und wessen klagte man dich an?»

«Es gab keine Anklage, kein Verhör, keine Untersuchung – man ließ uns schmoren.»

«Warum hast du nicht darauf gedrungen?»

«Erst wollte ich es, doch bald begriff ich die Zusammenhänge: Natürlich hatten die Männer des Dorfes uns bei der Polizei abgeliefert mit dem Hinweis, ‹palästinensische Terroristen› gefangengenommen zu haben. Vielleicht wollten sie sich eine Prämie verdienen. Aber Husseins Polizisten sind nicht alle, wie er sie sich wünscht. Einige, die wußten, wie die Dinge liefen, drängten mich in die Rolle des kleinen Diebes und Betrügers. Nicht ohne Hintergedanken. Ich, der zuerst von all dem nichts verstand, bestand hartnäckig darauf, den Gefängnisdirektor zu sprechen, ihm zu enthüllen, wer ich sei. Ein Glück, daß einige, die mit uns sympathisierten, dies verhinderten. Ihnen verdanke ich, daß ich herauskam.»

«Und wie?» fragte der Journalist gespannt.

Walid Toufik, der sich wie die meisten Araber aufs Erzählen verstand, trank genießerisch seinen Whisky in kleinen Schlukken zu Ende, ehe er weitersprach. «Einer der Wärter – ich weiß nicht mal seinen Namen – flüsterte mir eines Tages zu: ‹Hör endlich auf, uns Scherereien zu machen, Rafik!› – An der Anrede erkannte ich sofort, daß er Bescheid wußte. Er machte mir klar, im Augenblick sei ich hier am sichersten, draußen käme ich nicht weit. Zu viele kannten mich. Ich verhielt mich still und wartete.

Eines Tages bedeutete man mir, ich solle mich krank melden, das tat ich auch: Magen, Darm. Da sie Angst vor einer Epidemie hatten, überführten sie mich in ein Krankenhaus. Unterwegs hielt der Krankenwagen plötzlich, der Beifahrer riß die Tür auf, flüsterte mir zu: ‹Gib mir einen heftigen Stoß, daß ich hinstürze, und verschwinde!› Der arme Kerl tut mir noch heute leid. Der Rest war nicht mehr kompliziert.»

«Und?» fragte Ralf Bergner.

«Freunde versteckten mich – und jetzt bin ich hier.»

Eine Zeitlang schwiegen beide, schließlich fragte Bergner: «Wie wird es mit der PLO weitergehen, nach Jordanien?» Etwas provokatorisch setzte er hinzu: «Habt ihr überhaupt noch Chancen?»

Erregt fuhr Walid Toufik auf. «Natürlich! Was weißt du schon? Es gibt auch andere Methoden des Kampfes, und sie werden es teuer bezahlen! Aber das verstehst du nicht.»

Ralf Bergner dachte an die Flugzeugentführungen der Organisation und fragte nicht weiter.

Etwas verkrampft ging ihr so freundschaftlich begonnenes Essen zu Ende. Sie schieden als zwei, die einander doch nicht ganz verstehen.

Die Saat der Gewalt

Am Morgen des 6. September 1972 betrat Ralf Bergner wie stets als erster, noch ehe Viktor, der libanesische Mitarbeiter, seine Arbeit begonnen hatte, die Büroräume, die unmittelbar neben seiner Wohnung lagen.

Sein Blick fiel wie gewohnt zunächst auf den Fernschreiber, der wie üblich im Laufe der Nacht eine Papierschlange ausgespien hatte. Er überflog den Text. Erstaunt und zugleich erschrocken las er die folgende DPA-Meldung: «In den frühen Morgenstunden des 5. September überfielen acht schwerbewaffnete arabische Terroristen das Quartier der israelischen Olympiamannschaft in München, erschossen zwei Sportler und nahmen neun Israelis als Geiseln. Die Verantwortung für das Kommandounternehmen übernahm die Untergrundorganisation ‹Schwarzer September›. Nach einem Tag intensiver Verhandlungen mit den Terroristen, die deutscherseits auf höchster Ebene geführt wurden, scheiterte in der Nacht zum 6. September auf dem Militärflugplatz Fürstenfeldbruck bei München der Versuch, die Araber in eine Falle zu locken und die gefangenen Israelis zu befreien. Bei dem blutigen Massaker kamen alle Geiseln und ein deutscher Polizeibeamter ums Leben. Drei der acht Terroristen überlebten die Schießerei und konnten verhaftet werden.»

Gedankenverloren starrte Ralf Bergner auf das Blatt des Fernschreibers. Da fiel sein Blick auf eine weitere Meldung. Es handelte sich um Ausschnitte aus einem Kommentar der «Bild-Zeitung». In dem Text hieß es unter anderem: «Das Land Israel erlebt einen Schock. Mehr als je zeigt sich, daß das Ausland, die Bundesregierung inbegriffen, unfähig ist, israelische Bürger –

und seine eigenen – vor dem arabischen Terrorismus zu schützen.

Nun muß Jerusalem seine Haltung gründlich überprüfen. Aus Trauer und Abscheu, aus Resignation und Zorn muß nun der Entschluß wachsen, künftig Gleiches mit Gleichem zu vergelten, um weiteren Katastrophen nach Möglichkeit zuvorzukommen. Terror muß Gegenterror erzeugen, und von nun an wird es heißen Aug' um Aug', Zahn um Zahn.»

Bösartiger ließ es sich kaum ausdrücken.

Es war nicht nur eine offene Aufforderung an die Israelis, die Terrorpolitik gegenüber dem palästinensischen Volk fortzusetzen. Es wurden auch bewußt Ursache und Wirkung ins Gegenteil verkehrt.

Bergner war überzeugt, daß Männer wie Arafat, Sami Hadawi, Kamal Nasser und sein Freund Kamal Adwan die Geiselnahme nicht guthießen. Doch ihm fielen auch die Worte Walid Toufiks ein, der von «anderen Methoden des Kampfes» gesprochen hatte. Der Journalist zweifelte nicht daran, daß diejenigen, die das organisiert hatten, mochten sie auch aus einer scheinbar noch so begründeten Überzeugung handeln, der palästinensischen Bewegung riesengroßen Schaden zufügten. Mußten nach München nicht viele Menschen die Rechtmäßigkeit ihrer Ansprüche in Zweifel stellen?

Er war entschlossen, mehr über jene Leute in Erfahrung zu bringen, die sich in Erinnerung an die Ereignisse von Amman «Schwarzer September» nannten.

Dieses Vorhaben war jedoch schwieriger als gedacht, ja es führte zu nichts.

Chaim Herzog, israelischer Brigadegeneral und früherer Chef des militärischen Nachrichtendienstes, ordnete den «Schwarzen September» der Al-Fatah zu. «Er ist in der Tat eine Operationseinheit der Al-Fatah, die die Aufgabe hat, diejenigen Aktionen auszuführen, die in einem früheren Stadium die Al-Fatah selbst ausführte.» Und in einer Sendung des BRD-Fernsehens erklärte ein anonym bleiben wollendes ehemaliges Mitglied der Al-Fatah: «Es gibt keinen Unterschied zwischen dem ‹Schwarzen September› und der Al-Fatah, außer, daß es sich beim ‹Schwarzen September› um eine Spezialgruppe handelt, weil sie eine andere

Ausbildung durchmachen muß. Aber die Verantwortung, die Führer sind die gleichen.»

Bergner, der überzeugt war, daß dies nicht der Wahrheit entsprach, gelang es nicht, das Gegenteil zu beweisen, sosehr er sich auch mühte.

Erst viele Jahre später las er im Buch von Abu Ijad, der zur Führung der Al-Fatah gehörte, etwas über die Haltung dieser Organisation zum Terrorismus, zum «Schwarzen September» und zu den Ereignissen in München: «Das Attentat des ‹Schwarzen September› während der Olympischen Spiele in München im September 1972 wurde von der Al-Fatah (die zuvor die Flugzeugentführungen, später die Besetzung der Botschaft Saudi-Arabiens in Paris 1973 und den Überfall auf den Sitz der OPEC 1975 in Wien verurteilt hatte) nicht verurteilt ...

Meiner Veranlagung und meiner politischen Überzeugung nach», schrieb der Autor in seinem 1979 erschienenen Buch «Heimat oder Tod», «bin ich ein entschiedener Gegner des politischen Mordes und des Terrorismus im allgemeinen. Doch ich verwechsle nicht – wie viele Menschen in der ganzen Welt – revolutionäre Gewalt mit Terrorismus: Das erste ist ein politischer Akt, das zweite hingegen nicht. Die Tat eines einzelnen, die außerhalb jeglicher Organisationsform und ohne strategisches Ziel begangen worden ist, die einer subjektiven Motivation entspringt und den Kampf des Volkes zu ersetzen vorgibt – diese Tat lehne ich ab. Revolutionäre Gewalt hingegen fügt sich in den Rahmen einer breit strukturierten Bewegung, dient ihr als zusätzlicher Machtfaktor und trägt dazu bei, der Bewegung neue Impulse zu verleihen.»

Als Marxist vermochte Bergner einer derartigen subjektiven, idealistisch verbrämten Interpretation von revolutionärer Gewalt nicht zuzustimmen und war geneigt, heftig gegen solchen Standpunkt Stellung zu nehmen.

Doch dann dachte er an die damals, 1972, in der palästinensischen Bewegung noch vorherrschende ungenügende politisch-organisatorische und ideologische Klarheit, die wiederum der heterogenen und in erster Linie kleinbürgerlichen Klassenbasis der Bewegung entsprang.

Machmud Hamchari, Vertreter der PLO in Paris, 1972 durch israelischen Geheimdienst getötet

Interessant war, was der Verfasser über den «Schwarzen September» schrieb: «Die Organisation ‹Schwarzer September› war nie eine terroristische Organisation. Sie agierte als Stütze der Widerstandsbewegung, als diese nicht mehr in der Lage war, ihre militärischen und politischen Aufgaben ganz zu erfüllen. Ihre Mitglieder haben immer wieder betont, daß sie organisatorisch mit der Al-Fatah oder der PLO nicht zusammenhängt. Ich habe viele von ihnen gekannt und kann bestätigen, daß sie zumeist verschiedenen Fedayin-Organisationen angehörten. Sie scherten aus deren Reihen aus und gingen einen anderen Weg.»

Die Reaktion Israels – das die Ereignisse von München durch seine Eroberungs-, Terror- und Massenvernichtungspolitik erst provoziert hatte – ließ nicht lange auf sich warten: Achtundvierzig Stunden danach bombardierte die israelische Luftwaffe erbarmungslos zehn palästinensische Flüchtlingslager in Syrien und Libanon, mehr als zweihundert Zivilpersonen wurden getötet und verwundet. Zugleich tötete der israelische Geheimdienst Schin Beth, geübt und erfahren im individuellen Terror, systematisch PLO-Vertreter im westlichen Ausland:

1972, 16. Oktober: Abdel Wael Zuaiter, Vertreter der Al-Fatah in Italien, wird ermordet.

1972, 8. Dezember: Machmud Hamchari, offizieller Vertreter der PLO in Paris, kommt duch einen ferngesteuerten Sprengkörper ums Leben.

1973, 25. Januar: Hussein Abdul Kheir, Vertreter der PLO in Nikosia, fällt einem Anschlag zum Opfer.

1973, 6. April: Dr. Bassel el Kubeisi, Mitglied der PFLP-Führung, Dozent an der Amerikanischen Universität in Beirut, wird im Zentrum von Paris durch Gewehrschüsse tödlich getroffen.

Durch Sprengstoffakte werden führende PLO-Vertreter verletzt:

Beirut: Bassam Abu Cherif, Chef des Nachrichtenwesens der Volksfront, und
Dr. Anis Ajagh, Historiker und Leiter des Palästinensischen Forschungszentrums,
erleiden beide entstellende Verletzungen.

Algier: Abu Khalil, PLO-Vertreter, wird schwer verletzt.

Tripolis: Mustafa Awad Zeid, PLO-Vertreter, erblindet und bleibt gelähmt.

Stockholm: Omar Sufan, Direktor des Roten Halbmondes, verliert an beiden Händen die Finger.

Bonn: Adwan Hamad, Führungsmitglied der Vereinigung der palästinensischen Studenten, wird schwer verletzt.

Kopenhagen: Ahmed Awadallah, einem PLO-Studenten, muß ein Arm amputiert werden.

Am Morgen des 10. April 1973 holen die israelische Armee und der israelische Geheimdienst Schin Beth zu einem entscheidenden Schlag gegen die Führung der PLO in Beirut aus: Am Dienstag, dem 10. April 1973, 1.00 Uhr, landen israelische Stoßtrupps in der Nähe von Beirut und Saida. Drei führende Mitglieder der PLO werden in ihren Wohnungen mitten in Beirut ermordet – Kamal Nasser, Kamal Adwan und Jussuf an-Nadschar, der den Decknamen Abu Yussef trug. Abu Leila, ein Führer der Demokratischen Front zur Befreiung Palästinas (DFLP), wird schwer verletzt.

Ein Sprecher des israelischen Oberkommandos erklärte am Abend des 10. April, daß «alle Stoßtrupps ihre Ziele erreicht haben» und zwei israelische Soldaten getötet und zwei verwundet wurden.

Ralf Bergner traf die Nachricht vom Tode der drei Palästinenserführer unerwartet und berührte ihn tief. Er kannte ja alle drei von Angesicht, zwei von ihnen hatte er als gute Bekannte bezeichnet und einen, Kamal Adwan, seinen Freund genannt.

Immer wieder sah er Kamal Adwan vor sich, den kugeligen Kopf, die borstigen Haare, seine ruhige Art, hinter der man eine gezügelte Leidenschaftlichkeit ahnte, die nur selten aus ihm hervorbrach. Kamal Adwan war nicht mehr – es wollte Bergner nicht in den Kopf. Er sah sich noch einmal zusammen mit ihm beim Begräbnis der Helden von Karameh. Fünf Jahre lag das nun schon zurück.

Damals war ihm auch zum erstenmal Kamal Nasser begegnet, der Sprecher der PLO. Kamal Nasser war ein bedeutender Dichter, der es wie kaum ein anderer verstand, der Verzweiflung des palästinensischen Volkes wie auch seiner Hoffnung Ausdruck zu geben. Er war von bestechender Intelligenz, äußerst sensibel und stets guter Laune, geistreich, witzig; ein kultivierter Intellektueller, mit dem es Spaß machte, zu streiten, in einer Diskussion, die wie ein Fechten mit dem Florett war: blitzend, elegant, präzise und zugleich messerscharf. Bergner erinnerte sich stets gern daran. Kamal Nasser war ein überzeugter Anhänger der Baath-Partei gewesen, hatte sich dann jedoch von ihr losgesagt, als er feststellen mußte, daß diese nicht immer in Übereinstimmung mit den Grundsätzen handelte, an die er glaubte. Trotz seiner Sympathie für die Al-Fatah trat er dieser nicht bei, da er nicht völlig mit ihr übereinstimmte. Als «Unabhängiger» fungierte er als Sprecher der PLO – das war nicht immer ein leichtes Amt. Doch man fand kaum einen Geeigneteren, denn er war absolut integer und der Sache ergeben.

Der Krieg 1967 überraschte ihn in Ramallah, das dann zum besetzten Gebiet gehörte. Als überzeugter palästinensischer Patriot, dem von Erziehung und Bildung jegliche Art von Gewalt fernlag, nutzte er sein Leben unter der Besatzung, um mit zahl-

Kamal Nasser, 10. 04. 1973 in Beirut von israelischen Soldaten ermordet

reichen israelischen Persönlichkeiten ins Gespräch zu kommen.

«Ich habe versucht», erklärte er 1969 in Kairo, «sie zu überzeugen, die sich ihnen bietende einmalige Chance zu nutzen und den Frieden im Austausch zu den von ihnen eroberten Gebieten zu erringen. Vergeblich. Die Zeit der Verhandlungen wird später einmal kommen, jetzt bleibt keine andere Lösung: Die Fedayin müssen ihn mit der Gewalt erkämpfen.»

Und er war zu einem ihrer Verfechter in vorderster Front geworden, er kämpfte mit Gedichten und mit seinen Artikeln in der offiziellen Zeitschrift der PLO, der «Falistine Al-Thaura», der «Palästinensischen Revolution». Als Unabhängiger wollte er eine Art Klammer der verschiedenen Strömungen der PLO sein – und war es in der Tat. Sein Lieblingsthema war die Einheit der palästinensischen Widerstandsbewegung.

Auch ihn hatten sie nun ermordet. Bergner konnte sich keinen vorstellen, der jeglichem Extremismus ferner gestanden hätte. Kamal Nasser war es, der ihm im Herbst 1968 zu seinem größten journalistischen Erfolg, dem Interview mit Abu Amar, verholfen hatte. Nein, diese sinnlose Ermordung von Menschen war für Bergner nicht nur eine Pressenachricht, sie ging ihn ganz persönlich an.

Nach allem drängte es ihn, etwas Genaueres zu erfahren. Das war nicht leicht für einen ausländischen Journalisten, auch wenn er von der Widerstandsbewegung als vertrauter und zuverlässiger Berichterstatter angesehen wurde.

Arafat selbst zu fragen, kam diesmal nicht in Betracht. Kamal Adwan, der früher solche Kontakte für ihn hergestellt hatte, war tot. Er wandte sich an das «Palestine Study Center». Zu seinem Erstaunen ließ man ihm bereits einige Tage später mitteilen, Abu Ijad, mit richtigem Namen Salah Chalaf, sei bereit, mit ihm zu sprechen. Es war Abu Ijad gewesen, der damals das Arafat-Interview mit Bergner zu Ende geführt hatte.

Sie trafen sich in einem einfachen, etwas schmuddelig wirkenden Wohnhaus im Zentrum Beiruts, nicht weit von der Hamra, der Luxus- und Schaufensterstraße, entfernt. Ein junger, einsilbiger Mann hatte Bergner auf verschlungenen Umwegen dahingebracht.

Sie saßen sich auf Polstern bei einem Täßchen Kaffee gegenüber. Der Journalist spürte sofort, daß Abu Ijad zugeknöpft, schwer anzugehen war. Der begann dann auch gleich – einige Töne zu förmlich: «Rafik Bergner, ich habe zugestimmt, weil ich Sie kenne. Nur wird nicht viel dabei für Sie herauskommen. Westliche Blätter haben längst ihre Sensationsstory gehabt. Dagegen kommen auch Sie, Rafik Bergner, mit einer objektiven, für die PLO Partei nehmenden Geschichte jetzt nicht an. Unsere Freunde wissen auch so, daß es Mord war, reiner kaltblütiger Mord an wehrlosen Menschen. Wir selbst reden nicht gern über unsere Leichtfertigkeit und Nachlässigkeit.»

Ralf Bergner, innerlich erregt, versicherte: «Vielleicht ist Ihnen mein Wunsch nicht richtig übermittelt worden. Ich habe ein persönliches, ganz persönliches Interesse daran, die Umstände zu erfahren. Es ist nicht unbedingt meine Absicht, einen Artikel daraus zu machen. Für Sensationsberichte und knallig aufgemachte Gruselstories haben wir in unseren Zeitungen sowieso keinen Platz.»

Abu Ijad atmete sichtlich auf. «Gut, wenn das so ist. Was wollen Sie also wissen?»

«Schildern Sie mir bitte Ihre persönlichen Erlebnisse und Eindrücke. Ich möchte die Wahrheit wissen, wie es wirklich zuging.»

Zuerst etwas zögernd, begann Abu Ijad zu sprechen, doch bald fiel er in seinen gewohnten lebhaften Ton. «Der Zufall ergab, daß der Zentralrat der PLO, dem wir alle fünf – Kamal Nasser, Jussuf an-Nadschar, Kamal Adwan, Yasser Arafat und ich selbst – angehören, beschlossen hatte, am 9. und 10. April ausnahmsweise in Beirut zu tagen und nicht – wie üblich – in Damaskus. Die Sitzung vom 9. endete erst sehr spät, und ich übernachtete, wie ich es häufig tat, bei Kamal Nasser. Nach der Vormittagssitzung am nächsten Tag schlugen mir Nadschar, Adwan und Nasser vor, in einem Restaurant am Strand, in dem es ausgezeichneten Fisch gibt, mit ihnen gemeinsam Mittag zu essen.

Nach einer angenehm verlaufenen Mahlzeit, die wir in ausgelassener Stimmung einnahmen, kehrten wir zum Zentralrat der PLO zurück. Die Beratungen waren erst gegen 21 Uhr beendet.

Jussuf an-Nadschar und Kamal Adwan gingen anschließend nach Hause; ich hätte den Abend gern bei Kamal Nasser verbracht. Zu meiner großen Überraschung aber antwortete er mir in scherzhaftem Ton: ‹Lieber sterbe ich, als daß ich dich in meine Wohnung lasse.› Dann erklärte er mir, daß er auf den soeben verstorbenen Dichter Issa Nakhla eine Elegie verfassen müsse, und meine Gegenwart würde ihn sicherlich von der Arbeit abhalten. Also trennte ich mich von ihm.

Mitten in der Nacht hörte ich Schüsse. Ich sah auf die Uhr. Es war Null Uhr dreißig. Der Schußwechsel wurde immer heftiger; und schließlich hörte man schwere Detonationen. Ein Granathagel ging auf das Gebäude der Demokratischen Front nieder. Langsam begann ich zu ahnen, was sich hier abspielte, als der Hausmeister in die Wohnung stürzte und mit erstickender Stimme schrie: ‹Die Juden! Die Juden sind da!› Er zitterte am ganzen Körper und war unfähig, noch ein weiteres Wort hervorzubringen. Da wir nur mit Revolvern bewaffnet waren, konnten meine drei Begleiter und ich nicht viel tun. Wir versteckten uns im Treppenhaus der vierten Etage. Einer holte den Fahrstuhl in den fünften Stock, wo er ihn außer Betrieb setzte, indem er die Tür blockierte. Die Angreifer wären somit gezwungen gewesen, zu Fuß heraufzukommen. Sie würden auf unseren Widerstand stoßen; denn wir waren entschlossen, uns bis auf die letzte Kugel zu verteidigen.

Plötzlich hörten wir eine heftige Explosion, gefolgt von Krachen und Prasseln. Wir vermuteten, daß das Gebäude der DFLP gesprengt wurde. Nach und nach wurden die Schüsse seltener. Meine Freunde gingen auf die Straße und beobachteten die israelischen Kommandos, die sich zurückzogen und dabei noch vereinzelte Schüsse abgaben. Unsere Feinde trugen Drillichanzüge der Fedayin, sprachen aber untereinander hebräisch. Ich ging auf die Straße und fand dort die leblosen Körper von drei Fedayin.

Ich überquerte die Straße und ging zu Arafats Wohnung; auch ihm war nichts passiert. Er erzählte mir, die Israelis hätten das Haus, in dem er wohnte, unter Beschuß genommen; das Feuer sei jedoch schon bald wieder eingestellt worden. Offensichtlich wußten die Angreifer nicht, daß er dort wohnte. Außerdem hätten seine Leibwächter erbitterten Widerstand geleistet.

Ich faßte sofort den Entschluß, in die Rue Verdun zu fahren, in der die Wohnungen der Opfer lagen. Angesichts des großen Risikos, das hiermit verbunden war, versuchte Arafat, mich von meinem Vorhaben abzubringen – doch vergebens.

Beim Anblick, der sich mir in Kamal Nassers Wohnung bot, packte mich das Grauen. In dem dichten Rauch – hervorgerufen durch eine Rakete, die die Israelis kurz vor ihrem Angriff abgeschossen hatten – entdeckte ich meinen Freund in der Stellung des Gekreuzigten am Boden liegend. Die Konturen seines Mundes waren wie gezackt; mehr als fünfzehn Kugeln steckten in ihm. Kamal war Sprecher der PLO gewesen. Sein Bett sowie die Liege im Wohnzimmer, auf der ich meistens schlief, waren durchlöchert.

Kamal trug einen Pyjama; der Überfall hatte ihn wahrscheinlich im Schlaf überrascht, oder er wollte in dem Augenblick ins Bett gehen. Das Fenster war geöffnet und die Jalousie heruntergerissen, so als ob er zunächst versucht hätte zu fliehen. Danach hatte er sich mit seinem Revolver verteidigt, den wir neben ihm fanden. Aber sein Widerstand war sicher kurz, denn es fehlten nur zwei Kugeln. Da erinnerte ich mich, wie ich oft scherzhaft zu ihm gesagt hatte: ‹Du bist nur ein Dichter und wirst nie in deinem Leben deine Waffe benutzen!› Ich hatte gar nicht so unrecht gehabt.

Die Umstände, die zum Tod unserer beiden anderen Kameraden geführt haben, sind uns durch Aussagen ihrer Angehörigen besser bekannt. Mit einer Pistole, die mit einem Schalldämpfer versehen war, schossen die israelischen Kommandos zuerst den Fedayin nieder, der vor dem Eingang des Gebäudes Wache hielt. Dann fuhren sie mit dem Fahrstuhl in den sechsten Stock. Mit einem Sprengsatz verschafften sie sich gewaltsam Eingang in Nadschars Wohnung. Er und seine Frau schliefen schon. Die Kinder aber – der 16jährige Jussuf und die vier Töchter – waren noch wach; sie saßen in ihrem Zimmer bei den Schularbeiten. Der junge Jussuf lief als erster zur Wohnungstür und stand plötzlich bewaffneten Isarelis gegenüber, die ihn auf Arabisch anschrien: ‹Wo ist dein Vater?›

Von Panik gepackt, rannte der Junge in sein Zimmer zurück und kletterte aus dem Fenster, um sich an einer Kanalisationsleitung bis in die darunterliegende Wohnung hinabgleiten zu lassen. Dort suchte er Zuflucht.

Nadschar und seine Frau, die inzwischen von dem Lärm wach geworden waren, schlossen sich im Wohnzimmer ein, das zwischen Schlafzimmer und Flur lag. Plötzlich knallten Schüsse hinter der Tür, die gleich darauf aufgestoßen wurde, Nadschar schwankte, schwer getroffen. ‹Feiglinge! Verräter!› rief er seinen Angreifern zu. Seine Frau versuchte ihn zu schützen, indem sie sich zwischen ihren Mann und die Israelis stellte. Doch eiskalt schossen sie weiter und töteten beide.

Zur selben Zeit versuchten andere Israelis, in die im zweiten Stock gelegene Wohnung Kamal Adwans einzudringen. Adwan, der noch gearbeitet hatte, war durch die Geräusche im Treppenhaus gewarnt. Kaum hatte er seine Maschinenpistole ergriffen, als die Angreifer auch schon die Eingangstür aufbrachen. Bevor er überhaupt den Finger am Abzug bewegen konnte, brach er, von mehreren Schüssen getroffen, zusammen. Eine zweite Gruppe von Israelis, die außen am Haus an einer Rohrleitung emporgeklettert und durch das Küchenfenster gestiegen war, hatte ihn in den Rücken geschossen. Seine Frau und sein Kind, die hilflos dieser grausamen Tat zusehen mußten, blieben von den Israelis verschont, die dann in die dritte Etage stiegen, um ihr drittes Opfer niederzumetzeln, Kamal Nasser.»

Abu Ijad schwieg, und geraume Zeit war nichts anderes zu hören als Ralf Bergners gepreßter Atem. Er griff zur Tasse und schlürfte das letzte Schlückchen, um seiner Bewegung Herr zu werden.

Abu Ijad seufzte. «Ja, Rafik Bergner, so starben sie alle drei!»

«Und niemand konnte sie schützen?»

«Sehen Sie, Genosse Bergner, es ist offensichtlich: Die Kommandos von General Dayan, dem israelischen Verteidigungsminister, hätten kaum drei Stunden lang ungestört mitten in Beirut operieren können, wenn sie nicht an Ort und Stelle starke Verbündete gehabt hätten. Die Armee, die Gendarmerie und die Sicherheitskräfte des libanesischen Staates haben nicht einmal versucht einzugreifen. Sowohl in Beirut als auch im Süden des Landes konnten sich die Israelis mit erstaunlicher Sicherheit bewegen.»

Nach einer Pause fügte Abu Ijad hinzu: «Israel besitzt in seinem Kampf gegen das palästinensische Volk unvergleichlich bessere Möglichkeiten als wir. Es verfügt über gut organisierte und gut ausgerüstete Verbände, über moderne Technik sowie über zahlreiche Botschaften im Ausland, die als Nachschubbasen dienen. Hinzu kommt die bedingungslose Unterstützung von Mitgliedern der jüdischen Gemeinden, die über die ganze Welt vertreut sind. Die Palästinenser hingegen verfügen nicht einmal über einen eigenen Staat, geschweige denn über einen sicheren Schlupfwinkel. Sie müssen nicht nur Israel die Stirn bieten, sondern auch zahlreichen anderen Staaten, sogar im arabischen Lager. Und dennoch haben wir in diesem ungleichen Kampf einige großartige Erfolge verbuchen können.

Zweifellos haben die Israelis ihr Ziel, die führenden Köpfe der Fedayin-Bewegung zu liquidieren, nicht erreicht, doch sie haben das nicht aus dem Auge verloren. Sie glauben, dadurch die palästinensische Befreiungsbewegung zerstören zu können. Der Generalsekretär der Demokratischen Front, Naif Hawatmeh, entging dem Tod, da er sich in dieser Zeit in Aden aufhielt. Auch Yasser Arafat, dessen Ermordung zweifellos eines der

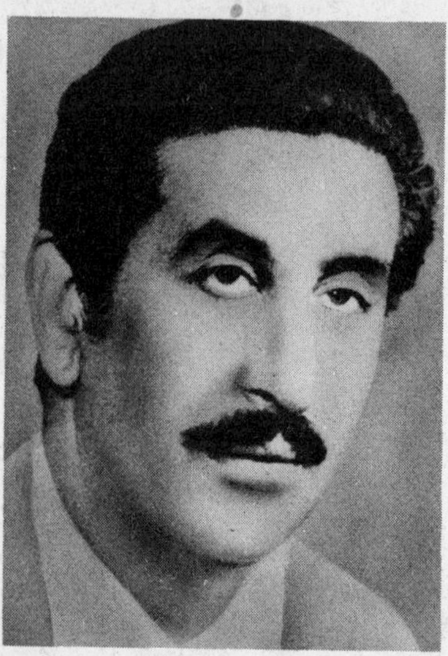

Jussuf an-Nadschar (Abu Yussef), ebenfalls am 10. 04. 1973 in Beirut ermordet

Hauptziele war, befand sich in keinem der angegriffenen Objekte. Und George Habasch entging den israelischen Mordkommandos, weil sein Domizil völlig illegal war. Ich selbst bin ohne Zweifel nach wie vor eine ihrer vorrangigen Zielscheiben. Jahrelang hat der israelische Nachrichtendienst – unterstützt vom jordanischen und US-amerikanischen Geheimdienst – eine Pressekampagne gegen mich geführt. Sie bemühen sich, mich als Kopf des ‹Schwarzen September› abzustempeln und als den Mann, der für eine Reihe von Terroranschlägen verantwortlich wäre, für die jedoch bereits verschiedene andere Organisationen die Verantwortung übernommen haben. Da ich Blutvergießen verabscheue, war ich stets bemüht, die jungen Hitzköpfe der Widerstandsbewegung zu hindern, Attentate zu verüben, die ich im Hinblick auf unsere Sache für sinnlos, ja für schädlich halte.»

Die Okkupation

Im Mai 1973 war Ralf Bergner dabei, Informationen über die Lage in den von Israel besetzten palästinensischen Gebieten zu sammeln. Im Frühjahr dieses Jahres war die Palästinensische Nationale Front gegründet worden, über die noch keiner etwas Genaues wußte.

Bergners Freund von der Libanesischen Kommunistischen Partei, Nadim, machte ihn auf einen längeren Artikel darüber in der Zeitschrift der LKP aufmerksam. «Al Akhbar» veröffentlichte am 13. Mai 1973 – kurz nach Gründung der Palästinensischen Nationalen Front – ein Interview, in dem einer ihrer Führer zur Aktivität und zur Rolle der Kommunisten in den okkupierten arabischen Territorien Stellung nahm. Arabi Awad, Sekretär des Führungskomitees der Kommunistischen Partei im Westjordanland, erklärte, zu den wichtigsten Kräften der PNF gehöre die Kommunistische Partei. Sie spiele eine Schlüsselrolle bei der Bildung der Nationalen Front. Ihr gehörten außerdem Vertreter von Massenorganisationen, Einzelpersönlichkeiten und verschiedene Abteilungen der palästinensischen Widerstandsbewegung an.

Die Nationale Front bemühe sich um die Herstellung von Beziehungen zu allen Kräften und Organisationen, die gegen die Okkupation sind, allen voran zu den israelischen Kommunisten, deren Politik im Westjordangebiet hoch geschätzt werde. Desgleichen werde mit anderen linksgerichteten israelischen Kräften kooperiert.

Selbst arabische Großgrundbesitzer im Westjordangebiet arbeiteten mit den revolutionären Kräften zusammen, insbesondere mit den Kommunisten. Die Gemeinsamkeiten zwischen den Kommunisten und den anderen nationalen und revolutionären Kräften umfaßten auch die Anstrengungen zur Verteidigung der heiligen Stätten, wobei man mit Geistlichen wie auch mit anderen Parteien und Gruppen zusammenarbeite.

Bereits im Sommer 1967 hatten die verschiedenen palästinensischen Widerstandsgruppen in den okkupierten Gebieten mit militärischen Aktionen den Kampf gegen die Besatzungsmacht aufgenommen. Daneben entwickelten sich Formen des politischen Widerstandskampfes. Um ihn zu organisieren und zu koordinieren, wurde im Frühjahr 1973 die Palästinensische Nationale Front gegründet. In ihr schlossen sich Vertreter der verschiedensten politischen und gesellschaftlichen Gruppen des Westjordanlandes zusammen: Nationalisten, Mitglieder der Kommunistischen Partei Jordaniens, der Baath-Partei, Gewerkschafter und andere.

Die PNF erkannte die PLO als einzig legitime Vertreterin des palästinensischen Volkes an. In der Präambel ihres Programms heißt es dazu: «Die Palästinensische Nationale Front versteht sich als integrierender Bestandteil der Palästinensischen Befreiungsorganisation (PLO), die ihrerseits wiederum Teil der gesamtarabischen Befreiungsbewegung ist.»

Das Programm der PNF wurde später veröffentlicht. Darin sind in 13 Punkten die wesentlichen Aspekte des Widerstandes gegen die israelische Okkupation zusammengefaßt, insbesondere: Wiederherstellung der legitimen Rechte des palästinensischen Volkes, Ablehnung aller sogenannten Autonomie-Pläne, Verteidigung des arabischen Bodens und Schutz der arabischen Wirtschaft in den besetzten Gebieten, Bewahrung der nationalen Kultur. Die PNF setzt sich für die Unterstützung der Häftlinge in den israelischen Kerkern ein. Schließlich heißt es in ihrem Programm: «Die Front legt Gewicht auf die Brüderlichkeit und die Solidarität unter allen fortschrittlichen und revolutionären Bewegungen der ganzen Welt, insbesondere der sozialistischen Länder. Sie kämpft um die Gewinnung weiterer Sympathien und weiterer Unterstützung für die gerechte Sache des palästinensischen Volkes im internationalen Rahmen.»

Es war nicht viel, was Bergner über die Front in Erfahrung bringen konnte. Die Organisation schien erst am Beginn ihrer Aktivitäten zu stehen, die noch begrenzt zu sein schienen; es gab noch nicht viel Konkretes darüber.

Dennoch genügte offensichtlich allein das, um die israelischen Besatzungsbehörden Amok laufen zu lassen. Einige Monate später wurde eben dieser Arabi Awad, der das Interview gegeben hatte, aus dem besetzten Gebiet ausgewiesen. Ihm folgte die Ausweisung weiterer Persönlichkeiten: Ali Khatib,

Chefredakteur der Tageszeitung «Al-Shaab» (Das Volk), die im arabischen Teil Jerusalems erschien; Moustafa Milhem, Zahnarzt, Mitglied der Al-Fatah und der Leitung der Palästinensischen Nationalen Front; Daoud Arikat, Sekretär einer Landwirtschaftskommune, und Azzam Harik, ein Ingenieur, dessen beide Brüder wegen Widerstandsaktionen in Israel eingekerkert waren. Die beiden letzteren waren Mitglieder der Jordanischen Kommunistischen Partei.

Ausweisung und Deportation waren jedoch nur zwei von vielen Methoden, die von den israelischen Besatzungsbehörden in den besetzten arabischen Gebieten angewandt wurden, um die palästinensische Bewegung ihrer Führer und einflußreichsten Persönlichkeiten zu berauben. Zugleich wollten die Israelis damit die palästinensischen Intellektuellen loswerden. Von der arabischen Bevölkerung sollten nur ungelernte Arbeiter, die bequemer unterdrückt und ausgebeutet werden konnten, zurückbleiben.

Das israelische Besatzungsregime bediente sich bei seiner Unterdrückungspolitik eines Taschenspielertricks, um der Weltöffentlichkeit Sand in die Augen zu streuen und den Anschein des «humanen, demokratischen, freiheitlichen» jüdischen Staates, der in den besetzten Gebieten eine «liberale Okkupationspolitik» betrieb, zu wahren. Israel griff auf die britische Kolonialgesetzgebung zurück und wandte auf alle in Israel lebenden Araber – und in verstärktem Maße natürlich auf die in dem besetzten Westjordangebiet – die «Military Emergency Regulations 1948», die «Militärische Ausnahmezustandsregelung von 1948», an, das heißt, Bestimmungen aus der Zeit der englischen Besetzung.

Diesen Gesetzen zufolge stellte sich die rechtliche Lage der Araber folgendermaßen dar: Ihre Bewegungsfreiheit in bestimmten, von den Behörden willkürlich festgelegten Sicherheitszonen wurde von den Militärbehörden kontrolliert. Ortsansässige Bürger, die mit allen Rechten versehen waren, konnten ausgewiesen und deportiert und ihr Eigentum konfisziert werden. Ganze Dörfer konnten in ein anderes Gebiet verlegt werden. Die oberste Behörde, die die Einhaltung der militärischen Ausnahmezustandsregelung überwachte, war der Militärgerichtshof, dessen Entscheidungen keiner zivilen Gesetzgebung untergeordnet waren.

Daß diese Unterdrückungspraktiken der Weltöffentlichkeit keineswegs unbekannt waren und nicht etwa nur Erfindungen eines angeblichen Propagandafeldzuges der Araber gegen die «Juden» darstellten, beweist die Tatsache, daß Israel von 1969 an immer wieder von den Vereinten Nationen kritisiert und verurteilt wurde wegen ständiger Verletzung der Menschenrechte. Die zahlreichen Resolutionen bezogen sich vorwiegend auf folgende Maßnahmen:

Die Annexion von immer größer werdenden Teilen der besetzten arabischen Gebiete;

die Errichtung israelischer Siedlungen in diesen Gebieten und die Aussiedlung der arabischen Bevölkerung;

die Zerstörung und Beseitigung von Dörfern, Wohnvierteln und Häusern sowie die Konfiszierung und Beschlagnahme von Eigentum;

die Evakuierung, Deportation und Ausweisung der einheimischen Bürger der besetzten Gebiete;

die Verweigerung des Rechtes auf Rückkehr in ihre Heimstätten für Flüchtlinge und Vertriebene;

schlechte Behandlung von Gefangenen und Internierten;

kollektive Bestrafung.

Israels Machthaber scherten sich nicht um solche Verurteilungen durch die Weltöffentlichkeit. Der USA-Rückendeckung und Unterstützung gewiß, hielten sie an ihrer Unterdrückungs- und Ausrottungspolitik gegenüber den Arabern in den besetzten Gebieten fest.

Aber Gewalt und Unterdrückung stimulierten nur den Kampf der arabischen Patrioten.

Wenige Tage nach der Ausweisung von Khatib und Milhem wurde Ralf Bergner von seinen palästinensischen Freunden in Beirut ins Hotel «Carlton» zu einer Pressekonferenz eingeladen. Die progressiven Kräfte im Libanon, darunter die PLO und die Libanesische Kommunistische Partei, wollten mit Unterstützung der libanesischen Journalistenvereinigung den Ausgewiesenen die Möglichkeit geben, in aller Öffentlichkeit aufzutreten.

Hauptsprecher war der Kommunist Arabi Awad.

Anschlag auf die Al-Aqsa-Moschee – Ausdruck und Symbol der araberfeindlichen Politik Tel Avivs

«Warum hat man Sie ausgewiesen?» wurde er gefragt.

«Begründet hat man es damit, daß wir eine Petition zugunsten der PLO unterschrieben haben; in Wirklichkeit ...» Man ließ ihn nicht weitersprechen, denn einer der Journalisten wollte sofort wissen: «Was stand in der Petition?»

«Gemeinsam mit vielen anderen haben wir mit unserer Unterschrift gegen die Verhaftung und Verurteilung von Kindern protestiert und ihre Freilassung gefordert. Ein völlig legaler Akt – sollte man denken.»

«Sie sollten konkreter werden, nicht nur Ihre bekannten Floskeln hersagen», forderte der Korrespondent von UPI aggressiv.

Arabi Awad ergriff ein vor ihm liegendes Blatt und las, unberührt von dem scharfen Ton, mit ruhiger Stimme vor: «Wir, die Unterzeichneten», er blickte auf, «die Namen können Sie, Mister, dann allein unter dem Text nachlesen», und er begann von neuem: «Wir, die Unterzeichneten, haben von folgendem Fall Kenntnis erhalten: Das israelische Militärgericht von Ramallah im besetzten Teil Jordaniens hat am Montag die 15jährige Oberschülerin Iktimal Taha zu neun Monaten Gefängnis verurteilt. Sie wurde angeklagt, andere Oberschülerinnen angeworben zu haben, um Flugblätter zu verteilen, und die Bevölkerung gegen die israelischen Behörden aufgehetzt zu haben.

Am Dienstag wurde der Bürgermeister des libanesischen Grenzdorfes Majdal Zaroun, namens Aref Salmane (42 Jahre alt), und seine zwei Söhne Ali (14 Jahre alt) und Moustafa (12 Jahre alt) von israelischen Soldaten verhaftet und ihr Haus mit Dynamit gesprengt. Der jüngere Sohn wurde dann wieder freigelassen.

Wir, die Unterzeichneten, fragen: Wollen die israelischen Behörden bei ihrer Jagd auf Palästinenser nun nicht einmal mehr die Kinder verschonen? Wir fordern ihre unverzügliche Freilassung.» Arabi Awad blickte auf. «Und so weiter und so fort, um Ihnen, Mister, weitere Sätze unseres Protestes zu ersparen. Oder wollen Sie hier vielleicht in der Öffentlichkeit diese Maßnahmen der israelischen Behörden rechtfertigen?» Awad machte eine einladende Geste. «Ich überlasse Ihnen gern das Mikrofon.»

Die meisten blickten den UPI-Korrespondenten spöttisch an, der nur verwirrt abwehren konnte. «No, thank you!»

Awad sprach weiter. «Nicht um diese Petition geht es, nicht um unsere Unterschrift. Wir alle vier», er wies auf die neben ihm Sitzenden, «gehören der Palästinensischen Nationalen Front an. Deshalb hat man uns ausgewiesen.»

«Nur Sie vier?» fragte Ralf Bergner dazwischen, bemüht, dem Redner die Möglichkeit zu einigen allgemeinen Ausführungen zu geben.

«Natürlich nicht nur uns vier. Bereits vor einigen Monaten haben die israelischen Behörden acht führende Persönlichkeiten der Front ausgewiesen, darunter waren drei Kommunisten, die zuvor die Bekanntschaft mit israelischen Gefängnissen gemacht hatten. Danach hat die israelische Polizei mehr als 1200 Personen festgenommen. Die Hälfte davon gehört zur Front.»

«Weshalb sehen die Israelis in der Front eine derartige Bedrohung, daß sie zu solchen Methoden greifen?»

«Es gibt heute, im Jahre 1973, kaum noch ein Land auf der Erde, das dem palästinensischen Volk das Recht auf Selbstbestimmung streitig macht. Die herrschenden Kreise in Israel und den USA weigern sich jedoch hartnäckig, unserem Volk dieses Recht zuzugestehen. Lange hat Israel versucht, den Anschein einer ‹liberalen Besatzung› zu erwecken, doch nach und nach hat es die Maske fallen lassen. Ist es nicht selbstverständlich und natürlich, wenn unser Volk einen Kampf gegen die Besetzung führt und sich organisiert? Das hat jedoch die israelischen Machthaber ihre Kaltblütigkeit verlieren lassen – die Hexenjagd wurde eingeleitet. Man will mit allen Mitteln die friedliche Koexistenz der beiden Völker, des palästinensischen und des jüdischen Volkes, verhindern. Man versucht, die palästinensische Bewegung zu verfälschen.»

Arabi Awad machte eine Pause, ehe er langsam weitersprach: «Die Geschichte unserer beiden Völker, unsere eigene tagtägliche Erfahrung hat uns bewiesen, es ist möglich, daß unsere beiden Völker friedlich miteinander und nebeneinander zu leben vermögen.

Doch an dieser Koexistenz ist den israelischen Behörden

nichts gelegen. Sie legen Siedlungen auf den besetzten Gebieten an und verweigern unserem Volk das Recht auf einen eigenen Staat. Lassen Sie mich im Namen meiner Partei, der Jordanischen Kommunistischen Partei, sprechen: Wir, die Kommunisten, sind nicht gegen eine friedliche Lösung – wir wehren uns gegen die Unterwerfung, und wir sehen, daß eine Haltung wie die unsere die nationale Befreiungsbewegung stärkt, deren Bestandteil wir sind. Die Jordanische Kommunistische Partei hat sich für die Resolution 242 ausgesprochen, ohne deshalb die Rechte des palästinensischen Volkes zu verraten.»

Und nach einer Pause: «Wir kämpfen an der Seite der palästinensischen Patrioten gegen die Okkupation, mit der Waffe, mit Sprengstoff, mit passivem Widerstand und mit dem geschriebenen Wort. All das ist Teil unseres Kampfes, solange man uns unterdrückt.»

«Wollen Sie damit sagen, daß Ihre Partei die Hauptlast des Kampfes trägt?» fragte ein Journalist, der die libanesische bürgerliche Tageszeitung «L'Orient – Le Jour» vertrat.

«Selbstverständlich nicht! Wer behauptet das?» antwortete Arabi Awad scharf. «Niemand kann das von sich behaupten, doch die Kommunisten haben in der Front einen wichtigen Platz und waren entscheidend an ihrer Gründung beteiligt. Die Nationale Front der besetzten Gebiete vereinigt Männer und Frauen der unterschiedlichsten politischen Haltungen des Widerstandes, sie sammelt die übergroße Mehrheit der Bevölkerung Westjordaniens um sich. Aber», fuhr Arabi Awad lauter fort, um einem Zwischenruf zuvorzukommen, «wir Kommunisten sind stolz darauf, in diesem Kampf in vorderster Front zu stehen.» Leiser setzte er hinzu: «Im Verlaufe der letzten beiden Monate wurden von den Besatzungsbehörden mehrere hundert palästinensische Patrioten verhaftet, darunter einhundertfünfzig Kommunisten.»

«Die Mehrzahl soll man wieder freigelassen haben?» fragte der UPI-Mann, diesmal etwas vorsichtiger.

Einen Augenblick zögerte Arabi Awad, ehe er antwortete. «Die Mehrzahl vielleicht. Möglicherweise haben Sie recht. Zuverlässige Schätzungen sprechen von insgesamt 6000 palästinensischen Gefangenen, von denen die Hälfte aus dem 1967 von

Israel okkupierten Gebiet stammt. 90 Prozent sind politische Gefangene. Wenn Sie davon ausgehen, daß seit 1967 mehr als 30000 Palästinenser israelische Gefängnisse durchlaufen haben, dann freilich haben Sie recht, Mister, wenn Sie behaupten, die Mehrheit habe man wieder entlassen. Die restlichen 6000 freilich – wenn Sie es nicht wissen sollten, wie man sie behandelt, nein, quält, lesen Sie es nach in dem Buch der israelischen Strafverteidigerin Felicia Langer, einer Bürgerin Israels, einer Kommunistin.»

Ralf Bergner stutzte bei der Nennung dieses Namens. Er hatte ihr erst kürzlich erschienenes Buch «Mit meinen eigenen Augen», in dem sie ihre Erlebnisse bei der Verteidigung palästinensischer Patrioten vor israelischen Gerichten schildert, gelesen. Seine Zeitung wollte Auszüge daraus bringen, deshalb hatte ihn die Redaktion gebeten, mit der Autorin in Verbindung zu treten. Er entschloß sich, mit Hilfe von Arabi Awad zu erkunden, wie er mit Felicia Langer Kontakt aufnehmen könnte.

Die Pressekonferenz ging nach vielen Fragen und Diskussionen dem Ende zu. «Die herrschenden Kreise Israels», sagte Arabi Awad zum Abschluß, «hoffen, daß die Verbrechen gegen das palästinensische Volk und auch gegen das israelische Volk, das wir keineswegs mit den Henkern des israelischen Geheimdienstes Schin Beth gleichsetzen, unbemerkt fortgesetzt werden können. Sie wollen die Hoffnungen auf einen möglichen, dauerhaften Frieden scheitern lassen, indem sie diejenigen, die eines Tages für ihn auf internationaler Ebene eintreten könnten, physisch vernichten. Die eingekerkerten palästinensischen Patrioten müssen ihren Henkern entrissen werden. Helfen Sie dabei», wandte er sich eindringlich an die versammelten Journalisten, «sie retten, heißt den Frieden näher zu bringen.»

Keine zwei Wochen später sollte Ralf Bergner in Larnaka auf Zypern der israelischen Strafverteidigerin Felicia Langer begegnen. Freunde, Palästinenser, hatten dieses Treffen in einer Kaffee-Bar des Flugplatzes arrangiert. «Wir müssen damit rechnen, daß der israelische Geheimdienst jeden ihrer Schritte überwacht. Deshalb ist es besser, nicht in ihr Hotel zu gehen», hatte man ihm erklärt.

Felicia Langer hatte in Zypern übernachtet, um, von Tel Aviv kommend, nach London weiterzufliegen. Dem DDR-Korrespondenten zuliebe erschien sie eine Stunde früher auf dem Flugplatz.

Ralf Bergner hatte nie zuvor ein Bild von ihr gesehen. Doch er bewunderte diese Frau. Es gehörte viel Standhaftigkeit und Furchtlosigkeit dazu, vor einem israelischen Militärgericht für palästinensische Patrioten einzustehen – nicht nur einmal, sondern Tag um Tag, Woche um Woche, Monat um Monat. Nur ihr Gewissen hatte sie dazu getrieben. Die Palästinenser verehrten sie und nannten sie stolz Schwester – eine israelische Kommunistin, Mitglied des ZK.

Ralf Bergner schaute sich suchend um, als er die Bar betrat. Vergeblich. Er war gerade dabei, das Lokal, das nicht allzu stark besucht war, wieder zu verlassen, als ihm eine Dame winkte. Zögernd ging er auf ihren Tisch zu. Es schien ihm wenig wahrscheinlich, daß diese kokette, geschmackvoll gekleidete kleine Frau mit der blonden Windstoßfrisur und den lachenden blauen Augen die Gesuchte sein sollte. Und dennoch war sie es.

«Nehmen Sie bitte Platz», sagte sie zu Bergner, ohne seine Verblüffung zur Kenntnis zu nehmen. Er setzte sich. «Ich habe viele gute Freunde in Ihrem Land, besonders Rudi.»

Noch ehe er fragen konnte, wer Rudi sei, war sie bereits bei der Sache. «Sie wissen, ich habe leider nicht viel Zeit. Was also möchten Sie wissen?»

«Ist es nicht gefährlich für Sie, eine so schöne Frau?» fragte er.

Sie lächelte dankbar und keineswegs unangenehm berührt von seinem Kompliment. «Ja, es ist gefährlich. Wenn ich meine Klienten im Gefängnis besuche, befinde ich mich inmitten von Feinden. Ich habe ein gewisses Selbstvertrauen. Außerdem bin ich zu bekannt, und wenn mir etwas zustoßen sollte, würde niemand glauben, daß es zufällig wäre. Die, die wirklich leiden, das sind meine Klienten.»

«Bürgerliche Blätter leugnen, daß man in den israelischen Gefängnissen foltert. Was sagen Sie dazu?»

Nach kurzer Überlegung begann Felicia Langer zu erzählen. «Schreiben Sie getrost mit», hatte sie ihn zuvor aufgefordert.

«Ich hatte da den Fall von Bassam Amirah zu vertreten. Nach langer Debatte erreichte ich, daß der Vater, die Mutter und ich ihn im Gefängnis von Hebron besuchen durften. Wir betraten einen langen Korridor, der in einen schmalen Hof führte. Dort sahen wir Bassam auf uns zukommen. Er war abgemagert, sein Kopf geschoren, seine Kleider starrten vor Schmutz. Als er zu sprechen begann, lief es mir kalt über den Rücken. Seine Sprache war stockend, seine Stimme krächzend. Er berichtete, daß er krank geworden sei, nachdem Polizisten ihn in eiskaltes Wasser getaucht und ihm mit einem Eisenstab auf die gefesselten Handgelenke geschlagen hatten, bis sie bluteten. ‹In einer kalten Nacht›, fuhr er fort, ‹trieben sie mich auf den Hof. Ich mußte mich völlig ausziehen und eine halbe Stunde lang im Freien stehen. Dann kamen sie und schlugen mich, bis meine Füße anschwollen und ich nicht mehr gehen konnte. Ich bat sie, in Allahs Namen mit der Folter aufzuhören. Sie verhöhnten mich und sagten, Allah hätte hier nichts zu suchen.›

Bassams Vater weinte. Die Mutter hatte keine Tränen mehr. Bassam erzählte weiter: ‹Sie behaupteten, daß ich den Mann kenne, der den Gouverneur von Nablus zu töten versucht habe. Sie schlossen mich an einen Lügendetektor an und versuchten mich zu zwingen, eine falsche Aussage zu machen. Ich weigerte mich und sagte, ich würde lieber sterben, als ihnen zu Willen zu sein.›»

Ehe Bergner eine weitere Frage zu stellen wagte, fügte Felicia Langer von sich aus hinzu: «Wissen Sie, was das schlimmste ist – obwohl eigentlich nur die logische Konsequenz einer Unterdrückungspolitik, die, fürchte ich, eines Tages schrecklich auf mein eigenes Volk zurückschlagen wird? Auf der Rückfahrt – keiner hatte bis dahin gesprochen – sagte plötzlich Bassams Vater mit fast leidenschaftsloser Stimme: ‹Ich habe in meinem Leben nie jemandem etwas zuleide getan, und ich habe nie jemanden gehaßt. Doch jetzt bin ich zu allem fähig.›»

«Wenn ich Ihren Bericht veröffentliche», meinte der Journalist, «wird man möglicherweise sagen, es handle sich um einen Einzelfall.»

Felicia Langer wehrte ab. «Ich bringe Ihnen Hunderte von gleichgelagerten Fällen, ich nenne Ihnen alle Namen. In meinem Buch finden Sie viele Beispiele für die Unmenschlichkeit der israelischen Politik in den besetzten Gebieten.

Was die Folter angeht: Man reißt den Gefangenen die Finger-

Israelische Militärpatrouille in Hebron, im okkupierten Westjordangebiet

nägel heraus, tritt gegen die Geschlechtsteile, man taucht sie in Wasser, wendet Elektroschocks an, man versucht sie mit allen Mitteln zu erpressen. Einem Kommunisten, Souleyman Rachid Nadjab, hat einer der Polizisten im Gefängnis gedroht: ‹Wir werden deine Frau holen und sie vor deinen Augen vergewaltigen.›

Aber es gibt noch schlimmere Fälle; das sind die, die zu besuchen nicht einmal ich die Genehmigung bekomme. Man hat Angst.»

Bergner erkundigte sich nach den Ursachen dieser Unterdrükkungspolitik, der Verhaftungen und Folterungen. Doch zu einem intensiveren Gespräch blieb keine Zeit mehr. Sie kamen gerade noch dazu, das Notwendigste für einen Auszug abzusprechen.

«Wählen Sie bitte selbst aus, was Sie veröffentlichen möchten. Ich habe das Buch geschrieben, damit es möglichst viele Menschen lesen. Verbreiten Sie die Verbrechen, nennen Sie die Namen der Gefolterten.»

Ralf Bergner kam nicht dazu, sich für das Gespräch richtig zu bedanken. Die Zeit drängte. Doch ehe sie sich verabschiedete, drückte ihm Felicia Langer noch eine arabischsprachige Zeitung in die Hand. «Sie hatten nach den Gründen der Verhaftungen von Palästinensern gefragt, Genosse Bergner. Hier haben Sie die ‹Al-Ittihad›, die Wochenzeitschrift meiner Partei. Lesen Sie den Leitartikel! Er gibt Antwort auf Ihre Frage.» Und die Anwältin eilte davon.

Abends, allein in seinem Hotelzimmer – die Maschine der MEA, die ihn wieder nach Beirut bringen sollte, flog erst am kommenden Morgen – vertiefte sich Ralf in den Artikel vom 3. Juni 1973: «Es ist kein Geheimnis, daß diese neuerliche Welle von Verhaftungen ein politisches Motiv hat. Sie sollen dazu dienen, die Massenorganisationen in den besetzten Gebieten zu zerschlagen, besonders die Palästinensische Nationale Front. Es ist kein Zufall, daß diese Kampagne in einem Augenblick gestartet wird, da die Front die ersten Nummern ihrer Zeitschrift ‹Palestine› veröffentlicht, jene Nummern, die ihr Programm enthält: Widerstand gegen die israelische Okkupation; Anerkennung der legitimen nationalen Rechte des arabischen Volkes von Palästina, besonders auf Errichtung eines eigenen Staates in den Gebieten, die Israel räumen muß.»

Und weiter las er: «Aus all dem lassen sich folgende Schlußfolgerungen ziehen:

1. Die Verhaftungen erfolgen aus politischen Gründen.
2. Keine der verhafteten Personen hat ein Verbrechen begangen.
3. Die Verhafteten sind Anhänger einer politischen Lösung des Nahostkonfliktes auf der Basis der Resolution 242 des UNO-Sicherheitsrates.
4. Die Opfer forderten den Rückzug Israels aus allen besetzten arabischen Gebieten und die Respektierung der legitimen nationalen Rechte des arabischen Volkes von Palästina.
5. Die Opfer wurden grausamen Folterungen unterzogen.

Angesichts der anwachsenden Proteste in den besetzten Gebieten und in Israel selbst versuchen die zionistischen Elemente, in Abstimmung mit den Behörden, die Rechtsanwälte der Gefangenen, die die ersten waren, die Tatsachen der Folterungen und der schlechten Behandlung enthüllten, einzuschüchtern.

Die Rechtsanwältin Felicia Langer, die die Gefangenen verteidigt, ist eines ihrer ersten Opfer. Seit längerer Zeit erhält sie Drohbriefe und entsprechende Telefonanrufe. Erst kürzlich haben mehrere zionistische Banditen versucht, in ihr Haus in Jerusalem einzudringen und darin eine Dynamitladung anzubringen. Nur dank ihrer Wachsamkeit und der ihres Mannes konnte eine Tragödie verhindert werden.»

Bergner mußte an die Worte von Friedrich Engels denken: Ein Volk, das ein anderes Volk unterdrückt, kann selbst nicht frei sein.

Neue Verbündete

Ende Juli 1973 erhielt Ralf Bergner von der Zentrale die Mitteilung, daß nun endgültig sein Nachfolger als neuer Korrespondent in Beirut feststehe. Es war sein Freund Hans Luckner, mit dem er vor seiner Libanonzeit in der Redaktion zusammengearbeitet hatte und dessen Schreibtisch er selbst nun nach seiner Rückkehr einnehmen sollte.

So sehr es ihn freute, daß gerade sein Freund Luckner seine Arbeit fortsetzen würde, so wenig lockte ihn die Redakteursstelle. Es fiel ihm nicht leicht, das sonnige Mittelmeerland mit den temperamentvollen, aufgeschlossenen Menschen zu verlassen. Mit leiser Wehmut spazierte er noch einmal mit seiner Frau auf der Corniche, der breiten Uferstraße, entlang, besuchte noch einmal das über die Brandung gebaute Restaurant auf den Kalksteinklippen, die «Grotte des Pigeons», und stattete seinen palästinensischen Freunden letzte Besuche ab.

Bergners Ablösung zu diesem – wie ihm schien – ungünstigen Zeitpunkt erfolgte nicht ohne Grund: In Berlin standen die X. Weltfestspiele der Jugend und Studenten vor der Tür. Unter den eingeladenen Organisationen befand sich auch die PLO, und sie hatte zugesagt, eine Delegation zu entsenden. Bergner sollte zu den Weltfestspielen in Berlin sein, um die palästinensischen Gäste zu betreuen, zumal anzunehmen war, daß er die Mehrzahl persönlich kennen würde. Bei dieser Gelegenheit sollte er zugleich Hans Luckner, den man für diese Zeit noch in der DDR beließ, bei den Palästinensern einführen und besonders dem Delegationsleiter vorstellen. All diese Entscheidungen beruhten auf der Tatsache, daß die PLO im Verlaufe des Monats Juli hatte durchblicken lassen, daß Yasser Arafat selbst, falls nicht unvorhergesehene Dinge eintraten, die PLO-Delegation leiten wollte.

An der Bedeutung eines solchen Schrittes gab es keinen Zweifel: Erstmals wollte sich die PLO in aller Öffentlichkeit in die breite Front der progressiven Kräfte im internationalen Rahmen einordnen und ihre Zusammengehörigkeit mit der unter entscheidender Mitwirkung der Sowjetunion und der anderen sozialistischen Staaten entstandenen breiten antiimperialistischen Bewegung weltweit demonstrieren.

Damit wurden Entwicklungsprozesse innerhalb der palästinensischen Widerstandsbewegung sichtbar, die sich bereits seit einigen Jahren unter der Oberfläche vollzogen hatten. Nachdem der palästinensische Widerstand im Jahre 1971 lebenswichtiger Positionen in Jordanien zeitweilig verlustig gegangen war, machte er eine Art Festigkeitstest durch. Seine militärische Rolle ging etwas zurück.

Nach der Reorganisation ihrer militärischen Kräfte stationierte die PLO die Mehrheit ihrer Leute im Südlibanon, dem einzigen und letzten ihr noch verbliebenen arabischen Gebiet, in dem die PLO militärische Selbständigkeit besaß.

Zugleich verstärkte sich in den Jahren nach 1970 die politische Aktivität der palästinensischen Widerstandsbewegung. Sie nahm einen qualitativ neuen Charakter an.

Einige palästinensische Historiker sehen die Zeit von 1970 bis 1973 als Etappe der Mißerfolge an. Den offiziellen Quellen der PLO zufolge gingen ihre militärischen Operationen in den von Israel besetzten Gebieten von 2390 im Jahre 1969 und 2256 im Jahre 1970 auf 545 im Jahre 1971 zurück. Wesentlicher jedoch war, daß die Widerstandsbewegung in dieser Etappe zugleich die Lehren aus den Mißerfolgen zog. Das sollte für ihre nachfolgende Festigung bestimmend sein. Die Führung des palästinensischen Widerstandes trennte sich von vielen Illusionen.

Die verringerten Handlungsmöglichkeiten für die Palästinenser in den nichtokkupierten Gebieten veranlaßten die PLO, dem unmittelbaren Kampf in den okkupierten Gebieten weitaus mehr Aufmerksamkeit zu schenken. Man begann sich unvergleichlich stärker als bisher um eine sorgfältige Organisierung und politische Orientierung der Massenbewegung im Hinterland der israelischen Besatzungsarmee zu kümmern.

Im Juni 1972 war auf dem 10. Palästinensischen Nationalkongreß (6.–10. 4. 1972) die Bildung einer breiten einheitlichen Nationalen Front beraten und dann auf dem 11. Nationalkongreß im Januar 1973 beschlossen worden.

Die Palästinensische Nationale Front wurde im Frühjahr 1973 gegründet, in der die Kommunisten eine wichtige Rolle spielten. Dabei kann jedoch nicht außer acht gelassen werden, daß sich nach der Niederlage von 1970 die wichtigsten Basen der PLO außerhalb der besetzten Gebiete befanden, und dort wurden die Entscheidungen getroffen. So kam es aus den unterschiedlichsten Gründen dazu, daß die Palästinensische Nationale Front keinen entscheidenden Einfluß auf die PLO ausübte.

Großen Schaden fügten dem palästinensischen Widerstand die Versuche ultralinker Extremisten zu, die der Bewegung ihre abenteuerlichen Taktiken aufzwingen wollten. Die von einigen Gruppen durchgeführten verantwortungslosen «ultrarevolutionären» Aktionen, die weitgehend linksradikalen Theorien entsprangen, kamen dem palästinensischen Widerstand teuer zu stehen, stellten sich doch vor allem jene Schichten in Jordanien – und auch in anderen arabischen Ländern –, die dem Widerstand insgeheim stets feindlich, nach außen hin jedoch «neutral» gegenübergestanden hatten, nunmehr offen gegen ihn.

Schwerwiegend war auch die Tatsache, daß sich die wichtigsten Organisationen der Fedayin im Jahre 1970 gegen die Linie von Präsident Gamal Abdel Nasser gestellt hatten, der für eine politische Lösung der Nahostkrise eingetreten war. Das isolierte die palästinensische Bewegung in den folgenden Jahren vom größten, stärksten und international einflußreichsten arabischen Land, von Ägypten.

Die rapide Verschlechterung der äußeren Bedingungen in den Jahren vor 1973 ließ eine innere Unzulänglichkeit, nämlich die fehlende Einheit, kraß hervortreten. Die große Zahl von Fedayin-Organisationen widerspiegelte vor allem die soziale Vielfalt der palästinensischen Araber. Zugleich wirkte auf sie der materielle, ideologische und politische Einfluß der unterschiedlichen arabischen Länder. Die Unterstützung dieser Staaten war für den palästinensischen Widerstand sehr wichtig, aber die Tatsache, daß sie jeder einzelnen Organisation getrennt gewährt wurde, förderte die Spaltung der Widerstandsbewegung und verringerte die Effektivität der Hilfe.

Nicht zuletzt aus dieser Einsicht heraus begriff die Führung, insbesondere die Männer um Yasser Arafat, daß eine Neubewertung der Lage und der eigenen Kräfte notwendig sei und daß man sich, sollte die Bewegung weiter gestärkt werden, nach neuen Verbündeten umsehen müsse. Die arabischen Gemeinsamkeiten, der arabische Nationalismus und das Gefühl der über den Klassen stehenden «natürlichen arabischen Brüderlichkeit» boten nicht das notwendige Ferment und die unerläßliche Stütze, die die palästinensische Befreiungsbewegung in jener komplizierten Situation brauchte.

Ein dreiviertel Jahr vor seiner Abreise, im November 1972, hatte Bergner in Beirut einen der ersten Schritte der PLO in Richtung auf größeren Realismus und der Suche nach neuen Bündnispartnern selbst erlebt.

Die PLO hatte ihn offiziell als Vertreter der SPA eingeladen, an der Arabischen Volkskonferenz teilzunehmen. Zwei Tage lang hatte er die erregten Diskussionen verfolgt, die leidenschaftlich-aufgeheizte Atmosphäre auf sich wirken lassen und zahlreiche Gespräche mit Palästinensern und libanesischen Kommunisten geführt.

Danach hatte er einen längeren Artikel geschrieben, der dann in der DDR erschienen war.

Eine Kopie davon fand er, als er seine Notizen, Manuskripte und Bücher zusammenpackte, um sie bei seiner endgültigen Rückreise nach Berlin zu schicken.

«Beirut, im November 1972.

Als Yasser Arafat am Ende seiner Abschlußrede zwei Finger seiner rechten Hand erhob und zum Buchstaben V spreizte, besaß dieses Zeichen symbolische Bedeutung. Die palästinensische

Kongreß zur Verteidigung der palästinensischen Revolution, Beirut 1972 (am Mikrofon Yasser Arafat; links davon Kamal Nasser; rechts Nadim Samad und Kamal Djumblat)

Widerstandsbewegung hatte einen Sieg errungen, diesmal nicht in der bewaffneten Auseinandersetzung, sondern auf politischem Terrain.

Zwei Tage lang tagten im Hotel ‹Beau-Rivage› in Beirut Vertreter vieler Parteien und Organisationen der arabischen Länder unter Lenin-Friedenspreisträger Kamal Djumblat, dem Vorsitzenden der Sozialistischen Fortschrittspartei des Libanon.

Die Initiative zu dieser Konferenz war von den libanesischen Kommunisten ausgegangen. Im Januar 1972 hatte ihr III. Parteitag dazu aufgerufen, in der arabischen Welt ein Bündnis aller progressiven Kräfte zu schaffen.

Angesichts der Widersprüche im arabischen Raum konnte es sich dabei nur um einen langwierigen und komplizierten Prozeß handeln. Doch das gegenwärtig brennendste politische Problem des Nahen Ostens, die Auseinandersetzung mit dem aggressiven Israel, bot günstige Voraussetzungen dafür.

Nach zweitägigen, heftigen Diskussionen wurde die Arabische Front zur Unterstützung der palästinensischen Widerstandsbewegung ins Leben gerufen.

Ideologische Grundlage ist das umstrittene Politische Programm, das die Delegierten annahmen.

Zwar hat sich die palästinensische Widerstandsbewegung damit eine Möglichkeit zum einheitlichen politischen Handeln geschaffen, jedoch sind damit die inneren Widersprüche noch keineswegs überwunden. Nach wie vor versuchen reaktionäre Kräfte, die Widerstandsbewegung auszunutzen. So stellt das Politische Programm zwar einerseits fest, daß die palästinensische ein Teil der nationalen Befreiungsbewegung ist und antiimperialistischen Charakter trägt, zugleich jedoch verzichtet es darauf, die Möglichkeiten für eine politische Lösung des Palästinaproblems zu erwähnen, wie sie die UNO-Resolution 242 anstrebt. Im erwähnten Programm wird der bewaffnete Kampf nicht mehr als einzige und ausschließliche Kampfform angesehen, doch gewisse radikale und abenteuerliche Tendenzen sind noch nicht überwunden.

Dessenungeachtet bedeutete die Konferenz in Beirut einen wichtigen Schritt, die Einheit der palästinensischen Widerstandsbewegung zu vertiefen, ihr Ansehen im internationalen Maßstab zu erhöhen und zugleich das Bündnis zu den sozialistischen Staaten zu festigen.

Innerhalb der palästinensischen Bewegung haben sich die progressiven Tendenzen stärker durchgesetzt, prägten sich realistischere, den objektiven Erfordernissen stärker Rechnung tragende Positionen aus. Die Beiruter Konferenz legte zugleich Zeugnis davon ab, daß die Front gegen den israelischen Aggressor breiter geworden ist.

Diese Wandlungen sind zu einem nicht geringen Teil den arabischen Kommunisten zuzuschreiben.

Der dem Sekretariat der Arabischen Volksfront angehörende Publizist Loutfi El Kholi erklärte vor Vertretern der libanesischen Presse, zur Haltung der progressiven arabischen Organisationen zu den Kommunisten befragt, eindeutig: Wir betrachten die arabischen kommunistischen Parteien als zu den nationalen Kräften gehörig und werden deshalb mit ihnen zusammenarbeiten.

Dieser Standpunkt, zu dem sich alle auf dem Kongreß Anwesenden bekannten, war eine eindeutige Absage an diejenigen reaktionären Kräfte, die mit allen Mitteln versucht hatten, die Konferenz zum Scheitern zu bringen. Der arabischen Reaktion und den imperialistischen Kräften ging es dabei in erster Linie darum, antikommunistische Tendenzen in der Widerstandsbewegung zu verstärken und die Kommunisten zu isolieren. Die Konferenz erbrachte jedoch genau das Gegenteil: Nicht die arabischen Kommunisten, sondern die antikommunistischen Kräfte wurden isoliert.

Die Beiruter Konferenz bewies erneut, daß die arabischen Kommunisten die konsequentesten Verfechter der antiimperialistischen Einheit sind, daß sie bereit sind, nach wie vor bestehende unterschiedliche Meinungen in Einzelfragen zurückzustellen gegenüber dem gemeinsamen Ziel, dem Kampf gegen die imperialistische Aggressionspolitik Israels. Schon heute zeichnet sich eine weitere Festigung des Bündnisses zwischen den arabischen Kommunisten, den Kräften des Sozialismus und der palästinensischen Widerstandsbewegung ab. In welchem Umfang und mit welchem Tempo sich dieser Prozeß entwickeln wird, hängt nicht zuletzt mit davon ab, wie die auf der Konferenz in Beirut geschaffenen Voraussetzungen für einen einheitlichen politischen Kampf genutzt und die Arabische Front zur Unterstützung der palästinensischen Widerstandsbewegung mit Leben erfüllt wird.»

Ende Juli 1973 stand endgültig fest, daß Yasser Arafat selbst die Delegation zu den X. Weltfestspielen leiten würde. Ralf Bergner erhielt von Berlin den Auftrag, möglichst mit Arafat persönlich in Verbindung zu treten und die Delegierten nach Kräften bei den Vorbereitungen zu unterstützen.

Es gelang ihm, ein Gespräch mit dem PLO-Vorsitzenden zu führen. In seiner ruhigen, sachlichen Art besprach Arafat mit ihm alle Einzelheiten seiner Teilnahme.

Nur Tage vor den Delegierten flogen Bergner und seine Frau, begleitet von dem üblichen Kofferberg – die Kisten waren per Schiff vorausgeschickt worden – mit einem recht wehmütigen Gefühl im Herzen endgültig von Beirut ab.

In Berlin angelangt, blieb für Bedauern allerdings keine Zeit mehr, und auch für private Dinge wie Kofferauspacken, Wieder-Einwohnen und -Einleben fand sich keine Minute. Von dem Augenblick an, da Bergner die Schwelle zur Redaktion überschritt, ging er unter im Trubel der Festivalvorbereitung mit ihrer Hektik, manchmal Überorganisiertheit, ihrer Nervosität und Aufregung. Keiner wußte zu sagen, wann und wo die Palästinenser einträfen, wer sie begrüßen und wo sie untergebracht sein würden, weil irgendwelche Büros oder Stellen ihre Pläne aus unerfindlichen Gründen in letzter Minute geändert hatten. Hans Luckner, den Bergner bei den Palästinensern einführen sollte, war unauffindbar. Er sollte sich angeblich bereits im Quartier der PLO-Delegation aufhalten. Niemand sagte, wo es lag – und niemand sollte es vorher wissen. Sicherheitsgründe!

So kam es, daß Ralf Bergner erst am Morgen informiert wurde, daß die Delegation mit Arafat bereits am Vorabend in Berlin eingetroffen war. Und von der Pressekonferenz, die um 11 Uhr beginnen sollte, erfuhr er erst um 9 Uhr.

In der alten Burg, vor den Toren der Hauptstadt, in der die Leitung der palästinensischen Delegation untergebracht war, nahm er dann an der Pressekonferenz teil, wurde von Yasser Arafat persönlich herzlich begrüßt und hatte zusammen mit Hans Luckner noch Gelegenheit zu einem längeren Gespräch mit Faruk Kaddumi, mit Decknamen Abu Lutf, dem untersetzten, fröhlichen und klugen Leiter der Politischen Abteilung der PLO.

Bergner, der Kaddumi seit langem kannte, ihn jedoch vor Monaten zuletzt gesprochen hatte, meinte, in den Reden seiner Gesprächspartner Töne zu vernehmen, die ihm neu waren. Doch er war sich auch darüber im klaren, daß es sich hier zunächst nur um erste Anzeichen in den Überlegungen der Männer um Arafat handeln konnte und noch keineswegs Allgemeingut der Bewegung waren. Ob sie es jemals werden würden, mußte die weitere Entwicklung zeigen.

In der PLO zeichnete sich eine Verlagerung der Schwerpunkte ab. Man erkannte notwendige politische Bündnisse auf internationaler Ebene an, und, was noch wichtiger war, die Führung schien entschlossen, sie allmählich zu realisieren. Ihre demonstrative Teilnahme an den Weltfestspielen war ein wichtiger Schritt in dieser Richtung. Es ging ihnen zunächst um festere

Faruk Kaddumi (Abu Lutf), Führungsmitglied der PLO

Beziehungen zu den sozialistischen Ländern, in denen sie ihre natürlichen Verbündeten zu sehen begannen.

Die Anfänge dieses Prozesses lagen indessen schon weiter zurück, noch vor den jordanischen Ereignissen. Aber erst jetzt zeigte sich ihre Bedeutung.

Vom 10. bis 20. Februar 1970 hatte eine Delegation unter Leitung von Yasser Arafat auf Einladung des Afroasiatischen Solidaritätskomitees erstmalig die Sowjetunion besucht, und Anfang November 1971 weilte Arafat als Gast des Solidaritätskomitees der DDR erstmals mit einer Delegation in der DDR.

Bei beiden Besuchen hatte Arafat die führende Rolle der sozialistischen Staaten, besonders der Sowjetunion, im antiimperialistischen Kampf betont und den Dank der palästinensischen Bewegung für die Unterstützung der PLO zum Ausdruck gebracht. Beide Staaten hatten der palästinensischen Bewegung weiterhin allseitige Hilfe zugesichert. Dennoch bedurfte es der bitteren Erfahrungen von 1970 bis 1973, um bei den Widerstandskämpfern die Erkenntnis reifen zu lassen, daß man nach einem einheitlichen, realistischen Kampfprogramm vorgehen und sich mit allen progressiven Kräften auf internationaler Ebene verbünden mußte.

Die Arabische Volkskonferenz im November 1972 in Beirut und der im Januar 1973 in Kairo durchgeführte 11. Palästinensische Nationalkongreß, auf dem Yasser Arafat erneut zum PLO-Vorsitzenden gewählt wurde, zeigten erste Ergebnisse des Umdenkungsprozesses.

Und nun waren die Palästinenser in Berlin.

Ralf Bergner hatte gehofft, die Delegation begleiten zu können, aber daraus wurde nichts.

«Na, ja», gab sein Chef widerwillig zu, «eigentlich war es so geplant. Aber du siehst ja selbst, was hier los ist.»

Ja, er sah es selbst: In der Zeitung, die nicht von Tagesmeldungen und Berichten über die Festivalveranstaltungen leben konnte, mußte man auch an die Wochen nach den Weltfestspielen denken. Die Leser wollten zusammenfassend und analysierend über das Welttreffen der Jugend und Studenten informiert werden. Dazu brauchte man auch Bergners Artikel. Da man bereits Hans Luckner an die Palästinenser «gehängt» hatte, und der Chef zähneknirschend einige andere Mitarbeiter in verschiedene Büros delegieren mußte, wußten die anderen nicht, wo ihnen der Kopf stand.

Bergner mußte sich an seine Artikelserie über die palästinensische Bewegung setzen, deren erste Folge in der kommenden Woche erscheinen sollte. Er skizzierte, schrieb, schrieb um, strich durch, warf weg und begann von vorn.

Irgendwie hatte er alles parat, doch es fehlte die innere Ordnung, der rote Faden und vor allem der «Einstieg», jene Zeilen, an denen sich die Aufmerksamkeit des Lesers festhakte. Er grübelte und bastelte, schließlich hatte er einen Namen zu verteidigen. War er nicht der Experte für alle Nahostprobleme? Aber er kam und kam mit diesem Artikel nicht zurecht.

Er war dem Verzweifeln nahe, da der Manuskriptabgabetermin heranrückte, als ihn Hans Luckner, dem er bei einem Telefongespräch die Ohren vollgejammert hatte, am vorletzten Tag der Weltfestspiele spätnachts aus dem Bett klingelte.

Verschlafen nahm er den Hörer ab und meldete sich.

«Hör zu! Sei morgen früh ab neun Uhr draußen im Haus der Vertretung. Wir kommen hin, wann, wissen die Götter – aber bestimmt im Laufe des Vormittags. Verstanden?»

«Was soll denn das nun wieder?» fragte Bergner mißmutig. Hans Luckner, erschöpft vom Trubel des Tages, explodierte: «Denkst du, mir macht es Spaß, statt ins Bett zu gehen, mit dir zu telefonieren?»

«Ist ja schon gut, wenn du meinst, es muß sein, komme ich.»

«Ich liefere dir deinen gesuchten ‹Einstieg›. Komm oder komm nicht!»

Bergner spürte förmlich, wie Luckner den Hörer auf die Gabel knallte.

Am anderen Morgen wartete er, ab 9 Uhr geduldig im Wagen sitzend, in Wilhelmsruh. Gegen 10.30 Uhr sauste ein Auto mit Blaulicht heran, kurz dahinter kamen die schwarzen Limousinen der Delegation, der Tschaika des Leiters vorweg. Arafat stieg aus, die anderen folgten. Man ging auf die niedere Gittertür des kleinen Vorgartens zu. Hans Luckner war noch nicht dabei. Ralf Bergner stieg ebenfalls aus, schickte sich an, den Gästen zu folgen, als ihn jemand mit festem Griff am Oberarm faßte. «Ausweis!»

Bergner zeigte, was er hatte: einen hellblauen Ausweis zum Betreten des Stadions, einen für das Pressezentrum, einen roten für die Ehrentribüne. Ein Kopfschütteln war die Antwort. «Gelten hier nicht!» Und schon fühlte er sich zur Seite gedrängt. Bergner begann zu diskutieren.

Die Delegation war bereits verschwunden. Erbost war er dabei, zu seinem Auto zurückzukehren, um wieder in die Stadt zu fahren, als ein weiterer Wagen vor dem Haus hielt. Zusammen mit zwei anderen stieg Hans Luckner aus.

Wenige Sätze – die Sache war erledigt. Luckner nahm Bergner mit ins Haus. Die Palästinenser begrüßten ihn herzlich, wie bereits vor Tagen auf der Pressekonferenz; Arafat küßte ihn auf beide Wangen.

In der Diele hatte man zwei schmale Tische aufgestellt, darauf drei, vier Teller mit Keksen, ein Dutzend Flaschen gelber Limonade, Teller mit Bonbons in buntem Papier, ein paar Schachteln Zigaretten, Servietten, Gläser, alles überragt von zwei nagelneuen Tischwimpeln: der palästinensischen und der DDR-Fahne.

Der Raum war brechend voll. Arafat und der PLO-Vertreter in Berlin, Nabil Kuleilat, forderten immer wieder die etwas verlegen herumstehenden Betreuer, Dolmetscher und Journalisten auf, sich zu bedienen. Hier in ihrem Hause wollten die Palästinenser auch ihre Gastfreundschaft zeigen.

Bei leiser Unterhaltung begann man an den Keksen zu knabbern, ließ sich Limonade eingießen.

War er zu einem Empfang gekommen? Bergner wurde unruhig. Er quetschte sich an den Leuten vorbei und erwischte endlich Hans Luckner.

«Was soll das alles?»

«Abwarten. Ich verspreche dir einen historischen Augenblick!»

Bergner glaubte seinem Lächeln nicht recht. Doch plötzlich forderte Arafat die Versammelten auf, ihm in den kleinen Vorgarten zu folgen. Alle drängten hinter ihm durch die Tür.

Es war ein strahlender Augusttag. Am Himmel keine Wolke, ein leichter Wind wehte und bewegte die Zweige der jungen Buche. Die Rasennarbe war noch nicht zusammengewachsen, das spärliche, kurze Gras dünn. Der PLO-Vertreter hatte das kleine schmucke Einfamilienhaus erst vor wenigen Tagen bezogen.

Ralf bemerkte plötzlich, daß neben dem Weg, der von der niederen Gittertür zur Treppe führte, ein weißer Fahnenmast stand. Ein Stoffbündel lag davor.

Yasser Arafat stellte sich einige Meter vor dem Mast auf. Man gruppierte sich im Halbrund hinter ihm, bemüht, den Rasen nicht zu sehr zu zertreten und die Zweige der Büsche nicht zu knicken. Die Fotografen plazierten sich so, daß sie Arafat gut im Objektiv hatten.

Bergner stand auf der untersten Stufe der Treppe und konnte alles übersehen. Stille trat ein. Der Vorsitzende der PLO ging auf den Fahnenmast zu, hob das viereckige zusammengefaltete glänzende Stoffbündel mit beiden Händen auf, hielt es in Brusthöhe, neigte sich darüber und küßte es.

Keiner wagte zu atmen. Dann ergriff er die Schnur, die vom Mast hing, hakte mit geschickten Bewegungen das Fahnentuch

Anläßlich der X. Weltfestspiele der Jugend und Studenten 1973 weilte eine Delegation der PLO unter Yasser Arafat in Berlin

Ehrender Besuch auf dem Friedhof der Sozialisten in Berlin-Friedrichsfelde fest und zog es langsam empor. Auf halber Höhe bereits begann sich das Tuch zu entfalten und zeigte die Nationalflagge Palästinas: die grün-weiß-schwarzen Längsstreifen mit dem roten Dreieck.

Als die Flagge oben war, verknotete Arafat die Leine, trat drei Schritte zurück und salutierte. Unwillkürlich strafften sich auch die Körper der anwesenden Palästinenser und der DDR-Bürger.

Arafat blickte konzentriert, bemüht, seine Gefühle nicht zu zeigen. Nabil Kuleilat nahm umständlich seine dickglasige Brille ab und wischte sich über die Augen.

Ralf Bergner begriff: Zum erstenmal grüßte der Vorsitzende der PLO die Flagge seines Heimatlandes außerhalb eines arabischen Landes in aller Öffentlichkeit.

Es wurde geklatscht, man schüttelte Hände, umarmte sich.

ADN brachte am folgenden Tag, dem 17. August 1973, eine kurze Meldung. «Vertreter der Regierung der DDR und Yasser Arafat, Vorsitzender des Exekutivkomitees der PLO, unterzeichneten anläßlich der X. Weltfestspiele der Jugend und Studenten in Berlin ein Abkommen, das die Errichtung einer ständigen Vertretung der PLO in der Hauptstadt der DDR Berlin vorsieht. Gleichzeitig sicherte die Regierung der DDR der PLO auch weiterhin alle notwendige materielle Unterstützung zu.»

Ralf Bergner gelang es, unmittelbar nach der Flaggenhissung noch einige Worte mit Yasser Arafat zu wechseln. Er erzählte ihm kurz von seiner geplanten Artikelserie über den palästinensischen Widerstand und bat ihn, ihm doch einige Worte für die Leser zu sagen, die er den Artikeln voranstellen könnte.

Arafat lächelte, überlegte einen Augenblick und sagte dann: «Ich habe an dieser großartigen Solidaritätsgeste unserer Freunde in der DDR mit dem palästinensischen Volk teilgenommen. Von hier aus möchte ich deshalb in meinem eigenen und im Namen des palästinensischen Volkes und seiner Revolutionäre, die zur Zeit in vorderster Front darum kämpfen, alles, was fortschrittlich ist, gegen die imperialistische, zionistische, rassistische, faschistische Aggression zu verteidigen, meinen Dank aussprechen. Im Namen all derer danke ich den Bürgern der DDR, der Regierung, der Partei und ihrer Führung, die ein Freund und Verbündeter des palästinensischen Volkes ist.»

Besseres hätte sich Ralf Bergner nicht wünschen können. Der Ärger über Luckners mitternächtlichen Anruf war längst vergessen und verziehen.

Der Journalist setzte sich am kommenden Morgen voller Elan an seinen Artikel, der nun sehr schnell die richtige Form, den rechten Ton bekam und unmittelbar nach den Weltfestspielen erscheinen konnte.

Hans Luckner aber reiste dann drei Wochen später als neuer Korrespondent nach Beirut. Bergner, der ihn, mit tausend guten Ratschlägen und Hinweisen versehen, verabschiedete, bat ihn am Flugplatz nochmals: «Wenn es etwas Wichtiges gibt bei den Palästinensern, schreib mir davon. Ich versuche, die Dinge, soweit es geht, von hier aus zu verfolgen, aber das ist schwierig, wie du weißt!»

Luckner versprach, ihn auf dem laufenden zu halten. Doch seine Briefe kamen spärlich, und auch Bergner blieb nicht viel Zeit, sich mit der Entwicklung im Nahen Osten und im Libanon zu befassen. Seine Redaktionsarbeit fraß ihn nahezu auf.

Oktober '73

Die sich immer deutlicher abzeichnenden Wandlungen in den Ansichten der PLO-Führung, besonders der Männer um Arafat, vollzogen sich keineswegs nur auf Grund der subjektiven Erfahrungen der Widerstandsbewegung in den letzten Jahren. Man darf sie nicht losgelöst von den Veränderungen im internationalen Rahmen und den tiefgehenden Umgestaltungsprozessen in der arabischen Welt sehen.

Die weitere Verschiebung des internationalen Kräfteverhältnisses zugunsten des Sozialismus und der progressiven Kräfte zwang den Imperialismus, den Weg der Entspannung zu beschreiten. Das änderte nichts – wie die Entwicklung der nächsten Jahre mit der verstärkten Orientierung der USA auf den Konfrontationskurs beweisen sollte – am prinzipiell aggressiven und gefährlichen Wesen des Imperialismus, gab aber fortschrittlichen Kreisen die Möglichkeit, ihre antiimperialistischen Positionen auszubauen und zu festigen.

Nirgends zeigte sich die Entwicklung deutlicher als in den arabischen Ländern. Ägypten, der größte und stärkste arabische Staat, beschritt nach dem Tode Nassers 1970 zunächst weiterhin den antiimperialistischen Weg und war der Vorkämpfer für die Rückeroberung der 1967 von Israel besetzten arabischen Territorien. In Libyen und Sudan hatten 1969 junge, patriotisch gesinnte Offiziere die Macht übernommen und begonnen, ihre Länder von den Fesseln des Kolonialismus und Feudalsystems zu befreien und eine fortschrittliche Entwicklung einzuleiten.

Im Süden der arabischen Halbinsel war nach 1969 unter vielen Schwierigkeiten die Volksdemokratische Republik Jemen entstanden, deren Führung sich eindeutig auf eine sozialistische Entwicklung orientierte und bestrebt war, ein enges Freundschaftsverhältnis zu den Staaten der sozialistischen Gemeinschaft und besonders zur Sowjetunion herzustellen. Ein Grundprinzip dieses jungen Staates war die Unterstützung des palästinensischen Widerstandes.

Auch in Syrien ging nach der Korrekturbewegung, die vom früheren Verteidigungsminister und späteren Präsidenten Hafez al-Assad eingeleitet wurde, die progressive, antiimperialistische Entwicklung weiter. Gestützt auf enge Beziehungen zu den sozialistischen Staaten, wurden alle Kräfte auf die Rückgewinnung der von Israel 1967 besetzten Golanhöhen orientiert.

Insgesamt veränderte sich die Lage im Nahen Osten weiter zuungunsten der imperialistischen Kräfte. Israel zog daraus aber keine Lehren, sondern verstärkte seine Politik der Unterdrückung und der Annexion. In provokatorischer Weise erklärte die israelische Führung, daß sie nicht daran denke, einen Schritt zurückzuweichen, und sie tat alles, entgegen dem Völkerrecht die besetzten Gebiete nach und nach anzugliedern. Beschlüsse der Vereinten Nationen wurden prinzipiell mißachtet, und die Repressions- und Unterdrückungsmaßnahmen in den okkupierten Gebieten nicht nur fortgesetzt, sondern intensiviert. Mit aller Brutalität ging man gegen Führer und Mitglieder der Palästinensischen Nationalen Front vor, besonders aber gegen alle Kommunisten.

Da sich Israel hartnäckig weigerte, auf den geringsten Kompromiß einzugehen, entschlossen sich die betreffenden arabischen Staaten – ihrer eigenen gewachsenen Stärke bewußt –, zum Mittel der Gewalt zu greifen. Am 6. Oktober 1973 nahmen Syrien und Ägypten den Kampf um die geraubten arabischen Gebiete mit Israel auf.

Am 7. Oktober 1973 erklärte die Regierung der UdSSR dazu: «Es ist für niemand ein Geheimnis, daß die Ursache der entstandenen Lage im Nahen Osten in der expansionistischen Politik der herrschenden Kreise Israels liegt ... Die Verantwortung für die gegenwärtige Entwicklung der Ereignisse im Nahen Osten und ihre Folgen liegt voll und ganz bei Israel und den äußeren reaktionären Kreisen, die ständig gegenüber dem aggressiven Streben Israels Nachsicht üben.»

Es entsprach keineswegs der Wahrheit, wenn Israels Ministerpräsidentin Golda Meir im nachhinein behauptete, den arabischen Ländern wäre es um die «totale Eroberung und Vernichtung Israels» gegangen. Im Gegenteil. Entgegen früheren Jahren waren diesmal aus dem arabischen Lager keinerlei chauvinistische, ultralinke, nationalistische Parolen zu hören.

Syrien und Ägypten wehrten sich gegen die israelische Politik der Stärke, die auf die Festschreibung der räuberischen Kriegsziele, die Einverleibung, Kolonialisierung und Ausplünderung der besetzten Gebiete gerichtet war, auf den Sturz der progressiven Regime in Damaskus und Kairo und auf die nationale Unterdrückung des arabischen Volkes von Palästina.

Syrien und Ägypten führten einen nationalen Befreiungskrieg. Ihre Truppen betraten kein israelisches Territorium, sondern arabisches Gebiet, das durch Israel besetzt gehalten wurde.

Nichts macht den Charakter dieses Krieges deutlicher als die Tatsache, daß sich – trotz der in all den Jahren zuvor immer wieder betonten «arabischen Einigkeit im Kampf gegen den zionistischen Feind» – weder Jordanien noch der großbürgerlich beherrschte Libanon zur Eröffnung einer dritten Front bereitfanden.

Am Mittag des 6. Oktober 1973 überquerte die ägyptische Ar-

Soldaten einer syrischen Flak-Einheit (28. 11. 1973) im Einsatz gegen den israelischen Aggressor

mee den Suezkanal, und die syrische Armee griff die israelischen Stellungen auf den Golanhöhen an und durchbrach sie nach erbitterten Kämpfen. Während es den Syriern gelang, den die Höhen beherrschenden Hermonberg zu besetzen, nahmen die ägyptischen Truppen am Ostufer des Suezkanals einen bis zu 16 Kilometer tiefen Streifen in Besitz.

Die Israelis, die überrumpelt worden waren, fanden sich nur schwer in der neuen Situation zurecht. Sie versuchten verzweifelt, der Weltöffentlichkeit eine unmittelbar bevorstehende Wende des Krieges vorzugaukeln. Da sie über Syrien auf die äußerst wirksamen SAM-Boden-Luft-Raketen stießen, die der israelischen Luftwaffe hohe Verluste beibrachten, ließ die israelische Regierung ihre Luftwaffe zivile Objekte in Syrien und Ägypten angreifen.

Bis auf den heutigen Tag ist schwer verständlich, wie es den israelischen Truppen gelingen konnte, nach einigen Tagen die im Vormarsch befindlichen ägyptischen und syrischen Streitkräfte zum Stehen zu bringen, auf dem Westufer des Suezkanals einen Brückenkopf zu errichten, die 3. ägyptische Armee mit einer Einkreisungsoperation zu bedrohen, auf den Golanhöhen wieder vorzustoßen und sogar weiteres arabisches Territorium zu besetzen.

Einer der Gründe mag darin liegen, daß die arabische Solidarität und Einheit sich ein weiteres Mal als das zeigte, was sie war: eine Hoffnung, ein Ideal, ein anzustrebendes Ziel, das jedoch vor der gegenwärtigen Realität der so unterschiedlichen sozialökonomischen Gesellschaftssysteme in den einzelnen arabischen Ländern nicht standzuhalten vermochte. Die anderen arabischen Staaten erklärten wortreich ihre Solidarität mit dem Kampf Ägyptens und der SAR. Irak, Kuweit und Marokko entsandten sogar symbolische Truppenverbände. Doch die politischen und militärischen Aktionen waren nicht koordiniert, und die entsandten Truppen wurden ohne gemeinsamen Plan eingesetzt.

Ein weiterer Grund war zweifelsohne die unklare Haltung des ägyptischen Präsidenten Anwar as-Sadat bald nach Beginn der Kampfhandlungen. Zu aller Verblüffung unterbreitete Sadat in einer Rede am 16. Oktober der israelischen Seite Vorschläge für einen Waffenstillstand. Israel, das sich zu weiterem Vordringen anschickte, wies dieses Angebot entschieden zurück. Golda Meir nannte Sadats Vorschläge «lächerliche Äußerungen» und schloß ihre Rede mit der Aufforderung: «Den Feind zurücktreiben und seine Streitkräfte zu zerschlagen ist eine Voraussetzung für die Gewährleistung unserer Zukunft.» Die israelischen Truppen stießen weiter in arabisches Gebiet vor.

Die Sowjetunion, die sich auch in dieser Auseinandersetzung als treuer Verbündeter der progressiven arabischen Staaten erwies, ergriff die Initiative, um den Frieden im Nahen Osten wiederherzustellen, nachdem eine im Sicherheitsrat der UNO vom 8. bis 10. Oktober 1973 geführte Debatte zu keinem Ergebnis geführt hatte.

Ministerpräsident Alexej Kossygin flog nach Kairo und traf dort mit Präsident Sadat zusammen, um die Grundlinien einer Friedensregelung festzulegen. Einer Einladung der sowjetischen Regierung folgend, besuchte der US-amerikanische Außenminister Henry Kissinger am 20. Oktober Moskau.

Die Sowjetunion, die die arabischen Staaten auch militärisch unterstützt hatte, ging davon aus, daß eine echte Lösung im Nahen Osten nur auf friedlichem, politischem Wege gefunden werden konnte. Bei dem Zeitpunkt berücksichtigte sie, daß sich die militärische Lage für die arabischen Staaten immer weiter zu verschlechtern begann.

Ergebnis der sowjetisch-amerikanischen Gespräche war ein gemeinsamer Resolutionsentwurf, der dem UNO-Sicherheitsrat am 21. Oktober vorgelegt wurde und zur sofortigen Einstellung der Feindseligkeiten aufforderte. Es war die UNO-Resolution 338, die mit 14 Stimmen ohne Gegenstimme angenommen wurde.

Doch während sich die arabischen Armeen strikt daran hielten und die Waffenruhe respektierten, rückten die israelischen Truppen – unter stillschweigender Duldung der USA – weiter vor.

Der Sicherheitsrat sah sich genötigt, am 23. Oktober seinen Feuereinstellungsappell mit der Resolution 339 zu erneuern und mit der Resolution 340 vom 25. Oktober Israel nochmals aufzufordern, seine vorrückenden Verbände auf die Linien vom 22. Oktober zurückzuziehen. Der israelische Aggressor schien jedoch nicht zu stoppen zu sein – die USA schwiegen dazu.

In dieser Situation wandte sich Ägyptens Präsident gleichzeitig an die Sowjetunion und die USA mit der Bitte, sowjetische beziehungsweise amerikanische Truppen zur Überwachung des Waffenstillstands in den Nahen Osten zu entsenden.

Am 25. Oktober informierte die sowjetische Regierung Sadat, daß sie, falls sich Washington weiterhin weigern sollte, an der Feuereinstellung mitzuwirken, bereit sei, auch einseitig sowjetische Truppen in den Nahen Osten zu schicken. Sadat stimmte zu, und die Sowjetunion sandte eine Gruppe von Experten nach Ägypten, die die Erfüllung der UNO-Beschlüsse zur Feuereinstellung überwachen sollte.

Daraufhin ließ der US-Präsident Nixon die Truppen der Vereinigten Staaten in der ganzen Welt in Alarmzustand versetzen. Die Alarmstufe II betraf 2,2 Millionen Soldaten innerhalb und außerhalb der USA, die Atomstreitmacht inbegriffen. Die Welt schien am Rande eines Weltkrieges zu stehen.

Zwar verbreitete die amerikanische Presse, diese Maßnahmen

wären notwendig, um einer angeblich einseitigen Intervention der Sowjetunion im Nahen Osten zu begegnen. Doch die Mehrzahl der Kommentatoren machte deutlich, daß die Alarmauslösung vorrangig für den inneramerikanischen Gebrauch bestimmt war: Der Watergate-Skandal schlug gerade hohe Wellen, Präsident Nixon wurde von allen Seiten angegriffen, und seine Berater veranlaßten ihn, «Festigkeit» und «Aktionsfähigkeit» zu demonstrieren. Doch die Nixon-Administration hatte die Möglichkeiten und die Rolle der USA im Nahen Osten falsch eingeschätzt.

Plötzlich sah sich Israel veranlaßt, die Kampfhandlungen einzustellen und den Entschließungen der UNO zuzustimmen. Golda Meir gab zu verstehen, dies geschehe «aus Rücksicht auf die USA». Die amerikanische Rechnung mit einem militärischen Kraftakt war nicht aufgegangen, und die Alarmstufe wurde wenige Tage später still und leise aufgehoben.

Wie war es zu diesem Rückzieher gekommen?

Einerseits waren die westeuropäischen Staaten und Japan in wachsendem Maße mit der amerikanischen Unterstützung für Israel unzufrieden. Hatten sie sich bereits zuvor geweigert, ihre Flugplätze für den USA-Waffentransport zur Verfügung zu stellen, so erklärten sie nun unumwunden, daß sie keinerlei Notwendigkeit dafür sähen, die USA-Truppen weltweit in Alarmzustand zu versetzen.

Die arabischen Staaten andererseits hatten zum erstenmal begonnen, das Erdöl als Waffe einzusetzen. Sie hatten ihre Ölproduktion im Oktober 1973 auf 30 Prozent der Fördermenge vom September 1973 gesenkt und gegenüber den Ländern, die Israel unterstützten, ein Ölembargo verhängt.

Jeder dieser Faktoren, die von einem neuen Kräfteverhältnis im Nahen Osten zeugten, behinderten die amerikanische Gewaltpolitik in dieser Region.

Ein weiterer Faktor war die zunehmende internationale Isolierung Israels. Ende Oktober hatten insgesamt 24 afrikanische Staaten ihre diplomatischen Beziehungen zu Tel Aviv abgebrochen.

Zugleich hatte die sowjetische Politik, die den Kampf der arabischen Länder unterstützte und eine konstruktive, die interna-

Kuneitra, wo syrische Panzereinheiten in erbitterten Kämpfen israelische Stellungen durchbrachen

tionale Entspannung fördernde Haltung vertrat, entscheidenden Einfluß auf die Position Washingtons. Die Vereinigten Staaten wurden so gezwungen, ihre Politik in mehreren Punkten zu verändern. All das führte zu einer Beendigung der Auseinandersetzungen vom Oktober 1973, hieß jedoch keineswegs, daß die USA ihre bedingungslose Unterstützung Israels aufgegeben hatten. Ihre Grundhaltung zum Nahostkonflikt und damit zur Palästinafrage blieb unverändert, wie die kommenden Jahre sehr bald zeigten.

Wenn sich auch die Ergebnisse und Folgen des Krieges von 1973 auf den palästinensischen Widerstand tiefgreifend auswirken sollten, so war jedoch die Rolle der palästinensischen Kampfverbände in den Kriegshandlungen selbst begrenzt.

Das hing nicht nur mit ihrer geringen zahlenmäßigen Stärke und begrenzten militärischen Schlagkraft – verglichen mit den mobilisierten Armeen Ägyptens und Syriens – zusammen, sondern vor allem mit der recht unterschiedlichen Haltung der einzelnen arabischen Staaten zum palästinensischen Widerstand.

Zwar hatte Sadat erklärt, die «Wiederherstellung der Rechte der Palästinenser» sei ein Hauptziel des Krieges, doch war ihm wenig daran gelegen, die Palästinenser selbst in seine taktischen Überlegungen einzubeziehen.

Es ist eine Ironie des Schicksals, daß ausgerechnet der Kommandeur einer palästinensischen Einheit Sadat warnte, daß die Israelis den Suezkanal wieder zu überqueren suchten, die 3. ägyptische Armee abschnitten und damit die Niederlage der Ägypter besiegelten.

Bis heute rätseln bürgerliche Historiker, weshalb das ägyptische Oberkommando angesichts dieser Warnung nicht entscheidende Schritte unternahm, um die Absichten der israelischen Führung zu durchkreuzen. Es scheint, Sadat wollte absichtlich nichts unternehmen.

Während des gesamten Oktoberkrieges und auch danach wurde von den Palästinensern kaum gesprochen, es wurde nicht einmal erwähnt, daß sie an Kampfhandlungen beteiligt waren.

Sadat informierte die Führung der PLO erst kurz vor Ausbruch des Krieges von seinen Absichten. Nur wenige Stunden, nachdem Arafat Sadats Mitteilung erhalten hatte, befanden sich alle Kampfverbände des palästinensischen Widerstandes in Alarmbereitschaft.

Sofort bei Kriegsbeginn wurden mehrere Einheiten der Palästinensischen Befreiungsarmee hinter den israelischen Linien abgesetzt. Sie nahmen bei Kuneitra zwei Hügel ein. Fedayin-Kommandos drangen von Libanon aus auf israelisches Gebiet vor und kämpften gegen die israelischen rückwärtigen Dienste. Bereits am Tage des Kriegsausbruchs, am 6. Oktober, traten auf der okkupierten Westbank und im Gazastreifen etwa 70000 palästinensische Arbeiter in den Streik. Insgesamt führten die PLO-Verbände mehr als 100 Operationen durch.

War es für die PLO schon schwierig, von libanesischem Territorium aus zu operieren – der Libanon war ja an den Kampfhandlungen nicht beteiligt –, so erwies sich dies von Jordanien aus als unmöglich. Vergeblich bat die Führung der PLO Sadat, seinen Einfluß auf König Hussein geltend zu machen, vergeblich wandte sich Abu Lutf an den jordanischen Botschafter in Kairo und erklärte ihm, daß die PLO sogar bereit sei, Hussein den September 1970 und die Zerschlagung der Widerstandsbewegung in Jordanien zu vergessen; vergeblich schickte die palästinensische Führung eine Delegation mit Abu Daoud nach Amman, Hussein ließ sich nicht bewegen. Der jordanisch-israelische Grenzabschnitt, die Demarkationslinie längs des Jordan, blieb für die palästinensischen Kommandos gesperrt. Selbst eine kurzzeitige Öffnung, um die Möglichkeit zur Infiltration zu geben, wurde abgelehnt. Jordanien konnte nicht als Basis genutzt werden.

Es braucht nicht erwähnt zu werden, daß die PLO weder auf die ägyptischen noch auf die Entschlüsse der syrischen Führung den geringsten Einfluß hatte und auch in keinem Fall befragt wurde, obwohl es angeblich um die Rückgewinnung des palästinensischen Heimatlandes ging.

Wieder einmal bestätigte sich für Ralf Bergner eine Feststellung von Kamal Adwan, die dieser schon vor Jahren getroffen hatte: «Die sicherste Art, Palästina endgültig zu vernichten, besteht darin, es den anderen arabischen Regierungen zu überlassen, das Land nach eigenem Gutdünken zu verteidigen oder es zurückerobern zu wollen.»

Der Oktoberkrieg von 1973 brachte die Palästinenser keinen Schritt auf dem Wege zur Befreiung ihrer Heimat voran, im Gegenteil. Ägypten scherte durch die im Januar und Mai 1974 zustande gekommenen ägyptisch-israelischen Abkommen aus der Front der arabischen Staaten aus und gab seine antiimperialistische Grundposition auf. Als Hinterland für den Kampf der Palästinenser ging es verloren. Der amerikanisch-israelische Einfluß auf die weitere Entwicklung im Nahen Osten wurde gefestigt, der Kampf des palästinensischen Volkes weiter erschwert.

Auf der anderen Seite jedoch zeigte sich sehr bald, daß trotz eines annähernden Patts auf dem Schlachtfeld die arabische Seite aus diesem Krieg eindeutig als politisch-moralischer Sieger hervorging. Das war für die gesamte palästinensische Bewegung, wie bald sichtbar wurde, für ihre künftige Orientierung von entscheidender Bedeutung. Dieser Krieg trug dazu bei, eine Wende im Denken und Handeln der PLO-Führung herbeizuführen.

Die tiefgreifendste Konsequenz für den palästinensischen Widerstand formulierte Jahre später Abu Ijad, als er sagte: «Der Oktoberkrieg war für uns Palästinenser nur ein ‹Aufleuchten› von kurzer Dauer. Doch führte er mit seinen Folgen zu einem Bewußtseinsprozeß, der es uns ermöglichen sollte, unsere Zielstellungen der Wirklichkeit anzupassen und uns zu Entscheidungen durchzuringen, die gewagt schienen, die aber der Politik des Alles oder Nichts ein Ende setzten.»

Freilich war dies ein längerer und komplizierter Prozeß, er führte von Kairo über Moskau nach New York.

Kairo

Bis zum Sommer 1974 bekam Ralf Bergner wenig Gelegenheit, sich unmittelbar mit den Geschehnissen in und um die palästinensische Widerstandsbewegung zu befassen. Dennoch verfolgte er die Entwicklung in Nahost aufmerksam. Aber es fehlte ihm der direkte Kontakt zu PLO-Angehörigen, abgesehen von gelegentlichen Besuchen beim Leiter des PLO-Büros in Berlin, Nabil Kuleilat, der ihm mittlerweile zum Freund geworden war.

Es war denn auch Kuleilat, der Bergner im März 1974 Einsicht in ein vierseitiges Papier gewährte, zu dessen maschinegeschriebenem arabischem Text jemand handschriftlich hinzugefügt hatte: «Dieses Programm ist eine Anleitung für die Arbeit innerhalb der palästinensischen Befreiungsbewegung. Die dafür zuständige Exekutivkommission hält eine Publizierung dieses Programms für ungeeignet.»

Nabil Kuleilat gestattete Ralf auch nur, es schnell zu überfliegen, bat, keinen Gebrauch davon zu machen, und wollte es unter keinen Umständen aus der Hand geben.

«Nur weil ich dich gut kenne, Genosse Bergner», sagte er, «und damit du rechtzeitig weißt, daß sich in der Widerstandsbewegung bald ganz neue Momente zeigen werden.»

Ralf Bergner genügte schon dieser kurze Einblick, um zu begreifen, wie recht Nabil Kuleilat hatte.

Es handelte sich um ein internes Papier, ein gemeinsames Programm der drei größten palästinensischen Widerstandsorganisationen, der Al-Fatah, der As-Saika und der Demokratischen Front.

Mit einigem Erstaunen las der Journalist von der «Fortführung des bewaffneten Kampfes und aller anderen Formen des Kampfes». Die arabischen Staaten wurden aufgefordert, «alle Formen des palästinensischen Kampfes zu unterstützen.»

Das Programm lehnte sodann wie bisher die UNO-Resolution 242 ab, forderte aber zugleich die «Ausnutzung aller Beschlüsse der UNO». Am weitesten schien Bergner jene Einsicht zu gehen, die die «nationale Eigenständigkeit des palästinensischen Volkes in den besetzten Gebieten» forderte und feststellte: «Palästina ist ein Teil des arabischen Vaterlandes, und der palästinensische Kampf ist ein Teil der arabischen nationalen Befreiungsbewegung», die wiederum ist »ein Teil der internationalen Befreiungsbewegung und der Bewegung für den Fortschritt und ist mit ihr im gemeinsamen Kampf gegen Zionismus, Imperialismus und Kolonialismus und für Frieden und Gerechtigkeit in der ganzen Welt organisch verbunden.»

Klarer hatte die palästinensische Seite bisher ihren Kampf noch niemals als Teil der weltweiten antiimperialistischen Bewegung formuliert. Indessen ging die Konsequenz dieses Programmes noch weiter, indem es forderte: «Verbindung mit der Sowjetunion, Volkschina und den anderen sozialistischen Ländern zur Hilfe und Unterstützung des palästinensischen Volkes.»

«Ist das die neue Linie der PLO?» fragte der Journalist etwas zweifelnd.

«Es wird wie stets einen erbitterten Streit um diesen Entwurf geben, ehe man das Programm annimmt», erwiderte Nabil Kuleilat. «Man wird Veränderungen anbringen, Zusätze, Abschwächungen. So bleibt es sicher nicht.»

«Wer ist ‹man›?»

«Der nächste Palästinensische Nationalkongreß, auf dem die Vertreter aller Organisationen, ja aller Palästinenser vertreten sind und der das Programm annehmen muß.»

»Wann tagt der Nationalkongreß?»

«Wahrscheinlich Mitte des Jahres.»

Bis dahin blieb noch Zeit, denn man war erst im März, das Programm selbst stammte vom Februar.

Ralf Bergner nahm sich vor, diesen kommenden Kongreß und damit das weitere Schicksal des progressiven, realistischen Programms zu verfolgen.

Mitte Mai ließ ihn der Chef zu sich rufen. Ein Blick genügte Bergner, um zu sehen, daß er wütend war.

«Mußtest du so etwas einrühren?»

«Entschuldige», fuhr Bergner auf, «was soll ich eingerührt haben?»

«Diesen Flug nach Kairo.»

«Nichts habe ich eingerührt!» widersprach Bergner heftig. «Von Kairo weiß ich nichts, du mußt dich schon klarer ausdrükken. Ich verstehe gar nichts.»

«Gut!» lenkte der Chef ein, doch hörte man aus seinem Ton heraus, daß er ihm nicht recht glaubte. «Also, das Solidaritätskomitee hat dich angefordert – du sollst mit einer Delegation nach Kairo fliegen. Anfang Juni. Angeblich haben sie niemand anderen. Ich werde zustimmen müssen.»

«Was will die Delegation in Kairo?» Bergner dachte im Moment nicht mehr an sein Gespräch mit Nabil. «Warum ich?»

«Die Palästinenser haben dort eine Tagung, eine wichtige, behaupten die vom Solikomitee, und wir sind eingeladen.»

Erst da fiel bei Bergner der Groschen.

«Wenn es sein muß», meinte er vorsichtig. Zwar hatte er nichts «eingerührt», aber er war gern bereit, die Gelegenheit beim Schopfe zu packen.

«Natürlich muß es sein», sagte der Chef noch immer aufgebracht. Wie sich herausstellte, sollte Bergner als Sachverständiger mitfliegen und den Delegationsleiter beraten. Dritter im Bunde war der Dolmetscher, ein dicklicher, untersetzter Wissenschaftler mit starken Brillengläsern, fröhlich, ein wenig ungeschickt – und mit einer Sprachbeherrschung, die seine Partner zumeist in Erstaunen setzte. Bergner kannte ihn schon länger und war froh, als er den Namen hörte.

Der Delegationsleiter war ein älterer, sportlicher Genosse, der sich voller Elan in die neue Aufgabe stürzte, fragte, diskutierte und bereit war, sich von dieser ihm fremden Atmosphäre einnehmen zu lassen.

Er kam schnell mit den Problemen zurecht, jedoch nicht mit der Mentalität der Araber, mit ihrem lächelnd erwiderten «malisch», «macht doch nichts», und ihrem vertröstenden «bukra» – «morgen gewiß».

Es begann damit, daß die drei verloren auf dem Flughafen gestanden hätten, wäre da nicht ein Attaché von der Botschaft gewesen. «Die Palästinenser haben hier keinen organisatorischen Apparat wie in Beirut», erklärte er. Auf die Frage des Leiters, wo die Tagung stattfinde und wo sie untergebracht wären, zuckte er die Schultern, meinte aber tröstend, der arabischen Welt angepaßt: «Malisch! Aber das bekommen wir alles raus.» Sprach's und wühlte sich mit seinem Auto, in das er die Männer sowie ihre Koffer gequetscht hatte, durch den unvorstellbaren, strudelnden, lärmenden, beängstigenden Kairoer Verkehr.

Die Tagung sollte in einer Schule stattfinden. Das Gebäude war abgeriegelt. Ägyptische Armee bewachte es scharf, und außer den Soldaten gab es Zivilisten, die Pistole im Halfter – Palästinenser.

Die Delegation wohnte nicht weit von der Schule entfernt im Hotelturm des «Meridien»-Komplexes. Von den Palästinensern war selten jemand in der Halle zu sehen. Die meisten waren in preisgünstigeren Hotels untergekommen. Es fand sich schnell ein guter Bekannter von Ralf Bergner, Nabil Kuleilat, der als Mitglied des Nationalrates an der Tagung teilnahm. Er umarmte Bergner, sehr zum Erstaunen des Delegationsleiters. Als er hörte, daß man sie nicht ordentlich empfangen habe, bat er sie, in einem Seitenraum Platz zu nehmen, hatte im Nu zwei, drei andere Vertreter der Führung herbeigeschafft. Es gab eine offizielle Begrüßung, ein erstes Gespräch: Freude über die Teilnahme, Solidarität im Kampf und weitere übliche Worte. Auf die Frage, wann die Tagung eröffnet werde, Achselzucken. «Bukra inschallah, morgen, so Allah will.»

Noch tagte die Führung hinter geschlossenen Türen, legte letzte Hand an die Entwürfe.

Es verging der Nachmittag und auch der folgende Tag. Obwohl Nabil versichert hatte, ihnen rechtzeitig Bescheid zu geben, geschah nichts. Erst am übernächsten Vormittag, der Delegationsleiter war bereits unruhig geworden, kam der Dolmetscher, den man alle zwei Stunden zur Schule geschickt hatte, mit der Meldung: «Es scheint sich etwas zu tun.»

Tatsächlich, Busse fuhren vor, die Hotelhalle leerte sich, Gäste und Journalisten wurden, nach nochmaliger sorgfältiger Zählung und gründlicher Kontrolle ihrer roten Gast-Teilnehmerkarte, zur Schule gefahren.

Mühsam bahnten sie sich einen Weg durch das Menschengewühl. Die Aula der Schule mochte 200 Personen fassen, anwesend waren etwa doppelt soviel. Zu den 159 Mitgliedern des Palästinensischen Nationalrates kamen etwa ebenso viele Gäste und Journalisten, dazu die Ordner und das Fernsehen.

Reservierte Plätze gab es nicht. Die DDR-Vertreter quetschten sich auf drei freie, wacklige Stühle in der fünften oder sechsten Reihe. Bereitwillig und freundlich machte man ihnen Platz, rückte zusammen. Die Luft, voller Zigarettenrauch, war zum Schneiden, der Lärm – jeder sprach laut mit jedem – kaum zu übertönen. Keiner kümmerte sich um die drei.

Nach einer weiteren halben Stunde betrat die PLO-Spitze unter donnerndem Beifall und Hochrufen der Versammelten den Saal.

Khaled Fahoum, der Vorsitzende des Palästinensischen Nationalrates, eröffnete die Tagung mit ein paar einleitenden Sätzen. Dann ergriff Yasser Arafat, der Vorsitzende des Exekutivkomitees der PLO, das Wort. Er ging ausführlich auf die aktuelle internationale Lage und besonders auf die Politik der Entspannung ein. Die innerarabischen und internationalen Veränderungen müßten unbedingt in Rechnung gestellt und berücksichtigt werden. Deshalb sei es notwendig, sich gründlich mit den Haltungen und Plänen der arabischen und der anderen Staaten vertraut zu machen, denn nur so könnten ihre Entscheidungen auf eindeutigen Fakten basieren. Die palästinensische Bewegung könne sich nicht von dieser Entwicklung fernhalten, wolle sie sich nicht eines Tages allein in der internationalen Arena wiederfinden.

Arafat beschwor die Einheit der palästinensischen Bewegung und unterstrich die Wichtigkeit eines einheitlichen Standpunktes. Er gab seiner Überzeugung Ausdruck, daß es möglich sei, sich auf eine gemeinsame Formel zu einigen, denn schließlich hätten sie alle ein Ziel. Unter stürmischem Beifall rief er leidenschaftlich aus: «Es kann keinen Ersatz geben für einen palästinensischen, demokratischen Staat, und es wird keinen Frieden in der Region des Nahen Ostens geben, bis dieser Staat errichtet ist.»

Die Frage einer politischen Lösung erläuternd, legte er dar, daß die Palästinenser bereit sein müßten, darüber zu diskutieren und einen angemessenen Standpunkt einzunehmen. «Die palästinensische Revolution», sagte er, «darf sich nicht fernhalten von den politischen Auseinandersetzungen in diesem Teil der Welt.» Und er setzte hinzu: «Ich bin bereit, als Fedayin-Vertreter nach Genf zu gehen, wenn ihr mich damit beauftragt und wenn es unserer palästinensischen Sache dient.»

Heftiger Tumult brach los. Die einen klatschten, die anderen schrien dagegen. Doch Khaled Fahoum gelang es, die Versammlung schnell wieder zu beruhigen, indem er auf die kommende Diskussion verwies.

Arafat konnte fortfahren. Er sprach fast drei Stunden. Am

Ende seiner Rede beschwor er erneut die Vertreter aller Widerstandsorganisationen, aller Klassen und Schichten des palästinensischen Volkes, die sich hier in Kairo versammelt hatten: «Wir müssen uns der neuen Lage gewachsen zeigen, wollen wir unsere Heimat zurückerobern. Wir können unsere Ziele nicht auf einen Schlag verwirklichen. Doch als Revolutionäre haben wir das Recht und die Pflicht, unsere Ziele – ungeachtet dessen, ob wir sie selbst erfüllen können – für jene Generationen festzulegen, die uns in unserem Kampf folgen werden.»

Unter donnerndem Applaus setzte er sich.

Bergner hatte eifrig mitgeschrieben. Heftige Debatten um den weiteren Weg des palästinensischen Befreiungskampfes standen bevor. Bergner war voller Spannung.

Khaled Fahoum gab nach einer Pause den Rednern das Wort, die die Haltung der PLO zur Genfer Nahostkonferenz darlegen wollten. Der Dolmetscher übersetzte halblaut.

«Wieso denn jetzt Genf? Ist das aktuell?» fragte der Delegationsleiter Bergner. Der, aus seinem aufmerksamen Zuhören gerissen, erklärte bereitwillig: «Augenblicklich ist sie vertagt, aber ...» Er führte seinen Gedanken nicht weiter, denn soeben hatte Arafat den Redner der Arabischen Befreiungsfront, Dr. Kayali, unterbrochen, der gegen jegliche Teilnahme der PLO an einer Genfer Konferenz gesprochen hatte. «Die Arabische Befreiungsfront lehnt jegliche – ich betone – jegliche direkten wie auch indirekten Verhandlungen mit dem Feind ab.»

Yasser Arafat hielt dem entgegen: «Unsere Entscheidung muß in Übereinstimmung mit den Realitäten stehen. Wir dürfen uns nicht selbst isolieren.»

Bergner kam nicht zu Erklärungen über die Genfer Konferenz. Wieder brach lauter Tumult aus.

«Die Genfer Verhandlungen sind eine Falle, um uns vom bewaffneten Kampf abzuhalten», schrie ein Vertreter der Volksfront für die Befreiung Palästinas, in dem Bergner Walid Toufik erkannte, erregt in den Saal.

Von weit hinten protestierte jemand. Auch Jibril, der Vertreter der von der Volksfront abgespaltenen Organisation «General Command» sprach dagegen.

Khaled Fahoum bemühte sich, die Atmosphäre zu beruhigen.

Vergeblich! Jemand kletterte auf die Bühne und versuchte, sich des Mikrofons zu bemächtigen. Ordner drängten ihn ab. Der Tumult wurde immer größer. Neben Bergner brüllte jemand: «Verräter» nach vorn.

Es war nichts mehr zu verstehen.

Bergner sah, wie sich Khaled Fahoum zu Arafat, Abu Lutf und den anderen im Präsidium wandte und mit ihnen sprach. Schließlich schallte seine Stimme über die Lautsprecher: «Die Tagung wird kurze Zeit unterbrochen. In zwanzig Minuten setzen wir sie in geschlossener Sitzung fort.»

Alles drängte lärmend zum Ausgang.

Der Delegationsleiter schaute Bergner etwas verständnislos an, als der Dolmetscher ihm die Worte Khaled Fahoums übersetzte.

Bergner meinte trocken: «Man schließt Journalisten und Gäste erst einmal aus. Will die Dinge unter sich klären – verständlich.»

«Und nun?»

«Bleiben wir im Hotel und warten, bis die nächste öffentliche Sitzung stattfindet», ergänzte Bergner. «Malisch!»

Der Delegationsleiter aber ärgerte sich. Schwer vorstellbar, wie er reagiert hätte, wenn er gewußt hätte, daß er die nächsten vier Tage würde vergebens warten müssen, denn die Journalisten und Gäste wurden nur noch einmal – zur Bekanntgabe des neuen Exekutivkomitees – eingeladen.

Vier Tage lang wartete die Delegation zusammen mit den Journalisten im Hotel. Es gab nur spärliche, oft sich widersprechende Informationen, dafür aber um so mehr Gerüchte.

Über drei oder vier Tagesordnungspunkte erzielte man nach langen Diskussionen weitgehende Übereinstimmung:

1. Was den Status der seit 1967 okkupierten arabischen Gebiete angeht, so sprach sich die Mehrheit des Kongresses für die Gründung eines palästinensischen Staates am Westufer des Jordan und im Gazastreifen aus.
2. Die Entscheidung über die Bildung einer palästinensischen Exilregierung wurde mit der Begründung bis zum nächsten Kongreß zurückgestellt, daß das palästinensische Volk durch die PLO genügend vertreten sei.

3. Im Hinblick auf die Beziehungen zwischen der PLO und Jordanien bestätigte man die Forderung nach dem Sturz der Regierung von König Hussein.

Und was beschließen sie wohl zu Genf? fragte sich Ralf Bergner, denn zweifellos war das einer der entscheidenden Punkte.

Nach dem Oktoberkrieg von 1973, der letztlich durch die entschiedene Haltung der Sowjetunion und der anderen sozialistischen Staaten gestoppt worden war, mußten sich die USA angesichts der sich immer stärker ausprägenden internationalen Tendenz zur Entspannung zumindest den Anschein geben, Schritte zu einer politischen Lösung des Nahostkonfliktes zu unternehmen. Sie stimmten einer Nahostfriedenskonferenz zu, die am 21. Dezember 1973 in Genf zusammentrat. Teilnehmer der Konferenz, die vom Generalsekretär der UNO Kurt Waldheim eröffnet wurde, waren die Sowjetunion, die USA, Ägypten, Jordanien und Israel. Eine Vertretung der Palästinenser war nicht eingeladen worden. Man redete zwei Tage lang, ohne zu einem konkreten Ergebnis zu kommen. Kein Wunder, denn das Hauptproblem wurde trotz Protestes der Sowjetunion von der Diskussion ausgeklammert.

«Wenn die Konferenzteilnehmer den Nahostraum wirklich von der Gefahr neuer Konflikte befreien wollen», erklärte Außenminister Gromyko, «so muß die eigentliche Ursache der Krise, die bereits mehr als sechs Jahre bestehende Okkupation arabischer Gebiete, beseitigt werden.» Und weiter: «Unsere Haltung ist von Anfang bis Ende klar und konsequent: Frieden und Sicherheit für alle Völker dieses Gebietes. Darunter ist natürlich zu verstehen, daß dem arabischen Volk von Palästina Gerechtigkeit gewährleistet werden muß. Seine legitimen Rechte müssen geschützt sein.»

Doch daran lag den anderen teilnehmenden Staaten, die vorrangig ihre eigenen Interessen und Positionen im Nahen Osten im Auge hatten, nur wenig.

Nach zwei Tagen wurde die Konferenz beendet. Wenngleich man der zu lösenden Grundfrage keinen Schritt näher gekommen war, konnte sie doch die Ausgangsbasis für weiterführende Verhandlungen darstellen, Auftakt sein zu weiteren Gesprächen.

Zwar stand im Juni 1974, als der 12. Palästinensische Nationalkongreß in Kairo tagte, die Wiedereinberufung der Genfer Konferenz nicht unmittelbar auf der Tagesordnung, doch die Vertreter des palästinensischen Volkes mußten sich darüber klarwerden, wie sie in diesem Falle zu reagieren gedachten.

Bergner hatte dank seiner guten Kontakte herausbekommen, daß die Al-Fatah, die Saika und die Demokratische Front für eine künftige Teilnahme in Genf plädierten, die sogenannte Ablehnungsfront unter der Führung von Dr. Habasch und seiner Volksfront jedoch dagegen war. Zu dieser Front gehörten auch das General Command und die Arabische Befreiungsfront sowie einige kleinere Organisationen.

Wie würde die Formulierung dieses Problems im Rahmen des 10-Punkte-Programms aussehen, das der 12. Nationalkongreß im Begriff war, als seine künftige Orientierung anzunehmen?

Am letzten Tag des Kongresses saß die Delegation der DDR zusammen mit den anderen Gästen und den Journalisten abends gegen 22 Uhr noch immer wartend in den wuchtigen, gepolsterten Kunstledersesseln der Hotelhalle des «Meridien». Wie alle waren die drei aus Berlin verdrossen und todmüde, denn bereits um 16 Uhr hatte man den Beginn der Abschlußsitzung angekündigt und dann von Stunde zu Stunde um Geduld gebeten. Der Delegationsleiter hatte schon mehrfach resignierend gefragt, ob es nicht richtiger wäre, schlafen zu gehen, da ja «heute doch nichts mehr wird».

Bergner hatte jedesmal ruhig, aber entschieden widersprochen: «Es regelt sich alles, du wirst sehen. Die Leute hier nehmen es mit der Zeit und dem Warten nicht so genau.»

Er behielt recht. Kurz nach 23 Uhr erschien der Bus, und sie wurden zum Kongreßgebäude gefahren. Diesmal waren Plätze für sie in der ersten Reihe reserviert.

Ohne den anderen etwas zu sagen, verschwand Bergner plötzlich. Erst als das Präsidium unter Arafat Platz genommen und Khaled Fahoum die Sitzung bereits eröffnet hatte, erschien er wieder mit vergnügter Miene.

«So viel gibt es hier doch gar nicht zum Freuen, scheint mir!» meinte der Delegationsleiter bissig.

Bergner ließ sich seine gute Laune nicht verderben. «Er wird uns anschließend kurz empfangen», meinte er nur.

«Wer?» fragte der Delegationsleiter unmutig.

«Arafat natürlich, wer sonst! Kuleilat hat es arrangiert», sagte Bergner wie nebenbei und weidete sich am Erstaunen der anderen.

«Jetzt noch, um diese Zeit?»

«Freilich, ihnen macht das nichts aus. Oder wollen wir etwa nicht, weil es für uns zu spät wird?»

«Unsinn!» knurrte der Delegationsleiter. «Natürlich wollen wir. Hättest es uns ruhig früher sagen können.»

«Die Gelegenheit war günstig. Ich würde vorschlagen, daß wir etwa folgendes besprechen …» Er kam nicht dazu fortzufahren, denn Khaled Fahoum ergriff das Wort.

«Brüder!» begann er. «Der Tagung unseres Palästinensischen Nationalrates sind zahlreiche Ereignisse in unserer Region vorangegangen.» Er zählte auf: «Der Oktoberkrieg, das Anwachsen unserer militärischen Aktionen im besetzten Gebiet nach dem Kriege, die Ausdehnung unserer Bündnisse und Freundschaftsbeziehungen, woraus eine weltweite Anerkennung der PLO als der einzig rechtmäßigen Vertreterin des palästinensischen Volkes resultiert. Andererseits verschärfen sich die Machenschaften gegen unsere Revolution und unser Volk, die darauf abzielen, die Revolution und unsere Sache zu liquidieren. Diese Verschwörung ist nicht beendet, und wir müssen verstärkt Anstrengungen unternehmen, um ihr entgegenzutreten und die Verwirklichung ihrer Ziele zu verhindern.»

Um in diesem Kampf besser gerüstet zu sein, führte Khaled Fahoum weiter aus, habe diese 12. Tagung ein 10 Punkte umfassendes «Politisches Stufenprogramm der PLO» beschlossen und in einem «Politischen Kommuniqué» die Haltung der PLO zu den wichtigsten Problemen des Kampfes niedergelegt.

Dann verlas der Vorsitzende des Palästinensischen Nationalrates zuerst das «Politische Kommuniqué», dann das mit 153 gegen 3 Stimmen beschlossene «Politische Stufenprogramm».

Im Saal war außer einem gelegentlichen Stühlescharren und unterdrücktem Husten nur die ruhige, kaum bewegte Stimme des Redners. Neben Bergner tuschelte der Dolmetscher dem Delegationsleiter die Übersetzung ins Ohr.

Ralf Bergner, seinen üblichen, diesmal etwas zerknitterten und mitgenommen aussehenden grünen Stenoblock auf den

Knien, hörte aufmerksam zu. Da er wußte, daß er den vollen Wortlaut später schriftlich bekommen würde, kritzelte er zugleich kommentierende Bemerkungen in seinen Block. Das las sich so:

Orientierung auf Gründung einer «palästinensischen nationalen Autorität» in allen zu befreienden Gebieten (d. h. Westjordan und Gaza);

Festigung Einheit PLO und Zusammenarbeit mit *allen* progressiven Kräften, d.h. also auch mit arabischen Kommunisten;

Vertiefung Zusammenarbeit mit soz. Lager, vor allem SU, hohe Wertschätzung Rolle SU;

antiimperialistische realistische Grundlinie, Zurückdrängung Extremismus;

Kompromisse:
fehlende Beschlußfassung zur Teilnahme PLO in Genf,
Ablehnung Resolution 242 (!), weil sie Palästinaproblem auf Flüchtlingsproblem reduziert,
zwar Einsatz *aller* Kampfformen, aber bewaffneter Kampf an der Spitze (noch),
unrealistische Zielstellung zum Sturz Husseins in Jordanien.

Der Redner gab dann die Wahl des neuen Exekutivkomitees bekannt. «Nach demokratischem, verantwortungsbewußtem, positivem und konstruktivem Dialog wählte der Nationalrat ein neues Exekutivkomitee, das erweitert wurde.» Danach fuhr er fort: «Unser Volk ist aus dieser Tagung als ein mächtiges und geeintes Volk hervorgegangen. Wir müssen uns bewußt sein, daß die vor uns liegende Etappe eine entscheidende und bedeutungsvolle Etappe sein wird, die von unseren Volksmassen Wachsamkeit und die Intensivierung des Kampfes erfordert.» Tief Atem holend, rief er dann leidenschaftlich: «Es kommt nicht darauf an, Beschlüsse zu fassen, sondern es kommt darauf an, diese Beschlüsse zu realisieren.

Großes palästinensisches Volk! Verstärken wir unsere Einheit und Geschlossenheit! Verstärken wir unseren bewaffneten Kampf! Erweitern wir unseren politischen Kampf! Stärken wir unsere Verbundenheit mit der arabischen Befreiungsbewegung und der internationalen Befreiungsbewegung! Revolution bis zum Sieg!»

Donnernder Applaus brach los, Hochrufe gingen im Tumult unter.

Dann drängte alles zum Ausgang. Ralf Bergner gelang es mit viel Mühe, sich zu Nabil Kuleilat durchzuzwängen.

«Wann und wo?» fragte er.

«Sagen wir neun Uhr im Hotel unten!»

«Einverstanden!» stimmte Bergner zu und war fast wieder außer Reichweite, als Nabil ihn noch am Ärmel seines schilfgrünen Buschanzuges erwischte.

«Was ist noch?»

«Es wird nicht Arafat sein, der euch empfängt. Abu Amar ist schon abgereist.»

«Sondern wer?»

«Sicher ginge es morgen mit Khaled Fahoum, nur eben heute nicht.»

Plötzlich hatte Bergner eine Idee. «Ich habe unter den Mitgliedern des Nationalrates Faiq Warrad gesehen. Ist er noch greifbar?»

«Ich werde sehen, was sich machen läßt.»

Der Delegationsleiter verzog das Gesicht, als Bergner es ihm mitteilte. «Angeber!» knurrte er freundschaftlich und fragte dann: «Wer ist Faiq Warrad?»

«Mitglied des Politbüros der Jordanischen Kommunistischen Partei und ehemals Führer der kommunistisch gelenkten bewaffneten Widerstandsgruppe Al-Ansar.»

Der Chef horchte auf. «Eine kommunistische Kommandoorganisation?»

«Ja», informierte ihn Bergner, «1970 wurde von der Jordanischen Kommunistischen Partei mit Unterstützung mehrerer anderer arabischer kommunistischer Parteien eine eigene, selbständige bewaffnete Kampforganisation Al-Ansar – Die Partisanen – geschaffen. Ihr Vorsitzender wurde Faiq Warrad. Bald jedoch erwies sich die Sprengkraft dieser kommunistischen Enklave innerhalb der kleinbürgerlich-nationalen und damals zum Teil noch antikommunistisch orientierten Bewegung als zu gefährlich. Zum anderen erschwerten die jeweiligen arabischen Staaten die Unterstützung der Organisation durch die kommunistischen Parteien ihrer Länder, in denen diese ja zumeist mehr oder weniger illegal arbeiteten. 1971/72 schloß sich deshalb die Mehrheit der Al-Ansar-Mitglieder der Demokratischen Front oder der Al-Fatah an.»

Am Vormittag saßen sie in der Wohnung eines sympathisierenden Ägypters Faiq Warrad gegenüber.

«Es ist besser dort als im Hotel», hatte Nabil geraten, «die Ägypter haben ihre Augen und Ohren überall.»

«Genosse Fuad läßt euch herzlich grüßen», bestellte ihnen Faiq Warrad, nachdem man sich bekannt gemacht hatte. Gemeint war Fuad Nassar, der Erste Sekretär der Jordanischen Kommunistischen Partei, der in der Illegalität lebte.

Etwas umständlich fuhr er fort: «Ihr habt die Ergebnisse der Tagung gehört, und gewiß sind wir einer Meinung, daß man sie als von großer Bedeutung einschätzen muß.»

Faiq Warrad sprach langsam, suchte manchmal nach den englischen Worten, und sein breites, von tiefen Falten zerfurchtes Gesicht lachte verlegen. Er war untersetzt, und alles an ihm wirkte schwer, langsam. Bergner wußte, daß er vom Lande kam, selbst Fellah, Bauer, gewesen war und sich seine Bildung mühsam im Gefängnis und in einem der berüchtigten jordanischen Konzentrationslager in der Wüste mit Unterstützung Fuad Nassars angeeignet hatte.

Der Dolmetscher erbot sich zu übersetzen. Sofort wurde Faiq Warrad lockerer und erläuterte ihnen wort- und gestenreich, was er vom 12. Nationalkongreß hielt: «Man muß stets die zurückliegende Entwicklung der Bewegung berücksichtigen. Dieser Kongreß spiegelt den Fortschritt und die wachsende Reife der PLO wider. Die Ergebnisse der Tagung, besonders das Stufenprogramm, bieten ihr die Möglichkeit, aktiv an einer politischen Lösung des Nahostkonfliktes teilzunehmen.»

«Aber Genf? Es wird dazu keinerlei Stellung genommen.»

«Du irrst, Genosse Bergner», widersprach Faiq Warrad.

Bergner blickte etwas verständnislos. «Ich wüßte nicht, wo?»

«Doch!» Faiq Warrad zog einen bereits etwas zerknüllten maschinegeschriebenen Text aus der Tasche, das Stufenprogramm, und las vor: «Der Palästinensische Nationalrat beschließt, das Exekutivkomitee der PLO zu verpflichten, den Rat zu einer außerordentlichen Sitzung einzuberufen, wenn eine Situation entsteht, die schicksalhaft für die Zukunft des palästinensischen Volkes ist.»

«Entschuldige, Genosse Warrad», sagte Bergner zweifelnd, «was ist das schon?»

Der Delegationsleiter hörte interessiert zu, als Genosse Warrad heftig widersprach: «Das heißt nicht mehr und nicht weniger, als daß man keine extremistische Haltung einnimmt, sich nicht mehr zur alten Losung ‹alles oder nichts› bekennt und zu realistischen Positionen gefunden hat.» Als er merkte, daß Bergner wieder etwas erwidern wollte, bat er: «Warte Genosse, ich weiß, du willst mir die Haltung zu Jordanien entgegenhalten – ja, ich stimme zu, ein Kompromiß, den wir eingehen mußten, ein notwendiger, um das Wichtigste nicht zu gefährden. Die Formulierung zu Genf besagt doch: Sobald eine Einladung vorliegt und die Resolution 242 im Sinne unserer Forderung verändert oder ergänzt wird, entsendet die PLO eine Delegation zu den Verhandlungen. Also: auch nicht mehr nur Ablehnung der Resolution 242, sondern Kampf um ihre Veränderung. Und», Faiq Warrad senkte seine Stimme, «intern kann ich euch sagen, daß sich das Exekutivkomitee in diesem Sinne demnächst an Ägypten, Syrien und an die Großmächte, also auch an die Sowjetunion wenden wird.»

Der Delegationsleiter nickte zustimmend, als man ihm die Worte übersetzt hatte, und ergänzte: «Damit wird der PLO-Führung, scheint mir, freie Hand gegeben für weitere Schritte.»

«Gewiß, und das unter Wahrung der Einheit der Organisation bei ihrer gleichzeitigen Anerkennung als ‹einzig legitime Vertretung des palästinensischen Volkes›. Arafat selbst hat, als neugewählter Vorsitzender des Exekutivkomitees, von einer ‹strategischen Wende› gesprochen und erklärt, das neue Kampfziel sei die Einsetzung einer palästinensischen staatlichen Macht auf jedem befreiten Territorium. Der Weg dorthin ist nicht mehr ausschließlich der bewaffnete Kampf, sondern die Führung will zugleich neue Initiativen auf politisch-diplomatischem Gebiet ergreifen.»

Nach einem Augenblick des Überlegens setzte Faiq Warrad hinzu: «Für mich steht außer Zweifel, daß dabei die sozialistischen Staaten eine wichtige Rolle spielen werden. Sie sind echte Bündnispartner und Freunde, das begreifen immer mehr in der PLO, auch wenn sie es vielleicht nicht offen aussprechen.»

Der Delegationsleiter bedankte sich und bat Faiq Warrad, beste Grüße an Fuad Nassar, von dem er wußte, daß er in letzter Zeit häufig krank war, zu übermitteln.

Am Abend desselben Tages flog die Delegation zurück in die DDR.

Moskau – New York

Wenige Tage nach dem 13. November 1974, dem Tag, an dem die UNO-Vollversammlung der Rede Yasser Arafats, des Vorsitzenden des Exekutivkomitees der PLO, im UNO-Hauptquartier in New York zugehört und ihm begeistert Beifall geklatscht hatte, flatterte ein Manuskript auf Bergners Schreibtisch, an dessen linker oberer Ecke der Chef auf einem angehefteten Zettel den Hinweis angebracht hatte: «EILT! Originalbeitrag eines Palästinensers vom UNO-Auftritt Arafats. Übermittelt von WAFA auf unsere Bitte hin. Soll unverzüglich erscheinen.» Das Wörtchen «soll» war durchgestrichen und durch ein darübergesetztes «muß!» ersetzt worden.

WAFA war die palästinensische Nachrichtenagentur in Beirut. Bergner kannte viele ihrer Mitarbeiter. Ein Abu Shakra, der den Artikel unterzeichnet hatte, war ihm nicht bekannt, gewiß ein Pseudonym. Luckner mußte den Artikel übermittelt haben.

Der Redakteur begann das Manuskript sofort interessiert zu lesen: «Bald nachdem sich die palästinensische Tragödie von 1948 ereignet hatte, beauftragte die UNO-Vollversammlung den schwedischen Grafen Folke Bernadotte damit, eine friedliche Regelung der zukünftigen Lage in Palästina in die Wege zu leiten. Bernadotte wurde am 17. September 1948 von den Israelis ermordet, denn seine Empfehlungen liefen den israelischen Plänen diametral entgegen. Später, nach dem Junikrieg von 1967, drehten sich alle Fragen des Friedens im Nahen Osten um die Resolution Nr. 242 des UNO-Sicherheitsrates vom 22. November

1967, die unter anderem sowohl den Rückzug der Israelis aus allen okkupierten Gebieten forderte als auch die Verwirklichung einer gerechten Lösung des Flüchtlingsproblems.

Von 1948 bis 1969 behandelten die Vereinten Nationen die Palästinenser lediglich als Flüchtlinge, die Schutz und eine Bleibe brauchten. Doch 1969 anerkannte die Vollversammlung ausdrücklich und in aller Form die unveräußerlichen Rechte des palästinensischen Volkes (Resolution 2535 B vom 10. Dezember 1969).

1970 schließlich, im Zusammenhang mit der erneuten Betonung früherer UNO-Forderungen hinsichtlich des israelischen Rückzuges aus allen 1967 okkupierten Gebieten, ging die UNO-Vollversammlung einen Schritt weiter und bestätigte, daß das palästinensische Volk Anspruch auf gleiches Recht und auf Selbstbestimmung hat, entsprechend der Charta der Vereinten Nationen.

1972 behandelte die XXVII. Vollversammlung der Vereinten Nationen das Palästinaproblem und die Lage im Nahen Osten. Die Debatte endete mit der schärfsten Resolution, die bisher gegen die israelischen Machthaber angenommen worden war. Sie bedauerte noch einmal die fehlende Bereitschaft zur Zusammenarbeit auf israelischer Seite und erklärte, daß die Aneignung von Territorien mittels Gewalt unannehmbar ist und demzufolge derartig angeeignete Gebiete zurückgegeben werden müssen.

Klarer ließ sich die Ablehnung der israelischen Aggressionspolitik durch die Weltmeinung nicht zum Ausdruck bringen.

Diese Resolution wurde mit 86 Stimmen bei 7 Gegenstimmen und 31 Enthaltungen, darunter die der Vereinigten Staaten, angenommen. Mit diesem Beschluß wurde zugleich noch einmal vor dem Völkerforum festgestellt: Die Respektierung der Rechte der Palästinenser ist ein unumgängliches Element für die Herbeiführung eines gerechten und dauerhaften Friedens im Nahen Osten.

Aber auch diesmal dachten die israelischen herrschenden Kreise nicht daran, die Meinung der übergroßen Mehrheit der Völker zu respektieren. Die israelische Politik, wie sie in vielfachen Reden und Erklärungen von führenden Regierungsmitgliedern zum Ausdruck gebracht wurde, reduzierte sich auf das starre Festhalten an folgenden Prämissen:

Die Sicherheitsratsresolution Nr. 242 von 1967 und deren Weiterführung mit der Resolution 338 von 1973 verlangen nicht ausdrücklich den vollständigen Rückzug aus den im Krieg 1967 okkupierten Gebieten, und deshalb beziehen sie sich weder auf die Westbank noch auf den Gazastreifen.

Die Errichtung eines palästinensischen Staates auf der Westbank und im Gazastreifen ist unakzeptabel, da er eine Gefährdung der Sicherheit Israels darstellen würde.

Die israelische Regierung ist unter keinen Umständen bereit, die PLO als den Vertreter des palästinensischen Volkes anzuerkennen oder mit ihr zu verhandeln.»

Nach diesen Darlegungen ging es in dem aus Beirut übermittelten Artikel weiter: «Der entscheidende Durchbruch jedoch kam auf der 7. Arabischen Gipfelkonferenz, die vom 26. bis 30. Oktober 1974 in Rabat stattfand. Wie jeder weiß, wurde der Gipfel von Rabat für die PLO zu einem glänzenden Triumph. Alle arabischen Staatschefs, einschließlich König Hussein, nahmen eine Reihe von Entschließungen zugunsten der PLO an. Zwei sollen besonders erwähnt werden: Zunächst bekräftigten die Unterzeichner das Recht des palästinensischen Volkes auf eine Rückkehr in seine Heimat, des weiteren wurde ihm das Recht zugestanden, ‹unter Führung der PLO als einzig rechtmäßiger Vertreterin des palästinensischen Volkes› auf jeder befreiten Parzelle des palästinensischen Territoriums einen unabhängigen palästinensischen Staat zu errichten. Die arabischen Staatsoberhäupter, die damit den Ergebnissen des Palästinensischen Nationalkongresses zustimmten, wurden verpflichtet, diesen Staat bei seiner Gründung in jeder Hinsicht zu unterstützen.

Diese Festlegungen waren für die weitere Zukunft der PLO entscheidend, öffneten sie ihr doch die Tore zu den Vereinten Nationen und gaben damit dem palästinensischen Volk die Möglichkeit, seine gerechte Sache vor der Weltöffentlichkeit zu vertreten.

Zwei Wochen nach dem Gipfeltreffen von Rabat bereitete die UNO-Vollversammlung Yasser Arafat einen triumphalen Empfang. Sie nahm im Anschluß an Yasser Arafats Rede zwei in der

Geschichte dieser internationalen Organisation einmalige Entschließungen an. Zum einen wurde die PLO als allein rechtmäßige Vertreterin des palästinensischen Volkes anerkannt, zum anderen – und dies war noch weitaus bedeutender – wurde unserer Organisation der Status eines Beobachters bei den Vereinten Nationen zuerkannt. Bis zur endgültigen Regelung wurde dem palästinensischen Volk vor der UN-Vollversammlung ‹das Recht auf Selbstbestimmung› und auf ‹nationale Unabhängigkeit und Souveränität› bestätigt.

Der Beifall, mit dem die Vertreter von etwa 140 Staaten Arafat am 13. November 1974 stehend begrüßten, gehört zu den ergreifendsten Augenblicken in der Geschichte des palästinensischen Volkes. Auf internationaler Ebene hatten wir alles erreicht, was wir uns zum Ziel gesetzt hatten. Von nun an waren wir keine ‹Verbrecher› mehr, keine ‹Terroristenbande›, keine ‹Mörder›.

An jenem Tag fühlten wir, daß wir von der Weltöffentlichkeit nicht mehr nur ein Volk von Flüchtlingen und Habenichtsen waren, sondern eine nationale Gemeinschaft, die zwar ausgeraubt, verhöhnt und gedemütigt war, die aber ihren Stolz bewahrt hatte und bereit war, ihren Kampf fortzusetzen.»

Ralf Bergner las den Artikel ein zweitesmal. So sehr er die Begeisterung und den Optimismus, die daraus sprachen, verstand, so verwundert war er doch über einige Stellen. Er schrieb auf den angehefteten Zettel des Chefs: «Ich bin dagegen, den Artikel so zu veröffentlichen. Ist nur die halbe Wahrheit – das Wichtigste fehlt!» Er schickte ihn in das Sekretariat zurück.

Dann setzte er sich hin und wartete. Es dauerte nicht lange, und sein Telefon klingelte.

«Du weißt selbst», polterte der Chef sofort los, «daß der Artikel in Satz muß, und du kommst mir mit deinen Orakeleien, bist dagegen. Weshalb denn? Statt vernünftige Änderungsvorschläge zu machen.»

«Bin ja bereit dazu, aber hör doch erst mal zu.»

«Komm hoch!» knurrte er.

Als Bergner eintrat, blätterte der Chef immer noch in dem Manuskript. Er blickte Bergner erwartungsvoll an. «Also?»

«Der Verfasser stellt die Dinge so dar, als habe der Beschluß der Arabischen Gipfelkonferenz in Rabat, die die PLO als einzig legitime Vertreterin des arabischen Volkes von Palästina anerkannte, damit zugleich die Anerkennung der PLO in der UNO durchgesetzt. Dabei wird das Wichtigste von ihm weggelassen, vergessen, wenn du willst.»

«Und was ist deiner Ansicht nach das Wichtigste?» fragte der Chefredakteur etwas von oben herab.

«Die Rolle, die die Staaten der sozialistischen Gemeinschaft dabei gespielt haben. Ohne deren Unterstützung hätte Arafat nicht vor der UNO sprechen können. Genau das aber unterschlägt der Verfasser. Damit liegt er auf genau der gleichen Linie wie die Gazetten von der anderen Seite. Wenn du dich mit diesem Artikel absolut in ihre Nähe begeben willst?» provozierte Bergner.

«Jetzt übertreibst du aber gewaltig!»

«Du glaubst es nicht?» Bergner zog eine Fotokopie aus der Innentasche seines Jacketts. «Ich werde dir mal vorlesen, was man da schreibt: ‹Die diplomatische Phantasie Henry Kissingers reichte nicht aus, die Dynamik eines Konfliktes zu brechen, der den Gesetzen politischer Berechnungen spätestens am 29. Oktober 1974 entglitt.› Auch eine Art, das Fiasko der amerikanischen Nahostpolitik zu umschreiben, nicht? Aber weiter: ‹An diesem Tag nämlich beschlossen die in der marokkanischen Hauptstadt Rabat versammelten Führer von 20 Araber-Staaten entgegen allen westlichen Erwartungen, die PLO des bärtigen Fatah-Chefs Yasser Arafat an Stelle des jordanischen Königs Hussein als einzige Vertretung der Palästina-Araber anzuerkennen ... Am 13. November sahen dann die Israelis konsterniert, wie Arafat, in ihren Augen ein landloser Terrorist, in der UNO wie ein Staatschef mit brausendem Beifall empfangen wurde.› Und so weiter und so fort!»

Der Chef machte nun ein recht nachdenkliches Gesicht.

«Dieser Artikel aus Beirut unterschlägt, gewiß unbewußt, was die bürgerlichen Zeitungen bewußt weglassen, die PLO selbst jedoch keineswegs unterschlägt: die Notwendigkeit, ihre Beziehungen zu den fortschrittlichsten Kräften, den Kommunisten, und zu den sozialistischen Staaten auszubauen, um deren Unterstützung für ihre Sache zu gewinnen.»

Mit nun ruhigerer Stimme fuhr Bergner, einige Notizzettel aus seiner Tasche ziehend, schließlich fort: «Am 20. Oktober 1973 legten die Teilnehmer einer Beratung der kommunistischen und Arbeiterparteien arabischer Länder in einer Schlußerklärung auch ihren Standpunkt zur palästinensischen Widerstandsbewegung nieder. In der Erklärung wird deren Bedeutung als eine der aktiven Abteilungen der Befreiungsbewegung in der arabischen Region und in der Welt hervorgehoben. Und es wird gesagt», Bergner las von seinem Blatt ab: «Die arabisch-sowjetische Freundschaft und Zusammenarbeit ist eine der wichtigsten Errungenschaften des Befreiungskampfes der arabischen Völker, das Unterpfand ihrer weiteren Entwicklung. Keine einzige soziale Kraft in den arabischen Ländern kann sich von diesem Bündnis lossagen oder davon abgehen, ohne dabei einen Schritt nach rechts, auf die Seite der Reaktion, zu tun.»

Bergner blickte von dem Blatt auf und sagte: «Die Führung der PLO hat sehr wohl begriffen, wie richtig eine derartige Feststellung ist. Von Februar 1970 bis Ende 1973 schickte sie nicht weniger als fünf Delegationen zu Gesprächen in die Sowjetunion.

Was alle diese Autoren unterschlagen und nicht erwähnen, ist die Tatsache, daß zwischen dem 12. Palästinensischen Nationalkongreß von Anfang Juni in Kairo und der 7. Arabischen Gipfelkonferenz in Rabat im Oktober 1974 die Reise einer großen Delegation der PLO unter Leitung Yasser Arafats in die Sowjetunion von Ende Juli, Anfang August liegt. Arafat selbst hat diesen Besuch als einen historischen Meilenstein bezeichnet.

Nach dieser Reise ...», wollte Bergner fortfahren, doch der Chef hob abwehrend die Hand und lachte. «Gewonnen! Ich glaube dir! Aber was machen wir nun?»

«Auch dafür gibt es einen Weg», sagte Bergner.

In der nächsten Ausgabe der Zeitung erschien der Artikel von Abu Shakra und auf den Nachbarseiten ein von Bergner zusammengestellter Dokumententeil. Der erste Text, den Bergner auszugsweise zitierte, war die «Erklärung der Tagung des Politischen Beratenden Ausschusses des Warschauer Vertrages zur ‹Lage im Nahen Osten›» vom 18. April 1974: «Die Teilnehmer der Tagung verweisen auf die Bedeutung der Nahost-Friedenskonferenz in Genf und auf die Notwendigkeit der Teilnahme aller unmittelbar interessierten Staaten sowie der Vertreter des arabischen Volkes von Palästina. Sie sind der Ansicht, daß die weitere Fortsetzung der Arbeit der Konferenz vor allem zur Lösung der Schlüsselprobleme der Nahostregelung, zum Abzug der israelischen Truppen von allen besetzten arabischen Gebieten, zur Gewährleistung der legitimen Rechte des arabischen Volkes von Palästina in Übereinstimmung mit seinen nationalen Bestrebungen sowie der Sicherheit, Integrität und Souveränität aller Staaten dieses Raumes führen muß.»

Aus dem zweiten Dokument, einer in der «Prawda» am 4.8.1974 veröffentlichten Erklärung unter der Überschrift «Treffen mit einer Delegation der Palästinensischen Befreiungsorganisation (PLO)», zitierte er: «Am 31. Juli fand im ZK der KPdSU eine Begegnung zwischen dem Kandidaten des Politbüros des ZK der KPdSU und Sekretär des ZK der KPdSU, B.N. Ponomarjow, dem stellvertretenden Leiter der internationalen Abteilung des ZK der KPdSU R. A. Uljanowski und einer Delegation der PLO unter der Leitung des Vorsitzenden des PLO-Exekutivkomitees Yasser Arafat statt. Der Delegation gehören der Vorsitzende des Palästinensischen Nationalrates Khaled Fahoum, die Mitglieder des PLO-Exekutivkomitees Faruk Kaddumi, Zuheir Muhsin, Yasser Abed Rabbo, Abdel Muhsin Abu Maizer an. Der Delegation gehört ferner ein Mitglied des ZK der Jordanischen Kommunistischen Partei an.

Während der Begegnungen und Gespräche, die in einer Atmosphäre der Freundschaft und des gegenseitigen Verstehens stattfanden, kam es zu einem ausführlichen Meinungsaustausch über die Situation im Nahen Osten, die Perspektiven einer Nahostregelung sowie über Möglichkeiten einer gerechten Lösung des Palästinaproblems.

Die PLO-Delegation begrüßte die Bemühungen der Sowjetunion um die Festigung des Friedens und die Gewährleistung der weiteren internationalen Entspannung und schätzte dabei die prinzipienfeste Politik der KPdSU und der sowjetischen Regierung bei der Unterstützung des Kampfes der Völker für Freiheit, Unabhängigkeit und ihre legitimen nationalen Rechte hoch ein. Sie brachte ihre tiefe Anerkennung für die konsequente

Hilfe und Unterstützung zum Ausdruck, die die Sowjetunion der arabischen nationalen Befreiungsbewegung und in diesem Rahmen auch einer ihrer Abteilungen – der palästinensischen Widerstandsbewegung – angedeihen läßt. Die Delegation sprach sich für die weitere Festigung und Zusammenarbeit mit der Sowjetunion und den sozialistischen Ländern im Kampf gegen die aggressiven Versuche des Imperialismus, Zionismus und der Reaktion aus, das weitere Voranschreiten der Völker des arabischen Ostens auf dem Weg der nationalen Unabhängigkeit sowie des wirtschaftlichen und sozialen Fortschritts zu hemmen.

Mit Genugtuung wiesen die Seiten auf die große Bedeutung der auf der Konferenz der Oberhäupter der arabischen Staaten in Algier (November 1973) und der Konferenz der Moslem-Länder in Lahore (Februar 1974) angenommenen Entscheidungen hin, die PLO als einzigen legitimen Vertreter des arabischen Volkes von Palästina anzuerkennen.

Von sowjetischer Seite wurde die Unveränderlichkeit der Haltung der Sowjetunion bei der Unterstützung des Kampfes der arabischen Völker für die vollständige Befreiung der 1967 von Israel okkupierten arabischen Territorien bekräftigt. Die schnellste Normalisierung der Situation im Nahen Osten, die Beseitigung aller Folgen der israelischen Aggression, der Abzug der Truppen Israels von allen besetzten arabischen Territorien sowie die Erlangung der legitimen nationalen Rechte durch das arabische Volk von Palästina entsprechend der Charta und den Beschlüssen der UNO, sind die unerläßliche Voraussetzung für die Herstellung eines gerechten und dauerhaften Friedens in diesem Gebiet und entsprechen den Interessen aller Staaten und Völker.

Es wurde die Unterstützung der Sowjetunion für die Teilnahme der palästinensischen Befreiungsorganisation an der Genfer Friedenskonferenz mit den gleichen Rechten wie ihre anderen Teilnehmer zum Ausdruck gebracht, um ihr Programm zur Lösung des Palästinaproblems im Rahmen der internationalen Anstrengungen, die auf eine Regelung des Nahostproblems gerichtet sind, aufzustellen.

Die Gesprächsteilnehmer äußerten ihre Befriedigung über die

Festigung der Einheit der palästinensischen Widerstandsbewegung, die sich in der letzten Zeit abgezeichnet hat, sowie über die Erweiterung ihrer Zusammenarbeit mit den anderen antiimperialistischen und patriotischen Kräften der arabischen Länder im Kampf für die Befriedigung der legitimen Rechte des palästinensischen Volkes.

Die sowjetische Seite hat, entsprechend der Bitte des Exekutivkomitees der Organisation für die Befreiung Palästinas, der Eröffnung einer PLO-Vertretung in Moskau zugestimmt.»

In keinem Dokument des palästinensischen Widerstandes wurden der ideologische Standort der PLO, ihre Beurteilung der Lage im Nahen Osten, ihre Vorstellungen für die Zukunft, aber auch ihre durch den Klassencharakter der Bewegung bedingten ideologischen und politischen Grenzen und Schranken deutlicher ausgedrückt als in der Rede Yasser Arafats vor der UNO.

Arafats Auftreten vor dem Plenum der UNO-Vollversammlung stellte einen großen Erfolg für den Kampf der arabischen Völker und besonders der PLO gegen die israelische Aggression dar. Auf keine andere Art und Weise hätten die Fortschritte der PLO bei der Festigung ihrer internationalen Positionen, ihr immer engeres Zusammengehen mit den anderen antiimperialistischen Kräften und ihre umfassende Unterstützung durch die Sowjetunion und die anderen Staaten der sozialistischen Gemeinschaft deutlicher zum Ausdruck gebracht werden können.

Diese Politik der PLO, ihr enges und offen demonstriertes Bündnis mit allen progressiven Kräften der Welt, eröffnete die Möglichkeit einer breiten Propagierung ihrer Konzeption vor dem Weltforum der UNO und deren Widerspiegelung in den Massenmedien, besonders auch in den Vereinigten Staaten.

Yasser Arafat wurde in New York wie ein Staatsoberhaupt behandelt und trat selbst auch so auf. Er benutzte die UNO-Tribüne, um die Geschichte des Kampfes des palästinensischen Volkes darzulegen und die gegen die PLO gerichteten Verleumdungen, die in den westlichen Staaten, vor allem in den USA, verbreitet wurden, zu entkräften. Er begründete das Recht des Volkes von Palästina auf Selbstbestimmung und forderte die Schaffung eines demokratischen Staates Palästina, in dem Juden, Mohammedaner und Christen gleichberechtigt zusammenleben. Zugleich ließ er offen, welche Gebiete dieser Staat umfassen sollte.

Nachdrücklich bekannte er sich zu den vom 12. Palästinensischen Nationalkongreß beschlossenen erweiterten Kampfmethoden, als er sagte: «Durch unsere militante palästinensische nationale Befreiungsbewegung ist unser Volkskampf genügend gereift und gewachsen, um neben dem bewaffneten Kampf auch den politischen und sozialen zu führen.»

Damit formulierte der Vorsitzende des Exekutivkomitees der PLO vor der UNO-Vollversammlung das Ziel des palästinensischen Widerstandskampfes – die Schaffung eines demokratischen palästinensischen Staates – und bekannte sich dazu, daß der Kampf um dieses Ziel auch mit friedlichen, diplomatischen Mitteln geführt werden müsse.

Zugleich jedoch wies seine Rede auf keinerlei konkrete Zwischenschritte hin, mit denen der von ihm proklamierte Weg begangen werden sollte. Nirgends gab es in seiner Rede einen Hinweis auf die Genfer Nahost-Konferenz, und auch die zahlreichen UNO-Resolutionen und Sicherheitsratsbeschlüsse, die in den Jahren zuvor zu Nahost und zugunsten der palästinensischen Forderungen gefaßt worden waren, wurden von ihm mit keinem Wort erwähnt, was nur als deren prinzipielle Ablehnung gedeutet werden konnte.

Arafat vermied in seiner Rede, auch nur den Gedanken an eine Anerkennung des Staates Israel durch die PLO aufkommen zu lassen. Anfangs sprach er lediglich von einem «zionistischen Gebilde», im Verlauf seiner Rede benutzte er dann auch das Wort «Israel». Womit allen prowestlichen Kommentatoren die Möglichkeit gegeben war, diese Stellen seiner Rede als Beweis für die Beibehaltung der These von der beabsichtigten «Vernichtung des Staates Israel» durch die PLO auszudeuten und in den kapitalistischen Massenmedien entsprechend auszuschlachten.

So vertrat Yasser Arafat in seiner großen Rede vor der UNO zwar rhetorisch eindrucksvoll das Recht seines Volkes auf Existenz und Selbstverteidigung in einem eigenen Staat und forderte dessen Anerkennung, zugleich jedoch vermochte er kein konstruktives, realisierbares Programm zur Verwirklichung dieser Ziele vorzuweisen. Er konnte es nicht, weil die PLO kein solches Programm hatte, wie auch die arabischen Staaten keine konkreten Lösungsvorschläge für die Regelung des gesamten Nahostkonfliktes besaßen, in den die Palästinaproblematik schließlich eingebettet war und deren Kernstück sie darstellte. Das war eine offensichtliche Schwäche der progressiven Kräfte, sowohl der Palästinenser als auch der arabischen Staaten, eine Schwäche, die die proimperialistischen reaktionären Kräfte im arabischen Raum und auch im internationalen Rahmen geschickt zu nutzen wußten, wie die Entwicklung des Nahostkonfliktes in den folgenden Jahren zeigen sollte.

Arafat schloß seine Rede mit den beschwörenden Worten: «In meiner offiziellen Funktion als Vorsitzender der Palästinensischen Befreiungsorganisation erkläre ich hier, daß wir keinen Tropfen arabischen oder jüdischen Blutes vergießen wollen. Es macht uns auch keine Freude, weiterhin zu töten, und wir würden damit aufhören, sobald ein gerechter Frieden auf der Grundlage der Rechte, Hoffnungen und Bestrebungen unseres Volkes endgültig hergestellt ist.

Ich rufe Sie auf, unser Volk in die Lage zu versetzen, nationale Unabhängigkeit und Souveränität in seinem eigenen Land herzustellen. ...

Herr Vorsitzender, ich bin heute mit einem Olivenzweig und dem Gewehr eines Freiheitskämpfers vor Sie getreten, möge mir der Olivenzweig nicht aus der Hand fallen.»

Doch der Weg zum Frieden ist noch weit.

Libanon – Land im Krieg

Am späten Nachmittag des 15. April 1976 sah sich Ralf Bergner vor eine der schwersten Entscheidungen seines Lebens gestellt. Gegen 15 Uhr dieses Tages, es war ein Freitag, hatte ihn der Leiter der Kaderabteilung angerufen und gebeten, doch kurz mal bei ihm vorbeizukommen. Bergner war, ohne sich sonderlich Gedanken zu machen, zu ihm hinaufgegangen. Doch ein Blick auf das Gesicht seines Genossen machte ihm klar, daß es um

Beirut, Uferstraße (vor der Zerstörung)

etwas Ernstes ging. Der Kaderleiter saß ziemlich unglücklich hinter seinem Schreibtisch, spielte mit seinem Kugelschreiber, beantwortete nur knapp Ralfs Gruß und sagte förmlich: «Setz dich, Genosse Bergner!»

Ohne Umschweife kam er zur Sache.

«Wir müssen Luckner schleunigst aus Beirut zurückholen – ehe etwas passiert!»

«Hans Luckner, warum? Was soll passieren? Er ist jetzt drei Jahre dort und macht seine Sache gut.»

«Das weiß ich! Trotzdem – er muß abgelöst werden.»

Bergner fragte: «Was ist denn passiert?»

«Zum Glück nichts Ernstes – dennoch. Ein Jahr in diesem Schlamassel, immer mittendrin. Weiß man, wie man selbst unter diesen Umständen reagieren würde?»

Seit einem Jahr tobte im Libanon ein Bürgerkrieg zwischen rechten, großbürgerlich-feudalen, zumeist konfessionell christlichen Kräften der Oberschicht und moslemisch orientierten national-progressiven Kräften der Bevölkerung.

Die Kämpfe, die bisher mehr als 10000 Tote gefordert hatten, waren mörderisch, wurden mit wachsender Erbitterung geführt. Mehrfach eingestellt, waren sie zumeist kurz danach um so heftiger wieder aufgeflammt. Nach erneuten harten Auseinandersetzungen am Jahreswechsel 1975/1976 vermochten die auf Beschluß einer arabischen Gipfelkonferenz aus Syriern, Libanesen und Palästinensern gebildeten Überwachungseinheiten, die kämpfenden Parteien zu trennen und ihre Begrenzung auf jeweils von ihnen beherrschte Gebiete im Lande und vor allem in der Hauptstadt Beirut zu erreichen. Doch dadurch war das Land und – was noch schwerer wog – war Beirut geteilt worden.

Ein sich mitten durch die Stadt ziehender Streifen Niemandsland trennte das von libanesischen patriotischen Kräften und der PLO kontrollierte West-Beirut von Ost-Beirut, das von rechten Kräften beherrscht war.

Das Personal der ausländischen Vertretungen war auf ein Minimum reduziert worden, Frauen und Kinder hatte man bereits Mitte 1975 evakuiert.

Die Agentur hatte beschlossen, Hans Luckner als einzigen ihrer Korrespondenten in Beirut zu belassen, zumal sich besonders die Beziehungen zu den progressiven Kräften und Parteien im Libanon und auch zur PLO in letzter Zeit wesentlich verstärkt hatten.

Das Leben in der Stadt war unsicher geworden. Oft war es unmöglich, ja lebensgefährlich, das Haus überhaupt zu verlassen. Plötzlich ratterten irgendwo Maschinenpistolen los, Raketen schlugen ein, Querschläger surrten. Nachts zischten Leuchtspurgeschosse über den Himmel, Brände lohten auf.

Zu den Kämpfen, die sich die einzelnen Gruppen und Parteien lieferten, gesellte sich das Bandenunwesen. Halbwüchsige, die früher die Diskos, Jazzclubs und Spelunken füllten, Hasch rauchten, ihre Mädchen den Touristen anboten und von Hehlerei lebten, lauerten jetzt in den Eingängen und Ruinen, suchten sich ihre Opfer, plünderten sie aus und machten ohne viel Federlesens von der Waffe Gebrauch. Keiner hinderte sie. Es gab keine Staatsgewalt mehr, die wenigen Streifen von Syriern und Palästinensern genügten nicht.

Und so hatte es auch Hans Luckner erwischt. Bis dahin war er mit all den Gefahren, Unannehmlichkeiten und Belastungen des

Obststand an der Uferstraße

täglichen Lebens recht gut fertig geworden. SPA konnte sich nicht beklagen. Er lieferte Meldungen, Berichte, Einschätzungen, die zur Beurteilung der Lage sehr wertvoll waren.

Eines Nachmittags fuhr er zu einem PLO-Büro inmitten der Stadt, nur begleitet von Armin Schulz, dem schmächtigen Sekretär der Botschaft. Sie hatten ein langes Gespräch mit Abu Saleh, einem militärischen Führer der Al-Fatah, und fuhren danach mit dem Wagen zurück. Es war später geworden als beabsichtigt die Dunkelheit war nicht mehr weit.

In der Rue Bechara, die nicht weit von der Trennungslinie, dem Niemandsland mitten in der Stadt, entlanglief, stellten sich ihnen zwei junge Männer in den Weg, Schirmkappen tief ins Gesicht gezogen, Maschinenpistolen im Anschlag. Ein Blick nach hinten genügte, um zu sehen, daß Umkehren nicht möglich war. Dort hatten zwei andere Bewaffnete Aufstellung genommen. Die Straße in diesem Teil war verödet, die Häuser ausgebrannt, kein Mensch zu sehen.

Sie hielten. Man zwang sie mit vorgehaltener Waffe auszusteigen. Der Botschaftssekretär begann zu diskutieren, zeigte seinen

Diplomatenpaß vor, deutete auf die Diplomatennummer des Wagens. Sie packten ihn am Arm und wiesen auf eine Hauswand. Auch Hans Luckner mußte sich dort aufstellen, mit dem Gesicht zur Wand, die Hände im Genick. Eine Weile geschah nichts, sie hörten nur, daß die Männer halblaut miteinander redeten. Dann knackten Gewehrschlösser, sie luden durch, eine MPi-Salve ratterte los. Instinktiv ließen sich die Gefangenen fallen. Ein Wagen heulte auf und schoß davon.

Erst nach einer Weile begriffen Hans Luckner und Armin Schulz, daß ihnen nichts passiert war – die Garbe war nur über ihre Köpfe hinweggefeuert worden.

Als der Kaderleiter an diesem Punkt seiner Schilderung angelangt war, machte er eine lange Pause, dann setzte er hinzu: «Es hätte auch anders sein können.» Mit einem Achselzucken fuhr er fort: «Von dem Augenblick an war mit Hans Luckner nichts mehr zu machen. Nervenzusammenbruch, Depression. Mal geht es. Kommt jedoch eine unvorhergesehene Sache, eine mögliche Gefahr auf ihn zu – aus. Ja! So ist das!» Vor sich auf die Schreibtischplatte starrend, bemerkte er nachdenklich: «Keiner kann für sein Nervenkostüm. Was ertragen wir, was nicht mehr?»

Bergner schwieg. Schließlich sagte der andere: «Aber wir brauchen jemanden da unten, brauchen Ersatz.»

Ralf Bergner entgegnete nichts.

«Geh nach Hause. Überleg es in aller Ruhe. Gib jetzt keine Antwort! Gehst du nicht, nimmt es dir keiner übel, außerdem weiß es bisher außer mir niemand im Haus.»

Bergner stand auf. «Ich gebe dir morgen früh eine Antwort. Mach's gut.» Und er ging.

Die Entscheidung nahm ihm keiner ab. Er hatte keine Angst vor direkter Gefahr, doch er wußte, es konnte so viel Unvorhersehbares geschehen, nicht gleich das Schlimmste, aber doch Dinge, die sein ganzes weiteres Leben beeinflussen würden. Andererseits reizte ihn das Ganze, da es das Normale überschritt. Er war zu sehr Journalist, zu sehr mit dem Leben dieses Landes und vor allem mit der palästinensischen Sache verbunden und engagiert, als daß er sie hätte ohne weiteres ablehnen können.

Julia, seine Frau, die all die Jahre mit ihm in Beirut zugebracht hatte, war alles andere als begeistert. Und doch gab sie am Ende den Ausschlag, als sie ihm zu bedenken gab: «Wen wird man schicken, wenn du nicht zusagst?»

Bergner zuckte die Achseln. «Irgend jemanden. Von denen, die eingearbeitet sind, die Sprache beherrschen und die Verhältnisse kennen, gibt es nur sehr wenige.»

«Dann wirst du wohl gehen müssen!»

«Ich denke es auch.»

«Sobald es geht, holst du mich nach.»

Er wehrte ab. «Unter diesen Verhältnissen? Das Leben wird nicht unkompliziert sein.»

«Rede nicht! Das ist meine Bedingung. Du kennst mich. Also einverstanden?»

«Einverstanden!» sagte er.

Ja, er kannte Julia und wußte, daß alles viel leichter sein würde, wäre sie an seiner Seite.

Der Kaderleiter entgegnete, als er ihm seinen Entschluß mitteilte, nur: «Eigentlich habe ich von dir nichts anderes erwartet, Genosse Bergner!»

«Du hast Schwein», sagte Armin Schulz, der Sekretär der Botschaft, als er Bergner vom Flugplatz in Beirut abholte. «Sie verhalten sich seit gestern etwas ruhiger. Der Flugplatz ist schon drei Tage lang offen. Hätten wir dich im Wagen aus Damaskus abholen müssen, wäre das schwieriger gewesen.»

Bergner wunderte sich über die Bezeichnung «ruhig», sagte aber nichts. In der Ferne wummerte es ab und an, irgendwo schlug eine Granate ein, fielen vereinzelt Schüsse. Über der Mittelmeerstadt standen dichte Rauchsäulen, stieg schwarzer Qualm auf.

Wagen, PKW und Laster, rasten die stadteinwärts führende Straße entlang.

«Jeder nutzt die Ruhepause, um sich zu versorgen, so gut es geht, einiges zu erledigen, was unbedingt erledigt werden muß», erklärte der Botschaftssekretär.

Eine Fahrzeugkolonne kam ihnen entgegen. Offene Jeeps, auf denen rückstoßfreie Geschütze und schwere MGs montiert waren. Die Männer darauf, zumeist in Zivil, blickten mürrisch. Bergner schaute seinen Begleiter fragend an.

«Sie fahren nach Süden, werden dort unten bald gebraucht. Alles spricht davon, daß die Israelis einen neuen Überfall vorhaben. Haddad allein schafft es nicht. Dort sind die Palästinenser zu stark.»

Sie fuhren die breite Straße entlang, die Avenue Jamal, die, vom Flugplatz in Chaldé kommend, direkt zum Zentrum der Stadt, zum Place des Canons, führt.

Als sie das Flüchtlingslager von Bir Hassan erreichten, bog Armin Schulz ab, hinunter zur Küstenstraße.

«Warum das?» fragte Bergner, der sich genau auskannte, verwundert. «Soviel ich bis jetzt weiß, führt ein Stück weiter voraus, in der Nähe des Shatila-Platzes, die berühmte Grüne Linie, die Demarkationslinie, entlang. Ich will doch wenigstens mal einen Blick darauf werfen.»

Doch der Botschaftssekretär ließ sich nicht stören und fuhr ruhig weiter. «Nein», sagte er entschieden, «Tourismus dort – nicht mehr mit mir. Die Geschichte mit Luckner langt mir. Ich gehe auf Nummer Sicher.»

Bergner, der nicht mehr daran gedacht hatte, tat seine Unvorsichtigkeit leid. Doch Armin Schulz, der auch diesmal seine gutmütige Natur nicht verleugnen konnte, besonders Bergner gegenüber, mit dem er seit Jahren befreundet war, schlug ihm vor: «Da du dich sowieso als erstes beim Botschafter melden mußt, mache ich eine kleine Biege für dich, zum Hotelviertel, da kommst du gleich auf deine Kosten. Aber jetzt schau lieber nach rechts, du kennst ja das Sabra-Lager gewiß von früher.»

Bergner konnte sich gut an die kleinen Häuserwürfel, an die Blechhütten und Behelfsunterkünfte erinnern. Sie lagen im Schutze von riesigen Pinien.

Jetzt waren etliche Pinienkronen abgebrochen, Stümpfe ragten empor. Ein Wall aus Steinen, Stahl, Ästen und Blechstücken umgab das Lager. Vor den Toren standen Fedayin-Posten unter notdürftigen Schutzdächern. An einem Tor konnte man ins Lager schauen. Eine lange, endlos scheinende breite Straße, auf der braunes, lehmiges Abwasser zur Straße floß. Man sah eingestürzte Hütten, Ruinen. Das Lager glich einem Ameisenhaufen.

Lageplan von Beirut

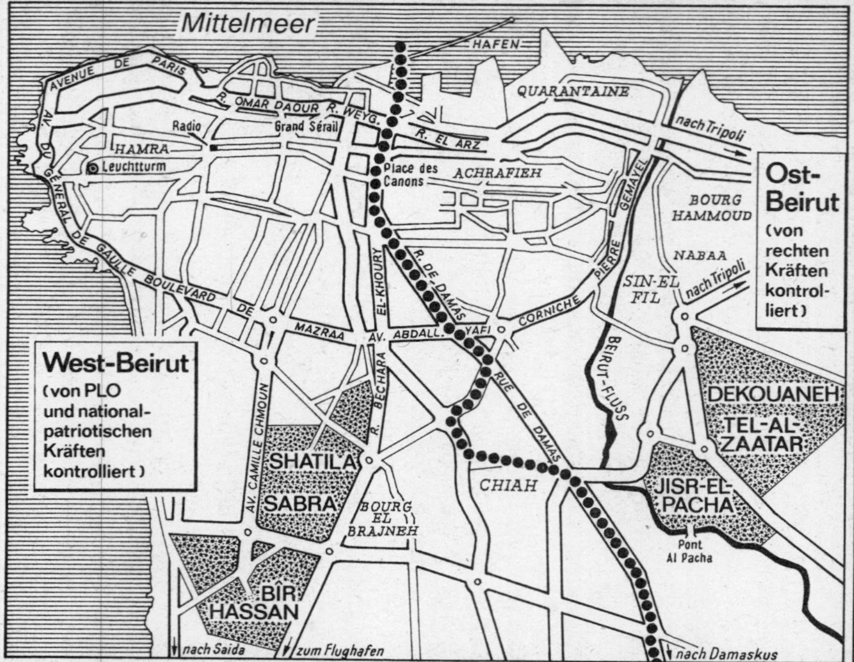

„Demarkationslinie" zwischen den beiden Teilen der Stadt

Palästinenser-Lager

1000 m

Küste bei Tyr

Es quoll förmlich über von Menschen. Überall gingen, hockten oder saßen sie, zu dicken Trauben geballt oder grüppchenweise.

«Zehntausende neuer Flüchtlinge aus dem Süden sind dazugekommen. Die Verhältnisse, unter denen sie leben, sind unbeschreiblich. Täglich gibt es Tote beim Beschuß. Wenn es wieder losgeht, sind sie stets die ersten Ziele der Kataeb, der christlichen Milizen – zum Einschießen. Sie sind immer da, bleiben – wohin sollten sie hier auch flüchten?»

Sie fuhren die Uferstraße entlang, die berühmte Corniche, die Bergner früher so gern entlangspaziert war, nicht müde, dem Fahrzeugstrom und dem Menschengewimmel inmitten der Buden und der Verkaufsstände zuzuschauen.

Jetzt sah diese Straße anders aus. Trümmer, ausgebrannte Autowracks, Krater von Geschoßeinschlägen. Über den Häusern stiegen Qualmwolken auf, brannten ganze Etagen aus. Das rote Riesenrad vor dem am «Carlton»-Hotel gelegenen Vergnügungspark hüllte Rauch ein. Unter den Autoreifen knirschten Glassplitter. Selbst der Strand lag verdreckt, aufgerissen da.

Nur das Mittelmeer strahlte tiefblau und türkis, mit kleinen weißen Schaumkämmen bedeckt, friedlich wie stets.

Sie hielten am Ende der Avenue de Paris, dort, wo sie als Rue de Omar Daour weitergeht. Weiter kamen sie nicht. Schutt, Blech, Möbelreste versperrten die Straße. Die Läden im Erdgeschoß auf beiden Seiten sahen aus, als habe man ihre Eingeweide herausgerissen. Nun starrten sie ausgebrannt auf die Straße.

Vor ihnen lag das Hotelviertel oder das, was davon übriggeblieben war: ausgebrannte Betonklötze, drohend wie Festungen. Unten am Wasser, wo sich der Jachthafen befunden hatte, ragte nur noch die rauchgeschwärzte, stuckverzierte Fassade des Hotels «St. George» empor.

«Und das ist einer der berühmt-berüchtigten ‹Towers›, einer der Türme. Jetzt hat ihn die NPB fest in der Hand, aber vor Monaten, im Oktober, wurde erbittert um ihn gekämpft.»

Der «Tower» war der 40stöckige Haupttrakt des neuen, soeben vollendeten «Phoenicia»-Hotels. Der schlanke Betonpfeiler, gedacht als alles überragendes Wahrzeichen, war jetzt ein von Geschoßeinschlägen angenagter grauer Bau mit Brandflecken und leeren Fensterhöhlen.

«Kein Mensch zeigt sich», stellte Bergner fest.

«Du hast recht», bestätigte sein Begleiter. «Doch die Kämpfer der NPB, der Nationalen Progressiven Bewegung, halten den ‹Tower› besetzt. Sie zeigen sich nicht, aber sie sind da. Sie haben uns schon längst erspäht, beobachten mit ihren Ferngläsern jede unserer Bewegungen. Aber nur aus Neugier. Nach der östlichen Seite hinüber freilich ist es anders. Dorthin sind ihre Mörser, die Panzerbüchsen, die schweren MGs und die Geschütze gerichtet. Beim geringsten Verdacht treten sie in Aktion. Von da oben können sie weit hinein in den von der Kataeb besetzten Teil der Stadt blicken und ihn unter Beschuß nehmen. Doch jetzt geschieht das nur selten. Der Gegner hat sich darauf eingestellt. Außerdem erwidert die Kataeb das Feuer dann sofort vom ‹Holiday-Inn› drüben.»

Armin Schulz wies auf einen entfernt stehenden anderen Betonpfeiler. «Für die ist der ‹Tower› freilich auch ein gutes Ziel. Deshalb ist die NPB vorsichtig.»

Plötzlich knatterte, nicht weit entfernt, wie es schien in Richtung Hafen, eine MPi-Salve.

«Schluß!» sagte der Botschaftssekretär, wendete geschickt den Wagen und gab Gas.

Auf der Rückfahrt zur Botschaft erzählte er Bergner Genaueres vom Kampf um die «Hoteltürme». Bergner machte sich Notizen.

Es war eine der mörderischsten Episoden des Bürgerkrieges im Libanon und spielte sich Ende Oktober 1975 ab. Es begann damit, daß Kommandoeinheiten der Unabhängigen Nasseristen von Ibrahim Kuleilat, die von Fedayin der Saika und Männern der DFLP unterstützt wurden, das 40stöckige «Phoenicia»-Hotel besetzten, das an einem der strategisch wichtigen Punkte der Stadt Beirut, nicht weit vom Hafen entfernt, liegt. Man beherrschte mit ihm alle im Osten gelegenen christlichen Stadtviertel.

Von der 22. Etage dieses gigantischen Gebäudes aus Stahlbeton überblickte man sowohl die Stellungen der Kataeb wie auch die breiten Hauptstraßen des Viertels von Achrafieh. Die Besitzer des Gebäudes richteten in diesem Stockwerk MG-Nester ein.

Bereits am folgenden Tag begannen sie mit 120er-Mörsern, schweren MG und Raketen die Punkte und Stellungen der Kataeb zu beschießen, die bisher als unverwundbar gegolten hatten. Kurioserweise gehört das «Phoenicia»-Hotel einer Immobiliengesellschaft, deren Präsident und Generaldirektor ein überzeugter Anhänger der Kataeb und deren Kandidat bei den Wahlen war. Er setzte sich – typisch levantinisch – mit beiden kämpfenden Seiten in Verbindung und erreichte, daß sein Hotel zunächst aus den Kämpfen herausgehalten wurde und verschont blieb – gegen Zahlung einer entsprechenden vielstelligen Entschädigungssumme, versteht sich.

Dieses Abkommen wurde jedoch von einer der Widerstandsorganisationen gebrochen, die offensichtlich bei dem Handel nicht berücksichtigt worden war.

Als Antwort auf den Angriff vom Turm des «Phoenicia» aus besetzten christliche Milizen mehrere hohe Gebäude in der Umgebung des Hotels, vor allem aber den Turm des «Holiday-Inn»-Hotels, dessen Dachterrasse sich in Höhe des 31. Stockwerkes des «Phoenicia» befindet, und beschossen es.

Die «Schlacht der Türme» nahm an Hartnäckigkeit zu, flaute

Brücke über das ausgetrocknete Beirut-Flüßchen im Sommer

mal ab, steigerte sich von neuem und wurde zu einer fast alltäglichen Konfrontation in diesem Kriege.

Schulz und Bergner fuhren zur Botschaft, wo letzterer sich ordnungsgemäß anmeldete. Dann kutschierte ihn der Botschaftssekretär in das jetzt verwaiste ADN-Büro, eine große Wohnung mit einigen Büroräumen, in unmittelbarer Nähe des Hauses gelegen, in dem einst alle Familien der DDR-Bürger untergebracht waren. Jetzt lebte jedoch nur eine Handvoll Männer hier.

«Du ziehst am besten gleich mit ins Wohnhaus.»

«Warum?»

«Du wirst es sofort begreifen.»

Sie stiegen in dem großen, ehemals eleganten Gebäude die Treppe zum zweiten Stock hinauf. Die Tür zu Bergners ehemaliger Wohnung war aufgebrochen, die Möbel zum größten Teil verschwunden, Scherben, Dreck, Lumpen lagen umher. Kein Fenster hatte mehr eine Scheibe. Die Matratzen waren aufgeschlitzt, Drähte aus den Leitungen gerissen. Bergner blickte bekümmert auf die Reste seines einstigen Lebens.

«Das könnte man alles wieder in Ordnung bringen», sagte Armin Schulz, «das ist nicht das schlimmste.»

Bergner wunderte sich, wie sehr sich der andere bereits an all die ihn selbst tief bedrückenden Begleitumstände des Krieges gewöhnt zu haben schien. Der Grund, weshalb Bergner hier nicht wohnen sollte, war ein militärischer.

«Da!» Armin wies mit einem Arm hinaus auf ein etwas entfernt liegendes Gebäude. Bergner wußte, daß dort das Lager Shatila begann. «Schau genau hin, gewiß kannst du die Läufe der Vierlingsflak erkennen, die die Palästinenser am Rande des Lagers postiert haben.»

Bergner nickte.

«Wenn israelische Flugzeuge Beirut anfliegen, dann greifen sie zuerst die Lager an. Hier, etwa über diesem Haus, klinken sie ihre Bomben aus, die dann im Lager einschlagen. Wir warten nur darauf, daß einer ihrer Piloten das einige Sekunden zu früh tut, dann bleibt von diesem Haus genausoviel übrig wie von denen da drüben.»

Armin Schulz zeigte auf ein paar Trümmerberge in nächster Nachbarschaft, die einstmals Wohnhäuser waren.

«Warum greifen sie die Flüchtlingslager der Palästinenser an?» fragte Bergner verwundert. «Was können die ihnen schon anhaben?»

Der andere lachte etwas überlegen. «Du warst doch lange genug hier, mußt also wissen, worum es ihnen heute geht.»

«Und?»

«Dieser Bürgerkrieg, der von den Falangisten, also den christlichen Milizen hier im Libanon mit israelischer Unterstützung geführt wird, hat nichts mit Konfessionen zu tun, nichts mit Stammesfeindschaft oder Minoritätenfragen, wie die kapitalistischen Massenmedien es der Welt einzureden versuchen.» Er lachte laut. «Weißt du, was eines ihrer Blätter als Ursache angab? Der ‹Konflikt›, hör gut zu, der ‹Konflikt› sei angeblich ausgebrochen, weil sich die Mohammedaner in der Regierung ‹unterrepräsentiert› fühlten und gegenüber den Christen politisch und sozial unterprivilegiert wären. Ein absoluter Unsinn. In Wirklichkeit geht es um die Palästinenser. Man will sie hier mit aller Macht vertreiben oder noch besser – ausrotten, um so den Nahostkonflikt zugunsten des Imperialismus zu entscheiden. Das wirst du sehr schnell begreifen.»

Armin Schulz kutschierte den Freund zum Wohnhaus hinüber, das zu seinem Standquartier wurde.

Der Bürgerkrieg im Libanon war durch ein Blutbad unter den Palästinensern ausgelöst worden. Am Nachmittag des 13. April 1975 fuhr ein mit Palästinensern und Libanesen besetzter Autobus durch das überwiegend christliche Stadtviertel Ain El-Remmaneh. Der Bus mußte diesen Weg nehmen, um die Insassen, palästinensische Flüchtlinge aus dem Lager Tel Al-Zaatar, die im Flüchtlingslager Sabra an einer Kundgebung teilgenommen hatten, wieder nach Hause zu bringen. Während der Führer der Falange-Partei, Pierre Gemayel, in Ain El-Remmaneh eine Kirche einweihte, geriet der Bus in anhaltendes Gewehrfeuer. Die Insassen, unter denen sich auch Frauen und Kinder befanden, besaßen keine Waffen, um sich zu verteidigen. Einige wurden auf der Stelle getötet, andere verwundet, aber auch diese schossen die Angreifer schließlich einfach nieder. Als die Polizei eingriff, lagen 27 Leichen im Bus.

Auf das Gemetzel von Ain El-Remmaneh antwortete die palästinensische Bewegung mit harten Gegenschlägen. Feuergefechte unter Einsatz von schweren MGs und Raketen flammten im Ostteil der Stadt auf. Vier Tage lang hielten diese ersten Gefechte an.

Am 16. April, einem Mittwoch, dem vierten Tag der Auseinandersetzungen, zählte man bereits mehr als hundert Tote und etwa zweihundert Verwundete. Zum erstenmal stellte sich bei diesen Kämpfen die libanesische Nationale Progressive Bewegung auf die Seite der palästinensischen Fedayin und untersützte sie. Ihre Formationen, in denen auch libanesische Kommunisten kämpften, wurden von dem Drusenführer und Vorsitzenden der Sozialistischen Fortschrittspartei Kamal Djumblat befehligt.

War auch der Bürgerkriegsanlaß eine unmittelbare Konfrontation der libanesischen Rechten mit den Palästinensern, so wurde bald klar, daß die PLO mit allen Mitteln versuchte, sich aus dem sich immer stärker abzeichnenden innerlibanesischen Konflikt herauszuhalten, und nach einem Kompromiß strebte.

Um jegliches Eingreifen der libanesischen Armee zu verhindern, verzichteten die stärksten Organisationen der PLO, die Al-Fatah und die Saika, in diesen ersten Kämpfen darauf, das Gros ihrer Kräfte einzusetzen.

Abu Ijad, einer der Al-Fatah-Führer, hatte damals in einem Interview erklärt: «Wir waren nicht die Initiatoren, und alle Fakten beweisen, daß wir alle Anstrengungen unternommen haben, einer Provokation auszuweichen. Die Aggression jedoch, deren Ziel wir geworden sind, hat ein derartiges Ausmaß angenommen, daß wir nicht anders konnten, als zurückzuschlagen. Hätte es bei dem ersten Zusammenstoß zwei oder drei Getötete unter den Palästinensern gegeben – wir wären stillschweigend darüber hinweggegangen. Doch die Kataeb hat 27 unserer Leute ermordet.»

Zugleich betonte Abu Ijad den Willen der palästinensischen Bewegung, sich nicht in die innerlibanesischen Angelegenheiten einzumischen. «Der Libanon ist für uns von politischem Interesse, nicht aber von militärischem ... Wir haben niemals Partei ergriffen in den politischen, konfessionellen oder sozialen Auseinandersetzungen, die die Libanesen entzweien.»

Dieser Linie folgend, gelang es der PLO, die sich im Libanon auf rund 500000 Flüchtlinge (gegenüber 3 Millionen Libanesen) stützen konnte, sich bis zu Beginn des Jahres 1976 aus diesem innerlibanesischen Konflikt herauszuhalten – abgesehen von einer erneuten offenen Konfrontation im Mai 1975.

Die Ursachen dieses innerlibanesischen Konfliktes waren in erster Linie in der tiefen ökonomischen und sozialen Krise des Landes zu suchen. In der sogenannten Schweiz des Nahen Ostens hatte sich ein besonders krasser Gegensatz herausgebildet zwischen der parasitären, zumeist christlichen großbürgerlichen und halbfeudalen Oberschicht, den «hundert Familien», die 50 Prozent des Nationaleinkommens vereinnahmten, und den von einer schnellen Verschlechterung ihres Lebensstandards, von Arbeitslosigkeit und Krise betroffenen Werktätigen, zumeist mohammedanische Massen, und der zusehends ruinierten Klein- und Mittelbourgeoisie. Zum zweiten sorgte der vom französischen Kolonialismus ererbte politische Konfessionalismus für immer neuen Explosionsstoff. Die Verfassung von 1943

Der vorwiegend von Christen bewohnte Ostteil Beiruts (vor dem Bürgerkrieg)

hatte einen Regierungs- und Parlamentsproporz von 6 zu 5 zwischen Christen und Mohammedanern festgeschrieben, den sogenannten Nationalpakt, nach dem von 99 Parlamentssitzen 54 dem christlichen und 45 dem moslemischen Bevölkerungsteil zufielen, eine Relation, die dem Ergebnis der Volkszählung von 1932 entsprach, sich jedoch längst zu einem großen Übergewicht der Mohammedaner verschoben hatte.

Um die Dinge weiter zu komplizieren, mußte, dem «Nationalpakt» entsprechend, der Präsident der Republik Libanon Maronit, der Ministerpräsident Sunnit und der Parlamentspräsident Schiit sein.

Die mit dem ausländischen Kapital engstens liierten maronitischen, das heißt christlichen Bankiers, Großkapitalisten und Großgrundbesitzer verteidigten diesen anachronistischen Status quo des Landes zäh. Hinsichtlich des Nahostkonfliktes beharrten sie auf einem neutralen, isolationistischen Standpunkt. Den ins Land geflossenen palästinensischen Flüchtlingsmassen standen sie ökonomisch gesehen positiv – da diese beispiellos billige

Arbeitskräfte lieferten –, politisch jedoch offen feindlich gegenüber.

Um einen echten Ausweg aus der Krise zu bahnen, forderten die von Kamal Djumblat geführten, national-progressiven Parteien und Kräfte in ihrem gemeinsamen Programm vom August 1975 die Beseitigung des politischen Konfessionalismus, verbunden mit ökonomisch-sozialen Reformen. Sie verlangten die Beschneidung der bürgerlich-halbfeudalen Privilegien und eine massive Unterstützung der «palästinensischen Revolution».

Dieser national-progressiven Bewegung, die bis zu Beginn der achtziger Jahre ein immer größeres Gewicht in der Politik des Landes erlangte, gehörten 56 Organisationen an, voran die Sozialistische Fortschrittspartei, die Libanesische Kommunistische Partei unter Führung ihres Generalsekretärs Nicolas Chaoui, die Organisation der Kommunistischen Aktion unter Mohsen Ibrahim, die Nasseristen – auch Murabitun genannt – unter Ibrahim Kuleilat, die Baathisten, aber auch Vertreter der kleinen und mittleren Bourgeoisie. Ihnen gegenüber stand die Allianz der rechten, reaktionären Kräfte, angeführt von der Kataeb, das heißt der Falange-Partei mit Pierre Gemayel an der Spitze, daneben die Nationallibanesische Partei unter Camille Chamoun und der maronitische Klerus. Diese Rechtsallianz beharrte auf der Ablehnung jeglicher Verfassungsreformen und schürte hartnäckig den antipalästinensischen Chauvinismus. Angesichts des sich im Frühjahr 1976 immer deutlicher abzeichnenden militärisch-politischen Übergewichts der national-progressiven Kräfte griff die Kataeb zunehmend zu terroristischen Methoden, gerade auch gegen den palästinensischen Widerstand, um diesen zum Sündenbock der fortdauernden Libanonkrise zu stempeln.

In den ersten Monaten des Jahres 1976 erwiesen sich die progressiven Kräfte auch militärisch gesehen eindeutig überlegen. Sie kontrollierten rund 70 Prozent des Landes, und die bewaffneten Trupps der bürgerlich-halbfeudalen Oberschicht sahen sich in die Defensive gedrängt.

Im Libanon war eine Situation entstanden, die die imperialistischen Pläne für die Lösung des Nahostkonfliktes im Sinne der amerikanischen Diplomatie ernsthaft gefährden konnten. Doch auch angesichts des Übergewichts der national-progressiven

Kräfte Libanons und der PLO entschlossen sich zu jener Zeit die USA noch nicht zu einer bewaffneten Aktion und erlaubten auch Israel nicht, eine breite Aggression zur Teilung des Libanon und zur Herstellung der israelischen Kontrolle über das Land zu unternehmen.

Washington hielt sich nicht deshalb zurück, weil es an einer dauerhaften Lösung des Nahostkonfliktes interessiert gewesen wäre, sondern aus ganz anderen Gründen.

Eine amerikanische bewaffnete Intervention oder eine zu frühe Okkupation von libanesischem Territorium durch Israel hätte die Separatabmachung Sadats mit Israel unter amerikanischer Mithilfe ernsthaft stören und die Positionen der USA in der arabischen Welt schwächen können.

Von nicht geringer Bedeutung war dabei auch das Bestreben Washingtons, einer offenen Konfrontation mit der Sowjetunion aus dem Wege zu gehen, die vor den gefährlichen Folgen und vor der großen Verantwortung warnte, die die USA und die aggressiven NATO-Kreise im Falle ihrer Einmischung in die Libanonkrise trügen.

Gleichzeitig waren die USA und Israel daran interessiert, die Libanonkrise so lange hinauszuzögern und zu vertiefen, bis die von ihnen angestrebten Ziele bei der Nahostregelung erreicht wären. Die westliche Presse machte kein Hehl daraus, daß die starke Zuspitzung der Krise Ende 1975/Anfang 1976 speziell zu dem Zweck provoziert worden war, die Öffentlichkeit von der im September 1975 von Sadat mit Israel abgeschlossenen Separatvereinbarung über den Rückzug Israels von der Sinaihalbinsel abzulenken, die in der arabischen Welt Entrüstung hervorgerufen hatte.

Der Imperialismus, der Zionismus und die arabische Reaktion, die die palästinensische Bewegung in die Krise hineingezogen hatten, wollten diese in einem Bruderkrieg ausbluten lassen und aus dem antiimperialistischen Kampf ausschalten. Die Rechtspresse, darunter auch die amerikanischen und die israelischen Zeitungen, verschwieg nicht, daß sich zwischen der libanesischen Reaktion und Israel im Kampf gegen die patriotischen Kräfte des Libanon und die PLO eine umfassende Zusammenarbeit anbahnte. Immer wieder wußten westliche Beobachter von umfangreichen Waffenlieferungen (Panzer, Feldhaubitzen, Maschinengewehre) für die rechten Milizen vor allem aus den USA, Frankreich und anderen NATO-Staaten zu berichten. Zu diesem Zweck wurde eine ständige Nachschublinie von Israel nach dem von den christlichen Milizen beherrschten Teil des Libanon eingerichtet. So wurde der Bürgerkrieg im Libanon bereits in seiner frühen Phase ein erstes Beispiel der geeinten Aktion von Israel und Kräften der arabischen Reaktion gegen die nationale Befreiungsbewegung und besonders gegen eine ihrer Hauptkräfte im Nahen Osten, die palästinensische Widerstandsbewegung.

Am Beispiel des Libanon wurde die Verbindung des palästinensischen Widerstandes mit dem Gesamtschicksal der progressiven patriotischen Kräfte im Nahen Osten besonders deutlich.

Die Falle

Selbst Bergner, der ja schließlich kein Neuling war, fand sich in den Ereignissen nur schwer zurecht. Zunächst hatte er geglaubt, alles sei verhältnismäßig klar und übersichtlich: Reaktionäre christliche Milizen und progressive nationale libanesische Kräfte stünden einander gegenüber und bekämpften sich erbittert. Aber er mußte sehr schnell einsehen, daß die Dinge verwikkelter waren. Zumindest zwei weitere Faktoren spielten eine Rolle: der palästinensische Widerstand und die Syrier. Die Kombination dieser Kräfte war keineswegs stabil und unveränderlich.

Kaum vier Wochen vor seiner Ankunft in Beirut hatte ein General der libanesischen Armee, Aziz Ahdab, einen Putschversuch unternommen, der gescheitert war. Bestimmte Kreise Syriens und die Kataeb verdächtigten die PLO, im Hintergrund die Fäden gezogen zu haben. Kamal Djumblat klagte in einer öffentlichen Erklärung Syrien der Einmischung in innerlibanesische Angelegenheiten an.

Ende März schließlich begannen die palästinensischen Kräfte, unterstützt von der national-progressiven Bewegung, eine militärische Offensive gegen die von der Kataeb kontrollierten Bergdörfer von Metn, damit eine neue Front im Gebirge eröffnend.

Bergner wußte nicht recht, was er von all dem halten sollte. Aber seine Agentur erwartete von ihm, daß er berichtete, die Lage richtig einschätzte und künftige Entwicklungen voraussah. Dazu hatte man ihn schließlich nach Beirut geschickt.

Unterdessen gingen die Kämpfe in Beirut selbst weiter. Stunden-, ja tagelang schien sich die Lage beruhigt zu haben, doch plötzlich – zumeist gegen Abend – bellten irgendwo Maschinenpistolen los, Granateinschläge antworteten, schwere MGs und Geschütze mischten sich ein, und zehn Minuten später war die Hölle los. Niemand wußte zu sagen, von wo die Kämpfe ausgegangen waren, wer wen beschoß und warum gerade zu dieser Zeit. Das Gefecht, einem tödlichen Feuerwerk ähnlich, konnte zehn Minuten, aber auch Stunden anhalten. Häuser lohten auf, Menschen starben, Gebäude stürzten zusammen, und dann plötzlich war wieder Stille, unheimlich, drohend. Die Menschen verkrochen sich hinter Betonwänden und in Kellern und wagten sich nur zögernd wieder hervor.

Bergner versuchte mehrfach, Kontakt zu seinen früheren palästinensischen Freunden aufzunehmen – ohne Erfolg.

Über zwei, drei Mittelsmänner gelang es ihm schließlich, Nadim, den Genossen der Libanesischen Kommunistischen Partei, von seiner Anwesenheit informieren zu lassen und um ein Zusammentreffen zu bitten.

Bereits am anderen Tag tauchte Nadim auf, der Schopf etwas grauer geworden, die Falten im Gesicht tiefer eingeprägt. Voller Freude und Herzlichkeit über das Wiedersehen umarmte er Ralf Bergner. Er ließ kein Widerrede gelten, zog ihn in seinen Wagen, in dem sein Fahrer und ein Genosse zu seiner Bewachung bereit saßen. «Wir essen zusammen. Allerdings nicht mehr bei ‹Abu Kamal›, das existiert nicht mehr.» Plötzlich wurde er ernst und erzählte: «Stell dir vor, es mag ein halbes Jahr her sein. Georges und ich hatten uns mit zwei, drei Mann verabredet, um ein paar Dinge zu besprechen – in Ruhe, und dabei zu essen. Wir wurden aber alle irgendwo aufgehalten. Als wir endlich dort ankamen, stand von dem kleinen Fischrestaurant nichts mehr – nur Trümmer, die noch brannten. Eine Stunde zuvor hatten es die israelischen Flugzeuge bei einem ihrer Angriffe getroffen. Ein seltsames Gefühl! Wenn wir nun pünktlich gewesen wären?» Aber dann lachte Nadim bereits wieder. «Du wirst staunen, Genosse Bergner. Diesmal wird das Essen zwar einfach sein, aber dafür sind wir sicherer. Wir fahren zu Krikor.»

Krikor war Leiter der Parteidruckerei, die erst vor knapp zwei Jahren in ein neues, geräumiges Gebäude eingezogen war, nachdem sie jahrelang in einem Winkel der Stadt, der jetzt im christlichen Teil lag, beengt und unter schwierigsten Bedingungen gearbeitet hatte.

«Dort sind wir sicher, meinst du?» fragte Bergner zweifelnd. «Das Gebäude steht doch völlig frei, am Stadtrand.»

Nadim schlug sich mit der Hand leicht an die Stirn. «Entschuldige, du warst zu lange nicht hier. Von dem schönen Gebäude gibt es nur noch einen Trümmerhaufen – aber», Nadim schmunzelte, «unsere ‹Freunde› von der Kataeb, denen wir regelmäßig Schmiergelder zahlten, damit der Druckerei nichts passierte, gaben uns rechtzeitig einen Wink. Wir haben die Maschinen alle – hörst du, alle – rechtzeitig ausquartiert.» Er lachte herzlich. «Auch das ist Libanon. In einer Straße wird gekämpft, und in der Nachbargasse verkauft man Orangen!» Und er fügte hinzu: «Jetzt haust Krikor mit seinen Leuten und den Maschinen unter der Erde – sicher. Du wirst staunen.»

Ralf Bergner staunte wirklich. Nadim führte ihn durch enge Straßenschluchten mit häßlichen, sechs- und achtstöckigen älteren Bürohäusern, nicht weit von der Hamra entfernt. Sie durchquerten eine höhlenähnliche Torausfahrt und stiegen vorsichtig in einen Keller hinab. Aus einer Nische trat ein junger Bursche mit wildem schwarzem Haarschopf, in Jeans und Nicki, eine MPi über der Schulter. Als er Nadim erkannte, winkte er freundlich und hockte sich wieder in seine Ecke.

«Hier kann keiner unbemerkt herein.»

Druckmaschinen ratterten. Man hatte den Raum, eine Tiefgarage, mit Brettern, gestapelten Papierrollen und Kisten in einzelne Abteilungen getrennt. Männer mit verschwitzten Gesichtern, ölverschmierten Händen und in blauen Overalls grüßten sie.

Krikor saß in einem Verschlag vor einem mit Manuskripten

bedeckten Tisch und redete heftig auf einen etwas älteren Arbeiter ein. «Das Papier muß her, egal wie. Heute noch! Morgen erscheint die ‹Al-Nida›. Mögen sie noch so ballern.»

Die «Al-Nida» war die Tageszeitung der Kommunistischen Partei des Libanon, die jetzt nur noch unregelmäßig herausgegeben werden konnte.

«Die Partei braucht ihre Stimme», sagte Krikor laut durch den Lärm der Maschinen hindurch, «unsere Kämpfer warten darauf. Muß ich dich auch noch agitieren? Verstehst du?» Der andere nickte ergeben.

Krikor umarmte Bergner, wie stets, meckernd lachend, bemüht, ihn mit seinen schmutzigen Händen nicht zu berühren. Er drückte ihn und Nadim auf einen Hocker, den er vorsichtig mit einem Tuch abgewischt hatte.

«Wartet!»

Wenige Minuten später saßen sie vor einer mit weißem Papier bedeckten Holzplatte, einer Tür oder dem Teil eines Verschlages. Teller mit Tomaten, Gurken, Rettich standen vor ihnen, Weißbrot, eine Flasche glasklarer Arrak und kaltes Wasser. Sie gossen sich ein, und sofort färbte sich das Getränk, seinen starken Anisduft verbreitend, milchig-trüb. Bald erschien ein junger Bursche und wickelte aus einem Tuch einen Teller, auf dem sich runde knusprige Fladen türmten, zwischen denen jeweils eine Schicht würzig-scharfer Kabbabwürstchen aus durchgedrehtem Hammelfleisch lag, das Fleisch grün gesprenkelt von zerhackter Petersilie. Auf einem zweiten Teller lagen frisch gegrillte Stücken Hühnerfleisch, wie lackiert glänzend und nach Knoblauch duftend. Bergner langte unter Krikors ständigen Aufforderungen munter zu.

Die Stimmung stand auf Optimismus. Krikor las aus der Druckfahne für die morgige Zeitung vor: «Die Genossen der Parteiorganisation in Nabatiye richten ein neues Zentralhospital ein. Damit wird das Netz der Verbandplätze und Lazarette im Süden zu einem Ganzen verbunden. Die Ärzte sind junge Genossen, die ihre Ausbildung in sozialistischen Ländern erhalten haben.»

Bergner sah Nadim fragend an.

«Wir sind dabei, bereits im ganzen Süden des Landes

ein neues Gesundheitswesen aufzubauen. Wir warten nicht lange.»

Aus den tastenden Fragen des deutschen Genossen wurde Nadim bald klar, daß der noch nicht durchsah.

«Du mußt wissen, der gesamte Süden, bis an Beirut heran, etwa bis zur Straße, die von Beirut durch den Libanon nach Syrien führt, ist fest in unserer Hand. Dazu halb Beirut und ein großes Gebiet im Norden um die Stadt Tripolis. Zudem haben wir nun auch östlich von Beirut im Choufgebirge eine Front eröffnet.»

«Wen verstehst du unter ‹wir›, Nadim?» fragte Bergner vorsichtig.

Nadim nahm die Finger zu Hilfe, als er aufzählte: «Wir, das sind einmal die Partei, die besonders im Süden und längs der Küste stark ist, dort ihre Organisationen und auch ihre Kampfeinheiten hat. Dann die Leute Djumblats, seine Drusen, die das Gebirge, die Choufregion, bewohnen und fest in der Hand haben – na und endlich die Palästinenser, die im Süden, besonders am Hermonberg, dem Fatah-Land, wie wir es nennen, Herrscher sind, und natürlich besonders in Beirut ihre Zentrale, ihre Lager und ihre Kampfeinheiten haben. Die Bekaa-Ebene ist ihr Korridor, der beide Gebiete verbindet.»

«Und die anderen?»

«Die christlichen Milizen beherrschen ein gut Teil von Beirut und die Gegend nördlich davon bis Tripolis, eben ihr Gebiet.»

Bergner nickte. «Klar! Das Übergewicht der progressiven Kräfte ist gegenwärtig eindeutig. Das sehe ich auch, aber …»

«Was aber?»

«Wie weiter? Besteht nicht jetzt die Gefahr einer Teilung des Landes?»

«Wenn alles so bliebe wie jetzt, gewiß. Aber wir bleiben nicht stehen, wir werden ihnen den Gefallen nicht tun. Wir werden sie weiter zurückdrängen, ihnen neue Niederlagen zufügen, bis sie klein beigeben!»

«Wollt ihr ganz Libanon erobern?»

«Wenn es sein muß! Auf alle Fälle die Voraussetzungen schaffen für eine grundlegende soziale Umgestaltung des Landes,

Das Libanongebirge (Choufgebiet)

PLO-Kämpfer bei der Verteidigung des Choufgebietes

eine echte Demokratisierung und Entmachtung der Bourgeoisie.»

«Sozialismus?»

«Nein, nicht direkt», gab Nadim zu. «Dazu ist der Libanon und sind wohl auch unsere Bundesgenossen, die Palästinenser, noch nicht bereit. Aber eine progressive Macht.»

«Also wollt ihr ein revolutionäres Regime in ganz Libanon durchsetzen?»

«Wir sind schon dabei, Genosse Bergner. Unsere Kämpfer schaffen die Voraussetzungen dafür, und wir bauen bereits die Strukturen dafür im Süden auf.»

Der Journalist ließ sich nicht beirren. «Wenn ich es richtig sehe, soll Libanon progressiver werden als die anderen arabischen Regimes im Raum.»

«Wieso? Natürlich, was meinst du mit deiner Frage?»

«Nun, die anderen werden da vielleicht nicht so ohne weiteres mitmachen.»

«Welche anderen?» fragte diesmal Krikor.

«Eure Verbündeten! Daß es das Ziel von Kommunisten ist, leuchtet mir ein.»

«Die Leute Djumblats», erwiderte Nadim eifrig, «werden mit uns gehen – schließlich wollen wir keine sozialistische Revolution. Für eine echte national-demokratische sind diese Leute auch!»

«Auch für eine antikapitalistische? Bei der sozialen Klassenbasis von Djumblats Partei?» Bergner machte eine Pause. «Aber vielleicht ist das nicht so wichtig jetzt. Was wollen die Palästinenser? Wollen die auch den Libanon umgestalten?»

«Die linken Kräfte unter ihnen gewiß. Ein progressiver Libanon ist für sie eine gesicherte Basis, um ihre Heimat zurückerobern zu können.»

Bergner wehrte ab. «Zunächst kämpfen sie, weil man sie aus dem Libanon vertreiben will, weil sie angegriffen werden. Das ist doch wohl das eigentliche Ziel der christlichen, reaktionären libanesischen Kräfte – und auch einiger islamischer. Stimmt's?»

«Im Prinzip schon, aber sie stehen in dem Kampf an unserer Seite und wir an ihrer.»

«Wie weit werden die Führer der PLO letztlich mit euch mitgehen?» Als weder Nadim noch Krikor eine Antwort gaben, setzte Bergner hinzu: «Siehst du, keiner weiß das genau zu sagen. Die palästinensische Bewegung ist heterogen in ihrer Klassenbasis, in ihrer Ideologie, in ihrer Zielsetzung. Aber wem sage ich das!»

«Also was dann?»

Bergner zögerte, als er schließlich auf Krikors Frage, die Worte sorgfältig wählend, antwortete: «Nehmen wir an, ihr kämpft mit Erfolg weiter, und es besteht die Möglichkeit, daß ihr das christliche Gebiet völlig überrennt.»

«Wir werden es überrennen, verlaß dich darauf», entgegnete Nadim heftig. «Nicht lange, und ihre Milizen werden auseinanderlaufen.»

Bergner antwortete ebenso laut und engagiert: «Nein! Sag, was du willst, Nadim. Sie werden das nicht zulassen, niemals – nicht jetzt und nicht später.»

«Wer?»

«Israels Machthaber!»

«Es wird keine neue Aggression geben – da sind andere arabische und schließlich die sozialistischen Staaten, die uns unterstützen.»

«Dann die USA, sie könnten ...»

«Nein», unterbrach ihn Nadim, «die wagen keinen Krieg im Nahen Osten, die haben noch mit Vietnam zu tun.»

«Kann sein!» Etwas zögernd, ja fast lauernd fragte Bergner schließlich: «Und Syrien?»

«Die syrische Regierung will wohl in erster Linie, daß schnell Ruhe wird in Libanon.

Sie fürchtet, Israel könne die Kämpfe zum Vorwand eines neuen Krieges gegen die Araber nehmen.»

«Aber wird Syrien an seiner Seite einen Staat wollen, der progressiver ist als die SAR selbst?»

Es entstand Schweigen, und Krikor goß wortlos nach.

«Die Syrier werden nicht das Spiel der USA spielen», sagte Nadim.

«Und wenn man sie in eine Falle lockt?»

«Ich kann mir einfach nicht vorstellen, daß die Syrier etwas gegen uns unternehmen könnten. Und schließlich sind wir stark.»

«Vielleicht ist es gerade das!»

«Du siehst wohl doch zu schwarz, Genosse Bergner», sagte Krikor, «bist vielleicht erst zu kurz wieder im Lande.»

«Kann sein», gab Bergner bereitwillig zu. «Vielleicht überblicke ich noch nicht alles.» Doch in seinem Innern sagte ihm sein Gefühl, daß der Optimismus der Genossen wohl etwas zu stark, nicht begründet genug war. Vielleicht mußten sie die Dinge so sehen, um die Kämpfe durchstehen zu können?

Wieder auf dem Heimweg, sagte er ein paarmal halblaut vor sich hin: «Es wäre zu schön, aber sie werden es nicht zulassen. Die USA nicht, Israel nicht und die arabische Reaktion nicht. Niemals werden sie zum gegenwärtigen Zeitpunkt einen progressiven Libanon an ihrer Seite dulden. Es wäre zu gefährlich für alle ihre Pläne im Nahen Osten.»

Doch dann schob er diese Gedanken wieder von sich und bewunderte den Mut der Genossen und ihre Bereitschaft, alles zu opfern für ihr Volk, ihr Land. Ihr Kampf war wahrhaftig schwer, und sie würden noch viele Opfer bringen müssen.

Am Morgen des 31. Mai 1976, es dämmerte gerade, hämmerte jemand wie wild an Bergners Tür, nachdem er minutenlang geklingelt hatte. Die fünf Männer des Wohnhauses hatten bis weit in die Nacht hinein Skat gespielt und etliche Flaschen dabei geleert. Draußen schoß man wieder, und über der Stadt tobte ein Artillerieduell.

«Was ist denn nun schon wieder los», fragte Bergner laut durch die geschlossene Tür, den langen Korridor entlanggehend.

«Stell dein Radio an! Die Syrier besetzen den Libanon», sagte eine Stimme aufgeregt, und Schritte entfernten sich auf der Treppe. Bergner war sofort hellwach und stürzte durch die leere Wohnung zurück ins Schlafzimmer, wo das Transistorgerät stand. Er schaltete ein.

Drei Minuten später hatte er Gewißheit: 6000 Soldaten der syrischen Armee hatten in den frühen Morgenstunden mit Hunderten von Geschützen und Panzern die libanesische Grenze an zwei Stellen überschritten. Ihre Einheiten gingen in zwei Richtungen vor: im Norden auf Sofar, im Süden auf Saida.

Die Stimme des Radiosprechers klang aufgeregt. Bergner setzte sich auf den Rand seines Bettes und stützte den Kopf in die Hände. Also war es doch passiert! Was immer auch ihre Motive sein mochten, die Syrier hatten eingegriffen. Die Situation im Libanon würde sich von heute auf morgen grundsätzlich ändern.

Im Laufe der kommenden Stunden vermochte sich Bergner, der wußte, wie sehr die Zentrale auf einen Bericht und Hintergrundmaterial gerade jetzt von ihm wartete, ein Bild davon zu machen, was die Syrier, was deren Präsidenten Assad veranlaßt hatte, ihre Truppen in den Libanon zu entsenden. Er brauchte nur das, was er wußte und gehört hatte, wie ein Puzzlespiel geduldig zusammenzusetzen:

Israel, hochgerüstet von den USA, unterstützte massiv die christlichen Milizen, die Kataeb. Indirekt taten dies auch die USA selbst, indem die CIA-Station in Zypern sie mit Informationen versorgte und beriet. Jordanien war unfähig, von sich aus zu handeln oder etwa in den libanesischen Bürgerkrieg einzugreifen – König Hussein bedurfte der amerikanischen und der saudi-arabischen Zustimmung. Ägyptens Präsident Sadat hatte am 15. Mai den Freundschaftsvertrag mit der Sowjetunion gekündigt und alle sowjetischen Berater ausgewiesen. Nunmehr war Ägypten völlig von den USA und Saudi-Arabien abhängig. Die libanesische Armee, die einzige Kraft im Lande, die vielleicht noch fähig gewesen wäre, den Bürgerkrieg zu beenden, war im Frühjahr auseinandergefallen und existierte nicht mehr.

Mußte nicht Syrien mit allen Mitteln daran interessiert sein, daß in seinem Nachbarland, das als Transit- und Hinterland seines Widerstandes gegen Israel fast lebenswichtig für die SAR war, Ruhe und Ordnung wiederhergestellt, daß die Einheit und die territoriale Integrität des Libanon gewahrt wurden?

In diesen Maitagen zeichnete sich nun die Möglichkeit eines deutlichen militärischen Sieges der palästinensischen und national-progressiven libanesischen Kräfte ab. Tel Aviv und Washington begannen darüber unruhig zu werden. Israel konzentrierte an den Südgrenzen des Libanon große Truppenverbände. Die

Saida im Südlibanon (vor dem Bürgerkrieg)

Phönizische Ruinen in Saida

Einheiten der 6. US-Flotte sammelten sich im östlichen Mittelmeer vor der libanesischen Küste.

Mußte Assad nicht mit Recht befürchten, daß eine Fortführung der Kämpfe, der mögliche Sieg der progressiven Kräfte eine Intervention Israels und möglicherweise der USA zur Folge haben würde? In dieser Lage hatte er gehandelt – hatte seinen Truppen den Einmarsch im Libanon befohlen.

So weit, so gut, sagte sich Bergner. Gewiß hätte es wohl andere Möglichkeiten gegeben, aber noch war ja alles offen.

Von diesen Überlegungen ausgehend, formulierte der Korrespondent seine Meldung über den Einmarsch der Syrier an die Agentur. Er schloß mit dem Satz: «Die nächsten Tage und Wochen werden zeigen, ob Syrien versteht, die Chance zu nutzen, und durch eine massive Stärkung der palästinensischen und progressiven Kräfte im Libanon einen entscheidenden Beitrag zur Lösung des Nahostkonfliktes und besonders seines Kernstücks, des Palästinaproblems, leisten wird.»

Tel Al-Zaatar

In den Junitagen 1976 bekam Korrespondent Bergner eine Informationsbroschüre des Foreign Information Departement der PLO in die Hände, die seiner Meinung nach eine richtige Einschätzung des «Libanesischen Bürgerkrieges» gab. Er zitierte einige wichtige Stellen daraus in einer Meldung an die Zentrale: «Der sogenannte Libanesische Bürgerkrieg wurde von Beginn an von den USA und Israel mit Hilfe ihrer Geheimdienste und deren lokalen Agenten geplant und provoziert. Diese mörderische Aggression gegen ein friedliebendes Land, die im Frühjahr 1975 begann und ab September 1975 weiter eskalierte, war ein untrennbarer Bestandteil und nur die Kehrseite der amerikanischen Bemühungen um eine ‹Regelung› im Nahen Osten und ganz besonders ein Aspekt ihrer Manöver, um das Sinai-Abkommen vom September 1975 vorzubereiten und zustande zu bringen. Diese ‹Schritt-für-Schritt-Politik› und die Aggression der christlichen Milizen im Libanon gehen Hand in Hand. Zugleich zielt die amerikanische Politik darauf ab, Probleme und Streit innerhalb der arabischen Welt hervorzurufen, jede arabische Kraft und jedes Regime der arabischen Welt gegeneinander auszuspielen, die antiimperialistischen antizionistischen Tendenzen der Araber abzulenken und zu schwächen, bei gleichzeitiger weiterer Stärkung des amerikanischen Stellvertreters Israel, um so das Eindringen der USA im ganzen arabischen Raum zu verstärken und die imperialistischen amerikanischen Interessen auf dem Ölsektor, dem ökonomischen und militärischen Gebiet zu sichern.

In erster Linie stehen dieser Strategie des USA-Imperialismus und des Zionismus dabei die fast vier Millionen Vertriebenen des palästinensischen Volkes und ihre Vertreter, die PLO, im Wege, die für die Befreiung ihres Heimatlandes kämpfen.

Ein ehemaliger leitender Mitarbeiter der CIA, Mr. Winslow Peck, gestand in einem aufsehenerregenden Artikel in dem amerikanischen Christian Science Monitor erst am 4. April dieses Jahres, daß der CIA und ihr selbst befohlen wurde, ‹das Feuer des Bürgerkrieges im Libanon anzufachen›, die libanesischen Rechtskräfte zu ‹aktivieren› und besonders die falangistischen Milizen der Kataeb zu finanzieren und zu unterstützen in deren Kampf gegen die Palästinenser.»

Bis dahin stimmte Bergner zu und brachte das auch in seiner Meldung zum Ausdruck. Die weiteren Schlußfolgerungen überzeugten ihn jedoch nicht. «Nun versuchen der USA-Imperialismus und das zionistische Israel durch eine Aggression im Libanon mit dem Widerstand des palästinensischen Volkes fertig zu werden, nicht etwa, indem sie dieses Problem zu lösen versuchen, sondern indem sie dieses Volk vernichten.

Die Aggression gegen Libanon ist in erster Linie gegen das palästinensische Volk gerichtet. Sie zielt darauf ab, mit allen Mitteln den palästinensischen Widerstand in diesen dreckigen Bürgerkrieg hineinzuziehen und, falls das gelingt, ihn zu liquidieren.»

Bergner stimmte noch zu, was das Hineinziehen des palästinensischen Widerstandes in den Bürgerkrieg betraf. Doch die Behauptung, man wolle dieses Volk «liquidieren», war für ihn nicht recht einsehbar.

Tel Al-Zaatar

Ja, selbst wenn das das Ziel der Vereinigten Staaten und Israels war, so stellten sich dem jetzt jedoch, wie Bergner es sah, seit Juni 1976 die Syrier in den Weg.

Ihre Besetzung eines Teiles des Libanon hatte sich ohne Kämpfe vollzogen. Die syrischen Einheiten schoben sich zwischen die kämpfenden Parteien, besetzten strategisch wichtige Punkte. Wo sie versuchten, die Palästinenser und die progressiven libanesischen Kräfte zu entwaffnen, wichen diese geschickt aus, vermieden Zusammenstöße und überließen den Syriern das Feld.

Auch die christlichen Milizen hielten sich zurück, freilich respektierten die Syrier die von ihnen kontrollierten Gebiete und blieben jenseits des Niemandslandes stehen.

Es trat bald eine Begrenzung der Kämpfe, dann nahezu völlige Waffenruhe ein. Man begann zu verhandeln; die Dinge schienen sich zu beruhigen. Ein Fakt jedoch blieb: Während die israelische Flotte die Nachschubhäfen der Palästinenser für Waffen und Munition im Süden – Saida und Tyr – blockierten, flossen die vielfach aus Israel kommenden Waffen über den Hafen Joûnié weiterhin ungehindert ins Land.

Das Trugbild einer möglichen friedlichen Beilegung des Konfliktes zerriß jedoch, als die christlichen Milizen am 22. Juni eine großangelegte Offensive gegen das inmitten Beiruts auf dem von den Falangisten besetzten Stadtgebiet gelegene palästinensische Flüchtlingslager Tel Al-Zaatar begannen sowie gegen die angrenzenden Lager von Jisr El-Pacha und von Nabaa.

Ralf Bergner erfuhr vom Angriff auf Tel Al-Zaatar am frühen Morgen des 22. Juni. Er wußte, daß christliche Milizen das Lager bereits seit Januar unter einer Blockade hielten und es auszuhungern versuchten. Er kam jedoch nicht dazu, sich weiter um diese Nachricht zu kümmern, denn es war ihm gelungen, über die PLO-Zentrale die Zustimmung zu einem Interview mit Abu Lutf (Faruk Kaddumi) zu bekommen, das um 10 Uhr stattfinden sollte. Bergner nahm sich vor, bei dieser Gelegenheit zugleich einige Fragen zu diesem Überfall zu stellen.

Abu Lutf traf erst gegen 11.30 Uhr in dem WAFA-Büro ein, das als Treffpunkt ausgemacht war.

«Die Lage heute, Rafik Bergner – aber das weißt du genauso wie ich.»

Der Journalist schlug eine Verschiebung vor, aber Abu Lutf lehnte sofort ab. «Im Gegenteil, man muß unsere Stimme hören.» Er blickte dabei auf seine Armbanduhr.

Bergner verstand. «Lassen wir alle Förmlichkeiten und Einleitungen. Ich fange sofort mit den Fragen an.»

Abu Lutf nickte und setzte sich zurecht, die Hände vor sich auf dem Tisch. Ralf Bergners erste Fragen kreisten um die Ursachen der Libanonkrise.

Abu Lutf erzählte nichts, was sein Gesprächspartner nicht schon gewußt hätte: Daß der Konflikt kein religiöser sei, sondern gesellschaftspolitische Ursachen habe, und daß er nur einen Aspekt der Politik des USA-Außenministers Kissinger darstelle, der die Auseinandersetzungen im Nahen Osten «arabisieren» wolle.

Dann stellte Bergner seine nächste Frage. «Was bedeutet diese Politik im Hinblick auf die PLO?»

Kaddumi: «Die Entwicklung der PLO in den letzten Jahren, ihr gewachsenes internationales Ansehen und die verstärkte internationale Solidarität mit der PLO sind den reaktionären Kräften im Libanon ein Dorn im Auge. Diese Kräfte haben die militärischen Auseinandersetzungen nicht zuletzt provoziert, um die PLO zu liquidieren. Leider, so muß ich sagen, hat der Einsatz syrischer Truppen in diesem Zusammenhang dazu beigetragen, die gesamte Situation zu komplizieren – eine Haltung, die den rechten Kräften im Libanon dient. Auch Israel hat diese bittere Tatsache ausgenutzt.»

Frage: «Die PLO war sich bewußt, daß sie in die Kämpfe verstrickt werden sollte, und hat sich dagegen gewehrt. Wie kam es dennoch dazu?»

Kaddumi: «Den Kämpfen ging eine immer stärker werdende politische Kampagne gegen die Anwesenheit der PLO, die Palästinenser insgesamt voraus. Wir waren gezwungen, die Existenz der Palästinenser und die Flüchtlingslager im Libanon zu schützen, insbesondere, nachdem die rechten Kräfte begonnen haben, diese Lager anzugreifen. Das jüngste Beispiel erleben Sie jetzt mit dem Angriff auf Tel Al-Zaatar.»

Frage: «Sie erwähnten es schon: Die christlichen Milizen haben einen Großangriff auf Tel Al-Zaatar begonnen. Warum ausgerechnet auf dieses Flüchtlingslager?»

Kaddumi: «Erstens scheint es ihnen eine leichte Beute zu sein. Vom strategischen Gesichtspunkt aus ist das Lager einfach nicht zu verteidigen: Eine zentral gelegene Fläche von etwa einem Quadratkilometer blechgedeckter Hütten, bevölkert von über 30000 Menschen, vollkommen isoliert, umgeben von gepflegten Wohnvierteln der libanesisch – maronitischen Minderheit und rechtsorientierten Kräften.

Zweitens symbolisiert Tel Al-Zaatar die katastrophale soziale Situation im Libanon. Das Lager hat lange als Quelle billiger Arbeitskräfte für die nahegelegenen Industriebezirke der Stadt gedient. 1950 gegründet, nach der ersten Welle der Vertreibung von Tausenden aus Palästina, wurde es im Laufe der Jahre von mehr und mehr Flüchtlingen überflutet und auch von armen libanesischen Bauern, die durch die israelischen Terrorangriffe aus ihren Dörfern im Südlibanon vertrieben wurden. In jedem Wohnraum des Lagers leben durchschnittlich 6 bis 7 Menschen, viele davon arme arbeitslose Arbeiter- und Bauernfamilien – und das unter unerträglichen Lebens- und sozialen Bedingungen.

Die Situation im Lager besserte sich, als sich Ende der sechziger Jahre die palästinensischen und libanesischen Insassen – mit Unterstützung der palästinensischen Widerstandsbewegung – zu organisieren begannen und ihre nationalen und sozialen Interessen verteidigten. Schlagartig wurde jedoch damit das Lager für die Rechtskräfte zum Hauptobjekt ihrer Angst, ihrer Überheblichkeit und ihres Hasses.

Darüber hinaus beabsichtigten die christlichen Milizen, durch die Terrorisierung und Liquidierung von Tel Al-Zaatar nicht nur mit der palästinensischen Widerstandsbewegung abzurechnen, sondern auch die libanesischen Werktätigen zu demoralisieren, in der Hoffnung, damit die soziale Frage des Landes zu ‹lösen›.»

Frage: «Wie wird der palästinensische Widerstand angesichts der Angriffe auf Tel Al-Zaatar reagieren?»

Kaddumi: «Ich kann natürlich den Entscheidungen des Exekutivkomitees der PLO nicht vorgreifen.»

Bergner war mit dieser ausweichenden Antwort keineswegs zufrieden, sah jedoch ein, daß es keinen Zweck hatte, weiter in Abu Lutf zu dringen. Er erhob sich und wollte sich verabschieden, da sagte Abu Lutf, ihm freundschaftlich die Hand auf die Schulter legend: «Hast du das Lager gesehen, Rafik Bergner?»

«Früher einmal!»

«Nein, jetzt, unter der Blockade der Milizen! Sie ermorden unsere Leute systematisch und gezielt – wie die Faschisten. Ich fahre jetzt zu einem unserer Posten. Von dort hat man gute Einsicht. Kommst du mit? Du solltest es dir ansehen!»

Bergner war in einer verzwickten Situation. Ging er mit, verstieß er eindeutig gegen strikte Anweisungen, die für alle DDR-Bürger im Libanon galten. Folgte er der Aufforderung nicht, würde es mit seinem Renommee bei den Palästinensern in Zukunft nicht mehr weit her sein – jeder würde vermuten, er hätte

Angst. Letztere Überlegung und seine journalistische Neugier überwogen schließlich.

Sie fuhren nur ein kurzes Stück mit dem Wagen. Der Westteil Beiruts lag heute noch nicht unter dem Beschuß der christlichen Milizen, doch im Osten wummerten Einschläge. Ein kurzes Stück gingen sie zu Fuß durch eine kleine Seitenstraße – Bergner, Abu Lutf und dessen Begleiter, der die Maschinenpistole schußbereit hielt. Abu Lutf hatte die Pistole an der Seite. Bergner war unbewaffnet. Ihm war nicht recht wohl zumute.

Im Eingang eines Wohnhauses stand ein Posten der Fedayin und grüßte lässig. «Nur Mahmud ist oben», sagte er.

Sie stiegen in dem zwölfstöckigen eleganten Wohnhaus, dessen Stufen und Seitenverkleidung aus schwarz-weiß gestreiftem Marmor gebaut waren, die Treppe nach oben. Der Fahrstuhl funktionierte nicht mehr. Sie kletterten bis zum Dachgeschoß. Über eine schmale, aus Beton gegossene Seitentreppe gelangte man in den auf dem Dach sitzenden Fahrstuhlaufbau. Der Fahrstuhl selbst steckte irgendwo unten. Aus ein paar Balken und Brettern hatte man dort eine Plattform gebaut, von der aus man durch die Luftschlitze hinausblicken konnte.

Ein Fedayin im Battledress nickte Bergner zu und umarmte Abu Lutf.

«Und?» fragte der.

«Sie beschießen ununterbrochen das Lager, kaum noch etwas zu sehen.»

Der Lärm des Gefechtes war hier bereits so stark, daß sie sich nur laut sprechend verständigen konnten. Das ganze Gebäude bebte ständig.

Abu Lutf ließ sich das Fernglas geben und blickte lange hinaus. Sein sonst so weiches, etwas schwammiges Gesicht war eigentümlich hart und verzerrt.

Schließlich reichte er Bergner das Glas. «Schau es dir genau an. Jeder Einschlag bringt ein paar von unseren Leuten um.»

Ralf Bergner setzte das Fernglas an die Augen und schaute hinaus über die Stadt.

Das Wohnhaus, auf dessen Dach sie gestiegen waren, lag an einem sanften Hang, der sich zu einer flachen Schlucht hinuntersenkte. Jenseits eines nur wenig Wasser führenden Rinnsals stieg das Gelände an, und dort lag der Tel Al-Zaatar, der Thymian-Hügel, wie der poetische Name übersetzt lautet.

Zu sehen war nicht viel. Dunkle Rauchwolken verhüllten das Lager und ließen nur ab und an die ineinander und übereinander geschachtelten wenigen Häuser erkennen, alle mit Wellblech gedeckt, viele bereits Ruinen. Pausenlos schlugen Geschosse ins Lager ein; an einigen Stellen brannte es. Der Lärm leichter Waffen klang herüber.

Durch den Dunst sah man die eleganten Wohnhäuser, die das Lager auf drei Seiten umgaben. Deutlich waren Einschläge zu sehen. Manchmal glaubte Bergner, dahinhuschende Gestalten ausmachen zu können.

«Wie viele Menschen mögen im Lager sein?» fragte er.

«Wie viele noch am Leben sind, wird keiner genau sagen können. Zu Beginn der Blockade im Januar waren es 23000 bis 27000 Palästinenser und Libanesen. Während der ganzen Monate war die Straße zum Lager nur einige Male offen, und wir konnten nur wenig Nachschub hineinbringen.»

Eine Weile herrschte Schweigen. Nur Mahmud, der Posten, fügte hinzu: «Sie haben nichts mehr zu essen, keine Medikamente, kein Wasser, denn die Falangisten haben die Wasserzufuhr abgeriegelt.»

Abu Lutf ließ sich das Glas geben. «Warte, ich werde dir etwas zeigen. Wenn der Wind den Rauch wegdrückt, kannst du es gut sehen.»

Eine Weile stand er reglos, dann nickte er. «Ja! Es ist jetzt zu sehen!»

Er reichte Ralf Bergner das Glas. Der setzte es an die Augen, und Abu Lutf wies ihn ein. «Siehst du das ausgebrannte Autowrack, etwas rechts?» Bergner nickte. «Weiter rechts steht ein Betonmast.»

«Ja!»

«Dann ein Stück höher sind Trümmer. Hast du sie?»

«Ja!»

«Ab und an müßtest du dort Bewegung sehen, Menschen.»

Bergner zögerte, dann sagte er bestätigend: «Ja, ich kann sie ausmachen.»

«Die dunklen Stellen an diesem Fleck sind alles Tote!»

Bergner schwieg.

«Es ist die einzige Wasserstelle im Lager. Eine Leitung, die keiner abstellen konnte. Sie ist verlassen, und das Wasser fließt in einen Zementtrog. Die Kataeb haben Scharfschützen postiert. Wenn die Hitze die Menschen zur Wasserstelle treibt, schießt man sie ab wie die Kaninchen. Eine Tasse Blut ist dort jetzt ebenso viel wert wie eine Tasse Wasser.»

Bergner gab das Glas zurück. Er war weiß im Gesicht und konnte sich nur schwer fassen.

«Aber irgend etwas muß doch getan werden, das Lager zu entsetzen. Kann man Menschen so hinmorden lassen? Ihr könnt doch nicht hier sitzen und zuschauen. Diese anderthalb Kilometer.»

Abu Lutf schwieg. Endlich sagte er: «Wir müßten unsere Einheiten an anderen Stellen abziehen. Die Syrier würden sofort diese Stellungen besetzen.»

Bergner überzeugte diese Argumentation nicht, doch er schwieg.

«Das Lager hält sich», sagte Mahmud, «sie werden sich nicht ergeben.»

«Wie viele eurer Kämpfer habt ihr im Lager?»

«Etwa tausend. Bestimmt halten sie sich!»

Wie lange? Bis was geschieht? wollte Bergner fragen, doch er unterließ es.

Es wurde nicht mehr viel gesprochen zwischen ihnen, als sie die Treppen hinunterstiegen.

Bergner hätte sich allen Ärger erspart, wenn er den Mund gehalten hätte. Doch das vermochte er nicht, er war innerlich zu sehr erregt, um über seine Eindrücke schweigen zu können. Er mußte den anderen davon berichten.

Das Ergebnis war, daß ihn am übernächsten Tag der Botschafter zu sich in seine Diensträume bestellte.

Der Botschafter, ein kleiner, untersetzter Genosse mit sich bereits lichtendem Haar, mit dem alle auf Grund der ganzen Situation sehr kameradschaftlich verkehrten, schlug diesmal einen förmlichen Ton an: «Damit du klarsiehst, Genosse Bergner, ich habe von deinen Eskapaden gehört und erteile dir offiziell einen Verweis. Das wird der Zentrale gemeldet und in die Kaderakte eingetragen.»

Bergner wollte etwas erwidern, doch der Botschafter ließ es nicht zu. «Ich will keine Entschuldigung hören. Du kennst die Weisung?» Bergner nickte. «Na also! Deine Dienststelle braucht sachliche Berichte und Einschätzungen – aber keine toten Helden. Verstanden?»

Bergner schluckte etwas. Was sollte er sagen? Er mußte dem Botschafter recht geben. Wenn alle so handelten, wo kämen sie in ihrer Lage hin?

«Glaubst du denn, Genosse Bergner, mir ginge die Sache nicht an die Nieren? Tausende von Menschen werden hier kaum drei Kilometer von uns entfernt hingeschlachtet. Denkst du, mich läßt das gleichgültig?»

«Irgend etwas muß man doch tun, man kann doch nicht einfach tatenlos zusehen?»

«Was denn, Genosse Bergner, was?»

«Die Weltmeinung aufrütteln, es überall berichten, was hier passiert. Zur Solidarität auffordern!»

«Ja. Wird man auch tun, aber den armen Teufeln im Lager ist damit nicht geholfen. Das hier ist Mord, kaltblütiger Mord.»

«Und wir sehen zu!»

«Sollen wir, soll vielleicht die Sowjetunion eingreifen, wie mir gegenüber das einige Palästinenser schon angedeutet haben?»

Bergner sagte nichts darauf. Und der Botschafter sprach in ruhigem Ton weiter: «Hast du mal jemanden gefragt, wie stark die Kräfte der Kataeb sind, die das Lager eingeschlossen haben?»

«Mehrere Hundert, sagte man mir», entgegnete Bergner.

«So. Die Palästinenser haben bestimmt einige Hundert mehr Fedayin in der Stadt, die Syrier gewiß mehrere Tausend. Armee-Einheiten mit schweren Waffen. Sie stehen nördlich, oberhalb des Lagers, können alles beherrschen. Der Ring um das Lager ist kaum einen Kilometer von der Demarkationslinie, an der Palästinenser stehen, entfernt.» Der Botschafter schüttelte entschieden den Kopf und machte mit der Hand eine abweisende Bewegung. «Niemand, hörst du, Genosse Bergner, niemand kann mir einreden, diese beiden Kräfte wären nicht imstande, den Waffenzufluß für die christlichen Milizen zu stoppen und das Lager

Tel Al-Zaatar nach der Belagerung

zu entsetzen. Weder die Palästinenser noch die Syrier rühren sich bis jetzt. Niemand in der arabischen Welt unternimmt etwas.»

«Warum? Können sie nicht, oder wollen sie nicht?»

«Weißt du eine Antwort? Ich habe keine, und doch ist es so.»

Etwas müde setzte er hinzu: «Vielleicht sollten wir uns auch nicht zu sehr bemühen, eine Antwort zu finden.»

Sie führten das Gespräch nicht weiter. Wurden hier nicht die Grenzen einer Bewegung sichtbar, die progressiv, aber eben auch kleinbürgerlich, nationalistisch war?

Abschließend kam der Botschafter nochmals auf Bergners Disziplinverletzung zurück. «Und du, Genosse Bergner, berichte sachlich, real, aber halte dich persönlich raus. Es ist gefährlich genug hier. Ich will nicht, daß irgend etwas passiert. Verstehst du?»

«Ist gut, ich werde mich daran halten», versicherte der.

Die Belagerung des palästinensischen Flüchtlingslagers Tel Al-Zaatar ging weiter.

Am 13. Juli 1976 sandten die Belagerten einen offenen Brief an die zu dieser Zeit in Kairo tagenden Außenminister arabischer Länder, in dem es hieß: «Wir haben gehört, daß Sie sich zusammengefunden haben, um die nun seit 16 Monaten andauernde Libanonkrise zu beraten. Wir haben auch davon gehört, daß Differenzen zwischen Ihnen aufgetreten sind über die Art und Weise, wie man dieser Krise begegnen soll. Wir haben wenig Hoffnung und noch weniger Illusionen, was die Möglichkeiten angeht, diese Krise in nächster Zukunft zu lösen, denn wir wissen, daß die Lösung der Probleme des Libanon eine sehr lange Zeit dauern wird.

Deshalb möchten wir zu Ihnen nicht über diese Krise, sondern über die Standhaftigkeit des Lagers von Tel Al-Zaatar sprechen, nicht um Ihre Sympathie zu erwecken, ... sondern wir wollen, daß von der Geschichte festgehalten wird, daß wir Sie alle vor Ihre Verantwortung gestellt haben und Sie mit all den Fakten vertraut gemacht haben, so daß Sie nicht uninformiert sind über das, was hier geschieht.

Unser Lager, das gegenwärtig von rund 30000 Menschen –

Frauen, Kindern und alten Leuten – bewohnt wird, von denen 40 Prozent arme Libanesen, der Rest Palästinenser sind, bietet gegenwärtig einen Anblick äußerster Zerstörung.

Die Falangisten haben unsere Wohnstätten mit nie dagewesener Grausamkeit beschossen. Tausende von Geschossen sind auf das Lager niedergegangen, während wir in den 22 Tagen der Belagerung 54 größere Angriffe gegen das Lager abgewiesen haben. Wir haben Hunger, Durst und jeglichen Mangel an Medizin zu ertragen. Es gibt kein Wasser außer dem wenigen, das wir aus dem Brunnen unter Beschuß und Todesgefahr holen können. Es gibt keine Nahrung außer dem, was wir aus den Trümmern unserer Häuser retten konnten, es gibt keine Medizin und keine medizinische Behandlung. Viele unserer Verwundeten hätten gerettet werden können, vor allem diejenigen, deren Wunden nur leicht waren, doch sie bluteten sich zu Tode, denn es gibt kein Blut und keine Medizin. Wir beerdigen unsere Helden in den flachsten Gräben, die wir nur graben können, und einige von uns wurden getötet während der Beerdigung …

Wir wollen Sie davon informieren, daß wir fortfahren werden im Kampf für die Verteidigung des Lagers, mit unseren bloßen Fäusten, wenn alle Munition ausgegangen ist und alle Waffen vernichtet.

Wir werden unsere Gürtel enger schnallen, so daß uns der Hunger nicht töten wird, denn wir haben den Beschluß gefaßt, uns nicht zu ergeben, und wir werden uns nicht ergeben.»

Außer lautem Protest rührte sich auch nach diesem Brief in der arabischen Welt keine Hand für Tel Al-Zaatar.

Außerdem belagerten die christlichen Milizen das angrenzende kleinere Lager von Jisr-El-Pacha und das vorwiegend von Mohammedanern bewohnte Stadtviertel von Nabaa.

Nachdem am 29. Juni Jisr-El-Pacha und schließlich am 6. August Nabaa von den Milizen besetzt worden war, waren auch die Tage von Tel Al-Zaatar gezählt. Durch Vermittlung eines Vertreters der Arabischen Liga wurde am 11. August ein Abkommen geschlossen. Es wurde festgelegt, daß die Evakuierung am folgenden Tage erfolgen sollte. Die noch lebenden Fedayin brauchten sich, so war es vereinbart, nicht zu ergeben, sondern sollten ohne Waffen gemeinsam mit den Zivilisten das

Lager verlassen. Das Internationale Rote Kreuz wollte den Transport organisieren und die vorwiegend aus Syriern bestehende arabische «Friedenstruppe» die Flüchtlinge in Empfang nehmen.

Am 12. August, in dem Augenblick, als die Bewohner von Tel Al-Zaatar – dem Abkommen entsprechend – unbewaffnet ihre ärmlichen Behausungen verlassen hatten, eröffneten die christlichen Milizen das Feuer auf die Menschen. Hunderte wurden niedergemäht. Andere Milizen fielen in das Lager ein und feuerten blindlings auf alles, was sich bewegte. Wiederum andere, die an den Straßensperren Wache hielten, stoppten die Busse, in denen die Überlebenden zusammengepfercht waren. Die Insassen wurden aufgefordert auszusteigen. Zuerst wurden die Libanesen von den anderen getrennt. Die verbleibenden Palästinenser wurden wiederum in zwei Gruppen eingeteilt: Frauen und Kinder auf die eine Seite, Männer auf die andere. Die Männer wurden auf der Stelle erschossen, massakriert. Allein an diesem einen Tag brachten die Milizen mehr Menschen um als in den 52 Tagen der Belagerung von Tel Al-Zaatar.

Insgesamt kostete die Belagerung und Vernichtung von Tel Al-Zaatar mehr als 3000 Menschen das Leben. Von den 1000 Fedayin, die sich im Lager befanden, büßten nicht wenige ihr Leben ein. Den anderen gelang es, im Chaos des blutigen Gemetzels am 12. August in die Wälder und die umliegenden Berge zu entkommen.

Bergner gab nur wenige Meldungen zur Belagerung von Tel Al-Zaatar an seine Zentrale – zu viele Fragen waren offen. Er hielt sich in jenen Tagen von den Palästinensern fern, aber er folgte am 17. August, fünf Tage nach dem letzten Massaker, einer Einladung zu einer Pressekonferenz der PLO.

Der Vorsitzende des Exekutivkomitees der PLO, Yasser Arafat, flankiert vom ehemaligen militärischen Kommandeur des Lagers Tel Al-Zaatar, Salman, und vom Vertreter der Demokratischen Front zur Befreiung Palästinas, Yasser Abed Rabbo, stellte sich den mehreren Dutzend arabischen und ausländischen Journalisten. Neben Yasser Abed Rabbo erkannte Bergner seinen Bekannten Abu Ijad.

Salman gab einen Bericht über die Belagerung von Tel Al-Zaatar. Er erwähnte, daß sie 73 Angriffe in diesen 52 Tagen zurückgeschlagen hätten und sprach von 55000 Geschossen, die auf das Lager niedergegangen wären. Er würdigte den Heldenmut der Verteidiger und gedachte der Gefallenen – und er klagte die anderen arabischen Staaten an: «Tel Al-Zaatar fiel nicht und hat sich nicht ergeben. Für das, was mit den Menschen im Lager geschah, sind nicht zuletzt die arabischen Regimes verantwortlich, die in dieser Zeit schwiegen und an der großen Verschwörung des Schweigens beteiligt sind, die über das Massaker an den Bewohnern des Lagers durch die christlichen Milizen verhängt wurde.»

Dann sprach Arafat. «Militärisch gesehen konnte man unmöglich verlangen, daß diese Männer sich länger als 55 Tage unter Bedingungen hielten, in denen eine Tasse Wasser so viel wert war wie ein Becher Blut. Die Schlacht von Tel Al-Zaatar war eine heroische Schlacht. Ich kann nur sagen, daß die heldenhafte und legendäre Standhaftigkeit von Tel Al-Zaatar der revolutionären palästinensischen und libanesischen Bewegung neue Kraft, Stärke und weitere revolutionäre Erfahrung für den weiteren Weg unseres Volkes zum Sieg gegeben hat.»

Bergner vermochte sich nicht zu helfen, aber diesmal überzeugten ihn die Worte Arafats nicht. Tel Al-Zaatar ein Sieg? Wenn schon Sieg, dann ein bitterer für die ganze palästinensische Bewegung.

Nun kamen die Fragen, nach den Bedingungen im Lager während der Belagerung, nach der medizinischen Betreuung durch einige schwedische Ärzte und Schwestern, die die ganze Zeit im Lager gewesen waren, und nach dem lebensnotwendigen Wasser.

«Der Vorsitzende hier», begann der Vertreter von AFP, «sprach davon, daß eine Tasse Wasser so viel wert gewesen sei wie ein Becher Blut. Wie ist das zu verstehen?»

Bergner erinnerte sich sofort an seinen Besuch auf der Beobachtungsstelle mit Abu Lutf. Salman antwortete: «Die Bewohner des Lagers konnten sich nur Wasser von einer Stelle holen, die zwischen den arabischen Friedenskräften und dem von christlichen Milizen besetzten Stück Niemandsland lag. Jeder

Pressekonferenz über die Ereignisse von Tel Al-Zaatar

Blechbehälter voll Wasser wurde mit Blut bezahlt, denn jeden Tag wurden etwa 12 Frauen oder Kinder getötet oder verwundet, als sie Wasser holen wollten.»

Bergner wartete, daß der Redner weitersprach, aber da kam schon eine neue Frage. Nein, Bergner wußte, es gab noch mehr zu sagen. Er war schon geneigt, einen kleinen Zeitungsausschnitt aus der Tasche zu ziehen und das vorzulesen, was typisch war für die Berichterstattung vor allem bundesdeutscher Blätter über die Vernichtung des Lagers: «Von hier aus liegt es offen vor uns – ein Quadratkilometer voller Trümmer – eingebettet zwischen ehemals eleganten Wolkenkratzern. 20000 Palästinenser, schätzt man, leben unter diesen Trümmern, lebende Menschen, die seit sechs Wochen täglich 3000 Geschossen und ständigem Maschinengewehrfeuer ausgesetzt sind … Nichts bewegt sich. An einer Straßenecke steht noch ein Verkehrsschild mit zwei Schulkindern. Die Schule daneben, von Raketen getroffen, ist eine Ruine.

Mein Begleiter, ein christlicher ‹Kämpfer›, sagt: ‹Siehst du dort das Wasserloch, im Schatten der Trümmer? Siehst du, was da drum herum liegt?› Er schiebt sich einen neuen Kaugummi zwischen die Zähne, und mit Stolz in der Stimme erklärt er: ‹Das ist die Tränke, an der ich jage. Ich brauche hier nur zu warten, bis die Sonne hoch genug am Himmel steht, um die Ratten aus ihren Löchern zu treiben!› … Die Mehrzahl der leblos dort herumliegenden Gestalten sind klein – offensichtlich Kinder.»

Ralf Bergner erinnerte sich auch an Sätze, die die Korrespondentin der italienischen Zeitung «Paese Sera», Rita Porena, am Tage nach dem Ende von Tel Al-Zaatar zitiert hatte. Einer der Milizionäre hatte ihr voller Stolz zugerufen: «Jetzt ist die Schlacht gewonnen, wie Sie sehen können. Es gibt keine lebenden Palästinenser mehr in Tel Al-Zaatar. Niemand hat Tel Al-Zaatar gerettet.»

Und Bergner begriff auch, daß seine Zweifel über die Behauptung in der Broschüre der PLO-Informationsabteilung nicht berechtigt waren. Die Feststellung der Broschüre entsprach den Tatsachen: «Nun versuchen der USA-Imperialismus und das zionistische Israel mit dem Widerstand des palästinensischen Volkes fertig zu werden, nicht etwa, indem sie dieses Problem zu lösen versuchen, sondern indem sie dieses Volk vernichten.»

Tel Al-Zaatar war der erste großangelegte Versuch, nicht nur die Palästinenser zu bekämpfen, sondern sie als Volk physisch zu liquidieren. Eine neue Taktik, ausgehend von den herrschenden Kreisen ausgerechnet jenes Volkes, das selbst von den deutschen Faschisten «vom Angesicht der Erde getilgt» werden sollte.

Bergner konnte damals noch nicht wissen, daß Tel Al-Zaatar nur ein erster Schritt war, daß man bereits wenige Jahre später ähnlich, wie man die Stätten der Judenvernichtung durch die deutschen Faschisten aufzählt – Auschwitz, Sachsenhausen, Buchenwald, Dachau, Warschauer Ghetto, Rotterdam und viele andere –, die Namen der Flüchtlingslager nennen würde, in denen die Helfer Israels und dann auch Juden selbst versucht hatten, das palästinensische Volk auszurotten: Tel Al-Zaatar, Jisr El-Pacha, Damour, Saida, Sabra, Shatila und schließlich das Konzentrationslager Al-Ansar.

Kamal Djumblat

Mitte September 1976 fand in dem nördlich von Beirut im Libanongebirge gelegenen Städtchen Sofar, durch das die Straße von Beirut nach Damaskus führt, ein Treffen zwischen dem stellvertretenden syrischen Verteidigungsminister General Naji Jamil und einer Delegation der PLO unter Leitung von Abu Ijad statt.

Kamal Djumblat blieb der Zusammenkunft fern, obwohl er eingeladen worden war.

Die Begegnung war kurz und von Anfang an voller Spannungen.

Syrien forderte in Sofar die Führung der PLO auf, ihre Truppen in die Stellungen und Gebiete zurückzunehmen, die ihnen im Kairoer Abkommen von 1969 zugewiesen worden waren.

Die Vertreter der PLO lehnten ab in der Gewißheit, daß auch Kamal Djumblat nicht zugestimmt hätte. Schließlich ging man ohne Einigung auseinander.

Ein paar Tage nach dieser Begegnung – nach dem Einmarsch der Syrier Ende Mai war in Beirut relative Ruhe eingetreten – arbeitete Ralf Bergner in seinem Zimmer in dem großen Wohnhaus, das in der Nähe der Flugplatzstraße lag.

Die Tür öffnete sich, der Botschaftssekretär kam herein und legte ihm einen kleinen Zeitungsausschnitt auf den Tisch. «Nützen wird es dir nichts, was die ‹Frankfurter Allgemeine Zeitung› vor acht Wochen gebracht hat, aber es hängt mit deiner Sache über Djumblat zusammen.»

Bergner wollte ein Porträt über den anerkannten Führer der Nationalen Progressiven Bewegung des Libanon schreiben und suchte dazu überall nach Material.

Der Zeitungsausschnitt war überschrieben «Ein sozialistisches Einhorn», und es hieß darin unter anderem: «Dieses wundersame politische Einhorn ist schwer zu durchschauen. Der hochgewachsene Mann, der für Joga, islamische Mystik und Marx schwärmt, wirkt wie ein Fabeltier im Alltag von Beirut, doch zugleich ist er ein beklemmendes Stück politischer Realität. Beinahe schwindlig muß auch dem westlichen Beobachter werden,

Kamal Djumblat (rechts); hier auf dem Kongreß zur Verteidigung der palästinensischen Revolution, Beirut 1972

der sich mit den taktischen Rösselsprüngen Djumblats während der bürgerkriegsähnlichen Unruhen in Beirut befaßt.»

Dem «östlichen Beobachter» Bergner wurde nicht schwindlig. Er wurde nur noch neugieriger auf den Mann, mit dem ihm sein Freund Nadim, der libanesische Kommunist, eine Begegnung versprochen hatte. «Es hat keinen großen Sinn, ihn hier in der Stadt irgendwo in einem Büro aufzusuchen, er ist dann nicht er selbst, zu beschäftigt. Ich werde einen Besuch in seinem Stammsitz mitten im Choufgebirge, in Mukhtara, organisieren. Nur dort erlebst du ihn, wie er wirklich ist.»

Kamal Djumblat war das geistliche und weltliche Oberhaupt der Drusen, einer etwa eine halbe Million Menschen umfassenden islamischen Sekte, die in Gebirgsgegenden der drei nahöstlichen Länder Libanon, Syrien und Israel leben. Die Religion der Drusen basiert auf dem Glauben an einen einzigen Gott, an den Propheten Mohammed und an den Koran; ihre Kulthandlungen sind geheim. Im Libanon stellen die Drusen eine einflußreiche Minderheit dar. Die seit Menschengedenken um die Wahrung ihrer Unabhängigkeit und Freiheit kämpfende Bergsekte wird von angesehenen Familien geführt, den Djumblats, Arslans, Imads, Kadis und anderen. Unter ihnen spielte der Clan der Djumblats im vergangenen Jahrhundert eine herausragende

Rolle. Sowohl der Urgroßvater Kamals, Cheik Bechir Djumblat, als auch sein Großvater, Said Djumblat, kamen als Anführer des Kampfes gegen die Vorherrschaft der Türken beziehungsweise der Franzosen ums Leben. Der Vater Fuad Djumblat wurde in den Choufbergen, dem Herzstück der drusischen Stammesgebiete, ermordet.

Kamal Djumblat selbst äußerte mehrfach die Ansicht, seiner Familie sei «die schwere und komplizierte Aufgabe auferlegt, das Choufgebirge gegen die immer weiter dauernde Gefahr einer Zerstörung seiner Einheit zu schützen», und daß eben seine Familie dazu verdammt sei, «die Erfüllung dieser zweifelhaften Mission immer wieder mit dem Leben eines ihrer Häupter zu bezahlen».

Prophetische Worte eines Menschen, der bald schon selbst das Leben für diese Aufgabe lassen sollte.

Der 1917 geborene Kamal Djumblat wurde als Zögling einer Jesuitenschule erzogen, legte 1942 sein juristisches Diplom ab und wurde 1943 als Abgeordneter des heimatlichen Choufmassivs in das libanesische Parlament gewählt. 1946, kaum 29jährig, bekleidete er das Amt des Ministers für Ökonomie und Landwirtschaft der Republik Libanon. Danach fand man ihn viele Jahre als einen Hauptrepräsentanten der Opposition, bis er den Posten des Innenministers übernahm. In dieser Eigenschaft verhalf er der Libanesischen Kommunistischen Partei, die jahrelang gezwungen war, in der Illegalität zu kämpfen, zur Legalisierung. Nichts brachte den geistigen Standort des Demokraten und revolutionären Patrioten deutlicher zum Ausdruck als diese Handlungsweise.

Kamal Djumblat erstrebte eine bürgerliche Demokratie im Libanon, wobei er zugleich die Notwendigkeit betonte, die sozialen Probleme des Landes im Interesse breitester werktätiger Schichten zu lösen. Diesem Ziel diente auch die von ihm gegründete Sozialistische Fortschrittspartei und die von ihm verfaßten Schriften wie «Die Wahrheit über die libanesische Revolution von 1958», «Für eine neue Demokratie», «Moral und Leben», «Für einen humaneren Sozialismus», «Wie der Marxismus ergänzt und weiterentwickelt werden muß» und andere. Für sein konsequentes Eintreten für Fortschritt, Frieden und Sozialismus verlieh ihm 1972 die Regierung der UdSSR den Lenin-Friedenspreis.

Gemeinsam mit Nadim besuchte Ralf Bergner Kamal Djumblat in Mukhtara, einem Bergdorf mitten im Drusengebiet. In diesem seit undenkbaren Zeiten besiedelten Ort bildeten die aus derben, behauenen Sandsteinen errichteten Hütten und Häuschen mit den modernen Villen und Sommerhäusern eine harmonische Einheit. Das Dorf lag am oberen Rand einer steilen Schlucht, und Djumblats Stammsitz erinnerte mit seiner romantischen Verbautheit, seinen wuchtigen Mauern, heimlichen, überwachsenen Winkeln und verborgenen Treppen an die feudalen Herrensitze im mittelalterlichen Europa.

Der Hausherr empfing die Gäste allerdings nicht wie ein feudaler Grandseigneur, sondern ließ mit seiner hageren Gestalt, mit seiner hohen Stirn und dem asketischen Gesicht sofort an einen Intellektuellen oder Künstler denken.

Nadim, mit dem er in der kollektiven Führung der Nationalen Progressiven Bewegung zusammensaß, umarmte er herzlich, während er Bergner die Hand schüttelte.

Dann saßen sie sich in einem großfenstrigen Zimmer, von dem aus man einen herrlichen Blick über die Berge bis tief hinab zum Meer hatte, gegenüber.

Kamal Djumblat, der es sich in seinem Schaukelstuhl aus Rohr bequem gemacht hatte, wirkte locker und gelöst, dennoch eine gewisse Distanz gebietend.

Eine eindrucksvolle Buddhafigur auf einem Sockel, indische Schalvorhänge, Schwerter und fein ziselierte Ampeln verrieten die Vorliebe des Besitzers für südasiatische Kunst. Und in der Tat war Djumblat tief von der indischen Kunst und Joga-Philosophie, deren Anhänger er war, geprägt. Wie kein anderer hatte er diese Vorliebe mit demokratischem, progressivem Gedankengut und dem arabischen Nationalgefühl zu verbinden gewußt und dies in Aufsätzen und auch in Gedichten zum Ausdruck gebracht.

Bereitwillig legte er vor Bergner seine Gedanken und Vorstellungen über die im Libanon notwendigen sozialen Veränderungen dar, die nach seiner Ansicht Voraussetzung waren, um den Bürgerkrieg zu beenden und zu einer nationalen Stabilität zu gelangen. «Glauben Sie mir, im Libanon muß ein politisches System geschaffen werden, das der Wirklichkeit angepaßt ist. Es muß durch eine absolut integere politische Elite repräsentiert werden. Ein derartiges System wird die Reichen veranlassen, ihren Teil Steuern zu zahlen und die soziale Gerechtigkeit im Lande herzustellen ... Dazu ist eine Verfassungsreform notwendig.»

Auf Bergners Frage nach dem Weg zur Überwindung der gegenwärtigen Krise antwortete Djumblat: «Die Lösung liegt in den Händen der höchsten staatlichen Organe. Diese können auf die verschiedenen Gruppen im Parlament Druck ausüben, um so den Erfolg des Ministerpräsidenten zu sichern.»

«Gibt es aber nicht Gruppen», fragte Bergner vorsichtig, «die eben das mit Gewalt verhindern?»

«Wenn Sie damit auf die Verbrechen und die Überfälle anspielen, die von den Milizen der Kataeb gegen unsere Brüder begangen werden, so werden diese von mir verurteilt. Es sind die gleichen Leute, die die Versöhnung predigen, so als ob der Libanon eine Ansammlung primitiver Stämme wäre, die darauf warteten, daß sie ein Vermittler versöhne, damit sie sich anschließend die Vorteile der Machtausübung teilen können.»

Und Djumblat fügte nachdrücklich hinzu: «Wir wollen, daß der Libanon ein wirkliches Vaterland wird und daß er mit einem entwickelten demokratischen System versehen ist, das die Interessen der entrechteten Massen sichert.»

Bergner machte Notizen und fragte dann: «Freilich gibt es nun im Augenblick auch noch die Anwesenheit der syrischen Truppen. Können damit Voraussetzungen für eine Lösung gefunden werden?»

Kamal Djumblat schwieg einen Augenblick, wiegte sich nachdenklich in seinem Schaukelstuhl, ehe er antwortete. «Zunächst einmal gibt es für mich die Anwesenheit des palästinensischen Widerstandes. Sie beruht auf dem Gesetz der traditionellen arabischen und speziell libanesischen Gastfreundschaft. Diese Anwesenheit ist von den arabischen Staaten feierlich anerkannt worden, die ja auch die palästinensische Revolution als ein einheitliches, autonomes Ganzes anerkennen, die gewissermaßen hier im Libanon eine Exilregierung besitzt.» Sich in Eifer re-

Libanesische und palästinensische Freiheitskämpfer bei einer Einsatzbesprechung

dend, fügte er hinzu: «Davon gehe ich aus! Und dann: Die anderen arabischen Staaten werden nicht zulassen, daß die Syrier über die Stadt Sofar hinaus weiteres libanesisches Gebiet besetzen.»

Hier vermochte sich Nadim nicht länger zurückzuhalten und schaltete sich ein. «Stas Djumblat, Sie wissen selbst, daß die Palästinenser anderer Meinung sind. Soll man einen Bruch heraufbeschwören?»

Der winkte ab. «Ja, die Palästinenser haben mich gewarnt, sind der Meinung, daß sich durch das Eingreifen Syriens das Kräfteverhältnis geändert hätte. Gewiß haben sie recht, wenn sie jeglichen Widerstand gegen die syrische Armee für zwecklos halten.» Und er ergänzte: «Sie wissen genau wie ich, daß es die Massen des libanesischen Volkes sind, die in diesem Bürgerkrieg auf unserer Seite stehen, die soziale Veränderung wollen und dafür schwere Opfer gebracht haben. Können wir sie enttäuschen? Nein! Weder wir noch die Palästinenser werden das zulassen. Davon bin ich überzeugt.»

Entschlossen stand er auf und ging in dem hallenähnlichen Raum auf und ab. «Ich werde meinen Männern nicht den Befehl zum Rückzug geben. Wir halten, falls es nötig sein sollte, das Choufgebiet.»

«Doch wie lange, Stas Djumblat?»

«Wenn die anderen arabischen Staaten an unserer Seite stehen, wird das nicht notwendig sein. Ich weiß, sie werden es nicht zulassen, daß wir erdrückt werden. Sie werden verhindern, daß der Libanon untergeht. Bündnispflicht war stets eine der Tugenden der Araber.»

Nadim schwieg – und was hätte Bergner zu diesen so auseinandergehenden Standpunkten sagen sollen? Sie blieben noch einige Zeit, sprachen über dies und das, die Politik berührten sie nicht mehr.

Auf der Heimfahrt sagte Nadim ein wenig bedrückt: «Djumblat ist ein großer Patriot und ein genialer politischer Führer. Er kennt den Libanon und die Libanesen ganz genau, versteht und liebt sie. Er ist ein Symbol unseres Kampfes. Ohne ihn an der Spitze wäre die progressive Bewegung nur unvollkommen.» Nadim seufzte. «Aber oft begreift er die Realität nicht recht, glaubt zu sehr an menschliche Tugenden, an die Gesetze und Staatsräson. Er durchschaut nicht die Widersprüche im arabischen Lager, die ständig wechselnden Konstellationen von Bündnissen und Feindschaften. Wie kann es anders sein bei Staaten mit solch unterschiedlichen gesellschaftlichen Grundlagen und politischen Strukturen? Das geht von rechts nach links.»

«Haben die Palästinenser nicht recht, wenn sie sich den Syriern nicht in den Weg stellen wollen?»

«Natürlich haben sie recht, doppelt recht sogar, denn eine Konfrontation mit Syrien würde auf lange Sicht auch politisch schwerwiegende Folgen haben. Aber», Nadim verhielt einen Augenblick, «ich kann ihn verstehen. Sollen all die Opfer unseres Volkes umsonst gebracht worden sein, all die Hoffnungen auf Veränderung der sozialen Verhältnisse, der Politik – alles vergebens?»

Bergner wußte darauf keine Antwort.

Wenige Tage nach diesem Besuch kam ihm die Übersetzung eines Artikels aus der «Prawda» vom 8. September in die Hände. Interessiert las er, was dort unter der Überschrift «Einen Ausweg aus der libanesischen Sackgasse finden» stand: «Von welchen Überlegungen sich Damaskus auch leiten ließ, als es seine Truppen in den Libanon einziehen ließ, dieser Beschluß wurde zu einer Entscheidung gegen die palästinensische Bewegung und ermöglichte es den rechten Kräften, den Einheiten der Palästinenser und der libanesischen national-patriotischen Bewegung empfindliche Schläge zuzufügen. Es ist verständlich ..., daß die imperialistischen Agenten die syrisch-palästinensischen Meinungsverschiedenheiten nicht nur ausnutzen, sondern wo es geht, diese provozieren und sich bemühen, einen Keil zwischen die PLO, Syrien und die national-patriotischen Kräfte des Libanon zu treiben. Hier sieht man im Westen und in Tel Aviv eine reale Möglichkeit, gleichzeitig die palästinensische Befreiungsbewegung und Syrien zu schwächen ... Eine neue Zusammenarbeit zwischen Syrien und der PLO sowie den libanesischen national-patriotischen Organisationen würde nicht nur viele Hindernisse auf dem Weg zur Normalisierung der Lage im Libanon beseitigen, sondern der Festigung der arabischen Kampffront gegen die israelische Aggression, dic expansionistischen Pläne des Imperialismus und der Sicherung eines gerechten Friedens im Nahen Osten dienen. Wie der Premierminister des Libanon, R. Karame, erklärte, ‹müssen jetzt alle Seiten im Interesse des Friedens ihre Anstrengungen auf die Beseitigung der Widersprüche durch einen Dialog richten›. Beobachter bringen die Hoffnung zum Ausdruck, daß solch ein Dialog in den nächsten Wochen aktiviert wird.»

Eine Hoffnung, die sich nicht erfüllen sollte.

Die Bergfront

Am 28. September 1976, Bergner bastelte noch immer an seinem Djumblat-Porträt, ging die syrische Armee im libanesischen Choufgebiet dazu über, die palästinensischen und die national-progressiven Kräfte aus den Stellungen zu verdrängen, die diese im März und Mai des Jahres im Kampf gegen die falangistischen Milizen erobert hatten.

In den Wochen davor hatten die Palästinenser weiter versucht, Kamal Djumblat davon zu überzeugen, daß ihre Sicht der Dinge richtig war. Vergeblich! Doch die harte Realität zwang auch ihn schnell zur Einsicht: Als sich die syrischen Truppen entfalteten, zogen sich die Palästinenser, nachdem sie Djumblat davon informiert hatten, kampflos auf neue Stellungen sowohl im Chouf als auch längs der Straße Damaskus – Beirut auf die Städte Bhamdoun und Aley zurück. Djumblats Männer mußten notgedrungen folgen und einige Stellungen aufgeben. Doch in den Reihen der Fedayin, Djumblats Drusen und der libanesischen Kämpfer wurden unnötige Verluste vermieden.

Außer einigen schwachen verbalen Protesten von seiten einiger arabischer Staaten kam es zu keiner ernsthaften Reaktion gegen das weitere Vorrücken der Syrier im Libanon.

Bergner, der sein Porträt nicht mit dieser Niederlage Djumblats enden lassen wollte, legte es einstweilen beiseite.

Die Palästinenser und die libanesische progressive Bewegung, bestrebt, mit Syrien einen Kompromiß zu finden, verhandelten in dem an der Straße Beirut – Damaskus gelegenen Ort Chtaura hartnäckig weiter.

Am 11. Oktober 1976 gelangte man endlich zu einem «prinzipiellen Übereinkommen». Die Palästinenser hatten weitgehende Kompromisse gemacht. Sie erklärten sich indirekt bereit, die militärische und politische Rolle der SAR im Libanon anzuerkennen, zugleich stimmten sie zu, die Fedayin aus dem Choufgebiet völlig zurückzuziehen. Außerdem verpflichteten sie sich, das Kairoer Abkommen vom 3. November 1969, das den Bewegungsraum der palästinensischen Widerstandsorganisationen im Libanon bei Wahrung der libanesischen Souveränität regelte, exakt einzuhalten.

Zugleich forderte jedoch Arafat, daß die Realisierung des Abkommens von Chtaura von der bereits im Süden des Libanon eingesetzten UNO-Friedenstruppe, den «Weißhelmen», kontrolliert werden sollte. Die Syrier, die die UNO-Truppe außerhalb dieser Linie sehen und das Heft in der Hand behalten wollten, erbaten sich 48 Stunden Bedenkzeit.

Noch war diese Frist nicht abgelaufen, als die syrischen Truppen am 12. Oktober 1976 im Süden des Landes auf Saida und im Gebirge, im Drusengebiet, auf Beirut weiter vorgingen. Sie besetzten Bhamdoun und einen Tag später Aley. Damit hatten sie die Beirut beherrschenden Höhenzüge in der Hand.

Ihr Vorstoß im Süden auf Saida ging nur langsam voran. Doch in dieser Region kamen der syrischen Armee die christlichen Milizen zu Hilfe, die von dem Dorf Koleya aus einen Angriff auf Marjayoun am Hermonberg, eines der Zentren des allgemein Fatah-Land genannten Gebietes, vortrugen. Das war möglich, denn der Vorstoß der Syrier richtete sich ausschließlich gegen das von der PLO und den progressiven libanesischen Kräften besetzte Territorium, während der von den christlichen Milizen gehaltene Teil des Libanon unangetastet blieb. Die Kataeb profitierte von dieser Situation, sie gruppierte ihre Kräfte um und ließ sich neu bewaffnen – von Israel.

Damit tauchte zum erstenmal ein neuer Faktor in den Auseinandersetzungen im Libanon auf: Israels Expansionsdrang wird von da an jahrelang vorrangig auf dieses Land gerichtet sein. Es geht um weiteres arabisches Gebiet und vor allem darum, den palästinensischen Widerstand zu zerschlagen und zu vernichten.

In jenen Oktobertagen des Jahres 1976 berichteten bürgerliche, vor allem amerikanische Korrespondenten, die aus dem Süden des Libanon zurückkehrten, daß die Milizen der Kataeb mit israelischen Waffen, die noch hebräische Firmenzeichen trugen, ausgerüstet waren. Die Milizionäre machten gar kein Hehl daraus, daß sie Unterstützung vom israelischen Staat erhielten.

Zwischen den unter Kontrolle der Rechten befindlichen Gebieten und Israel bestanden Verbindungen auf dem Seeweg. Israelische Schiffe landeten Kriegsmaterial in dem kleinen, im christlichen Gebiet liegenden Hafen Joûnié und nahmen als Rückfracht christliche Milizen nach dem Süden mit. Gleichzeitig blockierten israelische Kriegsschiffe die Häfen von Tyr und Saida, die sich in den Händen der progressiven Kräfte befanden. Schiffe, die diese Häfen anlaufen wollten, wurden von ihnen aufgebracht.

Ein Sprecher der PLO erklärte dazu: «Es handelt sich nicht nur um eine über Waffenlieferungen verhängte Blockade, sondern um Kriegsakte, die uns aushungern sollen. Die Israelis zwingen Schiffe mit Lebensmitteln für Tyr und Saida an Bord, ihre Ladungen in den christlichen Häfen, die im Norden Beiruts liegen, zu löschen.»

Hier wurde erneut die Absicht der israelischen Führung erkennbar, die Palästinenser physisch zu vernichten.

Und die arabischen Staaten, auf deren Hilfe und Unterstützung Kamal Djumblat setzte? Bereits am Abend des ersten Tages der syrischen Offensive, dem 12. Oktober, einem Dienstag, wandte sich Yasser Arafat in einem von der palästinensischen Nachrichtenagentur WAFA verbreiteten Appell an die Staatsoberhäupter der arabischen Länder. Er wies darauf hin, daß das syrische Vorgehen unmittelbar vor dem für den 18. Oktober nach Kairo einberufenen arabischen Gipfeltreffen stattfinde und zu einer Situation führen könne, «die verhindert, daß auf diesem Gipfel die libanesische Krise gelöst wird».

Was diesen geplanten Gipfel anging, so hätten bereits 15 Länder ihre Teilnahme zugesagt, meldete Radio Kairo. Plötzlich gab es Absagen. Der tunesische Präsident Bourguiba würde nur seinen Außenminister Chatti schicken, der libysche Präsident Ghaddafi erklärte in einem Fernsehinterview, daß er sich nicht mit führenden arabischen Vertretern zusammensetze, «die unfähig sind, ein Problem zu lösen, dem sie nicht gewachsen sind». Präsident Assad informierte, daß lediglich sein Außenminister Khaddam teilnehme. Andere arabische Staaten schwiegen.

Niemand schien sich dem syrischen Vorgehen in den Weg stellen zu wollen.

Yasser Arafat setzte sich telefonisch mit Ägyptens Präsident Sadat in Verbindung.

Kamal Djumblat flog am 13. Oktober selbst nach Kairo. Von dort beschwor er die arabischen Staatsoberhäupter, «die notwendigen Maßnahmen zu ergreifen, um das zu retten, was vom Libanon noch übriggeblieben ist», und sich «nicht von Damaskus vor vollendete Tatsachen stellen zu lassen».

Auch das blieb ohne Echo – ebenso wie ein zweiter Appell Arafats vom 14. Oktober. Es wurde immer klarer: Der arabische Gipfel in Kairo würde nicht stattfinden. Arafat versuchte die arabischen Staatsoberhäupter persönlich über Telefon zu erreichen – ohne Ergebnis.

Indessen ging die syrische Offensive weiter. Noch am 14. Oktober, als die syrischen Truppen bereits unmittelbar vor Beirut

Der 581 Tage währende Bürgerkrieg im Libanon kostete das Land 63000 Menschenleben, 217000 wurden verletzt, 1,5 Millionen obdachlos

und Saida standen, sprach Arafat telefonisch mit Kronprinz Fahd von Saudi-Arabien, der sich in Djeddah befand.

Was dann geschah, war vorher nicht absehbar. Die Hintergründe blieben im dunkeln und würden erst Jahre später durch neugierige Journalisten und redebereite Statisten ans Tageslicht kommen.

Ralf Bergner, der die gesamte Entwicklung gewissermaßen von Stunde zu Stunde mit immer größer werdender Sorge in Beirut miterlebte, wurde vom weiteren Verlauf völlig überrumpelt und konnte nur noch, wie alle anderen Korrespondenten auch, folgende Fakten an seine Zentrale geben: «In seinem Gespräch mit Kronprinz Fahd von Saudi-Arabien versicherte dieser, Gerüchten zufolge, Arafat: ‹Ich werde das Problem regeln, geben Sie mir nur einige Stunden Zeit!›

Am nächsten Tag wird in der saudi-arabischen Hauptstadt Riad in einem offiziellen Kommuniqué gemeldet, daß am 16. Oktober in Riad ein ‹kleiner arabischer Gipfel› stattfinden wird. Noch am selben Tag, dem 15. Oktober, einem Freitag, bricht Syriens Präsident Assad den Vormarsch ab und läßt die Einheiten dort, wo sie sind, Stellungen beziehen.

Am 16. Oktober gelingt es fünf arabischen Staatsoberhäuptern – König Khaled von Saudi-Arabien, Scheikh Sabah von Kuweit, den Präsidenten Assad von Syrien, Sadat von Ägypten und Sarkis von Libanon – und Yasser Arafat, den libanesischen Bürgerkrieg zu beenden.»

Die Ehre und die Existenz der palästinensischen Bewegung schienen gerettet. Mußten nicht die Ergebnisse der Konferenz von Riad die Palästinenser mehr als befriedigen? Hatte man sich doch auf folgende Punkte geeinigt: Waffenstillstand; Bestätigung des Kairoer Abkommens, das die Stellung der Palästinenser im Libanon fixiert; neuerliche Bekräftigung der gesamtarabischen Unterstützung für die PLO und schließlich: Ablösung der syrischen Armee durch eine Arabische Sicherheitstruppe (FAD), die sich aus Einheiten verschiedener arabischer Staaten zusammensetzen und grüne Helme tragen soll.

Im Libanon schwiegen die Waffen. Hatte die arabische Solidarität gesiegt? Ralf Bergner ging daran, eine Art Bestandsaufnahme dieses Krieges zu machen: «581 Tage währte der Bürgerkrieg im Libanon. Er kostete das Land und den Gastrecht genießenden Palästinensern 63000 Menschenleben, 217000 wurden verletzt, 6000 sind vermißt, 1,5 Millionen wurden obdachlos.

Die Initiatoren dieses Krieges im Hintergrund, die USA und die in Israel Herrschenden, konnten sich die Hände reiben. Ihr Konzept der Arabisierung – analog der Vietnamisierung, die nicht ganz so gut aufging – ist diesmal besser geglückt: Araber kämpften gegen Araber. Die Machenschaften des politischen Zionismus sind aus dem Blickfeld der Weltöffentlichkeit gerückt.

Den Überlebenden bietet sich ein chaotisches Bild: Große Teile des Landes liegen in Schutt und Asche. Ganze Stadtviertel von Beirut mit Wohnhäusern, Fabriken, Hotels und Geschäften gleichen Ruinenlandschaften. Man schätzt die Summe der Schäden auf über 10 Milliarden US-Dollar, ein Vielfaches des libanesischen Nationaleinkommens. Es mangelt an Trinkwasser, Lebensmitteln, Elektroenergie, Öl und Medikamenten. Der Staatsapparat ist auseinandergefallen, keiner weiß, wann und wie er wiederaufgebaut werden soll. 6 Prozent der arbeitsfähigen Bevölkerung sind umgekommen, 700000 Libanesen haben das Land verlassen.

Die inneren Widersprüche der arabischen Welt haben sich weiter zugespitzt, der Kampf für die Beseitigung der Folgen der israelischen Aggressionen von 1967 und 1973, für den Abzug des Aggressors, für einen dauerhaften und gerechten Frieden im Libanon und im ganzen Nahen Osten ist noch komplizierter geworden, und die entstandene Situation birgt bereits heute den Keim weiterer Konflikte in sich.»

Bergner sollte nur zu recht behalten. Doch es kam noch ärger: Auf der «großen arabischen Gipfelkonferenz» in Kairo am 25. und 26. Oktober 1976 stellte sich heraus, daß die Mehrzahl der arabischen Staaten nicht bereit war, ins libanesische Wespennest zu greifen. Die meisten arabischen Staatschefs erklärten sich außerstande, Truppenkontingente ihrer Länder im Rahmen der FAD, der Arabischen Sicherheitstruppe, in den Libanon zu entsenden. Iraks Präsident verwies auf die gespannte Atmosphäre zwischen Bagdad und Damaskus. Algerien brauchte

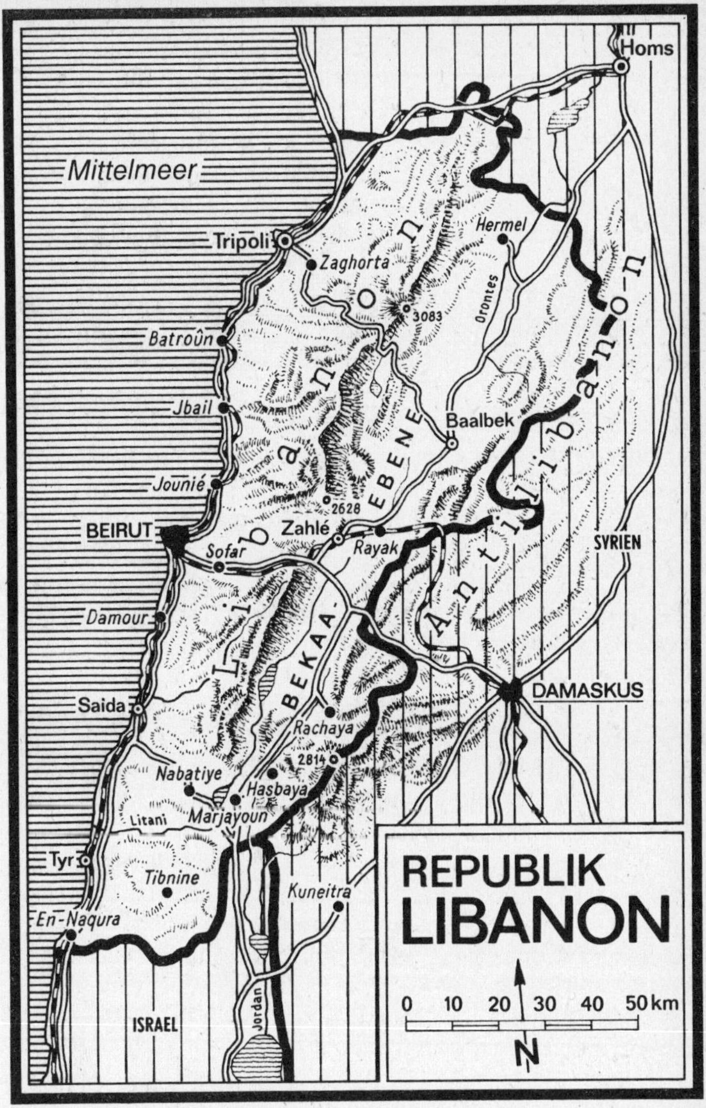
Homs
Mittelmeer
Tripoli
Zaghorta
Hermel
Orontes
3083
Batroûn
Jbail
Baalbek
Jounié
2628
EBENE
Libanon
Antilibanon
BEIRUT
Zahlé
Rayak
Sofar
SYRIEN
Damour
BEKAA-
Saida
DAMASKUS
Rachaya
2814
Nabatiye
Hasbaya
Litani
Marjayoun
Tyr
Tibnine
Kuneitra
En-Naqura
Jordan
ISRAEL
REPUBLIK
LIBANON
0 10 20 30 40 50 km
N

seine Soldaten im Westsaharakonflikt. Marokko weigerte sich, seine Streitkräfte außerhalb der eigenen Grenzen einzusetzen, es sei denn, zur «Befreiung Jerusalems». Libyen fühlte sich von Ägypten bedroht, Ägypten von Libyen.

So ergab sich, daß die FAD fast hundertprozentig aus syrischen Truppen bestand, eingerahmt von symbolischen, kaum einige Hundert zählende Soldaten aus Saudi-Arabien, dem Sudan, der VDRJ und Abu Dhabi, die bald wieder abgezogen wurden.

Die syrischen Truppen blieben in voller Stärke – schätzungsweise 30000 Mann – im Libanon und rückten zudem noch in den von progressiven palästinensisch-libanesischen Kräften kontrollierten Teil Beiruts ein. Der von christlichen Milizen gehaltene Teil wurde davon nicht berührt.

Ende 1976 hatten somit die syrischen Truppen etwa die Hälfte des Landes besetzt, nämlich die Bekaa-Ebene sowie den östlichen und nördlichen Libanon. Die christlichen Milizen hielten ein gutes Viertel des Landes, ein von der Küste bis an den Kamm des Libanongebirges hinaufreichendes Gebiet nördlich Beiruts bis Tripoli. Die PLO sowie die national-progressiven libanesischen Kräfte kontrollierten das restliche Viertel: den Süden des Landes und das Gebiet längs der Küste bis an Beirut heran. Doch in ihrem Teil Beiruts standen ebenfalls syrische Kontrollposten.

Diese «De-facto»-Teilung des Landes wird zu Beginn der achtziger Jahre die israelische Aggression begünstigen, die den Bestand des Libanon gefährdete.

Zunächst einmal war jedoch Ende Oktober 1976 im Libanon die Ruhe wiederhergestellt. Doch der Traum Kamal Djumblats von einer dank der Solidarität der arabischen Staaten erfolgten Rettung und sozialen Umgestaltung des Landes war ausgeträumt.

Kamal Djumblat war vom Ergebnis der Kairoer Konferenz tief enttäuscht.

Doch gerade in dieser Situation zeigte sich seine politische und menschliche Größe als Patriot und Führer der progressiven libanesischen Bewegung.

Unmittelbar nach dem Kairoer Gipfeltreffen berief er eine

Pressekonferenz ein, an der auch Ralf Bergner teilnahm. Sie fand, wie nahezu alle Pressekonferenzen der progressiven Bewegung, im Hotel «Carlton», an der Beiruter Corniche statt. Fast zwei Dutzend Journalisten hatten sich eingefunden.

Kamal Djumblat erklärte, er habe die Katastrophe des Bürgerkrieges bereits seit langem kommen sehen und seine Aufgabe stets darin erblickt, die Einheit und Integrität des Landes durch die Förderung des Dialogs aller beteiligten Kräfte zu unterstützen. Er gab zu, dadurch kaum entscheidende Veränderungen herbeigeführt zu haben. Es habe des Eingreifens von außen bedurft, um die Würde der Libanesen zu retten, den Bürgerkrieg zu beenden und das Vaterland zu retten. Er hätte gewünscht, dies hätten – besonders angesichts der israelischen Bedrohung – die Libanesen aus eigener Kraft vermocht. Da dies jedoch nicht der Fall gewesen sei und die Dinge sich anders entwickelt hätten, gäbe er aus vollster Überzeugung den Beschlüssen der Kairoer Gipfelkonferenz seine eigene und die Zustimmung seiner Partei und sicherte deren strikte Einhaltung zu.

Keiner der Journalisten klatschte. Djumblat stellte das Interesse des Landes über seine eigenen Hoffnungen und Wünsche. Etwas bedrückt, doch zugleich beeindruckt von der Lauterkeit dieses Politikers kehrte Ralf Bergner in sein Büro zurück, um eine Mitteilung über diese kurze, für das weitere Schicksal des Libanon und das Leben Kamal Djumblats so entscheidende Zusammenkunft an die Zentrale durchzugeben.

Für den Libanon begann nach der Kairoer Gipfelkonferenz eine gewisse Stabilisierung. Die bewaffneten Auseinandersetzungen hörten auf, das tägliche Leben schien sich wieder auf den normalen Alltag umzustellen, eine langsame ökonomische Wiederbelebung machte sich bemerkbar.

Dennoch war alles von zögerndem Abwarten gekennzeichnet. Gewiß, die fortschrittliche libanesische Bewegung hatte mit der SAR Frieden geschlossen, und bald kam es auch zu einer Aussöhnung und neuen Zusammenarbeit zwischen der palästinensischen Widerstandsbewegung und der syrischen Führung – doch die Lösung des Nahostkonfliktes und seines Kernstücks, der Palästinafrage, war keinen Schritt vorangekommen.

Zwar waren die vom syrischen Präsidenten Assad erkannten Gefahren, die ihn zum Handeln im Libanon veranlaßt hatten, gebannt, der Bürgerkrieg beendet und vor allem ein Eingreifen Israels oder der USA verhindert worden, doch die innere Lage des Landes war jetzt noch komplizierter.

Der Libanon war faktisch in drei Zonen aufgeteilt, zwischen denen nur begrenzte Beziehungen bestanden. In ihrem Teil herrschten die christlichen Milizen unumschränkt, auch was den Ausbau ihrer Kontakte zu Israel anging. In dem von den progressiven Kräften kontrollierten Teil arbeiteten die Syrier und die Palästinenser mehr oder weniger eng mit den Kräften der progressiven libanesischen Bewegung zusammen. All das ergab eine fragwürdige, stets von neuen Erschütterungen bedrohte Stabilität, die neue Konflikte nahezu unausweichlich machte.

Doch trotz alledem begann sich das Leben zu normalisieren, die Menschen hofften auf ein Anhalten der Ruhe und auf eine friedliche Zukunft. Es zeigte sich sehr schnell, daß die progressiven Kräfte alles in ihrer Macht Stehende taten, diese Normalisierung zu unterstützen, und zugleich begannen, die sozialen Probleme des Landes zu lösen. Dadurch wuchs ihr Ansehen und ihr Einfluß unter den Werktätigen. Kamal Djumblat wurde zu einer Symbolgestalt für die anhaltenden politischen und gesellschaftlichen Veränderungen im Libanon. Sein Name stand für die Einheit, für eine demokratische, progressive Entwicklung des Landes.

Doch gerade diese Entwicklung versuchte der Imperialismus zu stoppen oder zumindest in seinem Interesse umzulenken, sollte doch der Libanon im kapitalistischen Einflußbereich verbleiben und unter allen Umständen verhindert werden, daß sich auch in diesem Lande grundlegende, auf einem begrenzten Antiimperialismus basierende soziale Veränderungen vollzogen, wie dies bereits in einigen anderen arabischen Ländern geschehen war.

Die USA und Israel setzten alles daran, einer Normalisierung der Lage im Libanon entgegenzuwirken.

In Kamal Djumblat erkannten sie einen ihrer Gegner. Die internationale und die libanesische Reaktion holten zum Schlag gegen den Mann aus, dessen Ansehen nach dem Oktober 1976 sehr schnell weiter gewachsen war und dessen Führerpersönlichkeit für die gesamte progressive Bewegung stand. Djumblat hatte niemals Zweifel daran gelassen, daß er die Lösung der libanesischen Probleme nur in sozialistischer Richtung sah. «Der Sozialismus», hatte er einmal geschrieben, «ist die einzige Lösung, um die konfessionellen Hindernisse, die territorialen politischen Gruppierungen und die örtlichen Widersprüche zu überwinden ... Was der Libanon braucht, ist eine Kraft, die fähig ist, die Privilegien abzuschaffen, den libanesischen Volkswillen zu befreien und die Schleusen der Entwicklung weit zu öffnen.»

Ein neues, tragisches Kapitel in der Geschichte dieses kleinen, von vielfältigen Widersprüchen zerrissenen Landes, das in den folgenden Jahren immer mehr zum Schauplatz heftigster Auseinandersetzungen im Nahen Osten werden sollte, begann am 16. März 1977 auf einer Landstraße im Choufgebirge, nicht weit von Mukhtara.

Kamal Djumblat war in seinem Wagen unterwegs, von seinem Stammsitz nach Beirut. Etwa 50 Kilometer südöstlich vor der Hauptstadt, der Wagen bog gerade in eine der letzten Kurven vor dem kleinen Dorf Deir Dourit Farhine ein, tauchten hinter ihm zwei Fahrzeuge auf, die schnell näherkamen. Einer der Wagen überholte nach einer Kurve, stoppte und stellte sich plötzlich quer. Die Insassen des zweiten Wagens, eines Pontiac Firebird, drei maskierte Männer, eröffneten das Feuer. Kamal Djumblat, sein Fahrer und sein Begleiter wurden auf der Stelle getötet. Ihr Wagen raste gegen einen Felsen. Der Pontiac floh und wurde später am Straßenrand aufgefunden. Die Attentäter entkamen und wurden nie aufgespürt.

Durch die arabische Welt ging ein Schrei der Entrüstung und des Abscheus.

In Kairo tagte in diesen Märztagen 1977 der 13. Palästinensische Nationalkongreß. Als die Delegierten die Nachricht von der Ermordung Djumblats erhielten, waren sie vor Bestürzung und Schmerz wie betäubt. Zu Ehren des Toten gaben sie ihrem Kongreß den Namen «Kamal Djumblat».

Yasser Arafat, der Vorsitzende der PLO, hielt die Totenrede und drückte das aus, was auch alle anderen Patrioten in und außerhalb des Libanon empfanden: «Diejenigen, die für den Mord an Kamal Djumblat verantwortlich sind, haben dem Libanon, Palästina und der ganzen arabischen Welt einen nicht wiedergutzumachenden Schaden zugefügt. Djumblat war für uns nicht ein gewöhnlicher Mensch, er war ein libanesischer Patriot und arabischer Nationalist, gewissermaßen Symbol und Garant für unseren Kampf um nationale Freiheit und Würde. Er war unser Waffenbruder. Er allein wog im Kampf eine ganze Armee auf … Weil es nicht gelang, die palästinensische Revolution und die nationale libanesische Bewegung zu liquidieren, wollte man nun ihre Symbole liquidieren. Doch unsere Revolution wird sich dadurch nicht aufhalten lassen.»

Und die Zeitung der Libanesischen Kommunistischen Partei, «Al Nida», schrieb in ihrem Nachruf: «Der uns führte, ist auf dem Felde der Ehre gefallen, doch unser Vormarsch geht weiter.»

Die libanesischen Kommunisten behielten recht. Die Stabilisierung und Normalisierung des Libanon konnte auch Kamal Djumblats Tod nicht aufhalten. Sein Sohn Walid, im Jahre 1977 gerade 30 Jahre alt, sah sich über Nacht an die Spitze der Drusen gestellt mit der Verpflichtung, das Erbe und die Arbeit seines Vaters weiterzuführen.

In den kommenden Monaten mußten Israel und die USA begreifen, daß sie ihr Hauptziel, die Zerschlagung des palästinensischen Widerstandes im Libanon, mit den bisherigen Mitteln nicht zu erreichen vermochten. Sie suchten nach neuen Wegen.

Camp David

Im Sommer 1977 entwickelte die US-amerikanische Carter-Administration, basierend auf einem Bericht des Brookings-Institutes, einen sogenannten neuen Ansatz zur Lösung des Nahostkonfliktes. Als Schlüsselproblem wurde dabei die «palästinensische Frage» bezeichnet. Das Recht der Palästinenser sollte dabei letztlich seinen Ausdruck in einem unabhängigen Gebilde oder in irgendeiner Art von Föderation mit Jordanien finden, das von

Präsident Carter euphemistisch als Schaffung «einer palästinensischen Heimstätte» umschrieben wurde. Er beauftragte Außenminister Cyrus Vance, entsprechende Schritte einzuleiten.

Was im Brookings-Bericht nicht ausgesprochen wurde, jedoch der amerikanischen Variante zugrunde lag, war dies: Erstens sollte die entscheidende Rolle bei der Lösung des Konfliktes den USA zufallen; die Sowjetunion wollte man weitestgehend ausschalten. Zweitens: Das palästinensische Volk sollte nicht durch die PLO vertreten sein, die ja von Israel als «Terroristenorganisation» bezeichnet und als Verhandlungspartner prinzipiell abgelehnt wurde, sondern durch andere «Repräsentanten», die noch zu finden waren.

Da die USA jedoch den eindeutigen Beschluß der XXII. UNO-Vollversammlung von Ende 1976, der die schnellstmögliche Wiederaufnahme der Genfer Nahostkonferenz forderte, nicht so einfach ignorieren konnten, sprachen die amerikanischen Vorschläge auch davon, daß «Genf noch 1977» notwendig sei. Um Genf jedoch zunächst einmal zu umgehen, griff man den Gedanken einer sogenannten Vorkonferenz auf, der letztlich das Ziel verfolgte, den UNO-Beschluß nicht nur zu umgehen, sondern zu ersetzen.

Sehr schnell stellte sich jedoch heraus, daß Vance, der die amerikanischen Pläne in sechs Hauptstädten des Nahen und Mittleren Ostens vortrug, keinen Erfolg hatte. Außer bei Ägyptens Präsidenten Sadat, der die Vorschläge lautstark befürwortete, fanden sie keine Unterstützung. Der Carter-Administration gelang es noch nicht, die Front der arabischen Staaten aufzubrechen, die sich nach wie vor hinter die PLO stellten und deren Vertreter zu treffen Außenminister Vance vermieden hatte. Statt dessen hatte er mit einer «westjordanischen Delegation palästinensischer Notablen» gesprochen.

Doch die Carter-Administration brauchte einen Erfolg im Nahen Osten. Und so setzte sie auf das schwächste Glied in der Front der arabischen Staaten, auf Ägypten, genauer gesagt, auf dessen Präsidenten Sadat. War er es doch, der 1976 den Freundschaftsvertrag mit der Sowjetunion gekündigt, die sowjetischen Berater ausgewiesen und erst unlängst, am 14. August 1977, die Baumwoll-Lieferungen an die Sowjetunion eingestellt hatte. Er begab sich offen auf einen antisowjetischen, antikommunistischen Kurs und näherte sich den amerikanischen Positionen immer mehr.

Selbst israelische Journalisten mußten Mitte 1977 zugeben, daß es im Nahen Osten zwei Länder gab, die ohne die Billigung und Unterstützung der USA keinen Schritt tun, ja nicht einmal überleben konnten – Israel und Ägypten. Beide hingen so stark von den USA ab, daß die Bewohner beider Länder tagtäglich nur dank der amerikanischen Finanzhilfe ernährt werden konnten.

Aber angesichts der Weigerung der anderen arabischen Staaten, auf Carters Vorschläge einzugehen, zögerte Sadat, die ihm von Washington nahegelegte «Separatinitiative» zu ergreifen und mit Israels Ministerpräsidenten Begin Kontakt aufzunehmen.

Daraufhin verstärkten die Amerikaner ihren Druck auf Sadat.

Gleichzeitig beauftragte Carter Außenminister Vance, in Gesprächen mit der Sowjetunion die Möglichkeiten für eine baldige Wiederaufnahme der Genfer Konferenz zu sondieren. So verschleierten sie geschickt ihre Hauptabsicht, Sadat zu Separatverhandlungen mit Israel zu veranlassen, und gaben sich vor der Weltöffentlichkeit den Anschein, sie wären um eine Friedensinitiative im Nahen Osten bemüht.

Tatsächlich kam es am 2. Oktober 1977 zu einer sowjetisch-amerikanischen Nahosterklärung, die von Cyrus Vance und dem sowjetischen Außenminister Andrej Gromyko unterzeichnet wurde. Als Schlüsselfragen wurden in der Erklärung genannt: «Rückzug der israelischen Streitkräfte aus Gebieten, die im Konflikt von 1967 besetzt wurden; die Lösung der Palästinafrage unter Gewährleistung der legitimen Rechte des palästinensischen Volkes; die Beendigung des Kriegszustandes und die Herstellung normaler friedlicher Beziehungen auf der Grundlage einer gegenseitigen Anerkennung der Prinzipien der Souveränität, der territorialen Integrität und der politischen Unabhängigkeit.» Weiter wurde die Wiedereinberufung der «Genfer Friedenskonferenz unter Beteiligung der Vertreter aller in den Konflikt verwickelten Parteien, darunter des palästinensischen Volkes», gefordert.

Erstmals hatten damit im Verlaufe des Nahostkonfliktes die Sowjetunion und die Vereinigten Staaten eine gemeinsame Sprache gefunden, die mit ihren Formulierungen weit über all das hinausging, was bisher von den USA geäußert worden war und die Basis für eine umfassende politische Lösung hätte sein können.

Ein Weg war gewiesen, der – wäre er beschritten worden – den Völkern des nahöstlichen Raumes weitere Leiden und Opfer erspart und dem palästinensischen Volk die Möglichkeit gebracht hätte, sein Recht auf Selbstbestimmung in einem eigenen Staat an der Seite Israels zu verwirklichen.

Aber wie sich sehr schnell herausstellte, dachten die USA nicht daran, das Dokument in die Tat umzusetzen. Bereits in einem amerikanisch-israelischen «Arbeitspapier» vom 5. Oktober 1977 wurden die wesentlichsten Festlegungen der «Gemeinsamen Nahosterklärung» zurückgenommen. Die gleichberechtigte Teilnahme der Palästinenser an der Genfer Konferenz wurde bestritten, und von den legitimen Interessen des palästinensischen Volkes war nicht mehr die Rede.

Die auf Täuschung der Weltöffentlichkeit gerichtete Taktik der USA erreichte ihr Ziel: Präsident Sadat, von den USA weiter unter Druck gesetzt, von israelischer Seite indirekt dazu aufgefordert, trat die Flucht nach vorn an. In seiner Rede vor dem ägyptischen Parlament am 9. November 1977 erklärte er seine Bereitschaft, Israel zu besuchen. Und die Israelis nahmen ihn beim Wort. Am 19. und 20. November besuchte der ägyptische Präsident Israel, sprach vor der Knesseth und leitete damit jenen Prozeß von Separatverhandlungen zwischen Ägypten und Israel ein, der zum Abkommen von Camp David führen sollte.

Sadats Schritt löste in der arabischen Welt eine Welle des Protestes und der Ablehnung aus. Am betroffensten waren die Palästinenser. Sie empfanden, daß sie von Ägyptens Präsidenten verraten worden waren. Einer der führenden Männer der PLO, Bergners Freund Abu Ijad, beschrieb Jahre später seine Eindrücke, die er hatte, als er vor dem Bildschirm Sadats Israel-Besuch verfolgte: «Weich landete die Präsidenten-Boeing auf der Rollbahn des Flughafens von Tel Aviv ...Das Flugzeug rollte langsam aus ... Eine Gruppe zionistischer Politiker mit Mena-

Ministerpräsident Begin 1978 bei der Besichtigung des US-amerikanischen Flugzeugträgers «Nimitz»

chem Begin an der Spitze steht steif am Fuße der Gangway aufgereiht ... Ich halte den Atem an, und plötzlich erwacht in mir die törichte Hoffnung: Sadat wird nicht erscheinen! In letzter Minute hat er sich entschlossen, doch nicht nach Israel zu fliegen. Aber dann dreht sich mir der Magen um, und meine Kehle ist wie zugeschnürt. In den aufflammenden Scheinwerferkegeln erscheint der ägyptische Präsident wie ein Licht aus der Finsternis. Er schüttelt die Hände. Einer nach dem anderen defilieren die Henker unseres Volkes an mir vorüber: Begin, Dayan, Sharon, Generale in Galauniform. Während die israelische Nationalhymne erklingt, verharrt Sadat, der Sieger des Oktoberkrieges, regungslos vor der Fahne der Besatzungsmacht.

Sadats Rede in der Knesseth hat mich zutiefst verbittert. Mit keinem Wort erwähnte er die PLO, dies auf ausdrücklichen Wunsch Begins, wie ich später erfahren habe. Diese Konzession war keine reine Formsache, konnte es auch nicht sein. Sie beinhaltete vielmehr die Preisgabe der Grundrechte des palästinensischen Volkes, das durch unsere Organisation vertreten wird. Was gewährte ihm Begin als Gegenleistung? Nichts, absolut nichts! Nicht einmal vage Höflichkeitsfloskeln! Auf den Knien war Sadat nach Israel gekommen, und kriechend hat er es wieder verlassen.»

Beginnend mit dem Besuch Sadats in Israel im November 1977, setzten sich die Täuschungsmanöver, Scheingefechte, Verhandlungsangebote und -ablehnungen und publikumswirksamen Auseinandersetzungen vor Mikrofonen und Fernsehkameras das ganze erste Halbjahr 1978 über fort. Ein im Juli 1978 in London unter Leitung von Cyrus Vance veranstaltetes Außenministertreffen ging trotz aller öffentlich erklärten Bemühungen der Amerikaner ergebnislos auseinander.

Ein weiterer Rauchvorhang: Nach angeblich hartem Ringen um Frieden kam es – wie geplant und von amerikanischer Seite längst beschlossen – zum Treffen Carter – Sadat – Begin am 17. September 1978 in Camp David. Die drei Regierungschefs unterzeichneten zwei «Rahmenvereinbarungen zum Frieden im Nahen Osten» beziehungsweise für den «Abschluß eines separaten Friedensvertrages zwischen Ägypten und Israel», wie es offiziell hieß.

Den Palästinensern sollte gemäß diesen Dokumenten im Westjordan- und Gazagebiet nach einer fünfjährigen Übergangsperiode Selbstverwaltung und Autonomie unter Beibehaltung der israelischen Militärpräsenz gewährt werden. Von einem arabischen Volk Palästinas, von der PLO, ihrem Recht auf Selbstbestimmung und von einem unabhängigen Staat war keine Rede.

Am 27. September 1978 stimmte die Knesseth über die Vereinbarungen von Camp David ab. 84 Abgeordnete sprachen sich dafür und 19 dagegen aus; 17 enthielten sich der Stimme. Die Abgeordneten der Kommunistischen Partei Israels und die mit ihnen in der Demokratischen Front für Frieden und Gleichheit vereinigten Parlamentarier stimmten mit Nein. Als einziger nannte auf dieser Knesseth-Sitzung der kommunistische Abgeordnete Meir Vilner, Generalsekretär der Kommunistischen Partei Israels, die Dinge beim Namen: «Was ist der Kern des Abkommens von Camp David? ... Die Hauptfrage ist weder Sinai noch die Golanhöhen ... Die zentrale Frage ist die Frage Palästinas, die Frage der Westbank, inbegriffen Ostjerusalem, die Frage des Gazastreifens, die Frage der Selbstbestimmung und nationalen Unabhängigkeit des arabischen Volkes von Palästina.

Was den palästinensischen Staat angeht, so wurde bereits vor 30 Jahren dazu von den Vereinten Nationen ein Beschluß gefaßt. 1947 wurde beschlossen, das Recht auf Selbstbestimmung und nationale Unabhängigkeit des jüdischen Volkes in Palästina anzuerkennen und zugleich das Recht des arabischen Volkes von Palästina, aber zugleich auch die Schaffung eines Staates für das israelische Volk und eines anderen Staates für das arabische Volk von Palästina. Das alles wurde bereits 1947 beschlossen.»

An dieser Stelle der Rede Meir Vilners machte der Knesseth-Abgeordnete Elyahu Mowal den Einwurf: «1947 haben die Araber das abgelehnt; sie waren es doch, die ablehnten.»

Der Generalsekretär entgegnete darauf: «Die Tatsache, daß eine gewisse führende Persönlichkeit etwas ablehnte, heißt längst nicht, daß das fundamentale Recht des Volkes auf Selbstbestimmung und einen unabhängigen Staat negiert werden kann.»

Dann fuhr Meir Vilner fort: «In Camp David wurde beschlossen, dem arabischen Volk von Palästina dieses Recht abzusprechen, und es ist befremdend, daß über diese Grundfrage hier nichts gesagt wurde ... Der Ministerpräsident Menachem Begin hat hier vor der Knesseth in seiner Eröffnungsrede die ähnlichen Dinge gesagt wie Carter und Sadat. Alle drei sagen das gleiche: Wir sind untereinander in Camp David darüber einig geworden, daß wir unter keinen Umständen die Errichtung eines unabhängigen palästinensischen Staates erlauben werden. Wir werden dem palästinensischen Volk nicht erlauben, sein Recht auf Selbstbestimmung auszuüben und über sein Schicksal zu entscheiden, aber es darf sich hinzusetzen und mit Vertretern der besetzten Gebiete, mit Kollaborateuren und mit König Hussein, mit Sadat und Begin diskutieren. Darüber ist man sich in Camp David einig geworden.»

Dialog mit Kommunisten

Bergner arbeitete bereits wieder in der DDR. Mitte 1977 war er aus Beirut zurückgekehrt, nachdem die Kaderleute schließlich einen erfahrenen Journalisten gefunden und ihn als Korrespondenten in den Libanon geschickt hatten. Luckner war nun in Kairo eingesetzt. Sein Büro hatte alle Hände voll zu tun, seit Präsident Sadat öffentlich erklärt hatte, er werde persönlich nach Israel reisen.

Anfang Februar 1978 war Hans Luckner in die DDR auf Urlaub gekommen. Kurz vor seiner Wiederausreise schaute er bei Bergner vorbei. Dieser, froh über die Ablenkung, die ihm wieder einmal das Gefühl gab, in der Nahostproblematik noch immer «in» zu sein, saß gemütlich zurückgelehnt in seinem Sessel und hörte seinem Besucher interessiert zu.

«Vierzehn Tage, bevor ich abreiste», erzählte er, «hat die israelische Sicherheitspolizei Hans Lebrecht verhaftet. Sie wollen ihm etwas anhängen, wegen Ismailia.»

Bergner kannte Hans Lebrecht damals noch nicht persönlich, aber er wußte, Luckner sprach von dem israelischen Journalisten, einem Genossen, Mitglied der Kommunistischen Partei Israels, sogar ihres ZK. Der in Deutschland geborene und 1938 nach Palästina emigrierte Lebrecht führte eine spitze Feder und eine scharfe Zunge. Er war einer, der vor nichts zurückwich, wenn es um die Sache ging. Ab und an arbeitete er für den Rundfunk der DDR, schrieb für die «Humanité» und die «Unitá» als deren Korrespondent in Tel Aviv.

Bergner wollte etwas dazu bemerken, aber Luckner ließ ihn nicht zu Wort kommen. «Stell dir vor, Ralf, auf der Pressekonferenz Sadats und Begins in Ismailia, Ende September vergangenen Jahres. Du weißt, die Zentrale hatte mich dorthin geschickt», fügte er nicht ohne einigen Stolz hinzu, «in der speziell für diesen Zweck frisch hergerichteten und mit Teppichen ausgelegten großen Halle der Suez-Kanal-Behörde, auf der Sadat seinen vorbereiteten Text verlas, ohne zu bemerken, daß er bereits für das besetzte Gebiet des Westufers die von den Israelis eingeführten altbiblischen Bezeichnungen ‹Judea und Samaria› verwandte, was in ganz Ägypten eine Welle des Protestes auslöste ...» Luckner kam mit dem Satz nicht so recht zu Rande. «Also: Stell dir vor, nach all den feierlichen, vorprogrammierten glatten Reden und einigen vorbestellten Fragen speziell eingewiesener Journalisten steht doch Hans Lebrecht auf, nennt seinen Namen und erklärt, er arbeite für die Zeitungen der KP Israels, sowohl für die hebräischsprachige ‹Zo Haderekh› als auch für die arabischsprachige ‹Al-Ittihad›. Allein das trug ihm schon die offene Feindseligkeit der Versammelten ein. Aber nicht genug damit, wandte er sich dann direkt an Sadat. Ohne mit der Wimper zu zucken, fragt er diesen kaltblütig: ‹Kann man, Herr Präsident, aus Ihrer Erklärung schließen, daß Sie sich nunmehr nicht mehr an die Beschlüsse der Konferenz von Rabat vom Jahre 1974 gebunden fühlen, nach denen die PLO die einzig legitime Vertreterin des arabischen Volkes von Palästina ist?›»

Luckner lachte.

«Kannst du dir die Gesichter der Ägypter und der Israelis vorstellen? Mächtige Nervosität und Unruhe entstanden, so daß Lebrecht kaum dazu kam, seine zweite Frage zu stellen: ‹Glauben Sie, Herr Präsident, daß ein echter Frieden erreicht werden kann ohne die gleichberechtigte Teilnahme der PLO, die das gesamte palästinensische Volk als ihren legitimen Vertreter betrachtet?›

Natürlich bekam er keine Antwort. Die Konferenz ging wenig glücklich zu Ende, ziemlich laut. Selbstverständlich wurde der Zwischenfall totgeschwiegen, aber wie du siehst, vergessen haben ihm die Israelis das natürlich nicht.»

«Sie haben ihn verhaftet, sagst du?»

«Ja, keine drei Wochen nach jenem Zwischenfall. Angeblich hat er dem ebenfalls inhaftierten kommunistischen griechischen Journalisten Panayotis bei dessen ‹Spionagetätigkeit› für die palästinensische Widerstandsbewegung geholfen. Der Grieche arbeitet an einem Buch über die Lebensbedingungen der Araber in Israel. Die Anklagen gegen Hans Lebrecht sind ebenso aus der Luft gegriffen, davon bin ich überzeugt. Den Israelis geht es um etwas ganz anderes.»

«Wie meinst du das?»

«Sie wollen in seiner Person die Kommunistische Partei Israels treffen!»

«Wieso?»

«Vor drei Tagen haben sie Lebrecht auf Grund seines schlechten Gesundheitszustandes – eine Haft würde er wohl auf die Dauer kaum durchstehen können – gegen eine Kaution von 100000 israelischen Lira einstweilen freigelassen. Lebrecht hat sofort danach der Presse eine Erklärung übergeben.»

Luckner reichte Ralf Bergner eine vom Fernschreiber abgerissene Telexmeldung, die Kairo übermittelt hatte. «Nachdem der israelische Journalist Hans Lebrecht gegen Kaution freigelassen wurde, erkärte er vor Vertretern der Presse in Tel Aviv: ‹Ich bin das Opfer einer schamlosen Machenschaft auf Grund meiner politischen Überzeugungen und Aktivitäten. Meine Verhaftung und der geplante Prozeß sind Maßnahmen, die darauf abzielen, die Kommunistische Partei Israels wie auch die anderen Kräfte meines Landes, die für Frieden und Demokratie eintreten, einzuschüchtern. Ihr Ziel ist es, die Presse zu knebeln und die Freiheit der Meinungsäußerung in Israel zu beseitigen. Da nun einmal in Israel noch kein legales Mittel existiert, um Menschen für ihre politischen Ansichten zu verurteilen, müssen dafür andere Anklagen herhalten.›»

«Donnerwetter, der Mann hat Mut!» bemerkte Bergner anerkennend. «Aber weshalb jetzt auf einmal dieser offene Kurs gegen die Kommunisten in Israel?»

«Weil die israelischen Kommunisten besonders seit der Annäherung Ägyptens an die israelischen Positionen ganz massiv für die Rechte und den Kampf des palästinensischen Volkes eintreten. Nicht etwa heimlich, sondern offen. Und das hat seine Wirkung in Israel. Mehr und mehr Menschen begreifen dort, daß die Okkupation und Annexion nicht nur gegen die Palästinenser gerichtet ist, sondern zugleich die Zukunft Israels selbst bedroht. Diesen Erkenntnisprozeß will man mit allen Mitteln stoppen.»

«Zweifellos; nur davon habe ich in Beirut natürlich kaum etwas mitbekommen.»

«Immerhin gab es im vergangenen Jahr ein erstes offizielles Treffen zwischen Vertretern der PLO und der KP Israels. Ich habe gehört, daß es bereits 1973 während der Weltfestspiele, als sich Arafat in Berlin aufhielt, zu einem Kontakt gekommen sein soll.»

Bergner schwieg. Schließlich fragte er: «Das Treffen im Mai 1977 fand in Prag statt, nicht? Ich habe, als ich zurückkam, ein kurzes Kommuniqué gelesen. War eigentlich Arafat selbst dabei?»

«Ja, er war damals unterwegs nach Warschau zu einer Friedenskonferenz, hat aber wohl nicht an allen Gesprächen, die sich über zwei Tage hinzogen, teilgenommen.»

«Immerhin war es die erste offizielle Begegnung von ziemlich hochrangigen Vertretern beider Organisationen.»

«Gewiß, und insofern war es schon wichtig, doch sollte man nicht übersehen, daß von Arafats Seite auch die Taktik eine gewisse Rolle spielte.»

«Weißt du Näheres?»

«Sicher ist, daß sich nicht nur die israelischen Genossen wegen dieser Kontakte heftigen Angriffen aussetzten, auch die Leute in der PLO, die für diese Beziehungen eintreten, werden in ihren eigenen Reihen deswegen kritisiert. Und da Arafat das alles ausgleichen will und muß, haben sich zur selben Zeit rechte Leute in der PLO, vor allem um Sartaoui, um Kontakte zur Sozialistischen Internationale bemüht. Doch schmälert das nicht die Bedeutung dieses Treffens.»

«Wird die PLO diesen Weg weitergehen? Was denkst du?»

«Sie wird nicht darauf verzichten können – aber ob konsequent und gradlinig? Dazu sind in der PLO zu viele Dinge noch nicht ausdiskutiert.»

«Mag sein! Und schließlich ist es eben eine Klassenfrage, wie man zu einer kommunistischen Partei steht, zumal es sich um eine im feindlichen Lager handelt. Daß das Prager Treffen überhaupt stattfinden konnte, zeigt doch meiner Meinung nach die beachtliche politische Reife und auch eine zunehmende Differenzierung innerhalb der PLO.»

«Darüber besteht kein Zweifel. Aber ist es nicht auch erstaunlich, in welchem Maße sich die israelischen Genossen gerade für die Palästinafrage engagieren und sich gegen die gesamte öffentliche Meinung in Israel stellen?»

Ralf Bergner und Hans Luckner diskutierten noch lange über Probleme und Politik der PLO und der israelischen Genossen.

Eine Antwort auf die Frage, die sich Bergner und Luckner stellten, gab Meir Vilner auf einer der Knesseth-Sitzungen, die sich mit der Camp-David-Problematik beschäftigten: «Wir werden innerhalb und außerhalb der Knesseth gefragt: Warum sorgt ihr euch als eine israelische Partei so um das Los der Palästinenser? Die Hauptsorge ist doch, daß Frieden ist. Darauf möchte ich antworten, daß dies zunächst einmal ein recht zynisches Herangehen ist, das darauf abzielt, die nationale Existenz eines anderen Volkes zu beseitigen. Doch darüber hinaus sage ich, ein Bürger Israels, der sich um den Frieden und die Sicherheit seines Volkes sorgt ..., daß es ohne Freiheit für das palästinensische Volk auch für Israel weder Frieden noch Sicherheit geben kann ... Ein unabhängiger palästinensischer Staat wird zusammen mit anderen arabischen Staaten einen Friedensvertrag mit Israel unterzeichnen, und das wird ein Faktor für die Stabilität und Sicherheit des ganzen Nahen Ostens sein.»

Diese mutige und konsequente Verteidigung der Rechte des palästinensischen Volkes konnte in der PLO nicht unbemerkt bleiben. Doch es mußten erst noch fast auf den Tag genau zwei Jahre vergehen, ehe es Ende September 1980 zu einer ersten öffentlichen Begegnung zwischen Yasser Arafat, dem Vorsitzenden der PLO, und führenden israelischen Kommunisten kommen konnte.

Auch wenn in der Öffentlichkeit darüber kaum etwas bekannt wurde, so steht doch fest, daß zum Dialog mit den israelischen Kommunisten innerhalb der PLO im Verlaufe dieser zwei Jahre grundsätzliche Meinungsverschiedenheiten ausgetragen worden waren. Es ging dabei nicht um ein beliebiges ideologisches Problem, sondern um zwei Grundfragen der politisch-ideologischen Orientierung. Zum einen handelt es sich um den prinzipiellen Standpunkt der PLO zum Marxismus-Leninismus und die ihn repräsentierenden kommunistischen Parteien und zum anderen um die Anerkennung des Staates Israel, seiner Existenzberechtigung überhaupt.

Zur Klärung der ersten Frage hatte eine Reihe Faktoren beigetragen, insbesondere die aktive politische, diplomatische und militärische Unterstützung der Staaten der sozialistischen Gemeinschaft, vor allem der Sowjetunion, das Zusammenwirken der PLO mit den Genossen der Jordanischen Kommunistischen Partei in den besetzten Gebieten – das nicht ohne Reibungen abgegangen war – und das im gemeinsamen politischen und besonders im militärischen Kampf geschmiedete Bündnis mit den libanesischen Kommunisten. Diese praktischen Erfahrungen hatten den Weg für eine weitere ideologische Profilierung der palästinensischen Bewegung in progressiver Richtung geebnet. So war die PLO-Führung mit Ausnahme einiger Vertreter extremistischer Gruppen zu Beginn der achtziger Jahre bereit anzuerkennen, daß es in Israel neben der zionistischen Führungsschicht und ihren Anhängern auch Kräfte gab, die mutig und konsequent gegen die Annexions- und Expansionspolitik und für den Frieden im Nahen Osten kämpfen. Man sah sie in erster Linie durch die Kommunistische Partei Israels repräsentiert, die in einem Artikel des PLO-Zentralorgans «Falistin al-Thaura» blumenreich als «Blühende Rose in einem Dschungel von Blut und Tod» bezeichnet wurde.

Von dieser Erkenntnis ausgehend, war es nur logisch, daß der PLO-Führung daran gelegen war, mit diesen israelischen Kräften in einen Dialog zu kommen, und sie als ihre Bündnispartner jenseits der Barrikade, in Israel selbst, zu begreifen begann.

Weniger eindeutig lagen indessen die Dinge hinsichtlich der Anerkennung des Staates Israel.

Die israelischen Genossen haben bei aller Verteidigung der Rechte des palästinensischen Volkes auf Selbstbestimmung und einen eigenen Staat nie einen Zweifel daran gelassen, daß sie sich als verantwortungsbewußte Bürger ihres Staates fühlen, daß sie zwar für eine Änderung seiner Politik kämpfen, doch daß Israels Existenzberechtigung, das Recht des israelischen Volkes auf die Erhaltung der eigenen Staatlichkeit, von ihnen ebenso konsequent vertreten und verteidigt wird. Eine logische Konsequenz, gehen die israelischen Genossen dabei doch von den gleichen marxistischen Prinzipien aus, nach denen sie für die Schaffung eines palästinensischen Staates eintreten.

Diese Haltung der israelischen Kommunisten wurde von der

Die KP Israels verteidigt nachdrücklich die Rechte des palästinensischen Volkes. Hier: Generalsekretär Meir Vilner auf dem XIX. Parteitag, Februar 1981

PLO-Führung lediglich zur Kenntnis genommen, war zunächst jedoch aus der Diskussion ausgeklammert. Bis dahin hatte sich die PLO noch nicht zum Existenzrecht Israels öffentlich geäußert. Damit arbeitete sie der zionistischen Propaganda direkt in die Hände, ist diese doch aufgebaut auf der Behauptung von der Bedrohung der Existenz des Staates Israel.

Wichtig war jedoch zunächst, daß die Einstellung der israelischen Kommunisten zu ihrem Staat von der PLO-Führung, in erster Linie den Männern um Arafat, nicht als Hindernis für die Aufnahme eines Dialogs angesehen wurde. Das war bereits eine sehr weitgehende Einsicht, bedenkt man die heterogene Zusammensetzung und die kleinbürgerliche, patriotische Basis der palästinensischen Bewegung. Mit der Aufnahme des öffentlichen Dialogs trotz unterschiedlicher Auffassungen in vielen Fragen bewies die PLO-Führung um Arafat abermals, daß sich die politisch-ideologische Entwicklung der PLO weiterhin in progressiver Richtung vollzog, wenngleich sich eine ganze Reihe von Leuten diesen Einsichten noch verschloß.

In ihrer Ausgabe vom 27. und 28. September 1980 brachte die in Paris herausgegebene amerikanische Zeitung «International Herald Tribune» auf ihrer dritten Seite unter der Überschrift: «Arafat und zwei Mitglieder der Knesseth konferieren auf kommunistischem Treffen» eine aufsehenerregende Meldung: «Jerusalem: Ein Treffen zwischen Yasser Arafat, dem Chef der PLO, und zwei kommunistischen Mitgliedern der israelischen Knesseth hat in Israel einen politischen Sturm ausgelöst. Das Treffen fand in Sofia am Mittwoch zwischen Mr. Arafat und Charlie Biton und Toufic Toubi statt. Es war die erste offizielle Begegnung zwischen Mr. Arafat und israelischen Parlamentariern. Als ein ‹informatives Treffen› bezeichnet, dauerte es den Berichten zufolge etwa eine Stunde und endete mit einer gemeinsamen Erklärung, in der alle Beteiligten ihrem gemeinsamen Wunsch nach einem gerechten Frieden im Nahen Osten Ausdruck verliehen ... Neben den beiden Abgeordneten gehörten der israelischen Delegation die Rechtsanwältin Felicia Langer und der Sekretär der Israelischen Friedensbewegung an.»

Unrecht, wissentlich oder unwissentlich, hatte der Verfasser dieser Meldung, als er behauptete, es handele sich um «zwei kommunistische Mitglieder der Knesseth».

Charlie Biton war kein Kommunist, sondern der Verantwortliche für die Organisation «Israeli Black Panthers», eine sich aus den ärmsten und unterdrücktesten jüdischen Schichten rekrutierende Protestbewegung. Auch die Behauptung, es habe eine «gemeinsame Erklärung» gegeben, entsprach nicht den Tatsachen. Soweit war zu diesem Zeitpunkt der Dialog zwischen PLO und KP Israels noch nicht gediehen. Es gab lediglich eine offizielle Pressemitteilung der KP Israels, in der es hieß, daß «das Treffen in einer freundschaftlichen Atmosphäre» stattfand und daß in «seinem Verlauf der gemeinsame Wille für einen gerechten Frieden im Nahen Osten zum Ausdruck gebracht und die Verwirklichung der legitimen Rechte des arabischen Volkes von Palästina als Voraussetzung gefordert wurde».

Recht hatte der Verfasser allerdings mit seiner Feststellung, das Treffen habe «in Israel einen politischen Sturm ausgelöst».

Als ein Beweis, wie weit der Dialog in jenem Jahr fortgeschritten war, kann die Tatsache gelten, daß die Zeitung des palästinensischen Widerstandes «Falistin al-Thaura» die KP Israels öffentlich gegen die Zionisten verteidigte. In ihrer Ausgabe vom 9. Oktober 1980 veröffentlichte sie einen halbseitigen Artikel unter der Überschrift «Die wahren Ziele der Kampagne gegen die Rakah[1] – Die Rakah ist keine zionistische Partei». Bereits die zweite Hälfte dieser Überschrift enthielt eine entscheidende Erkenntnis der PLO.

Auf das Treffen in Sofia eingehend, stellt der Artikel fest, daß die KP Israels «unter den kompliziertesten und schwierigsten Bedingungen in Israel kämpft» und daß «die PLO offiziell ihre Zustimmung zu dem Treffen proklamierte». Auch die 13. und 14. Tagung des Palästinensischen Nationalkongresses habe die Notwendigkeit «des Treffens und der Koordinierung mit den fortschrittlichen und demokratischen Kräften in Israel unterstrichen. Das bedeutet nicht, daß die PLO und die Rakah ein gemeinsames Programm haben, aber es existieren viele Übereinstimmungs- und Berührungspunkte, die eine gute Grundlage für die Verständigung bieten.» Es wird betont, daß «beide Seiten das Treffen gewünscht hatten».

Anschließend geht der Artikel auf die Auswirkungen des Treffens in Israel ein. «Nach der bloßen Meldung über die Begegnung erhoben sich überall zionistische Stimmen, die forderten, den beiden Abgeordneten die parlamentarische Immunität zu entziehen und sie und Felicia Langer des Hochverrates und der Agententätigkeit anzuklagen.»

Zugleich bringt dieser Artikel den Glauben der PLO an die Standhaftigkeit der israelischen Kommunisten zum Ausdruck. «Die Rakah-Partei ist mit einer neuen Gefahr konfrontiert, aber eine Partei wie sie, die von den Kräften des Guten und des Friedens in Israel und der ganzen Welt unterstützt wird und große Kampferfahrungen in einer isolierten, spezifischen und einzigartigen Situation besitzt, wird es verstehen, dem neuen Kettenglied der Verschwörung die Stirn zu bieten und eine Niederlage zu bereiten. Unser Gruß gilt der Rakah-Partei!»

Mit diesem Treffen und dem Artikel der «Falistin al-Thaura»

[1] In den Jahren der inneren Auseinandersetzung fügte die KP Israels ihrer Bezeichnung das Wort Rakah – Mehrheit – hinzu, um sich von der prozionistischen Gruppierung um Mikunis, einer Minderheit, zu distanzieren.

zeichnete sich eine neue Stufe in der ideologischen und politischen Entwicklung der PLO-Führung ab. Erstmals war die PLO, die seit vielen Jahren die materielle, politische und ideologische Solidarität der kommunistischen und Arbeiterparteien und anderer progressiver Kräfte genoß, bereit, sich offen an die Seite der proletarischen Bewegung zu stellen und eine ihrer Formationen, die unter den kompliziertesten Bedingungen kämpfte, anzuerkennen und dieser Hilfe und Unterstützung zu gewähren.

Am 30. Juni 1981 fanden in Israel Neuwahlen zur Knesseth statt, bei denen es den progressiven Kräften trotz massiver Wahlbehinderungen und Diffamierung gelang, ihre Positionen im Parlament zu erhalten und zu festigen. Die Demokratische Front für Frieden und Gleichheit, in der die Kommunistische Partei Israels und andere Organisationen ein Wahlbündnis eingegangen waren, eroberte erneut vier Abgeordnetensitze. In dem dieser Wahl vorangehenden Wahlkampf schaltete sich auch die PLO ein. Einen Monat vor dem Wahltermin räumte der Sender der palästinensischen Revolution in Beirut in seinem Programm den progressiven Kräften Israels täglich eine halbe Stunde ein. In Erklärungen und Appellen forderte der Sender auf, die Vertreter der Demokratischen Front für Frieden und Gleichheit zu wählen.

Am Wahltag selbst brachte dieser palästinensische Sender ausführliche Kommentare und Stellungnahmen zu den Aktivitäten der Front und der KP Israels, zur Rolle der progressiven Kräfte in der Knesseth, zur Lage in den besetzten Gebieten und zur Situation in der von einem kommunistischen Bürgermeister, Tawfiq Zayad, geleiteten Stadt Nazareth. Erstmals unterstützte die PLO damit öffentlich das politische Programm der Kommunistischen Partei Israels.

Im weiteren Verlauf des Jahres 1981 kam es auch zu erneuten nichtöffentlichen Treffen zwischen Vertretern der PLO und der KP Israels. Sie schufen die Voraussetzungen dafür, daß es im Herbst 1982 schließlich zu einer ersten Begegnung zwischen Yasser Arafat und dem Generalsekretär der KP Israels, Meir Vilner, in Prag kommen konnte.

Mit diesem in den Jahren nach 1977 eingeleiteten Dialog begann sich eine neue Tendenz in der ideologischen Ausrichtung der PLO abzuzeichnen, die abgeht vom engen kleinbürgerlich-nationalistischen Denken und wachsende Erkenntnis der gesellschaftlichen Widersprüche, in die der Kampf des palästinensischen Volkes eingebettet ist, zeigt. Es ist dies ein Schritt in Richtung auf die klassenmäßige Profilierung des palästinensischen Befreiungskampfes, der weit in die Zukunft reichende Folgen haben kann.

Die progressiven Elemente in der PLO-Führung begriffen nach dem offensichtlichen Scheitern der fragwürdig gewordenen «gesamtarabischen Solidarität» in zunehmendem Maße, daß die allseitige Festigung ihres Bündnisses mit den Kräften des Sozialismus und insbesondere den kommunistischen Parteien keine taktische Frage sein kann, sondern grundsätzlicher strategischer Natur ist.

Es steht außer Zweifel, daß von der Ausprägung dieser Tendenz oder auch von ihrer Abschwächung beziehungsweise ihrem möglichen Abbruch die Stärke, die Unabhängigkeit, der Erfolg, ja letztlich die Existenz der PLO und der gesamten organisierten palästinensischen Bewegung abhängen wird.

Kollaborateure gesucht

Im Frühjahr 1980 erhielt die Chefredaktion der Wochenzeitung den Anruf eines Mitarbeiters vom Rundfunk der DDR: Genosse Bergner solle nach Möglichkeit am kommenden Tag in einem Gästehaus an einem Essen teilnehmen. Ein israelischer Genosse, der sich in Berlin aufhalte, habe darum gebeten.

Bergner wußte sich darauf keinen Reim zu machen, ging aber am nächsten Tag hin.

Es stellte sich heraus, der israelische Genosse war der Journalist Hans Lebrecht. Bergner hatte in der Zwischenzeit erfahren, daß Lebrecht in dem Prozeß gegen ihn und den griechischen Genossen freigesprochen worden war, während der Grieche drei Jahre Gefängnis verbüßen sollte.

Ralf Bergner fand den kleinen, grauhaarigen, agilen Mann mit dem liebenswürdigen schwäbischen Akzent sofort sympathisch. Die Rechtsanwältin, Genossin Felicia Langer – so hörte Ralf jetzt –, hatte ihm Bergners Namen genannt.

«Ich soll dir von ihr einen Artikel zur Verhaftung von Bassam Shakaa übergeben, der vielleicht für euch interessant sein könnte», teilte er ihm sogleich nach der Begrüßung mit.

Bergner, der sich lebhaft an seine Begegnung mit Felicia Langer erinnerte, bedankte sich und verabredete sich für einen der kommenden Tage mit Hans Lebrecht. Erst wollte er den Artikel lesen und sich mit dem Chef abstimmen.

Bassam Shakaa, Bürgermeister von Nablus, einer mittleren Stadt im besetzten Westjordanland, hatte sich den israelischen Besatzungsbehörden und ihren Versuchen, die kommunale Selbstverwaltung zu beseitigen, energisch widersetzt und die Bevölkerung zum Widerstand mit friedlichen Mitteln aufgerufen. Daraufhin entfesselten die Israelis gegen ihn, der bei weitem kein Kommunist war, ein wahres Kesseltreiben und verhafteten ihn.

Der umfangreiche Artikel, der nur in Fortsetzungen gedruckt werden konnte, schilderte ausführlich die Protestbewegung gegen diesen Willkürakt. Unter dem Druck der Öffentlichkeit mußten die Besatzungsbehörden den namhaften Bürgermeister schließlich wieder freilassen. Felicia Langer – so wußte Bergner von Genossen Lebrecht – hatte als seine Verteidigerin entscheidenden Anteil daran gehabt. Ihr Artikel trug die Überschrift: «Das Verbrechen an Bassam Shakaa – ein Kapitel israelischer Okkupationspolitik».

Wie stets, wenn es um die palästinensische Sache ging, trat Bergner auch diesmal mit Vehemenz für den Artikel ein. Der Chefredakteur jedoch war nicht so leicht zu überzeugen. «Erstens ist mir die Geschichte zu lang. Zweitens warum gerade jetzt? Eine ausführliche Meldung darüber haben wir bereits Anfang Dezember gebracht, als die Sache passierte.»

Das entsprach, wie Bergner zugeben mußte, den Tatsachen.

«Gibt es einen besonderen Grund?»

Bergner wußte keinen plausiblen und redete darum herum, gab aber nicht nach.

Schließlich machte der Chef einen seiner üblichen raffinierten Vorschläge: «Ja, wenn du die Geschichte in den Gesamtzusammenhang stellen würdest, dann. Aber auf alle Fälle müßte sie kürzer werden.»

Bergner gab sich «geschlagen». Er erinnerte sich seiner Berichte, die er im Mai 1973 zu diesem Thema aus Beirut gesandt hatte, der Pressekonferenz mit Arabi Awad, dem ausgewiesenen jordanischen Kommunisten, und seines Treffens mit Felicia Langer auf dem Flugplatz in Larnaca, bei dem sie ihm die Verhältnisse in den israelischen Gefängnissen geschildert hatte und die Methoden, mit denen man die israelischen Widerstandskämpfer folterte und physisch zu vernichten suchte. Aber seitdem waren sieben Jahre vergangen. Zwar hatte er, so gut es eben ging, die Dinge weiter verfolgt, doch um einen fundierten Artikel zu schreiben, dazu reichte das längst nicht. Und im nachhinein mußte er dem Chef recht geben: Die Bassam-Shakaa-Geschichte bekam nur ihren richtigen Sinn, wenn man sie in dem Gesamtrahmen der israelischen Okkupationspolitik zeigte. Er mußte also zunächst versuchen, sich sachkundig zu machen.

Bereits am kommenden Tag verabredete er sich erneut mit Hans Lebrecht – überzeugt, daß der ihm helfen würde. Und er täuschte sich nicht.

Hans Lebrecht begriff ihn sofort. «Was ich weiß, werde ich dir erzählen. Das kannst du alles verwenden. Aber zunächst einmal – damit du die aktuellen Sachen richtig verstehst, brauchst du etwas Grundsätzliches.»

Bergner nickte ergeben, ohne zu wissen, wo er das hernehmen sollte.

«Du besorgst dir zuerst das Informationsbulletin unserer Partei von 1978. Geht das?»

«Irgendwo werde ich es gewiß auftreiben!»

«Gut. Dort sind die wichtigsten Artikel, Reden und Beschlüsse unserer Partei in englischer Sprache enthalten. Ich selbst habe die Arbeiten jahrelang übersetzt und redigiert», fügte er hinzu, und fuhr fort: «Die Nummer 9, 10 oder 11 von 1978 muß das Material enthalten, das die israelische Delegation im Mai 1978 der damaligen ‹Basler Konferenz gegen Apartheid und Rassendiskriminierung› unterbreitet hat. Es ist ein grundsätzliches Dokument und gibt nicht nur unseren Standpunkt, sondern auch den anderer progressiver Kräfte in Israel wieder.»

Ralf Bergner konnte sich die Zeitschrift mit einiger Mühe beschaffen. An den folgenden Abenden setzte er sich zu Hause hin und fertigte sich Auszüge daraus an.

Das Material, in den ersten Monaten 1978 entstanden, trug den Titel: «Das arabische Volk von Palästina unter dem Joch der israelischen Besatzung».

Bergner notierte sich die wichtigsten Stellen daraus:

«Abschnitt A: Wie man das arabische Volk von Palästina entwurzelt

Entgegen der von der UNO-Vollversammlung angenommenen Resolution, die Israel auffordert, den Flüchtlingen von 1967 die Rückkehr zu erlauben, hindern die israelischen Behörden hartnäckig die Palästinenser daran, in ihre Heimat zurückzukehren.

Menschen, die dennoch die Waffenstillstandslinie überschreiten und zu ihrem Heim und zu den von ihnen getrennten Familien zurückzukehren entschlossen sind, werden als illegale Eindringlinge betrachtet und vor Gericht gestellt, das sie mit Gefängnisstrafen von fünf bis zehn Jahren belegt.

Familien, die es wagen, ihren heimkehrenden Söhnen und Brüdern Schutz und Bleibe zu geben, werden ebenfalls gerichtlich belangt und bestraft.

Palästinensische Studenten, die im Ausland studierten, werden daran gehindert, zu ihren Familien zurückzukehren. Die Besatzungsbehörden deportieren in unmenschlicher Art und Weise von Zeit zu Zeit bekannte und renommierte Persönlichkeiten und andere Personen, so zum Beispiel Ruhi El-Khatib, den ehemaligen Bürgermeister von Jerusalem, und palästinensische Führer wie Arabi Awad, Abdul Muhsin, Abu Maizer, Abdul Jawad Saleh, den Bürgermeister von Al-Birah, und den bekannten Arzt Dr. Ahmad Hamzeh Al-Natsheh aus Hebron.

Abschnitt B: Die Politik der Annexion, der planmäßigen Enteignung arabischen Landes und dessen Kolonialisierung.

Seit Januar 1968 enteignen die israelischen Behörden arabischen Grund und Boden auf der Westbank und im Gazastreifen sowie im besetzten Jerusalem. Die Bewohner werden vertrieben und Besiedlungsprojekte ausgeführt.

In den ersten Jahren der Besatzung wurden im Jordantal brutal Ländereien enteignet, Dutzende von Dörfern zerstört und ihre Bewohner vertrieben. Vielfach wurden dort sogenannte militärische Zonen angelegt.

Unter Anwendung offenen Drucks, durch Mittelsmänner und undurchsichtige Machenschaften wird durch eine ‹Nationale Landbehörde› genannte Institution Land von Arabern ‹aufgekauft›.

Bis Ende 1977 waren in dem besetzten Gebiet 76 jüdische Siedlungen errichtet worden, die von 6500 Personen bewohnt waren.

Nach einem am 24. April 1978 in ‹Al-Hamishmar› erschienenen Artikel hat die jüdische extrem nationale Bewegung Gush Emunim einen Plan aufgestellt, demzufolge im Verlaufe von 25 Jahren auf der Westbank eine Million Juden angesiedelt werden sollen.

Abschnitt C: Brutale Unterdrückung und Verletzung der elementarsten Menschenrechte.

Äußert sich in der Vertreibung und Entwurzelung der Menschen von ihrem heimatlichen Boden, in brutaler Deportation und behördlich angeordneter Inhaftierung von Hunderten von Menschen ohne Urteil, in der Zerstörung von Wohnhäusern, kollektiver Bestrafung, im Gebrauch der Schußwaffen gegen friedliche Demonstranten, Massenverurteilungen, unmenschlicher Behandlung von Gefangenen und untragbaren Zuständen in den israelischen Gefängnissen.

Der Militärgouverneur in den besetzten Gebieten hat unbegrenzte Befugnisse gegenüber den offiziellen Behörden und das Recht, Deportationen anzuordnen, unbefristete Inhaftierungen vorzunehmen, Häuser als Bestrafung sprengen zu lassen und kann mit einem bloßen Erlaß jegliche gesetzmäßig zugebilligten Rechte annullieren.

Abschnitt D: Nationale Unterdrückung und koloniale ökonomische Ausbeutung.

Im Verlaufe der Jahre wurde die israelische Besetzung arabischen Gebietes zu einer Quelle riesiger ökonomischer Profite für mächtige Handels-, Industrie- und Finanzkreise Israels.

Das besetzte Gebiet wurde ein Reservoir für billige Arbeitskräfte, die in Israel selbst von israelisch kontrolliertem Kapital ausgebeutet werden.

Nach offiziellen Statistiken sind gegenwärtig 63000 arabische Arbeiter in Israel beschäftigt. Die Mehrzahl von ihnen arbeitet als Hilfsarbeiter vor allem in der Landwirtschaft und im Bauwesen.

Diese Arbeiter werden unter extremen Bedingungen ausgebeutet. Die Mehrheit genießt keinerlei soziale Rechte. Viele sind stundenlang zu ihrer Arbeit von ihren Dörfern aus unterwegs, Tausende kommen unorganisiert in die Zentren der Arbeitsmärkte und bieten ihre Arbeitskraft täglich feil.»

Das Dokument, das die von Bergner notierten Feststellungen durch zahlreiche detaillierte Fakten belegte, schloß mit den Worten: «In Israel beginnen mehr und mehr Menschen zu begreifen, daß die von der israelischen Regierung verfolgte Besatzungspolitik nicht nur das palästinensische arabische Volk trifft, sondern daß sie den Frieden der Region, die Zukunft Israels und den Weltfrieden immer mehr gefährdet.»

Ralf Bergner berichtete Hans Lebrecht von seinen Erlebnissen 1973 in Beirut und der Ausweisung von führenden Mitgliedern der Palästinensischen Nationalen Front der besetzten Gebiete, gewissermaßen als Illustration zu dem von ihm studierten Material. «Und was tut die Front heute dagegen? Wo steht sie?» fragte er Lebrecht. «Man hört – zumindest soweit ich informiert bin – kaum noch etwas von ihr.»

«Wenn du es genau nimmst», entgegnete Hans Lebrecht, «ist erst nach 1975 ihre Rolle wieder etwas gewachsen.»

Als er Bergners fragenden Blick sah und bemerkte, wie der nach dem Stenoblock in seiner Tasche fischte, berichtete er bereitwillig: «Vom Frühjahr 1973 an, das heißt seit ihrer Gründung, bis Mai 1975 spielte die Nationale Front eine aktive Rolle bei der Organisierung des Volkes in den besetzten Gebieten. Doch bereits im Frühjahr 1974 wurde sie Ziel einer großen Welle von Verhaftungen, von Unterdrückung und Verfolgung. Ihr illegaler Apparat wurde zerschlagen, nicht zuletzt, weil keine ideologische Plattform vorhanden war, die alle Kräfte und Tendenzen des Widerstandes hätte fest vereinen können. Zudem wandten die israelischen Militärbehörden brutal alle ihnen zur Verfügung stehenden Mittel an; die Mitglieder der Front wurden inhaftiert, gefoltert, ausgewiesen.

Gleichzeitig versuchten die israelischen Behörden zu dieser Zeit in den besetzten Gebieten eine ‹Zivilverwaltung› zu errichten. Ziel dieser Verwaltung sollte es sein, den Tendenzen zur Errichtung eines eigenständigen palästinensischen Staates entgegenzutreten. Auf diesem Wege hofften sie, ihre eigenen Agenten und die Reaktionäre an die Macht zu bringen, die bereit waren, mit ihnen zusammenzuarbeiten. Man sprach dabei ständig von ‹Autonomie› und von ‹Selbstverwaltung›. Zwischen Mai und Oktober 1975 traf die israelische Regierung dazu Vorbereitungen, indem sie ihre führenden Beamten des Innenministeriums zu Unterredungen mit reaktionären arabischen Persönlichkeiten in das besetzte Gebiet schickte.»

«Wie reagierte die Widerstandsbewegung darauf?» interessierte sich Bergner.

«Sie rief in den besetzten Gebieten zu Gegenmaßnahmen auf. Der aktive Widerstand begann im November 1975 mit einem Protestschreiben der Stadtverwaltungen von Nablus, Qalqiliya und Tulkarm, das an die israelischen Behörden gerichtet war und sich gegen die Zivilverwaltung aussprach.

In den Städten der besetzten Gebiete gab es Demonstrationen, Streiks und Zusammenstöße mit der Polizei und Armee. Flugblätter wurden verfaßt, Erklärungen abgegeben. Es zeigte sich sehr schnell, daß sich die Palästinensische Nationale Front von den Verfolgungen erholt hatte und erneut eine aktive Rolle bei der Organisierung des Volkes spielte; nicht zuletzt dank der mobilisierenden Kraft der Kommunisten. Eine ihrer wichtigsten Aufgaben sah sie darin, all jene zu entlarven, die sich bereit zeigten, als Kollaborateure der Besatzungsmacht in die Hände zu arbeiten.»

Bergner bat seinen Gesprächspartner, ihm das zu erläutern.

«Nach außen hin spiegelte sich diese Auseinandersetzung unter anderem im Kampf um die kommunalen Verwaltungen im Westjordanland wider. Israel hatte zunächst im Sommer 1967 die alten Bürgermeister und Gemeinderäte im Amt belassen. Diese gehörten oftmals jener Schicht von Feudalherren und Notabeln an, die schon während der britischen Kolonialherrschaft vielfach die Interessen des Volkes verraten hatte. Die zionistischen Führer glaubten, daß diese Leute ihr nicht nur die Verwaltung der besetzten Gebiete erleichtern würden, sondern daß auf diese Weise auch das Image der ‹humansten Besatzungsmacht› aufgebaut werden könnte. Diesem Ziel diente auch die Abhaltung von Kommunalwahlen im Westjordanland.

Die israelische Rechnung ging allerdings nicht auf. Bei den Kommunalwahlen vom Frühjahr 1976 wurden die von Israel gewünschten Kandidaten vernichtend geschlagen. In die Gemeinderäte und Bürgermeisterämter zogen zumeist jene Kandidaten ein, die der PNF nahestanden und die PLO als einzig rechtmäßigen Repräsentanten des palästinensischen Volkes betrachteten. Der Nationale Block eroberte 80 Prozent aller Stimmen und stellte fast alle Bürgermeister.

Als erste Amtshandlung faßten die neugewählten Gemeinderäte den Beschluß, das israelische ‹Zivilverwaltungs›-Projekt strikt abzulehnen. ‹Unsere erste Forderung›, so betonte der neue Bürgermeister von Nablus, der Seifenfabrikant Bassam Shakaa, ‹ist die Aufhebung des Besatzungszustandes in den Gebieten, die im Juli 1967 erobert wurden, und die Anwendung der UNO-Resolution zum Recht auf einen eigenen Staat.›»

«Jetzt verstehe ich schon, weshalb die israelischen Behörden sich ausgerechnet Bassam Shakaa zum Ziel nahmen», meinte Ralf Bergner, Hans Lebrecht unterbrechend.

«Moment mal», erwiderte Lebrecht, «die Ablehnung der israelischen Zivilverwaltung war bloß die eine Seite. Damit hätten sich die israelischen Behörden vielleicht abgefunden und sich irgendeinen neuen Trick ausgedacht. Viel gefährlicher für sie war die Tatsache, daß sich nun nach diesem Sieg des Nationalen Blockes der Widerstand wie ein Buschfeuer ausbreitete. Überall kam es zu Massenprotesten, zu Streiks und vereinzelt zu bewaffneten Aktionen.

Im April/Mai 1976 gingen auf der Westbank Zehntausende gegen die zionistische Siedlungspolitik auf die Straße. Der Bürgermeister von Ramallah rief aus Protest gegen die Ermordung zweier jugendlicher Demonstranten zum lokalen Generalstreik auf. Am 14. Mai 1976, dem 28. Jahrestag des Staates Israel, folgte ein allgemeiner Schul- und Geschäftsstreik. Der 30. März wurde zum gemeinsamen ‹Tag des Bodens› aller Araber in ganz Palästina, das heißt innerhalb Israels und in den besetzten Gebieten, eine alle Palästina-Araber verbindende Klammer im Kampf gegen die nationale Unterdrückung.»

Und Hans Lebrecht berichtete weiter. «Zugleich erhielt diese Bewegung einen gesamtarabischen Aspekt, wie ja auch die Palästinafrage nicht vom gesamten Nahostkonflikt getrennt werden kann. Die palästinensische Massenbewegung wurde zur stärksten und nachhaltigsten Reaktion auf die Separatvereinbarung des ägyptischen Präsidenten und das gesamte Camp-David-Abkommen.

1978 kam es in Nablus zur größten Demonstration nach dem UNO-Auftritt Arafats, wobei man den Protest gegen Sadats ‹Weg des Verrats› mit der Kampfansage gegen die Judaisierungspolitik des Beginregimes verknüpfte. 56 Persönlichkeiten – Bürgermeister, Gemeinderäte und andere – der okkupierten Gebiete erklärten in einem Kommuniqué, die Sadat-Begin-Gespräche hätten nur zu einer Spaltung der arabischen nationalen Einheit geführt, und jeder Versuch, eine aus irgendwelchen Agenten bestehende ‹alternative Führung der PLO› aufzubauen, sei entschieden zurückzuweisen.

Damit wurde der fieberhaften Suche der israelischen Behörden nach Kollaborateuren, die man glaubte, der PLO entgegensetzen zu können, der entscheidende Schlag versetzt.

Diese Absage war so eindeutig, daß auch die von Sadat und den Israelis hofierten ‹Gemäßigten›, wie etwa der Bethlehemer Bürgermeister Elias Freidsch, sich hüteten, als PLO-Ersatz auf die Vorschläge der Israelis einzugehen. Sie fürchteten sich vor dem Zorn der Bevölkerung.»

Hans Lebrecht schloß seine von Bergners Zwischenfragen und Stirnrunzeln mehrfach unterbrochenen Erklärungen: «Da hast du den Rahmen für die Bassam-Shakaa-Story, den background. Reicht das, oder willst du noch weitere Einzelheiten?»

«Es langt», wehrte Bergner ab. «Wo denkst du hin, unmöglich, alles zu bringen, und mein Chef legt Wert auf Kürze.»

Am anderen Tag, wieder an seinem Schreibtisch sitzend, machte sich Bergner nochmals an die gründliche Lektüre des

Artikels von Felicia Langer, diesmal mit dem Gefühl, die Geschichte im richtigen Zusammenhang sehen und bewerten zu können.

Es verwunderte ihn nicht mehr, daß die israelischen Behörden ausgerechnet gegen Bassam Shakaa Ausweisungsbefehl erlassen und ihn schließlich verhaftet hatten. In ihren Augen war er einer der Haupttreiber gegen ihr «Zivilverwaltungsprojekt», ein Gegner mit Einfluß in der palästinensischen Bevölkerung. Das hatte sich gezeigt, als es nach seiner Verhaftung sogleich zu Massenaktionen für seine Freilassung, zu Streiks und Demonstrationen gekommen war. Spontan oder vielleicht auch unter dem Druck der Palästinensischen Nationalen Front waren 13 Bürgermeister arabischer Städte im besetzten Gebiet zurückgetreten. Schließlich war es gelungen, seinen Fall vor die Vereinten Nationen zu bringen: 132 Vertreter der einzelnen Staaten hatten am 16. November 1979 gegen seine Ausweisung gestimmt. All das hatte dazu geführt, daß die israelischen Behörden letztlich der Wiedereinsetzung in sein Amt zustimmen mußten.

Mit seiner Vermutung, der Erfolg des Kampfes um die Freilassung Bassam Shakaas sei in erster Linie der Palästinensischen Nationalen Front zu danken, hatte Bergner indessen nur teilweise recht.

Die Nationale Front von 1973, die als ein Teil der PLO betrachtet werden konnte, hatte praktisch aufgehört zu bestehen. An ihre Stelle war im Verlauf des Jahres 1979 ein Nationales Führungskomitee getreten, das illegal arbeitete, sich jedoch auf eine wesentlich breitere Massenbasis als die Front stützen konnte. Im Nationalen Führungskomitee spielten Kommunisten, patriotische kleinbürgerliche Kräfte und fortschrittliche Vertreter der Al-Fatah die führende Rolle. Ihm gehörten die Bürgermeister der meisten arabischen Städte und Gemeinden an, außer Bethlehem und Gaza, die von Kollaborateuren geleitet wurden. Dazu kamen die gewählten Vertreter der illegalen palästinensischen Massenorganisationen, das heißt der Gewerkschafts- und Berufsverbände, der Frauen- und Jugendorganisation sowie andere angesehene Persönlichkeiten. Von dem Komitee wurden überall Ortsgruppen gebildet. Infolgedessen war auf dem gesamten besetzten Gebiet ein nahezu geschlossenes organisatorisches Netz entstanden und damit zum erstenmal eine zentrale Leitung der Widerstandsbewegung. All das bedeutete eine bisher unbekannte organisierte neue Kraft, die sich erstmals bei den Massenaktionen zur Befreiung Bassam Shakaas deutlich manifestierte.

Aber auch in der politisch-ideologischen Entwicklung der Massenbewegung in den besetzten Gebieten zeigte sich die neue Qualität. Im Führungskomitee bildeten sich realistische Positionen zum Verhältnis gegenüber Israel heraus. Seine Mitglieder traten für die Schaffung eines unabhängigen palästinensischen Staates in den von Israel 1967 besetzten arabischen Gebieten, also an der Seite und neben Israel, ein. Diese zwar noch nicht offen erklärte, aber stillschweigend zugestandene Akzeptierung des Staates Israel schuf völlig neue Bedingungen für das Zusammenwirken der palästinensischen Patrioten in den besetzten Gebieten mit den Friedenskräften in Israel. Damit ging das Nationale Führungskomitee über die bisherige offizielle Haltung der PLO wesentlich hinaus, und es wurden wichtige Voraussetzungen zur weiteren politischen Profilierung der Widerstandsbewegung in den besetzten Gebieten geschaffen.

Mitte Mai 1980 begann die Serie über Bassam Shakaa. Ralf Bergner hatte sie in den richtigen Rahmen gestellt, Vorspanne zu den einzelnen Teilen geschrieben und sie zugleich mit notwendigen Anmerkungen versehen. Alles lief darauf hinaus, mit Bassam Shakaas Befreiung die Stärke und Macht der Widerstandsbewegung in den besetzten Gebieten zu zeigen und einen positiven Ausblick zu geben. Doch die Dinge entwickelten sich anders.

Die letzte Nummer war noch nicht erschienen, als die Besatzungsmacht gegen den Bürgermeister und die Widerstandsbewegung brutal zuschlug. Diesmal war Mord ihre Taktik. Keine hinterhältige Verschwörung mehr, keine ausgeklügelte Falle. Sprengladungen detonierten am Morgen des 2. Juni 1980 in Nablus, in Ramallah und in Bira. Bassam Shakaa sollte umgebracht werden; ihm wurden beide Beine abgerissen. Der Bürgermeister von Ramallah, Karim Khalaf, verlor ein Bein, Ibrahim

El-Tawil, Bürgermeister von Bira, entging mit knapper Not der Ermordung. Die Attentate wurden in Gebieten verübt, die unter strengster Kontrolle der israelischen Armee standen. Es ist wohl kein Zufall, daß die «anonymen» Attentäter bis heute nicht gefaßt wurden.

Ralf Bergner blieb nichts weiter übrig, als an das Ende der Serie die Fakten über die Mordversuche an Bürgermeistern westjordanischer Städte zu setzen. Ein Kommentar erübrigte sich.

Mit Hans Lebrecht traf er noch einmal zu einer langen Diskussion über die PLO, den Widerstand in den besetzten Gebieten und den Kampf der Friedenskräfte in Israel zusammen. Ehe er sich verabschiedete, bat er Hans Lebrecht: «Vielleicht kannst du die Geschichte um Bassam Shakaa weiter verfolgen und darüber etwas für uns schreiben.»

Zwei Jahre später, im Mai 1982, erfüllte Hans Lebrecht die Bitte und schickte einen Artikel. «Monate nach dem Attentat, Bassam Shakaa war von weiteren Operationen in Jordanien und Großbritannien zurückgekehrt», so begann sein Beitrag, «sah ich ihn an seinem Schreibtisch im Rathaus von Nablus wieder. Er saß im Rollstuhl.

Die israelischen Besatzer hassen ihn, den Mann, dem die Liebe seines Volkes gilt, der zum Vorbild im ungebrochenen Kampf gegen Okkupation, um Frieden und für die Rechte des Volkes von Palästina wurde.»

Und weiter berichtete Hans Lebrecht aus Tel Aviv: «Ende des vergangenen Jahres nun errichtete die israelische Besatzungsmacht eine sogenannte Zivilverwaltung für das besetzte Westjordangebiet und den Gazastreifen. An der Spitze dieser Verwaltung stehen Offiziere, die für diesen Betrug den Waffenrock abgelegt haben.

Am 18. März lösten die Besatzer den Stadtrat von Bira und den Bürgermeister ab. An seiner Stelle fungiert nun ein israelischer Major. Am 20. März kam es zu einem neuerlichen Mordanschlag auf den Bürgermeister von Nablus, Bassam Shakaa. Während er vor dem Rathaus zu der versammelten Menge sprach, wurde auf ihn geschossen. Nur durch ein Wunder mißlang der neuerliche Anschlag. Die Menge brach in wütende

Sprechchöre aus. Weitere Schüsse, Tränengas waren die Antwort der Besatzer. Über die Städte Ramallah, Bira und Nablus wurde die Ausgangssperre verhängt.

Am 25. März 1982 erhielt Bassam Shakaa durch den Militärgouverneur die Mitteilung, er sei seines Amtes als Bürgermeister enthoben. Auch an seiner Stelle wurde ein israelischer Major eingesetzt. Am selben Tag wurde der Bürgermeister von Ramallah, Karim Khalaf, widerrechtlich abgesetzt. Beiden warf man vor, sie hätten sich mit der PLO identifiziert und ungesetzliche Handlungen begangen.»

Hans Lebrechts Artikel schloß mit den Worten: «Die Bürger von Nablus und anderen Städten des Westjordangebietes boykottieren die verlassenen Stadtverwaltungen, in denen sich israelische Offiziere als Bürgermeister produzieren wollen. Vergeblich sehen sich die israelischen Besatzungsbehörden nach Kollaborateuren um. Sie stoßen überall auf Bassam Shakaas.»

Die letzte Festung

Am 9. März 1978 traf Yasser Arafat zu einem offiziellen Freundschaftsbesuch in der DDR ein. Ralf Bergner war bereits Tage zuvor darüber informiert worden. Der Chef hatte ihn beauftragt, zur Vorbereitung dieses Besuches einen Artikel für die Zeitung zu schreiben. «Er muß aus dem üblichen Rahmen fallen, Aufmerksamkeit erregen. Laß dir was einfallen!»

Aber ihm fiel nichts ein, wenigstens nichts Außergewöhnliches. Doch dann begegnete er rein zufällig einem Berufskollegen im Presseclub. Ohne mit ihm ein Wort gesprochen zu haben, wußte er schlagartig, daß er nun seinen «Aufhänger» hatte. Die Geschichte war so außergewöhnlich und dabei so selbstverständlich, daß es eigentlich verwunderlich schien, daß sie bisher noch keiner aufgeschrieben hatte.

Klaus P., ebenfalls Journalist und Redakteur einer Wochenzeitschrift, war nach dem israelischen Überfall auf die arabischen Länder 1967 mehrfach im Libanon und in Syrien gewesen, wo Bergner ihn kennengelernt hatte. Besuche in palästinensischen Flüchtlingslagern, der Anblick all des Elends und der unsäglichen Bedingungen, unter denen die Menschen, vor allem die Kinder, dort lebten, hatte in ihm nicht nur Mitleid ausgelöst, sondern stärker noch den Wunsch, selbst zu helfen.

Seine Wochenzeitschrift hatte zur Solidarität mit den Kindern Palästinas aufgerufen. Von überallher kamen Zustimmung und Spenden auf das Solidaritätskonto. Doch Geld allein war noch keine spürbare Hilfe. Seine Kontakte, Freundschaften und auch alle offiziellen Wege ausnutzend, war es ihm gemeinsam mit nur wenigen Helfern gelungen, alljährlich eine große Ferienaktion für palästinensische Kinder zu organisieren: Jeden Sommer flog eine Maschine der Interflug mit Solidaritätsgütern nach Damaskus und kehrte mit Kindern aus Flüchtlingslagern in die DDR zurück. Umsorgt und ungefährdet verbrachten sie bei uns einige Ferienwochen. Natürlich hatte Klaus P. Hilfe und Unterstützung beim Solidaritätskomitee der DDR, bei der Interflug, bei zahlreichen Freunden gefunden, doch das Hauptproblem, die Unterbringung der Kinder, hatte ihm ein Betrieb abgenommen, von dem es zunächst niemand erwartet hätte: der VEB Kohlehandel Berlin. Bereitwillig stellte er seine Ferienlager und Betreuer zur Verfügung.

Klaus P., den Bergner als Menschen und glänzenden Journalisten schätzengelernt hatte, war es so dank dieser persönlichen Initiative gelungen, vielen Menschen in der DDR die Solidarität «erlebbar» zu machen.

Bergner stellte das in seinem Artikel heraus, forderte mehr solcher konkreten Beispiele, vergaß aber auch nicht die lange Liste von Solidaritätsaktionen, die Flugzeugsendungen von Medikamenten, Kleidung, Lebensmitteln aufzuführen, die nahezu regelmäßig vom Solidaritätskomitee der DDR nach Syrien oder in den Libanon geschickt wurden.

Er berichtete von palästinensischen Studenten, die in der DDR ausgebildet, von verwundeten Fedayin, die hier geheilt wurden, von Solidaritätsbasaren der Journalisten und Künstler, von Geldsammlungen der FDJ, von Festveranstaltungen und palästinensischen Ausstellungen und von Galerien, die Werke von DDR-Künstlern über das Schicksal der Palästinenser zeigten. Eine beeindruckende Bilanz, die verdeutlichte, wie tief die Solidarität mit dem palästinensischen Volk in der DDR verankert ist.

Sein Chefredakteur, der mit Zustimmung oder gar Lob sehr sparsam war, meinte zufrieden, als Bergner ihm den Artikel vorlegte: «Na bitte! Ich habe doch gewußt, daß du etwas von der Sache verstehst.»

Bergner, der mit anderen Aufgaben betraut war und sich zu seinem Leidwesen kaum um die Delegation der PLO kümmern konnte, hatte sich das Besuchsprogramm beschafft. Als er sah, daß für Sonntag, den 12. März, ein Besuch im Armeemuseum Potsdam geplant war, hängte er sich – unter Protest von Frau und Kindern – an die Journalistengruppe, die die Gäste begleitete. Bereitwillig räumten ihm die Kollegen im Pressefahrzeug einen Platz ein. Doch zur Fahrt kam es nicht. Am sehr frühen Sonntagmorgen, gegen 3 Uhr, rief der Chef vom Dienst bei Ralf Bergner an. «Wenn du noch etwas mit der Delegation machen willst, dann sei um fünf Uhr auf dem Flugplatz, Sonderteil.»

Verschlafen wollte er Fragen stellen, doch der andere bog sofort ab. «Fahr hin! Alles Weitere wirst du sehen», und hängte ein.

Im Wagen, vorsichtig auf die glitschig-nasse Straße achtend, grübelte Bergner über den Grund der plötzlichen Abreise nach, denn nur darum konnte es sich handeln. Es mußte mit der Lage im Libanon zusammenhängen. Seit Tagen hielten sich Spekulationen und Gerüchte, die einen israelischen Überfall auf den Südlibanon voraussagten. Doch solche Vermutungen hob sich Bergner für später auf. Viel wichtiger war es zu überlegen, wie sich die bevorstehende kurze Begegnung am besten journalistisch nutzen ließ.

Welche Fragen stellen? Was war das wichtigste, das Hauptproblem, die entscheidende Orientierung für die Zukunft? Welche Aspekte mußten dem Leser besonders deutlich gemacht werden?

Als Bergner schließlich in Schönefeld parkte, seine Journalistenkarte vorzeigte und zum Sonderteil ging, war ihm klar, was er fragen wollte.

Er hatte sich nicht getäuscht. Die Delegation reiste überraschend ab. Arafat hätte sichere Meldungen von einem bevorstehenden Überfall der Israelis auf den Libanon erhalten, klärte ihn einer der offiziellen Begleiter auf.

Es kam zu einem kurzen, improvisierten Gespräch zwischen Yasser Arafat und den Journalisten, das man wohl kaum als Pressekonferenz bezeichnen konnte.

Arafat dankte für die Gastfreundschaft. «Wir betrachten diesen Besuch als äußerst erfolgreich», sagte er dann und fuhr fort: «Unsere Standpunkte in diesen Gesprächen stimmten überein.» Die Journalisten fragten ihn nach seinen Eindrücken. Er dankte nochmals für die vielen Zeichen der Sympathie und Unterstützung für sein Volk.

Bergner, der sah, daß die Begleiter immer öfter nach der Uhr schauten, beeilte sich, Arafat zu fragen: «Herr Vorsitzender, Ihre Delegation hat zuvor die Sowjetunion besucht. Sie selbst haben am Freitag in Ihrem Toast hervorgehoben, daß die Sowjetunion und auch die DDR ‹in der ersten Linie der Verteidigung des Sozialismus und der progressiven Kräfte in Europa stehen und daß im Nahen Osten die PLO ebenso an vorderster Front des antiimperialistischen Kampfes aller progressiven Kräfte› steht. Könnten Sie dazu vielleicht noch einige Worte sagen.»

Arafat antwortet bereitwillig. «Wir haben zuvor ein Land besucht, dem das palästinensische Volk und die DDR gleichermaßen in tiefer Freundschaft verbunden sind: die Sowjetunion, das Land des großen Lenin. Die Beziehungen der UdSSR zur palästinensischen Bewegung beruhen auf den Prinzipien des großen Lenin. Das ist eine beständige und feste Grundlinie der Politik der Sowjetunion. Unsere Gespräche mit Leonid Breshnew, Andrej Gromyko und anderen Persönlichkeiten haben dem Kampf des palästinensischen Volkes neue Impulse gegeben.»

Yasser Arafat würdigte in diesem Zusammenhang erneut die Solidarität auch der anderen Staaten der sozialistischen Gemeinschaft und unterstrich: «Es bedeutet sehr viel, daß die Kräfte des Sozialismus die Sache des palästinensischen Volkes unterstützen.»

Dann war es auch schon höchste Zeit, daß die Delegation zur Maschine ging. Bergner war zufrieden, er hatte seinen Bericht für die nächste Nummer der Zeitung.

Alarmiert von der plötzlichen Abreise der Delegation, verfolgte er alle Meldungen über den Nahen Osten besonders aufmerksam; er befürchtete eine gefährliche Veränderung der Lage.

Und die trat auch ein. In der Nacht vom 14. zum 15. März 1978, einem Mittwoch, begannen die israelischen Truppen mit der Aggression auf den Südlibanon. Die Jahre des Bürgerkrieges im Libanon, die außenpolitischen Aktivitäten und auch Erfolge der PLO auf politisch-diplomatischem Gebiet wie auch die Unruhen und Aktivitäten des Widerstandes in den besetzten Gebieten hatten in dieser ganzen Zeit das Hauptfeld der Auseinandersetzungen überschattet: den geheimen Untergrundkampf der Fedayin in Israel selbst. Ein opferreicher Kampf, über den erst künftige Historiker werden Genaueres berichten können.

Die israelischen Militär- und Sicherheitsstellen hüten sich, Einzelheiten über die bewaffneten Aktionen von Fedayingruppen oder auch einzelnen Kämpfern zu berichten, würde das doch das Image des unbesiegbaren israelischen Staates beachtlich lädieren und der These von der nahezu völligen Vernichtung der palästinensischen «Terroristen» ins Gesicht schlagen.

Die palästinensischen Quellen veröffentlichen nur einen Teil oder schweigen darüber, um ihre Kämpfer im Untergrund nicht zu gefährden, ihre Stärke, Taktik und Methoden nicht aufzudekken, enden und endeten doch ohnehin viele Aktionen mit dem Tod der Kämpfer oder ihrem Verschwinden in israelischen Gefängnissen. Dennoch steht fest, daß die Fedayin in all den Jahren Hunderte von erfolgreichen größeren oder kleineren Operationen in Israel selbst durchgeführt haben. Sie haben israelische Patrouillen überfallen, Militärfahrzeuge unschädlich gemacht, Versorgungs- und Treibstofflager gesprengt, Telefon- und elektrische Leitungen unterbrochen und dem Gegner und seiner Militärmaschinerie auf viele andere Arten Schaden zugefügt, ihn verunsichert und vielfach seine Kräfte gebunden.

Ja, sie haben auch Bomben gelegt und Attentate ausgeführt. Und seltsam: Die spektakulärsten Attentate, über die westliche Gazetten breit und in großer Aufmachung berichteten, gelangen immer dann, wenn die Israelis einen Vorwand für eine ihrer Aggressionshandlungen gegen die arabischen Länder brauchten.

So war es auch diesmal, im März 1978, unmittelbar vor dem

Überfall auf den Libanon. Am 14. März 1978 wußte die französische Tageszeitung «Le Monde» von einem «Massaker und einer Menschenjagd ohnegleichen» zu berichten. Drei Tage zuvor waren angeblich elf PLO-«Terroristen» am Strand nahe von Tel Aviv gelandet, hatten zuerst einen harmlosen Badegast erschossen, dann einen Chauffeur, um sich dessen weißen Mercedes zu bemächtigen. Auf der Autostraße nach der israelischen Hauptstadt waren sie an einem Kibbuz einem Omnibus voller israelischer Touristen begegnet, hatten sofort darauf das Feuer aus ihren Maschinenpistolen eröffnet, zuerst den Chauffeur getötet, dann blindlings auf die flüchtenden, harmlosen Israelis geschossen, etliche getötet und so weiter, und so fort. Schließlich seien die «Terroristen» an einer Straßensperre gestellt und vernichtet worden.

Nichts fehlte an dieser «Story»: Weder die plastisch geschilderte «schreckliche Explosion» des Autobusses, noch die Beerdigung eines «kleinen fünfjährigen Opfers», noch die bei den «Terroristen» gefundenen «Papiere», die nachwiesen, daß die Aktion von Abu Jihad, dem Operationschef der Al-Fatah, geplant und befohlen war. Zugleich bewiesen die «Papiere», daß es die Absicht der «Terroristen» war, sich inmitten Tel Avivs eines großen Hotels zu bemächtigen, Geiseln zu nehmen und damit andere «Terroristen», darunter den Japaner (!) Ozo Okamoto, der wegen eines Terroranschlages auf den Flugplatz von Tel Aviv im israelischen Gefängnis saß, zu befreien.

Mußte der Leser nicht diese blindwütigen Mörder, denen es nur ums Töten ging, verabscheuen und hassen, wie die ganze palästinensische Organisation? Und geführt werde diese «Mörderbande» – der Artikel zitierte den israelischen Ministerpräsidenten Begin auf der sofort einberufenen Pressekonferenz – «von Yasser Arafat, diesem Mörder, dem die Vereinten Nationen Ovationen bereitet haben».

Die neben diesem Horrorbericht in der sonst zumeist recht seriösen «Le Monde» veröffentlichten beiden anderen Artikel deuteten denn auch zugleich auf Kommendes hin. Einer trug die Überschrift: «Absolut ungerechtfertigt», der andere die noch klarere Schlagzeile: «Die Palästinenser erwarten schwere Repressalien!»

Ralf Bergner sagten seine Erfahrungen, daß dabei der israeli-

Südlibanon 1982 – Angehörige der PLO in einer Stellung nahe der israelischen Grenze

sche Geheimdienst Schin Beth, der auf eine viel höhere Karte setzte, seine Hände im Spiel hatte.

Und so war es auch. Drei Tage, nachdem «Le Monde» die provokatorische Frage gestellt hatte: «Wo, wann und in welcher Form werden die Israelis zurückschlagen?», gaben diese selbst die Antwort: Sie begannen die bis dahin größte militärische Aggression auf libanesisches Gebiet.

Hatten sie sich zuvor mit einzelnen Vorstößen, mit «Säuberungsaktionen», wie sie es nannten, bei begrenztem Truppeneinsatz begnügt, so setzten sie diesmal etwa 30000 Mann ein, Infanterie, Panzer, Marine und auch die Luftwaffe. Sie überfielen die friedlichen Dörfer Südlibanons, bildeten an der Küste «Brückenköpfe», und ihre Flugzeuge bombardierten Straßen, Brücken und Ortschaften. Während die israelischen Panzer nach Norden vorrückten, flohen täglich 20000 Menschen, Libanesen und Palästinenser, aus ihren Heimatorten und Flüchtlingslagern vor den Raketen und amerikanischen Kugelbomben, die die israelische Luftwaffe einsetzte.

Die bewaffneten Kräfte der PLO und der progressiven libanesischen Bewegung setzten dem vorrückenden Aggressor erbitterten Widerstand entgegen, ohne die über das Land walzende israelische Kriegsmaschinerie zum Halten bringen zu können. Ihre zahlenmäßig kleinen Verbände waren auf Partisanenkampf, auf Einzelaktionen und den Untergrundkampf trainiert. Dem einzigen potentiell möglichen Gegner, der syrischen Armee, hüteten sich die Israelis, zu nahe zu kommen.

Bereits am ersten Tage erklärte der israelische Generalstabschef Mordekhai Gour, seine Truppen würden nicht zum Litanifluß im Norden vorstoßen. Was er nicht erwähnte, war die Tatsache, daß nördlich des Litani syrische Streitkräfte stationiert waren.

Auch am fünften Tag ihrer Aggression mußte die israelische Führung eingestehen, daß sie mit den einzelnen palästinensischen «Widerstandsinseln» noch nicht zu Rande gekommen war.

Dort kämpften Fedayin bis zur letzten Patrone gegen den technisch weit überlegenen Gegner. Ihr selbstaufopfernder Mut rettete das Gros der palästinensischen Kräfte im Südlibanon. Indem sie einen beachtlichen Teil israelischer Truppen banden, gelang es den anderen Einheiten, sich zumeist mitsamt ihren schweren Waffen nach Norden zurückzuziehen und jenseits des Litani neue Stellungen zu beziehen. So scheiterte die israelische Absicht, die Hauptkräfte der PLO im Süden des Libanon zu zerschlagen. Dennoch war die Bilanz erschreckend: Der Südlibanon war besetzt, 600000 Menschen wurden aus ihren Wohnstätten vertrieben, 82 libanesische Dörfer und sieben große palästinensische Flüchtlingslager vernichtet.

Die Weltöffentlichkeit schwieg nicht. Die sozialistischen Staaten, voran die Sowjetunion, verurteilten die israelische Aggression entschieden. In den meisten arabischen Hauptstädten wurden Stimmen des Protestes laut, man verlangte die Einberufung eines Gipfeltreffens, ohne jedoch die innerarabischen Probleme, unterschiedlichen Standpunkte und Motivationen verdecken zu können.

Auf Antrag der Regierung in Beirut befaßte sich der Sicherheitsrat der Vereinten Nationen mit der Aggression, und damit begannen sich länger hinziehende – da von imperialistischen und proimperialistischen Staaten bewußt verschleppte – Diskussionen, die schließlich in einem «Aktionsplan» des Generalsekretärs Waldheim gipfelten, der die Aufstellung einer vorübergehenden UNO-Streitmacht von 4000 Mann für den Südlibanon (FINUL) vorsah. Sie sollte den israelischen Rückzug und die Feuereinstellung überwachen. Doch bis dieser Plan Realität wurde – man blieb bei Finanzierungsfragen stecken –, vergingen über vier Wochen. Die Sowjetunion und die ČSSR hatten als Mitglieder des Sicherheitsrates gegen diesen Plan gestimmt und den bedingungslosen, sofortigen Abzug der israelischen Aggressoren gefordert.

Endlich, Mitte April 1978, sah sich Israel unter dem massiven Druck der fortschrittlichen Weltöffentlichkeit gezwungen, sich aus dem Süden des Libanon auf die alte Grenze zurückzuziehen.

Der erste Versuch, die Hauptkräfte der PLO im Libanon zu zerschlagen, war gescheitert.

Doch bereits zu diesem Zeitpunkt war gewiß, daß die israelische Führung ihre Pläne zur Liquidierung des palästinensischen Widerstandes nicht aufgegeben hatte. Sie zog ihre Truppen zurück und wartete auf eine neue, günstigere Gelegenheit. Sie wartete volle vier Jahre, ehe sie es wagte, zu einem neuen, dem, wie sie meinte, entscheidenden Schlag gegen die PLO auszuholen.

Inzwischen hatte sich nach Ansicht der aggressiven Kreise Israels die Lage sowohl im internationalen Maßstab als auch im regionalen Rahmen derart zu ihren Gunsten verändert, daß ihnen diesmal niemand in den Arm fallen würde. In Israel hatte der von Begin geführte reaktionäre Likud-Block im Juni 1981 erneut die Wahlen gewonnen. Doch was noch wichtiger war: Ägypten war endgültig aus der arabischen Front herausgebrochen worden, indem es am 26. März 1979 einen Separatfriedensvertrag mit Israel geschlossen hatte.

In den USA hatte Ronald Reagan am 20. Januar 1981 Jimmy Carter als Präsidenten abgelöst und die Ausweitung der amerikanischen Aggressionspolitik zur Grundlinie seines Handelns gemacht. Reagan war es dann auch, der Israel einen Blankoscheck zur unbegrenzten Unterstützung seines Expansionsstrebens ausstellte: Ende November 1981 gab er seine Zustimmung zum Abschluß eines Abkommens zwischen den USA und Israel auf strategischem Gebiet. Damit hatte die israelische Führung endgültig freie Hand bekommen. Sie wartete nur noch auf einen Anlaß, der ihr Vorgehen vor der Weltöffentlichkeit rechtfertigen sollte.

Als zu Beginn des Sommers 1982 palästinensische Widerstandskämpfer von südlibanesischem Territorium aus militärische Stellungen jenseits der Grenze auf israelischem Gebiet mit Raketen zu beschießen begannen, lief Tel Avivs Propagandamaschinerie an. Sie malte das Schicksal der «friedlichen Bewohner im Norden Israels» in den schwärzesten Farben und forderte «Rache» an den «Terroristen». Stoßtruppartige militärische Überfälle auf libanesisches Territorium und Luftangriffe auf Beirut heizten die Situation derart an, daß Libanon den Sicherheitsrat anrief, der seinerseits einstimmig – heuchlerisch gaben die USA ihre Stimme – die sofortige Einstellung dieser Angriffe forderte (Sicherheitsresolution Nr. 508).

Doch die israelischen Machthaber ließen sich davon nicht beeindrucken. Ihre Pläne standen fest, und sie wußten, daß sie ihr Bundesgenosse USA nicht im Stich lassen würde. In den Morgenstunden des 6. Juni 1982 schlugen sie zum zweitenmal gegen den Libanon los.

Ralf Bergner war inzwischen zum stellvertretenden Chefredakteur aufgerückt.

Dennoch hatte er – entgegen den Vorstellungen der Redaktion und den Wünschen seiner Frau – es nicht abgelehnt, noch einmal für einige Jahre in einem arabischen Land ein Korrespondentenbüro zu leiten.

Bergner rechnete mit Kairo oder Damaskus. Beirut, wohin er am liebsten gegangen wäre, fiel aus – das Büro dort war erst jüngst neu besetzt worden.

Monatelang rührte sich nichts. Bergners Frau, die keine sonderliche Lust hatte, ihre Arbeit an einem wissenschaftlichen Institut aufzugeben und mit den beiden Kindern, die sich inzwischen eingestellt hatten, erneut in der Welt herumzuziehen,

Mit massiven Luftangriffen auf Wohnviertel in Beirut und mehr als 20 weiteren Orten leitete Israel im Juni 1982 neue Aggressionen gegen Libanon ein

hegte bereits die stille Hoffnung, daß sich die Angelegenheit erledigt hätte.

Doch wie stets brach dann alles recht plötzlich über die Familie herein. Bergners Abreise sollte stehenden Fußes erfolgen, Frau und Kinder, die noch keine Ferien hatten, sollten nachkommen. Zur Enttäuschung Bergners war der neue Posten weder in Kairo noch in Damaskus, sondern in Tunis. Er schimpfte laut und lange – zu Hause; der Kaderabteilung gegenüber hielt er den Mund. Konnte er absagen, nur weil es nicht der Ort war, den er sich erhofft hatte? Als Genosse ging man dahin, wo man gebraucht wurde. Sehr schnell überdeckten journalistische Neugier und Freude auf für ihn arabisches Neuland den Ärger. Seine Frau zog Tunis ohnehin Kairo oder Damaskus vor. Sie hatte ihre Gründe.

In das überstürzte Kofferpacken hinein fiel der erneute Angriff auf den Libanon. Bergner sauste durch die Stadt, seine tausend Dinge zu erledigen, und klebte jede Minute am Radio: zu Hause, in der Redaktion, im Wagen.

Der neuerliche Überfall hatte nach den Worten des israelischen Premierministers Begin lediglich zum Ziel, die PLO-Fedayin 40 Kilometer von der nördlichen Grenze Israels zu vertreiben und es ihnen unmöglich zu machen, «friedliche Dörfer in Galilea» mit Raketen zu beschießen. Doch schnell zeigte sich, daß der israelische Vorstoß, der in drei Stoßkeilen – längs der Küste, in der Mitte des Landes und durch die Bekaa-Ebene – nach Norden erfolgte, eine ganz andere Absicht verfolgte: die Einschließung und Liquidierung des palästinensischen Widerstandes.

Bereits am 6. Juni, dem ersten Tag der Aggression, die die heuchlerische Tarnbezeichnung «Frieden für Galilea» trug, erklärte der israelische Verteidigungsminister Sharon: «Diesmal darf man den palästinensischen Kräften nicht wie 1978 gestatten zu entkommen. Die Terroristenorganisation muß zerschlagen, nicht nur zerstreut werden.»

Das Vorgehen der Israelis ließ bald erkennnen, daß es ihnen um die physische Vernichtung der Palästinenser zu tun war.

Die Israelis setzten nördlich von Tyr Luftlandetruppen ab, ihre Marineeinheiten beschossen die libanesische Küste, und

Der Aggressor führte mittels Fliegerkräften, Artillerie und Kriegsschiffen einen erbarmungslosen Ausrottungsfeldzug gegen Palästinenser und Libanesen

ihre Panzerkolonnen, die Hunderte von Panzern umfaßten, stießen immer weiter nach Norden vor. Bereits in den ersten Tagen wurde Saida eingeschlossen, fiel Tyr, dann Nabatiye und schließlich Beaufort-Castle, eine alte Kreuzritterfestung und eine wichtige, weil beherrschende Schlüsselstellung des palästinensischen Widerstandes.

Vergeblich forderten neue Resolutionen des Sicherheitsrates der Vereinten Nationen eine sofortige Feuereinstellung und den bedingungslosen Rückzug des Aggressors. Israel hielt sich nicht daran.

Die Panzerkolonnen der Invasoren stießen in wenigen Tagen über 80 Kilometer in libanesisches Territorium vor und erreichten die südlichen Vororte Beiruts an der Mittelmeerküste sowie an der Verbindungsstraße Beirut–Damaskus. Die israelischen Panzer bezogen Stellung im Beiruter Vorort Baabda, in dem sich der Palast des libanesischen Präsidenten befindet.

Doch insgesamt entwickelte sich die von Tel Aviv vorbereitete Operation zur Eroberung Libanons nicht so reibungslos, wie der Aggressor gehofft hatte. Das tiefe Eindringen in libanesisches Gebiet wurde vor allem möglich, weil die gut ausgebildete und bewaffnete Armee eine kolossale quantitative und technische Überlegenheit gegenüber den palästinensischen und national-progressiven libanesischen Verteidigern besaß.

Befestigte Punkte der Widerstandskämpfer, Dörfer, Straßenkreuzungen, Beobachtungsposten längs der Küste, Brücken und strategisch wichtige Objekte wurden im günstigsten Falle von 20 oder 30 Mann mit einigen Maschinengewehren und Bazookas verteidigt. Diese Männer besaßen zwar Mut, waren aber keine Berufssoldaten, vielmehr libanesische Studenten und Lehrer, Palästinenser, die in Flüchtlingslagern aufgewachsen waren. Sie konnten einen Landetrupp zurückschlagen, eine Einheit überraschend aufhalten, aber natürlich nicht Truppenteile oder viele Panzer zum Stehen bringen.

Dennoch zeigten die Verteidiger Libanons – das bezeugten selbst westliche Korrespondenten, die nicht mit ihnen sympathisierten – vom ersten Tag der Aggression an außerordentliche Ausdauer und großen Mut und gaben keine einzige Stellung, keinen Fußbreit Boden ohne Kampf auf. In den von Israel besetzten Gebieten entstanden spontan Partisanengruppen, die bereits in den ersten Tagen erfolgreiche Einsätze bei Nabatiye und Zahrani ausführten. Das israelische Oberkommando mußte schwere Verluste zugeben.

Am 14. Juni erreichten die israelischen Stoßkeile längs der Küste und im mittleren Gebiet das Vorfeld von Beirut. Sie vereinigten sich mit den christlichen Milizen im Ostteil und schlossen die Stadt ein. Ihre Panzerkolonnen machten Halt vor den Zugängen zum Westteil der Stadt.

Hätte sich die israelische Führung zur Okkupation des Westteiles entschlossen, so hätte sie dafür einen sehr hohen Preis bezahlen müssen. Die eng bebauten, dicht besiedelten Wohnviertel mit ihren schmalen Gassen boten keinen Raum für Panzermanöver. Zudem war jedes Haus, jeder Aufgang in diesem Viertel, in dem sich die Hauptquartiere der palästinensischen und libanesischen Organisationen befanden, eine Art Festung, von Sandsäcken geschützt und von schwerbewaffneten Posten bewacht.

Am 16. Juni begann die über zehn Wochen währende Blokkade der Stadt Beirut, in der nahezu 15000 palästinensische Widerstandskämpfer eingeschlossen waren.

Wenngleich die israelische Führung aus taktischen Überlegungen darauf verzichtete, die Stadt einzunehmen, gab sie doch ihr laut und zynisch verkündetes Hauptziel – die physische Vernichtung des palästinensischen Volkes – keineswegs auf. Tag und Nacht warfen israelische Flugzeuge Bomben auf die Stadt. Häuser stürzten ein, ganze Wohnviertel standen in Flammen. Kassetten- und Kugelbomben aus den USA töteten und verwundeten Tausende Zivilpersonen, Libanesen wie Palästinenser.

Am 3. Juli, dem Tag, an dem Ralf Bergner, Frau und Kinder noch zurücklassend, die Interflug-Maschine nach Tunis bestieg, begannen die Israelis die direkte Blockade von Beirut. Elektrizität und die Wasserversorgung wurden im Westteil gesperrt. Nahrungsmittel, Medikamente und Brennstoffe durften nicht mehr in die Stadt transportiert werden, die in ihrem Westteil etwa eine halbe Million Zivilisten beherbergte.

Das Bombardement ging weiter. Die Israelis benutzten alle Arten von Bomben, aber auch Phosphor und Giftgase. Um das Akar-Gebäude in Sanayeh in Westbeirut zu zerstören, brachten sie erstmalig eine neuartige Waffe, die Vakuum-Bombe, zum Einsatz.

Am 1. August 1982 bombardierte Israels Luftwaffe Beirut fünfzehn Stunden lang ununterbrochen, vom Land aus, von der Seeseite und aus der Luft. An diesem Tag gingen 200000 Geschosse auf die Stadt nieder, und 210 Luftangriffe wurden geflogen. An diesem Tag besetzten israelische Truppen den Flugplatz von Beirut.

Auf einer Pressekonferenz in Beirut sagte der Leiter einer Delegation des Internationalen Roten-Kreuz-Komitees, daß 600000 Libanesen auf der Flucht vor dem Aggressor ihre Heimstätten verlassen mußten. Die israelischen Piloten schossen ununterbrochen auf die Flüchtlinge – Frauen und Kinder wurden nicht geschont.

Trotzdem vermochte die 120000-Mann-Armee Israels ihre

Kämpfer der PLO und libanesische Patrioten bei der Verteidigung von Beirut

Hauptaufgabe nicht zu erfüllen, sie vermochte weder die palästinensische Widerstandsbewegung zu liquidieren, Beirut zu nehmen, noch die syrischen Truppen aus dem Libanon zu verdrängen.

Die in Beirut eingeschlossenen Kämpfer der PLO waren entschlossen, sich bis zum letzten zu verteidigen. Die Führung der PLO nutzte geschickt die Schwäche des Gegners. Dessen Kriegsmaschine war vor Beirut zum Halten gezwungen, weil sich der israelische Generalstab bewußt war, daß die Eroberung Westbeiruts angesichts des Todesmutes der Fedayin mit riesigen Verlusten an Menschen und Material verbunden sein würde. Zugleich wuchs international – dank der konsequenten Verurteilung der israelischen Aggression durch die Staaten der sozialistischen Gemeinschaft – der Druck auf Israel immer weiter an. Selbst die USA sahen sich gezwungen, sich in gewissem Maße von ihrem israelischen Bundesgenossen zu distanzieren. Präsident Reagan sandte Philip Habib als seinen persönlichen Sonderbeauftragten auf Tour in die arabischen Hauptstädte und nach Tel Aviv, um sich den Anschein eines Vermittlers zu geben.

In dieser Situation entschloß sich die PLO-Führung unter Yasser Arafat – entgegen der lautstarken Meinung einiger arabischer Extremisten –, nicht «in Ehren in Beirut unterzugehen und damit der ‹arabischen Revolution› ein strahlendes Vorbild zu geben», sondern sie erklärte sich kompromißbereit. Sie stimmte einem Abzug der Fedayin aus Beirut «in Ehren und Würde» zu, um so dem Gastland Libanon weitere unermeßliche Opfer zu ersparen.

Natürlich stellte die PLO dem vermittelnden USA-Beauftragten Habib ihre Bedingungen: Zustimmung zur Bildung und zum Einsatz einer multinationalen Truppe, jedoch Abzug der palästinensischen Einheiten erst, wenn diese Truppe aus 800 Amerikanern, 800 Franzosen und 100 Italienern in Beirut eingetroffen sei und die von den Palästinensern geräumten Stellungen übernehmen könnte. Außerdem forderte die PLO freies Geleit für ihre Fedayin, denen erlaubt sein sollte, ihre Handfeuerwaffen mitzunehmen.

Die Verhandlungen gerieten ins Stocken. Israel ergriff erneut die Gelegenheit. Zwischen dem 12. und 15. August führte es die bis dahin heftigsten Angriffe gegen Westbeirut. An einem Tag, dem 12. August, dauerte das israelische Bombardement ununterbrochen 11 Stunden an, und man zählte 220 Luftangriffe. Die Bilanz dieses einen Tages: 1500 Tote und Verwundete, 800 Häuser wurden zerstört.

Nach Presseveröffentlichungen schätzte man die Verluste dieser israelischen Aggression auf den Libanon auf 20000 Tote, 40000 Verwundete, 300000 Menschen wurden Flüchtlinge, 600000 verloren ihr Obdach. Einer UNICEF-Statistik zufolge wurden zwischen dem 4. Juni und dem 15. August 1982 allein in Westbeirut mehrere Tausend Kinder getötet oder verwundet.

Endlich, am 19. August, einem Donnerstag, kam es zu einer Einigung. Am 21. August sollte der Abzug der palästinensischen Fedayin aus Westbeirut zu den von der PLO-Führung festgelegten Bedingungen beginnen.

Wochen später hatte Ralf Bergner Gelegenheit, mit einem der PLO-Führer, Abu ali Nasser von der Volksfront und Mitglied dessen Militärkomitees, über die Entscheidung zum Abzug aus Beirut zu sprechen.

«Als unsere Führung aus humanitären Erwägungen die Evakuierung aus Beirut beschloß», antwortete ihm Abu ali Nasser auf seine Frage nach der Reaktion der Fedayin, «habe ich meine Kämpfer zusammengerufen und ihnen erklärt, daß die Libanesen sehr viel für die Palästinenser getan und auch viel geopfert haben, nun müßten auch wir Opfer bringen für sie, um ihr Leben und ihre Wohnstätten zu retten.» Und nach einer kurzen, verlegenen Pause setze Abu ali Nasser hinzu: «Die Beiruter Bevölkerung hat uns einen solchen Abschied bereitet, daß mir buchstäblich die Tränen in die Augen traten.»

«Thaura hata nasr! – Revolution bis zum Sieg!»

Mitte August 1982 war Ralf Bergner in Tunis einigermaßen eingerichtet. Eine große Wohnung war gemietet, zwei Räume davon als Büro vorgesehen. In einem der Zimmer ratterte mit beruhigender Gleichmäßigkeit endlich auch wieder der Fernschreiber, der am Tag zuvor angeschlossen worden war. Alles wirkte noch etwas leer, unbewohnt, weil viele Kleinigkeiten, aber vor allem die Frau und die Kinder noch fehlten. Die ersten Kontakte waren geknüpft, aber die Abende waren recht einsam – es blieb das Fernsehen.

Gewiß, das tunesische Fernsehen riß einen DDR-Bürger nicht gerade zu Beifallsstürmen hin, auch wenn er der arabischen Sprache mächtig war. Doch für Bergner bedeutete es viel, gerade in jenen Tagen auch durch ebendieses Fernsehen mit dem Weltgeschehen, wie man so schön sagt, verbunden zu sein. Gab es doch in jenem August 1982 für alle Massenmedien im arabischen Raum nur ein Spitzenthema: den Abzug der PLO-Kämpfer aus Beirut.

Bergner verfolgte das Hin und Her der Verhandlungen zwischen dem USA-Sonderbeauftragten Philip Habib und den Israelis, die die Welt glauben machen wollten, es bestünden zwischen ihnen «ernste, tiefgehende Meinungsverschiedenheiten». Im Grunde jedoch stimmten sie ihre Pläne, ihr Vorgehen bis ins einzelne ab.

Am Donnerstag, dem 19. August, gab das israelische Kabinett bekannt, daß es der endgültigen Fassung der von Habib ausgearbeiteten Vereinbarung über den Abzug der palästinensischen Kämpfer und ihrer syrischen Verbündeten aus Beirut zugestimmt habe.

Am Abend brachte das tunesische Fernsehen eine Stellungnahme der PLO, die von deren Sprecher Jamil Hilal verlesen wurde. Bergner, den Stenoblock auf den Knien, saß vor der Bildröhre und machte sich Notizen. «Wir wissen, daß die Zustimmung Israels zu dem Plan, der zwischen dem palästinensischen Widerstand und der libanesischen Regierung ausgehandelt wurde, die unabwendbare Konsequenz des heroischen Widerstandes und der Standhaftigkeit der vereinten Kräfte des palästinensischen Widerstandes und der libanesischen progressiven Bewegung ist.

Unsere Kommandos haben den israelischen Streitkräften schwere Verluste zugefügt, ungeachtet der großen Überlegenheit seiner Militärmaschinerie, seiner erbarmungslosen Angriffe auf Dörfer, Flüchtlingslager und Städte im ganzen Libanon und seiner brutalen Zerstörung Beiruts.

Israels Zustimmung ist zugleich auch das Ergebnis der internationalen Unterstützung der PLO und des auf Israel ausgeübten Druckes, der dazu führte, daß es von seinen eigenen anfänglichen Bedingungen abgehen und den von palästinensischer Seite gestellten Bedingungen zustimmen mußte.»

Am 21. August schließlich begann der ausgehandelte Plan Realität zu werden. Einen Tag darauf, einem Sonntag, übertrug das tunesische Fernsehen in einer längeren Sendung die ersten Bilder aus Beirut. Bergner, innerlich mehr mitgenommen, als er sich selbst zugestehen wollte, saß wieder allein in seiner großen Wohnung. Noch einmal erschienen auf dem Fernsehschirm Bilder der israelischen Angriffe auf die Stadt: Rauchsäulen wuchsen hinter den pastellfarbenen Fassaden der Hochhäuser empor, Detonationen rissen Erd- und Trümmerfontänen in den blauen Mittelmeerhimmel, Häusersilhouetten sanken wie von

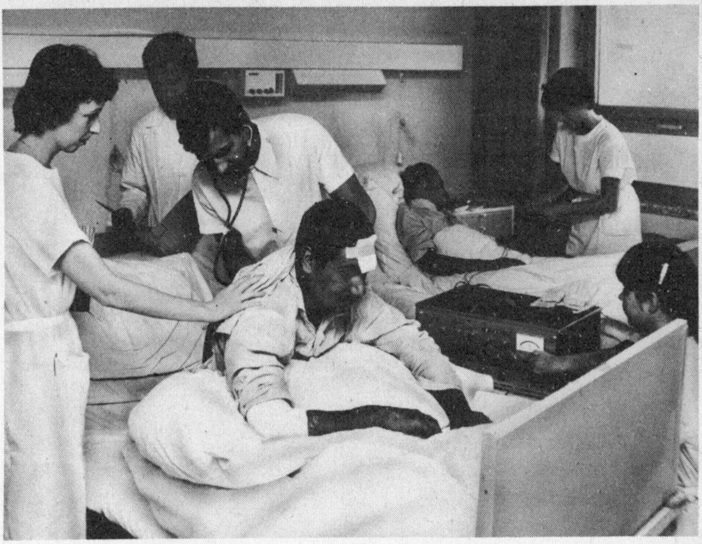

Die fortschrittliche Weltöffentlichkeit steht fest an der Seite des palästinensischen Volkes. Hier: Betreuung verwundeter Palästinenser 1982 in unserer Republik

Geisterhand berührt zusammen, israelische Jets zogen heulend am Himmel dahin, Flugabwehrgeschütze hämmerten, ein Krachen, Bersten und Dröhnen; pfeifend surrten Querschläger, dumpf dröhnten Abschüsse. Dann eine neue Einstellung: eine Straße, nein, das, was einst eine Straße gewesen war, Trümmerberge inmitten zusammengerutschter Ruinen, zerquetschte Autos, aufgerissene Behausungen, dazwischen Bergungstrupps mit weißen Mundtüchern – und zugedeckte Leichen. Klagende Frauen, Kinder mit entsetzt aufgerissenen Augen – menschliches Leid, das keines Kommentares bedurfte.

Bilder des Unterhändlers Habib im Gespräch mit Libanons Ministerpräsidenten Chafik Wazaan folgten.

Schließlich Aufnahmen vom beginnenden Abzug und die Stimme des Sprechers. «Die Stunden vor dem Abzug waren hektisch. Um 5.40 Uhr, das heißt 03.40 Uhr GMT, wurden 350 französische Marinesoldaten und Fallschirmjäger in Beirut gelandet und bezogen im Hafen Stellung.»

Großaufnahme! Französische Fallschirmjäger mit roten Baskenmützen, im Kampfanzug, die Maschinenpistolen schußbereit an den Hüften, die Gesichter finster, gespannt, martialisch. Sie gehen über einen breiten leeren Kai vor, im Hintergrund aufgestapelte Container und ausgebrannte Häuserfassaden.

Dann erneut die Stimme des Sprechers. «Es sind die Männer des 2. Regimentes der Fallschirmjäger der Fremdenlegion, die den Hafen besetzen. Jenes Regimentes, das als letzte Reserve 1954 über der Festung Dien Bien Phu in Vietnam absprang, das während des Algerienkrieges 4000 ‹Rebellen› tötete, 1978 die Europäer aus Zaires Hauptstadt Kolwezi ‹rettete› und heute zum französischen Äquivalent der US-amerikanischen Schnellen Eingreiftruppe gehört.»

«Friedensbringer, wahrhaftig!» sagte Bergner halblaut vor sich hin.

Dann: Hinter einem mit Sandsäcken erhöhten Erdwall stehen israelische Soldaten, die Hände in die Hüfte gestemmt, lachend; einige haben Ferngläser vor den Augen und beobachten die vorgehenden Franzosen.

Szenenwechsel. Die Fedayin der PLO besteigen indessen die Lastwagen, um ihre letzte Fahrt quer durch die zerstörte Stadt anzutreten. Die Kamera schwenkt über ein großes, von Menschen wimmelndes Stadion, rundum geschwärzte Häuserhüllen, durch Geschoßeinschläge zerrissene Betonfassaden.

Lastwagen rollen langsam durch trümmerübersäte Straßen. Großaufnahmen vom Fahrzeug aus: Meschenmassen zu beiden Seiten, winkende und weinende Frauen, tücherschwenkende Arme, tränenüberströmte Gesichter. Die Menschen rufen, schreien rhythmisch im Chor: «Wir werden uns nicht ergeben», singen: «Die Gewehre empor!», schwenken Transparente mit der Aufschrift: «Beirut ist stolz auf euch!»

Dann erstickt das Stakkato von Schüssen jeden anderen Laut, Tausende Maschinenpistolen schießen Salut in den Himmel. Beirut verabschiedet sich von den Fedayin – mit Gewehrgarben, Blumen, Tränen und Tausenden Bildern Yasser Arafats.

Es folgen Aufnahmen der Männer auf den Lastwagen. Strenge, ernste Gesichter unter den Kappen und Kopftüchern. Erhobene Arme mit zum Siegeszeichen gespreizten Fingern. Die

Fedayin tragen saubere, frisch gebügelte Uniformen, die Waffen glänzen. Alles läuft exakt, gut organisiert, in makelloser Ordnung. Laut skandieren sie: «Thaura hata nasr» – «Revolution bis zum Sieg!»

Auf der über 3 Kilometer langen Strecke vom Stadion zum Hafen werden sie mit Blumen und Reis überschüttet. Sieger verlassen die Stadt – nicht Geschlagene.

Unmittelbar am Fallreep eines Schiffes verabschieden Abu Jihad und Abu Walid das erste Kontingent der abziehenden Männer. Sie umarmen ihre Kameraden und küssen sie.

Zum Abschluß wieder die Stimme des Sprechers, während die Kamera das Ablegen des griechischen Transportschiffes «Sol Georgios» verfolgt. «Es sind dies heute die ersten 450 Fedayin, die nach Zypern gehen, um von da aus nach Jordanien und dem Irak weitergeleitet zu werden. Ihnen werden in den nächsten zwei Wochen schätzungsweise 15000 weitere Kämpfer der PLO und auch Syrier folgen, die alle in Beirut eingeschlossen waren. Sie werden sich auf acht arabische Länder verteilen.

Morgen oder übermorgen wird man mit der Evakuierung von 800 bis 1000 Fedayin auf dem Seeweg nach Tunis beginnen. Es werden dies zumeist Männer der großen Widerstandsorganisation Al-Fatah sein. Es wird damit gerechnet, daß der Vorsitzende der PLO, Yasser Arafat, ebenfalls zuerst nach Tunesien geht, doch bisher gibt es darüber noch keine Klarheit. Sicher scheint dagegen zu sein, daß in Zukunft das politische, militärische und verwaltungsmäßige Hauptquartier der PLO in Tunis sein wird.»

Und stolz schließt die Stimme, während auf dem Bildschirm das Porträt Bourguibas erscheint: «Unser Land wird die Helden des palästinensischen Widerstandes würdig empfangen.»

Es folgte der Wetterbericht – doch Ralf Bergner schaltete den Apparat ab. Lange noch saß er an diesem Abend allein in seiner leeren Wohnung. Beirut war keineswegs das Ende der PLO geworden, wie es die israelische Führung geplant hatte. Auch 120000 israelische Soldaten hatten es nicht geschafft, die PLO zu liquidieren.

Acht Tage nach diesem Abend kabelte Bergner folgenden Bericht an seine Presseagentur: «Am Sonntagmorgen, dem

28. August 1982, trafen von Zypern aus, wohin sie acht Tage zuvor gebracht worden waren, auf dem zyprischen Passagierdampfer ‹Sol-Thyrne› 1100 palästinensische Fedayin der Al-Fatah in Tunesien ein. Geleitet vom Zerstörer ‹Präsident Bourguiba›, einem Torpedoboot und einer Staffel Kampfflugzeuge machte die ‹Sol-Thyrne› im Hafen von Bizerta fest. Am Kai flatterten die Fahnen Tunesiens und der PLO. Präsident Bourguiba, umgeben von den Mitgliedern seiner Regierung, begrüßte die Kämpfer beim Verlassen des Schiffes.

Nach der Begrüßung, bei der eine Kompanie der tunesischen Armee den Palästinensern die offiziellen Ehren erwies, bestiegen diese Lastwagen, die sie in das für sie vorbereitete Militärcamp Oued Zarqa brachten, das etwa 100 Kilometer von Bizerta entfernt liegt.

Die Lastwagenkolonnen passierten Bizerta unter dem Jubel Tausender Einwohner, die sich kilometerweit längs der Straßen versammelt hatten, den Helden von Beirut zuwinkten und ihnen Blumen zuwarfen.

Auf einer improvisierten Pressekonferenz vor Abfahrt des Konvois sagte uns Abu Jihad, einer der führenden Männer in der PLO: ‹Betrachten Sie unseren Rückzug aus Beirut nicht als Niederlage. Wir haben Westbeirut geräumt, um weitere Verluste von Menschenleben an Zivilisten und weitere barbarische Zerstörungen zu verhindern. Wir werden weiterkämpfen, bis die Welt bereit ist, die palästinensische Tragödie wieder gutzumachen. Der militärische Kampf ist wichtig, doch es ist unser politischer Kampf, den Israel fürchtet. Aber wie dem auch sei, wie sehr sich die USA und Israel auch bemühen werden, das Bündnis zwischen der PLO und den progressiven Staaten, zwischen der PLO und der Sowjetunion und den anderen sozialistischen Ländern zu zerstören – sie werden scheitern.›»

Epilog

Der Abzug der PLO-Kampfeinheiten aus dem von israelischer Armee belagerten Beirut bedeutete keineswegs das Ende der PLO, wie es ihre Gegner erhofften, doch es war die letzte Periode einer Etappe ihres Kampfes, der mit dem berühmten Militärkommuniqué Nr. 1 1965 begonnen hatte. Vielleicht wird man das, was in Beirut zu Ende ging, später einmal in der offiziellen palästinensischen Geschichtsschreibung als die heroische oder auch als die Etappe des bewaffneten Kampfes bezeichnen.

Nach Beirut änderten sich sehr schnell äußere, aber auch die inneren Bedingungen des palästinensischen Widerstandskampfes. Eine Periode des Übergangs folgte, die sich über lange Jahre erstrecken sollte.

Es begann mit einem der grausigsten Kapitel der Geschichte des leidgeprüften palästinensischen Volkes. Am Abend des 16. 09. 1982, einem Donnerstag, drangen Angehörige christlicher Milizen in die inmitten dichtbesiedelter Wohngebiete der libanesischen Hauptstadt Beirut gelegenen Flüchtlingslager von Sabra und Shatila ein und ermordeten kaltblütig die Bewohner. Fast alle kampffähigen Männer hatten mit den abziehenden PLO-Einheiten die Stadt verlassen; es gab nur noch wehrlose alte Männer, Frauen und Kinder. Die israelischen Einheiten, die ja die christlichen Milizen zu ihren Verbündeten im Kampf gegen das palästinensische Volk zählten und die Zugänge zu den Lagern besetzt hielten, ließen die Mörder gewähren, denn angeblich suchten sie nur zurückgebliebene «Terroristen». Die schwer bewaffneten Extremisten schossen auf alles, was ihnen vor die Mündung ihrer Maschinenpistolen kam. Das Massaker dauerte 40 Stunden, bis zum Samstagmorgen. Die Israelis, informiert von dem, was in den Lagern vor sich ging, griffen nicht ein. Noch Jahre später kannte man nicht genau die Zahl der Opfer. Nahezu alle Quellen sind sich jedoch einig, daß über eintausend Menschen ermordet wurden. Ein gutes Viertel davon waren Frauen unter fünfzig Jahren, ein weiteres Viertel Kinder, vom Baby bis zu Halbwüchsigen, die andere Hälfte waren alte Menschen – wehrlos hingeschlachtet, Opfer einer blinden, schrecklichen, ohnmächtigen Rache.

Das Massaker rief in der ganzen Welt Empörung hervor. Selbst in Israel löste es einen Schock aus. Die Knesseth sah sich gezwungen, eine Untersuchung einzuleiten, deren Ergebnis in dem die Ereignisse untertreibenden Kahane-Report im Februar 1983 endlich vorlag. Der israelische Verteidigungsminister Sharon mußte gehen, doch die Toten machte keiner wieder lebendig.

In den Reihen der PLO entbrannten heftige Auseinandersetzungen. Unterstützten die einen die Taktik Arafats, der mit dem Rückzug aus Beirut ein sinnloses Hinschlachten der Palästinenser verhindert und die Bewegung so als Ganzes durch einen Kompromiß gerettet hatte, verurteilten ihn andere deswegen und klagten ihn und die gesamte Führung des Verrats und des Kapitulantentums an. Eine linksextremistische Gruppierung bildete sich heraus.

In dieser für die palästinensische Bewegung so schwierigen Periode wurde deutlich, daß keineswegs alle arabischen Staaten, die seit Jahren immer wieder verkündet hatte, fest an der Seite der PLO zu stehen, die palästinensische Sache selbstlos unterstützten, sondern deren momentane Lage für ihre eigenen Interessen auszunutzen suchten.

Von einer Seite wurde die Führung der PLO sogar angeklagt, Verrat am eigenen Volk begangen zu haben, weil sie nicht befohlen hatte, bis zum letzten Mann in Beirut zu kämpfen und mit ihrem Untergang ein «Fanal der palästinensischen Revolution» gesetzt hätte. Von seiten anderer Staaten bemühte man sich, die linksextremistischen Kräfte in der PLO zu einer Gegen-Arafat-PLO aufzubauen, um sich so die Dominanz über die ganze Bewegung zu sichern.

Während die Führung der PLO, das großzügige Angebot der tunesischen Regierung akzeptierend, ihr neues Hauptquartier in Tunis aufschlug und von tunesischer Seite alle Unterstützung genoß, wurden die aus Beirut evakuierten PLO-Kämpfer in der Mehrzahl der arabischen Länder, die sie aufgenommen hatten, in ihrer Bewegungsfreiheit begrenzt und streng kontrolliert. Man wollte angeblich keinen Ärger haben mit den Palästinensern. Gefördert wurden diese die weitere politische Profilierung der PLO hemmenden Tendenzen durch die stark voneinander abweichenden Vorstellungen einzelner arabischer Regierungen über die Lösung des Nahostkonfliktes und seines Hauptproblems, die Palästinafrage.

Auch der Imperialismus glaubte die Gunst der Stunde nutzen und seine Vorstellungen von der Nahostkrise angesichts der momentanen Schwächung der PLO durchsetzen zu können. Am 1. September 1982 verkündete der amerikanische Präsident Ronald Reagan neue Vorschläge zur Lösung des Nahostkonfliktes, die man später als «Reagan-Plan» bezeichnen sollte. Reagan wandte sich einerseits zwar gegen eine Annexion der von Israel besetzten Gebiete und billigte den Palästinensern eine «Selbstregierung» zu, lehnte aber andererseits einen eigenen, unabhängigen palästinensischen Staat ab. Die Stoßrichtung eines weiteren recht unklar formulierten Vorschlages, der von «Selbstregierung der Palästinenser in Verbindung mit Jordanien» sprach, ließ seine Sprengkraft für die palästinensische Bewegung zu jenem Zeitpunkt 1982 noch nicht so klar erkennen, sollte sich jedoch in den kommenden Jahren immer deutlicher zeigen.

Gewissermaßen als vorweggenommene Antwort auf Reagans Plan formulierten die arabischen Staatsoberhäupter auf einem Gipfeltreffen im August 1982 in der marokkanischen Stadt Fes ihren Standpunkt zur Lösung des Palästinaproblems. Das Kommuniqué von Fes sah in der PLO den einzigen rechtmäßigen Vertreter des palästinensischen Volkes und trat für die Schaffung eines unabhängigen palästinensischen Staates auf der Westbank und im Gazastreifen ein, zugleich wurde diese Forderung jedoch wieder abgeschwächt, indem das Kommuniqué auch eine Art Konföderation mit Jordanien für möglich hielt. Wichtig jedoch war, daß die arabischen Staaten in diesem Dokument erstmals ein Interesse an einer politischen, d. h. friedlichen Regelung des Nahostkonfliktes einstimmig dokumentierten. Zum Tragen kam dieser Kompromißvorschlag indessen nicht. Die arabischen Staaten ließen ihrer Erklärung keinerlei praktische Maßnahmen folgen.

Israel baute auf die Probleme innerhalb der PLO und die Tatenlosigkeit der arabischen Staaten; es lehnte den Fes-Plan rundheraus ab.

Es waren die inneren Auseinandersetzungen in der PLO, die zuerst zum Tragen kamen.

Im Libanon waren nach dem Abzug der PLO aus Beirut 500000 Palästinenser verblieben, die in Lagern lebten. Nach wie vor gab es dort viele versteckte Waffen. Nach und nach kamen auch auf geheimen Wegen immer mehr von den evakuierten Kämpfern heimlich wieder nach Libanon zurück. Sie wollten nicht in ihrer Bewegung eingeengt, beiseite geschoben und vom Kampf um ihre Heimat weit entfernt tatenlos herumsitzen. Zugleich hatte der Abzug eine tiefgehende psychologische Wirkung auf die palästinensischen Massen im Libanon gehabt. Pessimismus hatte sich in der Bewegung verbreitet, Hoffnungslosigkeit war nicht selten anzutreffen – ein günstiger Nährboden für das Anwachsen ultralinker, terroristischer Tendenzen.

Im Verlaufe des Jahres 1983 begann die bald von einigen arabischen Staaten unterstützte ultralinke Gruppierung in immer stärkerem Maße Druck auf die PLO-Führung und besonders auf Yasser Arafat auszuüben. Im Libanon kam es, von den Israelis mit unverhohlener Genugtuung beobachtet, zu bewaffneten Zusammenstößen in der Bekaa-Ebene und im Nordlibanon zwischen PLO-Kampfeinheiten. Es gab Verwundete und Tote.

Meuternde Einheiten unter Abu Saleh und Abu Musa drängten die im Norden des Libanon stationierten Arafat-treuen PLO-Verbände auf die Stadt Tripoli zurück und schlossen sie dort ein. In mehrwöchigem, mörderischem Bruderkampf versuchten die Einheiten unter Abu Musa, Arafats Anhänger zu liquidieren und insbesondere der Person Arafats habhaft zu werden und ihn zu zwingen, von der Führung der PLO zurückzutreten. Sie klagten ihn des «Kapitulantentums» und der «Komplizenschaft mit den USA und Israel» an.

Die entschlossene Haltung der sozialistischen Staaten, insbesondere der Sowjetunion, im Hinblick auf die Wahrung der Einheit der PLO und Respektierung der von den Palästinensern demokratisch gewählten Führung sowie der Druck einiger arabischer Länder auf arabische Staaten, die Abu Musa offen unterstützten, ermöglichten nach langen Verhandlungen Mitte Dezember 1983 den Abzug der PLO-Einheiten unter Yasser Arafat aus der nordlibanesischen Stadt Tripoli.

Wenn die Meuterer auch ihr unmittelbares Ziel nicht erreichten, so führten doch die gegen Arafat erhobenen Vorwürfe in der PLO selbst zu weiteren Auseinandersetzungen. Dabei ging es nicht nur um die Bewertung der Beiruter Ereignisse, sondern auch um die Taktik des künftigen Kampfes.

Jahre heftiger innerer Auseinandersetzungen folgten, die die Bewegung mehrfach an den Rand des offenen Auseinanderbrechens brachten. War es bisher vor allem die Linie des bewaffneten Kampfes gewesen, auf die sich die Übereinstimmung innerhalb der Führung der PLO gegründet hatte, so traten zentrifugale Tendenzen in dem Augenblick auf, da sich diese vorrangige Orientierung auf den militärischen Kampf als immer weniger erfolgreich, immer weniger wirkungsvoll zeigte. Außerdem versuchten einzelne Teilorganisationen unterstützende Kräfte außerhalb der PLO die Situation verstärkt für ihre jeweiligen Interessen auszunutzen und die Bewegung für ihre Ziele einzuspannen.

Extremistische Gruppen entführten das italienische Passagierschiff «Achille Lauro» und ließen den Terrorismus als Kampfmethode wieder aufleben. Die Israelis antworteten darauf im Oktober 1985 mit einem Bombenangriff auf das Hauptquartier der PLO in Tunis. Im Libanon begannen bewaffnete Kämpfe zwischen schiitischen Amal-Milizen und palästinensischen Einheiten um die Flüchtlingslager. Die von einigen arabischen Staaten nun offen betriebenen Spaltungsversuche der PLO ließen zwei Lager entstehen. Arafat begann mit Jordanien zu verhandeln. Es kam im Februar 1985 zur sogenannten Vereinbarung von Amman, die einen sehr weitgehenden Kompromiß darstellte und in Richtung auf eine künftige Konföderationslösung mit Jordanien orientierte. In der Führung der PLO kam es zu heftigem Widerstand gegen derartige Pläne. Schließlich mußte Arafat die Verhandlungen mit Amman abbrechen. König Hussein schloß die PLO-Büros und verbannte die Bewegung ein weiteres Mal aus Jordanien.

Angesichts dieser nicht nur die Einheit, sondern die Existenz der PLO überhaupt gefährdenden Entwicklung mehrten sich indessen die Stimmen, die für eine unbedingt notwendige Festigung der Bewegung eintraten und nach Wegen zu deren Verwirklichung suchten. Einen gewichtigen Fürsprecher fand diese Tendenz in der 1982 gegründeten Palästinensischen Kommunistischen Partei, die zwei Aufgaben ins Zentrum ihres politischen Kampfes stellte: Festigung der Einheit der PLO und Konzentrierung auf die Mobilisierung und Organisierung der palästinensischen Massen. In den besetzten Gebieten erblickten die palästinensischen Kommunisten das Hauptkampffeld der kommenden Etappe. In den dort lebenden Palästinensern sah die PKP nicht nur ein gewaltiges, jedoch noch unorganisiertes Widerstandspotential, sondern auch die eigentlichen Akteure der künftigen Kämpfe. Deshalb konzentrierten die Kommunisten sofort ihre ganze Aktivität auf die besetzten Gebiete. Nach und nach fanden diese Positionen immer mehr Anhänger. Nicht zuletzt deshalb, weil sich im internationalen Rahmen, durch die weltweite Friedensoffensive der Sowjetunion und die zunehmende Flexibilität ihrer Außenpolitik günstigere Möglichkeiten für eine politische Lösung des Nahostkonfliktes zu eröffnen begannen.

Im Juli 1984 unterbreitete die Sowjetunion zur Lösung des Nahostkonflikts ein 6-Punkte-Programm. Darin war erstmals der Vorschlag zur Einberufung einer internationalen Nahostkonferenz enthalten, die unter der Schirmherrschaft der Vereinten Nationen stehen sollte. In den folgenden Monaten und Jahren gewann dieser Vorschlag zunehmend internationale Unterstützung. Die Sowjetunion und die anderen sozialistischen Staaten waren bereit, auf einer derartigen Konferenz ihr ganzes internationales politisches Gewicht in die Waagschale zu werfen und so den Kampf des palästinensischen Volkes um sein Selbstbestimmungsrecht zu unterstützen. Eine solche Konferenz konnte jedoch nur Erfolg haben, wenn die PLO, die als alleiniger Repräsentant des palästinensischen Volkes daran teilnehmen sollte, geeint auftrat und die Massen in den besetzten Gebieten geschlossen hinter dieser Bewegung standen.

Realistische Kräfte in der PLO, besonders die Vertreter der Palästinensischen Kommunistischen Partei, entfalteten in den Jahren 1985 und 1986 eine breite Aktivität, um durch die Festigung der Einheit die Voraussetzung für eine derartige Konferenz zu schaffen. Es gab zahlreiche bi- und multilaterale Treffen der verschiedenen Fraktionen und Tendenzen. Es gab Dialoge, Erklärungen, Auseinandersetzungen – und auch Rückschläge. Doch schließlich im Frühjahr 1987 konnte man die lange Phase der klärenden Auseinandersetzungen als abgeschlossen betrachten.

Im April 1987 fand nach mehrfacher Verschiebung in Algier die 18. Tagung des Palästinensischen Nationalrates statt. Yasser Arafat wurde erneut zum Vorsitzenden des Exekutivkomitees gewählt. Die Demokratische Front und auch die Volksfront erklärten sich bereit, wieder in der Führung mitzuarbeiten, die sie verlassen hatten wegen Arafats Verhandlungen mit König Hussein. Die Palästinensische Kommunistische Partei wurde offiziell als Teilorganisation anerkannt und einer ihrer Vertreter in das Exekutivkomitee der PLO aufgenommen. Die Delegierten des Kongresses unterstützten den Vorschlag der Sowjetunion und orientierten ebenfalls auf die Einberufung einer internationalen Nahostkonferenz. Sie forderten die Teilnahme der PLO als einziger Repräsentantin des palästinensischen Volkes. Spalterischen Tendenzen wurde eine Abfuhr erteilt. Ein entscheidender Schritt zur Wiederherstellung der Einheit der PLO und zu ihrer erneuten Aktivierung war getan.

Auch im Verhältnis der PLO zur Gesamtheit der arabischen Staaten zeichnete sich eine Wende ab. Der 18. Nationalkongreß nahm die Beschlüsse des arabischen Gipfels von Fes von 1982 als Grundlage für die Erarbeitung einer mit der Mehrheit der arabischen Staaten abgestimmten Politik. Auf Spaltung der PLO hinarbeitende Staaten gerieten in die Isolierung.

Diesen Beschlüssen Rechnung tragend, betonte eine Gipfelkonferenz der arabischen Staatsoberhäupter im November 1987 in Amman erneut die Notwendigkeit, eine politische Lösung der Probleme des Nahen Ostens herbeizuführen, und unterstützte einmütig und ohne Einschränkung den sowjetischen Konferenzvorschlag.

Wenn es noch einer Bestätigung bedurft hätte, um zu demonstrieren, daß die Periode der Auseinandersetzungen und mangelnden Orientierung der PLO wirklich zu Ende gegangen war, so wurde sie Ausgang des Jahres 1987 und zu Beginn 1988 in den besetzten Gebieten gegeben. Scheinbar aus heiterem Himmel, den Tod eines jungen Mädchens, das von einem israelischen Militärfahrzeug mutwillig überfahren worden war, zum Anlaß nehmend, brandete in den besetzten Gebieten im November 1987 plötzlich eine Welle von Demonstrationen und Protesten auf. Das israelische Militär antwortete mit verschärfter Unterdrückung. Allein in den ersten acht Tagen fielen dem Militärterror mehrere Menschen zum Opfer, und man zählte viele Verletzte. Doch das war nur der Anfang. Wie ein Steppenfeuer breitete sich der Aufstand aus und ging in eine allgemeine Volkserhebung über. Zuerst scheinbar spontan und planlos, zeigte sich bald, daß die Erhebung von unsichtbaren Kräften immer besser organisiert und geleitet wurde. Nichts bewies das mehr als die Tatsache, daß auf Weisung der Führung der PLO von den Demonstranten an keinem Ort Schußwaffen verwendet wurden, obwohl es deren in den besetzten Gebieten noch zur Genüge gibt. Die palästinensischen Massen führten einen unbewaffneten aber machtvollen politischen Kampf, sie nutzten geschickt ihre wirksamsten Mittel: Massendemonstrationen und die Waffe des Streiks. So legte am «Tag des Friedens» am 21. Dezember 1987 ein vierundzwanzigstündiger Generalstreik die gesamten besetzten Gebiete lahm. Eine neue Etappe des Kampfes des palästinensischen Volkes war angebrochen. Sie begann unter günstigen Zeichen, denn die Massen gingen mit gestärktem Selbstbewußtsein in den Kampf. Die Einheit der PLO, ihrer Kampforganisationen, war wiederhergestellt.

Im November 1988 fand in Algier eine weitere Tagung des Palästinensischen Nationalrates statt. Auf ihr wurden Beschlüsse von historischer Tragweite gefaßt, wurden Weichen gestellt in Richtung einer konkreten Regelung der Palästinafrage. Mit der Ausrufung des Palästinastaates und der Anerkennung aller diesbezüglichen Beschlüsse und Resolutionen des Sicherheitsrates und der Vollversammlung der Vereinten Nationen gelang es der PLO, weltweit in die politische Offensive zu kommen. Es wurde ein politisches Programm angenommen, das von den Realitäten der heutigen Welt ausgeht, das dem Streben des palästinensischen Volkes nach Unabhängigkeit und Eigenstaatlichkeit ebenso Rechnung trägt wie den Forderungen Israels nach sicheren Grenzen und Anerkennung seiner Existenzberechtigung.

Als PLO-Führer Arafat im Dezember 1988 erneut vor dem Forum der UN-Vollversammlung auftrat, war die Periode zwischen Attentat und UNO für die PLO endgültig zu Ende gegangen. Mag es in Zukunft auch noch einzelne Attentate ewig gestriger oder verzweifelter Extremisten geben, die Lösung der Palästinafrage wird unter der Schirmherrschaft der UNO im Rahmen einer Internationalen Nahostkonferenz unter Teilnahme der PLO und Israels erfolgen. Der Druck der Weltgemeinschaft ist heute so stark geworden, daß sich auch die USA und andere führende imperialistische Mächte nicht mehr den Forderungen nach einer gerechten politischen Lösung des Palästinaproblems auf dem Verhandlungswege und unter Einbeziehung der PLO entziehen können. Und auch in Israel selbst mehren sich die Stimmen der Vernunft und des Realismus.

Wie die künftige Entwicklung sich auch immer gestalten mag, welche Rückschläge und Schwierigkeiten es auch noch geben wird, am Ende des Weges wird die Verwirklichung des Selbstbestimmungsrechts des palästinensichen Volkes stehen, der unabhängige Palästinastaat.

Zeittafel (Auswahl)

1517–1920	Palästina ist Teil des Osmanischen Reiches
1918, 2. November	Balfour-Deklaration
1920	Konferenz von San Remo überträgt Großbritannien das Mandat über Palästina
1919, März	Gründung der Sozialistischen Arbeiterpartei Palästinas (ab Oktober 1919 Kommunistische Partei Palästinas)
1919–1921	Aufstände in Palästina gegen die nationale Unterdrückung
1929	Bauernaufstand in Palästina
1936–1939	Erhebung des palästinensischen Volkes gegen die britische Kolonialmacht
1942, Juni	Biltmore-Programm des politischen Zionismus
1945, 22. März	Gründung der Liga der Arabischen Staaten in Kairo
1947, Frühjahr	Britische Regierung verweist das Palästinaproblem an die UNO
29. November	UNO-Vollversammlung beschließt Gründung von zwei Staaten auf dem Boden Palästinas
1947–1948, Mai	Haganah verstärkt ihre Terrorpolitik gegen die Araber
1948, 14. Mai	Gründung des Staates Israel
1948, Mai – 1949, Frühjahr	Erster israelisch-arabischer Krieg
1948	Gründung der Arabischen Nationalistischen Bewegung (ANM) durch George Habasch
1952	Ägypten erkämpft seine Unabhängigkeit
1955, Februar/März	Schwere israelische Übergriffe auf den Gazastreifen

1956, 26. Juli	Ägypten verstaatlicht die Suezkanalgesellschaft
29. Oktober	Israelische Aggression auf der Sinaihalbinsel
31. Oktober	Großbritannien und Frankreich greifen auf der Seite Israels in die Aggression gegen Ägypten ein
5. November	Die Regierung der Sowjetunion fordert die Aggressoren nachdrücklich zur Beendigung der Kriegshandlungen auf
1958	Gründung der Al-Fatah in Kuweit
1964, 13.–16. Januar	1. Gipfelkonferenz Arabischer Staatsoberhäupter in Kairo
28. Mai–2. Juni	1. Palästinensischer Nationalkongreß in Jerusalem. Gründung der PLO
1965, 1. Januar	Kommuniqué Nr. 1 (Beginn des bewaffneten Kampfes der PLO)
Ende Januar	Politisches Manifest der Al-Fatah
1966	Gründung der As-Saika
1967, 5.–11. Juni	Israelische Aggression gegen Ägypten, Syrien und Jordanien
22. November	UNO-Sicherheitsrat verabschiedet Resolution 242
8. Dezember	Gründung der «Volksfront» unter Dr. George Habasch
1968, Januar	Palästinensische Nationalcharta
21. Mai	Überfall der israelischen Armee auf das Flüchtlingslager Karameh
1969, 1.–7. Februar	5. Palästinensischer Nationalkongreß in Kairo. Yasser Arafat wird zum Vorsitzenden des neuen Exekutivkomitees gewählt
Februar	Gründung der Demokratischen Front durch Naif Hawatmeh
1970, Juni	USA-Staatssekretär William Rogers verkündet sogenannte Friedensinitiative für den Nahen Osten
9. Juli	Attentat auf den jordanischen König Hussein
17. September	Beginn der Angriffe der jordanischen Armee auf die Stellungen der PLO in Jordanien (Schwarzer September)
27. September	Ein Treffen arabischer Staatsoberhäupter beendet die Auseinandersetzung in Jordanien

28. September	Ägyptens Präsident Nasser stirbt an einem Herzinfarkt
1971, 13.–17. Juli	Jordaniens Armee beseitigt die letzten Stützpunkte der PLO in Jordanien
1973, Frühjahr	Gründung der Palästinensischen Nationalen Front in den besetzten Gebieten
10. April	Israelische Stoßtrupps ermorden in Beirut drei führende Mitglieder der PLO (Kamal Nasser, Kamal Adwan, Jussuf an-Nadschar)
August	Teilnahme einer Delegation der PLO unter Leitung Yasser Arafats an den X. Weltfestspielen in Berlin
17. August	Die DDR unterzeichnet ein Abkommen über die Einrichtung einer ständigen Vertretung der PLO in Berlin
Oktober	Nationaler Befreiungskrieg Ägyptens und Syriens gegen Israel
1974, Juni	12. Palästinensischer Nationalkongreß in Kairo
31. Juli	Delegation der PLO unter Leitung Arafats in der Sowjetunion
13. November	Rede Yasser Arafats vor der UNO-Vollversammlung in New York
1975, 13. April	Beginn des Bürgerkrieges im Libanon
1976, 15. Mai	Sadat kündigt den Freundschaftsvertrag mit der Sowjetunion
31. Mai	Einmarsch der syrischen Armee in den Libanon
16. Oktober	Beendigung des libanesischen Bürgerkrieges
1977, 16. März	Ermordung Kamal Djumblats
2. Oktober	Sowjetisch-amerikanische Nahosterklärung
19.–20. November	Ägyptens Präsident Sadat besucht Israel
1977, 3.–4. Mai	Treffen von Vertretern der PLO und der KP Israels in Prag
1978, 17. September	Unterzeichnung der Abkommen von Camp David
1978, 9.–12. März	Delegation der PLO unter Leitung Arafats weilt zu offiziellem Freundschaftsbesuch in der DDR
15. März	Beginn des israelischen Überfalls auf den Libanon
April	Rückzug Israels aus dem Libanon

1980, 26. September	Treffen Yasser Arafats mit einer Delegation israelischer Knesseth-Abgeordneter in Sofia
1982, Februar	Gründungsmanifest der Palästinensischen Kommunistischen Partei
6. Juni	Israelische Aggression gegen den Libanon
14. Juni	Die israelischen Truppen stehen vor Beirut; Beginn der Blockade der Stadt
21. August	Abzug der Kampfeinheiten der PLO aus Beirut
August	Auf einem Gipfeltreffen arabischer Staatsoberhäupter wird der sogenannte Fes-Plan zur Lösung des Nahostkonflikts beschlossen
16.–18. September	Angehörige christlicher Milizen dringen in die palästinensischen Flüchtlingslager Sabra und Shatila in Beirut ein und ermorden über 1000 Menschen
1984, Mai	Kämpfe der schiitischen Amal-Bewegung gegen die PLO-Einheiten um die Flüchtlingslager der Palästinenser im Libanon; Beginn des sogenannten Lagerkrieges
Juli	6-Punkte-Programm der Sowjetunion zur Lösung der Probleme des Nahen Ostens. (Enthält den Vorschlag zur Einberufung einer internationalen Nahostkonferenz unter Schirmherrschaft der Vereinten Nationen.)
1985, 11. Februar	Arafat und König Hussein schließen die «Vereinbarung von Amman» ab, die am Vorabend der 18. Tagung des Palästinensischen Nationalrates aufgekündigt wird
Mai	Erneute Kämpfe um die Flüchtlingslager im Libanon zwischen Amal und Palästinensern
1. Oktober	Israelischer Luftangriff auf das Hauptquartier der PLO in Tunis
1986, Februar	Beendigung der Kämpfe um die Flüchtlingslager im Libanon
Herbst	Protestdemonstrationen von Palästinensern auf der Westbank und in Jerusalem werden von israelischem Militär brutal niedergeschlagen
1987, 20.–25. April	18. Tagung des Palästinensischen Nationalrates in Algier. Wiederherstellung der Einheit der PLO. Offizielle Anerkennung der Palästinensi-

	schen Kommunistischen Partei als Teilorganisation. Unterstützung des sowjetischen Vorschlages für eine internationale Nahostkonferenz
8. Dezember	Beginn der allgemeinen Volkserhebung der Palästinenser in den von Israel besetzten Gebieten (Westbank und Gazastreifen)
November	Gipfelkonferenz der arabischen Staatsoberhäupter in Amman. Unterstützung des sowjetischen Vorschlages für die Einberufung einer internationalen Nahostkonferenz unter Schirmherrschaft der UNO
1988, 15. November	Der Palästinensische Nationalrat proklamiert auf einer Sondertagung in Algier die Gründung eines unabhängigen Staates in den von Israel besetzten Gebieten.

Inhaltsverzeichnis

DM 6,80 A

DM 6,80 A

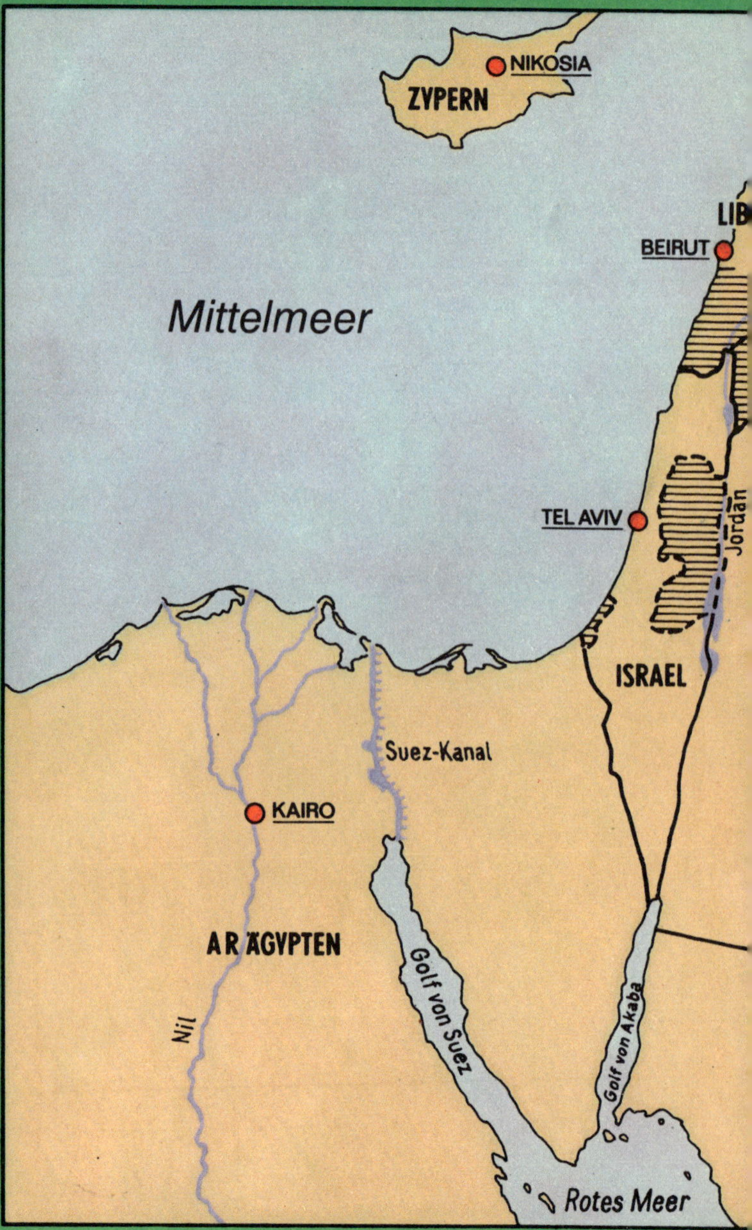
NIKOSIA
ZYPERN
LIB
BEIRUT
Mittelmeer
TEL AVIV
Jordan
ISRAEL
Suez-Kanal
KAIRO
A R ÄGYPTEN
Nil
Golf von Suez
Golf von Akaba
Rotes Meer